LITERATURBILDER

Gertraud Steiner

Literaturbilder

Salzburgs Geschichte in literarischen Porträts

Mit historischen Kommentaren von
Sabine Falk-Veits

VERLAG ANTON PUSTET
Salzburg – München

Mit Unterstützung von:
Kultur- und Schulverwaltung des Magistrats Salzburg,
Dr.-Wilfried-Haslauer-Bibliothek
Büro für Frauenfragen und Gleichbehandlung
Land Salzburg Kultur
Franz-Triendl-Stiftung

Die Deutsche Bibliothek – CIP-Einheitsaufnahme
Steiner, Gertraud:
Literaturbilder : Salzburgs Geschichte in literarischen Porträts / Gertraud Steiner.
Mit histor. Kommentaren von Sabine Falk-Veits. – Salzburg ; München : Pustet,
1998
ISBN 3-7025-0379-X

Gedruckt in Österreich.
Titelbild: Jean Baptiste Monnoyer, Ein Korb mit Blumen und Granatäpfeln auf
einer steinernen Tischplatte (Residenzgalerie Salzburg)
Lektorat: Ulrike Ramsauer, Mona Müry-Leitner
Druck: Salzburger Druckerei
ISBN 3-7025-0379-X

Inhalt

Barock

Stimmen zur Protestantenvertreibung

Zeitalter der Aufklärung

Biedermeier und Vormärz

Untergang der Monarchie

Einleitung

Salzburgs Geschichte im Spiegel der erzählenden Literatur

Neunzehn Autorenporträts und Werkausschnitte führen in dieser umfassend kommentierten Anthologie von Salzburgs Römerzeit bis zum Untergang der Monarchie. Damit eröffnet sich eine Reihe unterschiedlicher, auch kontroversieller Zugänge von seiten der Literatur auf das Gebiet des Historischen.
Fast alle der ausgewählten AutorInnen sind heute Unbekannte. Vom Buchmarkt längst verdrängt, kommt ihnen allenfalls eine Randnotiz in Lexika und Literaturgeschichten zu. Manchen ist eine Wiederentdeckung zu wünschen, andere haben ihren Stellenwert als *Zeiterscheinungen* von befristeter Wirkungsmöglichkeit.
Dem Historismus der Makartzeit, durch den das Genre der Geschichtserzählung weiteste Verbreitung fand, gehört nach seiner engsten Definition Anton Breitner an, ein Dichter in der Nachfolge Viktor Scheffels, Buchkünstler und Hobby-Archäologe, dessen „Diemut" das mittelalterliche Mattsee zum Schauplatz hat. Gleichfalls dem literarischen Historismus verpflichtet, aber doch konträr zu der liebevoll gepflegten Provinzkunst Anton Breitners, zeigt sich Felix Dahn in „Felicitas". Dieser bekannteste Vertreter des *Professorenromans* zur Bismarckzeit war Salzburg persönlich verbunden. Er führt mit diesem *kleinen Roman* aus einer Serie von Buchtiteln zur Zeit der Völkerwanderung in das untergehende Juvavum. Gegenentwürfe zu Dahns Patriotismus liegen von Josef Doblhoff und Hans Kirchsteiger vor. Ersterer, ein Alttiroler Aristokrat Wiener Herkunft und liberaler Gesinnung, setzte in „Das Bild des Patronus" das kulturelle Erbe der Römerzeit in die Mitte seiner Erzählung. Ein ganz anderes Anliegen verfolgte der Defizienten- und Arbeiterpriester Hans Kirchsteiger, der nach seiner Zwangsinternierung im Irrenhaus zum Skandalautor avancierte und die harte Kirchenkritik seines ersten Geschichtsromans „Die Katakomben von Salzburg" stilgerecht in Toga und Tunika einkleidete.
Geschichtsbilder – so soll es diese Auswahl vermitteln, verweisen auf ein gesellschaftliches Umfeld. Eigenleben zeigen sie auch in ihrer Rückbindung an die biografische Entstehungssituation.
Arnold Hagenauers Biedermeierroman „Der Knabe Leonhard" entstand aus einer Recherche in Familiendingen. Der Schriftsteller verbrachte die letzten Sommer seines Lebens in Salzburg, der Stadt der – gesuchten – Vorfahren. Vergleichbar persönlichen Motiven sind die literarischen Zeugnisse zur Protestantenemigration entsprungen, drei weiblichen Erzählungen „aus der Ferne".
Mit deutlicher Distanz zur Geschichtspflege des Historismus haben sich in der nächsten Generation Erhard Buschbeck und dann Juliane Windhager ihrer histo-

rischen Stoffe angenommen. Juliane Windhager suchte zur bedrückenden Erfahrung des Zweiten Weltkriegs ein wirksames Gegenbild und fand dieses in der Gestalt Paris Lodrons, den sie zur Titelfigur ihres „Friedtäters" bestimmte. Erhard Buschbeck verdankt Salzburg einen kaum bekannten, expressionistischen Wolf-Dietrich-Roman.

Schließlich sei als Schlüsselfigur für diese Überkreuzung aus biografischer Lebenssituation, zeitbedingter Geschichtsperspektive und ihrer Ausführung zum Literaturbild Friedrich Wrede ergänzt, die *graue Eminenz* im Salzburger Literaturgeschehen der Jahrhundertwende. Seine „Politeia", bereits mehr Zeitroman als Geschichtsgemälde, ein umfassendes Salzburgpanorama aus den Jahren des Ersten Weltkriegs, bietet in eindrucksvoller Verflechtung auf mehr als 800 Seiten literarische Erfindung, geschichtlichen Kontext und philosophischen Kommentar.[1]

An diese Literaturbilder schließen jeweils die historischen Kommentare von Sabine Falk-Veits an. Sie vermitteln einen sachbezogenen Überblick und decken zudem jene Stellen auf, wo Fakten und Fiktionen, die über weite Passagen dieser historischen Erzählprosa gut verbunden sind, auseinanderbrechen.

Gertraud Steiner Oktober 1998

[1] Auf Johannes Freumbichler, dessen „Schneider Hupfauf..." als Literaturbild aus dem Flachgau der Napoleonischen Kriege vorgesehen war, mußte verzichtet werden. Die Genehmigung für den Abdruck eines Werkausschnittes wurde vom Nachlaßverwalter verweigert.

Hans Kirchsteiger (1852–1932)

Der rote Weltpriester aus Aigen

„Was muß man von einem Priester denken, der droht, einen ganzen Bäckerladen zu konsekrieren, der ein Konkubinat durch seinen Segen zur sündelosen, reinen Gottesehe erheben will! Der selbst vor einem der schrecklichsten Sakrilegien nicht zurückschreckt, als irregulärer Priester (nach seiner eigenen Äußerung) noch Messe zu lesen ohne Kelch und Paramente und das heiligste Sakrament in einer gläsernen Zuckerschale aufzubewahren."
Diese Kirchenschelte (Katholische Kirchenzeitung 1914, Nr. 7, 66) könnte auf den Armenpriester einer Basiskirche passen. Genauso vorstellbar ist sie für einen Widerspruchsgeist aus Leidenschaft. Tatsächlich bestimmt war sie für den laisierten Priester Hans Kirchsteiger, der zeit seiner Salzburger Jahre (1898–1932) eine zentrale Figur in der politischen Streitkultur der Stadt abgegeben hat.
Pfarrer Hans Kirchsteiger war 1898 aus dem Irrenhaus in Niedernhart geflüchtet, wo er auf Veranlassung des Linzer Bischofs Doppelbauer interniert gewesen war und dann als sogenannter Defizientenpriester in Salzburg untergeschlüpft. Der vermeintlich *Erledigte* baute sich über den Scherben seiner Existenz ein zweites Leben als Literat auf und avancierte zum auflagenstarken Skandalautor autobiografischer Bekenntnisromane. Sein Erstling „Das Beichtsiegel", 1904 erschienen, sollte bis 1927 in 35 Auflagen herauskommen.
Diesen Wandel zur öffentlichen Gestalt untermauerte Hans Kirchsteiger mit der Mitgliedschaft bei der sozialdemokratischen Bewegung, sodann betätigte er sich als Erfinder der sogenannten *Salzburger* Ehe und beschloß 80jährig sein Leben als respektabler Hausbesitzer in Aigen.
Wie im Rückblick ersichtlich, hatte Hans Kirchsteiger klug gehandelt, aus der Not seiner Existenzkrise keine Tugend, sondern einen gesunden Skandal zu machen. Sein Talent zur Inszenierung und Herstellung von Publicity gab ihm Deckung vor seinen Gegnern und ermöglichte dem irregulären Priester, der den Kelch mit der Feder vertauschen mußte, sowohl soziale wie auch materielle Überlebenschancen.

Wegen Verdachts auf das Verbrechen der Schändung

Was seiner Internierung in einem Irrenhaus wirklich vorausgegangen ist und diese herbeigeführt hat, läßt sich nur schwer aufklären. Noch ist seine Personalakte verschlossen. Dem Pressespiegel zufolge hat Hans Kirchsteiger 21 Jahre lang sein Seelsorgeamt in verschiedenen Gemeinden Oberösterreichs ausgeübt und war dafür mit sieben Ehrenbürgerschaften ausgezeichnet worden, bevor er auf Veran-

lassung des Linzer Bischofs Doppelbauer wegen Verdachts eines *„Verbrechens der Schändung nach §§ 128 und 132 III St.G."* in Untersuchungshaft gezogen wurde. Das Gericht verfügte seine Einweisung in das Inquisitenspital des k. k. Landesgerichtes Wien, wo die Professoren Fritsch und Hinterstoisser laut Gutachten vom 26. Juli 1898 eine chronische Geisteskrankheit nach *„originaler Veranlagung"* in Form von Verfolgungs- und Größenwahn feststellten und *„aus Gründen der Gemeingefährlichkeit"* die Verlegung in die Irrenanstalt Niedernhart bei Linz veranlaßten. Hans Kirchsteiger wurde am 8. August 1898 dorthin überstellt und ergriff am 21. November die Flucht.
Mit dem 800 Seiten starken Schlüsselroman „Das Beichtsiegel" (1904) wagte Hans Kirchsteiger in *„vielleicht einzig dastehender Kühnheit"*, wie die *Tägliche Rundschau* vom 15. 2. 1905 schrieb, auf Mißstände in der kirchlichen Hierarchie aufmerksam zu machen.
In Anspielung auf die selbsterfahrene Existenzvernichtung hatte Kirchsteiger den mysteriösen Todesfall des Defizientenpriesters Petran, der als Internierter des oberösterreichischen Priesterstrafhauses tot aufgefunden und ohne Obduktion oder gerichtliche Untersuchung beerdigt worden war, in den Mittelpunkt seiner Romanhandlung gestellt.
Ein tumultartiges Echo in der Öffentlichkeit war die Folge, „Das Beichtsiegel" wurde als Enthüllungsroman bejubelt und als Pamphlet niedergemacht. Gericht, Presse und sogar das Parlament waren mit der Angelegenheit beschäftigt. Ein Damm des Schweigens war aufgebrochen, aus dem sich nun über Jahre eine Flut hintangehaltener Mißstände und Skandalfälle den Weg in die Öffentlichkeit bahnte. Unter dem gedämpften Purpur der Kirchenhierarchie wurden weitere Opfer hervorgekehrt. Die *Tauern-Post* berichtete am 20. Juni 1914 über einen bewegenden Fall aus dem weltentlegenen Krakaudorf in der Obersteiermark. Pfarrer Franz Unterweger hatte dort durch 40 Jahre die Gemeinde betreut, bevor er über Nacht verschollen und in der Korrekturanstalt Kainbach interniert worden war, wo ihn schließlich ein nahestehender Journalist ausfindig machte.

Eine Ruhe zum Schreien

„Ein Mitarbeiter unseres Blattes hatte Gelegenheit, den in der Idiotenanstalt Kainbach bei Graz expatriierten Pfarrer von Krakaudorf bei Murau, Herrn Franz Unterweger, in Kainbach zu besuchen und mit diesem über dessen Verbannung zu sprechen.
Mitten in blühender Frühlingslandschaft, nahe der duftenden Wälder, erheben sich die weißen Mauern der Kainbacher Anstalt, die von der Ferne wie ein stattliches Kloster, von der Nähe aber wie ein echtes Strafhaus aussieht. Der römische Graf Lilienthal hat da auch tatsächlich eine Korrektionsanstalt für den Klerus geschaffen. In der Tat schauen aus den vergitterten Fenstern des linken Flügels

graugekleidete ‚bessere Sträflinge' auf uns herunter. Es schaudert uns bei dem Gedanken, daß da drinnen ein steirischer Gebirgspfarrer, ein echter ‚Lawinenpfarrer', der 40 Jahre lang unter seinen Bauern gewirkt hatte und nun zufolge ‚höherer Verfügung' in eine ‚Heilanstalt' gebracht worden sei, weil er als pensionierter Pfarrer sich in seiner Heimat ganz wohl fühlte, nur manchmal zu tief ins Gläschen schaute, eingesperrt werde.
Wir gehen durch das hohe Tor und längs eines langen Korridors in den rechten Flügel der Anstalt, wohin uns der Portier, der zugleich Anstaltsschneider ist, freundlich geleitet. Da steht er schon, der greise Pfarrer, gebeugt, blaß im Gesichte, ruhelos hin und her trippelnd wie ein gefangener Bär im Käfig, auf dem langen Gange. Er geleitet uns nach kurzer Begrüßung – wir kennen uns schon länger – in sein nunmehriges Wohnzimmer.
Es ist ein kleines, recht bescheiden möbliertes, nach Art der Hotelzimmer eingerichtetes, ungemein schmales Zimmerchen. Für Besuche mangeln die nötigen Sessel. Der Wandschmuck beschränkt sich auf ein einziges Heiligenbild. Öde mag einem da werden, wenn man ein Sohn der Berge ist. Die klösterliche Ruhe wirkt hier geradezu schreiend. Mit Tränen in den Augen wies uns der alte Pfarrer auf einem mit Büchern belegten Diwan den Sitz an.
‚Ich danke wirklich herzlich, daß ihr mich besucht habt', murmelte er, während er zitternd in seinen Briefschaften vergebens nach etwas suchte. ‚Es wollten mich zwei Krakaudorferinnen besuchen; sie kamen aber nicht dazu…'
Auf die Frage, wie er nach Kainbach kam, sagte er: ‚Ja mei; es ist gar nit zum sagen, wies kommen ist. Ich hab ja niemanden was getan; ich hätte ganz gut können mit dem jungen Herrn Pfarrer auskommen. Man brachte mich, ohne daß ich Abschied nehmen konnte von meinen Pfarrkindern, nach Graz, nahm dort einen Fiaker und – so bin ich da. Ich hab ja niemandem was getan', schluchzte er wiederholt.
‚Aber ich bleib nicht da.' Er fand die gesuchte Karte aus Krakaudorf. ‚Da schauen Sie her, da steht: Wir hoffen, Herrn Pfarrer bald wieder in unserer Mitte zu haben. Man will mich wieder heimbringen in meine geliebte Gebirgsheimat, zu meinen alten Freunden und Bekannten, zu meiner armen, verlassenen Schwester…'
Der Greis weinte still vor sich hin. Auf die Frage, ob das fürstbischöfliche Ordinariat auf das gestellte Ansuchen, ihn wieder der Heimat zu geben, eingehen werde, jammerte er laut auf: ‚Ja, wenn ich daran denke, vergeht mir jede Hoffnung. Ich bin ganz verzagt… Der fürstbischöfliche Kanzler sagte mir, ich darf nicht mehr zurück nach Krakaudorf; ich soll mich da (in Kainbach) nur schön auf den Tod vorbereiten…'" (Tauern-Post, 20. Juni 1914)
Seit dem Wirbel um „Das Beichtsiegel" war Hans Kirchsteiger eine Figur von öffentlichem Interesse, halb Sündenbock der bedrohten Amtskirche, halb Messias einer auf gesellschaftlichen Wandel bedachten Anhängerschaft. Buch um Buch brachte ihm von da an steigende Auflagenzahlen. Vergleichsweise dunkel blieb es

um sein Vorleben, versteckt der ursprüngliche Stolperstein seiner priesterlichen Laufbahn. Was zu Kirchsteigers Vorleben publik wurde, betrifft seine ärmliche Abstammung und die Studienjahre.

Der Vater war ein Innviertler Zimmermann. Das Gymnasium absolvierte Hans Kirchsteiger in Linz. Er ging dann zum Mathematikstudium nach Wien, brach dieses ab, als er sich zum Priester berufen fühlte und setzte mit einem Studium der Theologie und Philosophie fort. 1877 wurde er zum Priester geweiht und versah dann in verschiedenen Gemeinden das Amt eines Seelsorgers.

Hans Kirchsteiger

Nach dem Sensationserfolg von „Das Beichtsiegel“ dehnte Hans Kirchsteiger die Schriftstellerei auf das Kostümfach des historischen Erzählens aus. „Die Katakomben von Salzburg“ (1906) üben im Gewand der dekadenten römischen Kultur Kritik am Machtgefüge der Kirche, deren ausschweifender und zynischer Priesterschaft jene *ersten Christen* entgegengesetzt sind, die nach einem geflügelten Wort der Kritik auch schon die letzten waren, weil sich die Nachfolger bereits mit dem Schwert und nicht mehr mit Nächstenliebe Anerkennung zu verschaffen wußten.

Auf „Die Katakomben von Salzburg“ folgten „Der Weltpriester“ (1907), mit den deutlichsten autobiografischen Zügen, dann „Der Beichtvater“ (1910) und „Der Primas von Deutschland“ (1911), wiederum ein Titel aus dem historischen Fach, in dem die Salzburger Protestantenverfolgung behandelt ist.

Hans Kirchsteiger, nie ganz frei von Theatralik, hat sich auch auf dem Gebiet des Bühnenspiels erfolgreich versucht. „Das Liebesverbot“ gelangte in Hamburg zur Erstaufführung und wurde in Deutschland und der Schweiz mit Erfolg aufgenommen. Den Roman „Weltgericht“ dramatisierte er zu „Kaplan Schindler“, er erlebte in Salzburg drei Aufführungen. Als weitere Titel sind „Das Schulfest“ und „Heimat und Liebe“ zu nennen.

Sein persönliches Glaubensbekenntnis veröffentlichte er 1909 in einer Meditationsschrift „Einen Tag bei Gott“. Denn Hans Kirchsteiger blieb, wenn nicht seinen kirchlichen Vorgesetzten, so doch seinem christlichen Glauben ein treu ergebener Anhänger. Trotz Auftritten in blauer Arbeitskluft hat er sich weder von der Soutane noch vom Rosenkranz getrennt. Regelmäßig suchte er zum Gebet die Kirchen der Stadt auf und maß noch im hohen Alter seinen Weg von Aigen ins Zentrum *„nach der Länge eines Rosenkranzes“*.

DAS SPEKTAKEL UM DIE „SALZBURGER EHE“

Im Jahr 1912 dehnte Hans Kirchsteiger seinen Themenkreis, in dem er Priesterstrafhäuser, kirchliche Doppelmoral, selbstherrliche Purpurträger, dreiste Pfarrerköchinnen, halb verhungerte und gänzlich eingeschüchterte Landkapläne, ausgeplünderte Christengemeinden und sinistre Machthaber zur Darstellung brachte, seine Rolle als öffentliche Streitfigur auf die Institution der Ehe und die damals noch höchst restriktive Rechtslage der geltenden Ehegesetze aus. Im Sommer 1918 sollte er deswegen für einige Monate im Gefängnis sitzen.
Der als *Zimmermannssohn aus dem Innviertel* deklarierte Laienpriester schloß damit sein Bündnis mit der Arbeiterschaft noch enger und entwickelte sich, die Feder des Publizisten durch den Habitus des roten Weltpriesters ergänzend, zu einer besonderen Galionsfigur der Sozialdemokratie.
Am 9. Mai 1912 erschien im *Salzburger Volksblatt* eine Kundmachung, in der Hans Kirchsteiger seine Bereitschaft verlautete, Geschiedenen, die sich in zweiter Ehe verbinden wollten, seinen besonderen Segen zu erteilen: *„Zu Pfingsten findet die erste Einsegnung gerichtlich geschiedener Katholiken in Salzburg statt. Jene Geschiedenen, welche für eine neue Verbindung den Segen eines katholischen Priesters wünschen, damit sie, was besonders für die Frauen wichtig ist, ohne Furcht vor Sünde leben können und von böswilligen Menschen sich nicht den Vorwurf des Konkubinates machen lassen müssen, werden ersucht, mir ihren Wunsch schriftlich bekanntzugeben. Erwähnt sei noch, daß deshalb ein Austritt aus der Kirche nicht notwendig ist.*
Jesus selbst hat gesagt: Mich erbarmt das Volk. Dasselbe Erbarmen ist Grund zu dieser Einladung.“ Unterzeichnet war diese Einladung mit: Hans Kirchsteiger, Weltpriester.
Prompt und keineswegs unerwartet folgte darauf eine Anzeige nach § 303 (Verunglimpfung einer staatlich anerkannten Kirche). Aber Kirchsteigers gewagter Vorstoß für eine Liberalisierung des Ehe- und Scheidungsrechts mußte selbst in Justizkreisen Sympathisanten haben. Denn am 30. September 1912 machte das *Salzburger Volksblatt* seine Titelseite mit der Nachricht auf: *„Hans Kirchsteiger freigesprochen.“* In Ergänzung dazu folgte eine ausführliche Sympathiekundgebung für den störrischen Laienpriester, in dessen Aufmüpfigkeit auch einige komödiantische Quertreiberei zutage kam.
„Was Kirchsteiger getan hat, ist bekannt“, heißt es da, *„Er hat die Salzburger Ehe erfunden, eine Art Notbrücke, die katholisch Geschiedenen den Weg in ein neues Leben ermöglichen soll. Die österreichische Ehegesetzgebung ist so rückständig, daß Tausende von geschiedenen Eheleuten wie Ausgestoßene leben müssen, verfolgt und gegeißelt von Bosheit, Argwohn und Verleumdung.“*
Zwar haftete an diesem eigenwilligen Segen der Vorwurf der Irreführung, aber die heiratswilligen Paare, die deswegen von weither nach Salzburg strömten, scheinen

um den rein symbolischen Wert einer solchen „Salzburger Ehe“ durchaus gewußt zu haben. Die zahlreichen Presseberichte und Leserbriefe spiegeln – zwischen ernst und heiter – das Wissen um die Symbolkraft einer Kirchsteiger-Ehe. Das Procedere war eng an das übliche Zeremoniell einer Heirat angelehnt und Honorare waren dafür nicht vorgesehen.

„Kirchsteiger, der mit Talar, Rochett und mit der Stola bekleidet war, hielt an die vor ihm stehenden Brautleute eine kurze Ermahnung und richtete an diese die Frage, ob sie sich gegenseitig unterstützen, in Kreuz und Elend einander nicht verlassen und sich verpflichten wollen, für den Fall des Absterbens des geschiedenen Teiles auch eine kirchliche und staatlich gültige Ehe einzugehen.

Nach Bejahung dieser Frage erteilte er den Brautleuten den Segen, dann weihte er mit einem Kreuzzeichen die Ringe und reichte sie den Parteien mit den Worten: ‚Diese Ringe werden für Sie ein Schild sein, an dem alle giftigen Pfeile der Verleumdung und des Vorwurfes des Konkubinates abprellen.‘“ (Salzburger Volksblatt, 30. September 1912)

In literarischer Hinsicht hat Hans Kirchsteiger seine unorthodoxen Ansichten zum herrschenden Eherecht in einem weiteren Buchtitel verarbeitet. „Wie heißt das 6. Gebot?“ (1913) sollte einer *„kultivierten Form“* des Eherechts, wie er sich ausdrückte, Bahn brechen. Die *Salzburger Wacht* druckte sechzehn Fortsetzungen des Romans ab, bis am 22. Juli eine gerichtliche Verfügung ein weiteres Erscheinen untersagte. Erst 1919 gingen die restlichen Fortsetzungen in Druck.

Hans Kirchsteigers ketzerischem Slogan: *„Österreich muß durch die Reform des Eherechts ein deutscher Kulturstaat werden!“* wurde mit dem Staatsvertrag von Saint Germain, der auch eine Liberalisierung des Eherechts bedingte, rechtgegeben. Seine literarische Auseinandersetzung mit dieser Thematik schloß er 1926 mit dem Buchtitel „Der eiserne Paragraph“ ab.

Eine nicht unwesentliche Nebenerscheinung der „Salzburger Ehe“ war die Gründung der altkatholischen Gemeinde in Salzburg. Sie hatte sich in Reaktion auf die wütende Verfolgung Kirchsteigers durch das konservative Meinungsorgan der *Salzburger Chronik* herausgebildet. Die *Salzburger Wacht*, die Zeitung der Sozialdemokraten, schrieb dazu 1927:

Hans Kirchsteiger *„rief im Kampf gegen die Chronik den Altkatholizismus in Salzburg ins Leben, mit dem Erfolg, daß schon nach einigen Monaten einige hundert Übertritte erfolgten und ein eigener Pfarrer Arbeit bekam. Kirchsteiger ist in Wahrheit der Vater der jetzt blühenden altkatholischen Pfarre in Salzburg und die Chronik deren Schwiegermutter“*. (Salzburger Wacht, 19. Oktober 1927)

Hans Kirchsteiger hat im ersten Drittel dieses Jahrhunderts die Salzburger Meinungslandschaft polarisiert wie kaum ein zweiter, indem er *das Private des Politischen*, eine vorgebliche Erfindung der 68er Generation nicht allein zum Kitt seiner individuellen Existenzsicherung zu gestalten wußte, sondern darüber hinaus mit der Zivilcourage des *Getriebenen*, der bereits einmal *alles verloren* hat, Differenzen, Gegensätze und erbitterte Gegnerschaften im damaligen Spektrum der Weltanschauungen und gesellschaftlichen Gesinnungen an seiner Person festgemacht hat.

Diese Mischung aus persönlicher Selbstdarstellung und weltanschaulicher Parteinahme garantierte für den Einfluß von Gefühlen auf die politische Szene und bewirkte eine Popularisierung ihrer Streitkultur. So wie Hans Kirchsteiger Persönliches und Allgemeines gegeneinander aufrechnete, verschmolz er als Literat die Ebenen von *facts and fiction* und vermachte seine gevifte Rhetorik eines gelernten Kanzelredners den Zielen der Arbeiterbewegung, die damit einen Seelenhirten als geistlichen Beistand auf ihrer Seite hatte.

In den folgenden, von Krieg überschatteten Jahren machte sich der rote Weltpriester Kirchsteiger mit Trostworten und Tricks fürs Überleben verdient. Sogar in Fragen der Denkmalpflege hat er das Wort ergriffen und zeigte auch in diesem Punkt die bewährte Verknüpfung aus Parteinahme für Schwächere, Initiativgeist und dem Sachverstand des Bürgers, der sich in *Fragen des Allgemeinwohls* prinzipiell *einzubringen* wünscht.

Der rote Pfarrer in Holzschuhen, mit Schürze und Flickhose

Als *spürsinniger* Vorkämpfer für eine gerechte Welt und ein Stück Himmel auf Erden hat sich Hans Kirchsteiger notorisch und konsequent in die Nesseln weltanschaulicher Konfliktbildung gesetzt. Nach dem ersten Weltkrieg nahm *„der sozialdemokratische Kaplan, der mit einer gewissen Affektion den Priesterrock weitertrug“*, wie die *Salzburger Chronik* noch im Nachruf auf den Verstorbenen boshaft anmerkte, sogar die Funktion eines roten Gemeinderats in Aigen an. Diese Periode währte freilich nur kurz.

Aber Hans Kirchsteiger hatte als geschätzter Vortragender, Publizist, Literat und publicityträchtige Streitfigur doch einen Ehrenplatz in der sozialdemokratischen Partei inne, die runde Jubiläumstage gern zum Anlaß für öffentliche Ehrungen nahm.

Am 25. Oktober 1927 berichtete die *Salzburger Wacht* von einer Massenversammlung im Kurhaus anläßlich von Hans Kirchsteigers 75. Geburtstag: *„Zur Feier hatten sich unter andern eingefunden: LHST Preußler samt Frau, Landtagspräsident Breitenfelder samt Frau, die Nationalräte Abram, Witternigg, die an dem blumengeschmückten Ehrentisch neben dem Jubilar und seinen engsten Bekannten Platz nahmen.“*

Bereits zum 70. Geburtstag hatte die *Salzburger Wacht* (Nr. 285) ein Lebensbild über den „roten Pfarrer von Aigen“ abgedruckt: *„Während ich mit Hochwürden in seinem von ihm allein gepflegten und bearbeiteten Gemüsegarten plaudernd spazieren ging, erklärte er mir ganz offen: ‚Immer habe ich keine Uniform an‘, und zeigte dabei launig auf die bis zu den Füßen reichende Soutane, ‚die kann ich beim*

Arbeiten nicht brauchen!' Womit er mir durchaus nichts Neues sagte, denn viele Salzburger erzählten mir, daß sie den Herrn Pfarrer mit blauer Schürze, Flickhose und in Holzschuhen trafen. Stillvergnügt besah er seine Kohl- und Krautköpfe und sprach dabei, fast mehr zu sich selbst als zu mir, von den vergangenen Tagen bitterer Hungersnot, und wie entsetzlich auch er in der ,großen Zeit' hungern und leiddulden mußte. ,Oft konnte ich die halbe Nacht vor Magenknurren nicht schlafen. Wenn ich damals bloß Brot, trockenes Brot gehabt hätte! O, mir tat's weh! Wie ein Geripp' sah ich schon aus.' – Doch auch damit erfuhr ich nichts Neues. In der Stadt weiß man's ja überall, wie der Arme einst litt. Aber leiden mußten sie alle, die helfen wollten – und nur die hätten helfen können, denen Kirchsteigers Leiden eine stille aber große Freude waren.
Auch die Kapelle zeigte er mir, wo die Zeremonien der ,Gottesehen' stattfinden, das heißt, wo Ehegeschiedene katholischen Glaubensbekenntnisses von dem sich noch immer als Priester fühlenden ehemaligen Pfarrer nach katholischem Ritus mit einem oder einer neuen Erwählten getraut werden. Von überall kommen sie zum roten Pfarrer, wie Hans Kirchsteiger nicht nur von seinen Feinden genannt wird, und er selbst hält diese Bezeichnung mehr ehrenhaft denn spöttisch oder feindlich."
Als Schriftsteller war Hans Kirchsteiger zweifellos eine mittelmäßige, wenn auch höchst produktive Erscheinung. Was seiner publizistischen Tätigkeit Größe verschafft, rührt von der Kühnheit seines *Outings* als Opfer kirchlicher Despotie und der keinen Konflikt scheuenden Beharrlichkeit, mit der er die ethischen Fundamente des Christentums einforderte.
In dieser Richtung verkörperte der laisierte Priester Hans Kirchsteiger, dessen Anklage und Internierung wegen Schändung zeitlebens nicht korrigiert oder bekräftigt worden ist, weit mehr als nur Durchschnittliches. Als *seelsorglicher Agitator* erreichte Hans Kirchsteiger eine gesellschaftliche Stimmkraft, die in der Parteienlandschaft von damals einzigartig dasteht, und einen Brückenschlag zwischen Christentum und sozialdemokratischer Arbeiterschaft ermöglicht hat.
Die anhaltend negative Stilisierung durch das gegnerische Lager der Konservativen und der kirchlichen Obrigkeit blieb jedoch aufrecht und hat sich erst in den letzten Lebensjahren Kirchsteigers, der 80jährig im Mai 1932 verstorben ist, etwas gemildert. Wenig verwunderlich ist, daß sich diese Parteienstellung auch in der *zeitgenössischen* Literaturkritik widerspiegelt. Martin Feichtlbauer urteilte in „Salzburgs hochdeutsche Literatur von 1850–1917" durchaus abschätzig über den „Pamphletroman"-Schriftsteller Hans Kirchsteiger, dem er eine seriöse Beurteilung verweigert: Kirchsteigers *„Vorleben, seine Reden und Handlungen, sowie mehrere Urteile der Gerichte, mit welchen er öfter zu tun hatte, lassen ihn als geistig abnormal erscheinen..."* (145)
Die Gräben waren offensichtlich zu weit aufgerissen, das erlittene Strafausmaß Kirchsteigers zu groß und dessen publizistische Tätigkeit zu bedrohlich für die

angegriffenen Institutionen, um diesen Gegensatz, der von Gerichtsverhandlungen, parlamentarischen Anfragen und einer Einkerkerung Kirchsteigers untermauert wurde, zu überbrücken oder wenigstens zu entschärfen.

Als der *rote Weltpriester in Aigen* am 5. Mai 1932 verstarb, ließ sich die *Salzburger Chronik*, das mutmaßlich gewichtigste Sprachrohr von Kirchsteigers Kontrahenten, zu einem Nachruf herbei, dem wohl der Stachel, aber noch nicht das Gift jahrzehntelanger Gegnerschaft entzogen war: *„Wie aus Aigen gemeldet wird, ist der Weltpriester Hans Kirchsteiger nach Empfang der Sterbesakramente und ausgesöhnt mit der Kirche gestern im 80. Lebensjahr gestorben. Damit klingt eine Tragödie in Frieden aus, die lange Jahre hindurch die Gemüter erregt und in vielen Kreisen viel Unheil angestiftet hat."*

VERFOLGTE CHRISTEN

Mit seinem historischen Romanerstling „Die Katakomben zu Salzburg", der das Entstehen einer kleinen Christengemeinde im spätrömischen Juvavum behandelt, hat Hans Kirchsteiger angeblich, so wenigstens vermerkte die *Salzburger Wacht* (19. Oktober 1927) in einer Buchbesprechung, *„den Namen für die Katakomben zu St. Peter"* geprägt.

Die im engsten Stiftsbezirk und damit im Kern des christlichen Salzburg gelegenen Felsenhöhlen in der Mönchsbergwand waren aber schon zu Zeiten der Romantik mit der Geschichte der ersten Märtyrer und Heiligen verbunden gewesen.

Hans Kirchsteigers originaler Beitrag liegt eher bei der Gestaltung dieser umrätselten Keimzellen des Christentums zum Schauplatz einer kirchenkritischen Trivialhistorie. Zwei populäre Vorläufer in diesem Genre könnten dazu den Anstoß gegeben haben. 1894 erschien mit „Das Bild des Patronus" von Joseph Freiherr von Doblhoff eine Salzburg-Erzählung aus der Zeit der Germaneneinfälle, die den Untergang der römischen Kultur in Juvavum behandelt. Denselben historischen Rahmen wählte dann Felix Dahn, der Salzburg durch stationäre Aufenthalte bei Kurreisen nach Bad Gastein verbunden war, für „Felicitas" (1903).

Dieser immens produktive Bestsellerautor und Dichterjurist könnte Kirchsteigers Versuch in diesem Fach in der Art eines Erfolgsmodells angeregt haben. Dessen Eigenleistung liegt bei der tendenziösen Handhabung des geschichtlichen Stoffes als Fundus für zeitbezogene Kirchenkritik. Indem Hans Kirchsteiger seine Urchristen und etablierten Priester in Toga und Tunika auftreten läßt, kann er, gerade durch die Verfremdung im Kolorit, den Konflikt zwischen christlicher Botschaft und hierarchischer Kirchenführung noch schärfer ausleuchten.

„Den Haß der klerikalen Presse habe ich mir durch meine Bücher, besonders durch die Katakomben zugezogen. Noch nie ist ein Schriftsteller so angefeindet worden wie ich", erinnerte sich Hans Kirchsteiger in einer öffentlichen Stellungnahme

von 1907 (Die klerikal-christlichsoziale Presse, beleuchtet vom Röntgenstrahlenlicht. Konsistorialarchiv Salzburg).
Die Romanhandlung der „Katakomben“ führt ins Jahr 249 n. Chr. zurück, spielt also zwei Jahrhunderte vor den Römererzählungen von Josef Doblhoff und Felix Dahn. Am Beispiel der römischen Priester Firmian und Rufinus zeigt sie die Verkommenheit der etablierten Staatsreligion. Dem entgegengesetzt ist eine obrigkeitlich verfolgte, in den Untergrund gezwungene Gemeinschaft junger Christen, die sich in der Felsenhöhle des Mönchsbergs zu spirituellen Versammlungen und Messen trifft.
Das mit den Zielen der Arbeiterbewegung verbundene *Salzburger Volksblatt* (7. Juli 1906) war eins der wenigen Medien, das auf diese literarische Provokation der Kirchenführung mit einigem Wohlwollen einging.
„Der Autor hat eigentlich nur zwei Farben verwendet, eine blendend weiße für die Christen und die es werden wollten und eine pechrabenschwarze für die Römer, speziell die römischen Priester. Dieser Haß gegen die römischen Priester ist eigentlich die einzige persönliche Note in dem Roman; sie verleiht ihm stellenweise sogar den Charakter eines sehr zeitgemäßen Tendenzromans, denn daß der Autor bei seinen satirischen Bemerkungen über die Habsucht, Herrschsucht und Unduldsamkeit der römischen Priester nicht immer das diplomatische Korps des alten Papa Jupiter meint, ist nicht schwer zu erkennen. Alles in allem ein zwar etwas breitspuriger, aber immerhin lesenswerter Roman, der speziell uns glücklichen Bewohnern Salzburgs viel Interessantes bietet.“

EIN TEMPELFEST IN JUVAVUM
WERKAUSSCHNITT „DIE KATAKOMBEN VON SALZBURG“

Mit finsterem Blicke schaut der Tempel des Mars aus seinem staubüberkrusteten Angesichte herab auf das geschäftige Treiben der Stadt, auf die blanken Häuser reicher Patrizier und auf die schmucken Soldaten.
Wie sich doch die Zeiten ändern. Früher war an Opfertagen der Tempel geschmückt, Kränze wanden sich um seine Säulen, der große Platz, in dessen Mitte das Standbild des Merkurius steht, konnte die Menschenmenge nicht aufnehmen, die dort zu den Göttern Roms betete.
Und heute kümmert sich fast niemand mehr um Götter und Tempel. Die Leute haben die Furcht vor den Göttern verloren und damit auch den Glauben an dieselben.
Es war am selben Vormittag, wo Valerius vom Turme aus so erwartungsvoll nach Süden ausschaute, da zog eine feierliche Prozession in langsamen Schritten dem

linken Ufer der Salzach entlang dem größten Tempel der Stadt zu. Hornbläser schritten voraus und riefen das Volk zum heiligen Opfer zusammen, Priester führten einen feisten jungen Stier. Mit Blumen war das Opfertier geschmückt. Mehr als fünfzig Priester in blendendweißen Gewändern folgten paarweise nach. Alle waren frisch rasiert, die meisten dick und feist und aus ihren Blicken konnte man schon erkennen, daß für sie die ganze Prozession und das Opfer eine reine Geschäftssache ist. Nur einige alte Männer, die sich Mühe geben, trotz des Alters noch steif gravitätisch aufzutreten, hatten einen so asketisch-finstern Blick, daß die neugierigen Zuschauer fröstelnd weiter gingen.

Als letzter der Priester ging der oberste Opferpriester Rufinus neben seinem Sohne Firmianus, der erst vor kurzem aus Rom zurückgekommen war, wo er beim kapitolinischen Priesterkollegium sich zum Priestertume ausgebildet hatte.

Und jetzt sollte das gläubige Volk folgen. Es waren aber nur einige alte gebrechliche Männlein, die auf Abfälle vom Opfertiere hungrig warteten, und eine lange Reihe alter Weiber, die mit zahnlosem Munde gar eifrig über die schlechten ungläubigen Zuschauer sich gegenseitig besprachen.

Und doch sollte sich gerade heute die ganze Stadt an dem heiligen Opfer beteiligen; es wurde ja abgehalten um die Götter gnädig zu stimmen, daß sie dem Kaiser Philippus den Sieg verleihen gegen den Gegenkaiser Dezius.

Doch das Volk, schon gewohnt, alle paar Jahre einen neuen Kaiser als seinen neuen Herrn, der ihm wieder neue Steuern auferlegte, anbeten zu müssen, hielt sich gleichgültig fern.

Trotz des zur Schau getragenen Ernstes konnte sich der Oberpriester nicht enthalten, seinem Sohne sich zuzuneigen und zu sagen: „Da kann man es wieder deutlich sehen, daß nur wir Priester allein die Stützen des Thrones sind. Wenn wir nicht für den Kaiser beten und opfern würden, so könnte er seine Feinde nicht besiegen."

„Selbstverständlich", antwortete viel lauter, so daß es auch die anderen Priester hören konnten, Firmianus, „sind wir Priester die wahren Väter des Vaterlandes. Aber leider sieht dies der Kaiser nicht ein, weil er die Christen duldet, diese Feinde von uns Priestern. Wer aber uns Priester nicht mehr achtet, der verachtet die Götter, haßt den Kaiser und ist ein Feind des Vaterlandes."

Ein zustimmendes Murmeln ging durch die Reihen der Priester.

Endlich war die Prozession im Tempel angekommen und die heilige Handlung konnte beginnen. Aus silbernen Glutfässern dampfte der Weihrauch und die Priester bildeten einen Kreis um den Opferstier. In der einen Hand ein scharfes blitzendes Messer, legte der Oberpriester die andere streichelnd auf den Nacken des ahnungslosen Stieres. Jetzt ein scharfer Schnitt in den Hals, im Bogen spritzte das hellrote Blut in die große Silberschüssel, die ein anderer Priester so geschickt zu halten wußte, daß fast kein Tropfen daneben floß. Mit gläsernen Augen schaut das Tier auf seine Mörder in den heiligen Gewändern, ein Zittern geht durch seinen

Leib und leblos stürzt es nieder auf den Marmorboden. Das dumme Vieh hat kein Verständnis, für die ihm angetane Ehre durch Priesterhände, für den göttlichen Kaiser sterben zu dürfen, es würde viel lieber droben auf der fetten Alm in der Freiheit grasen. Nur die Menschen sind ganz anders als das unvernünftige Vieh, die verlassen Herd und Heimat und lassen sich geduldig abschlachten für den Kaiser in Rom. Das ist ein Ehren- und Heldentod.
Der junge Stier hat kaum den letzten Tropfen Blutes gegeben, da drehen ihn die Priester um, daß er auf dem Rücken liegt, sie schneiden ihm den Bauch auf und nehmen die Eingeweide heraus. Ein Priester befühlt die warme Leber und Milz und mit prophetischem Blicke gibt er sein Urteil ab. Aus Leber und Milz erkennt er, daß der Kaiser siegen wird. Auch die anderen Priester stecken über die Eingeweide ihre Köpfe zusammen und alle geben das gleiche günstige Urteil ab. In der hohen Priesterschule haben sie es studiert, wie die Eingeweide des Opfertieres ausschauen müssen, wenn die Götter gnädig sind. Und jetzt stimmen sie einen Jubelgesang an zum Preise der Götter, welche durch diese Eingeweide so deutlich ihre gnädige Gesinnung aussprechen.
Wirklich merkwürdig ist es, wie ernst dabei ihre Gesichter sind, wie andächtig ihr Gesang, wie wichtig ihr Getue. Und dabei ist kaum einer mehr unter ihnen, der an solchen Unsinn glaubt. Aber keiner wagt es nur zu lächeln. Es ist ihr Amt und ihr Amt, das sie gut nährt, ist ihnen heilig, und ihr gutes Geschäft dürfen sie doch nicht selbst herabsetzen vor den Leuten. Wenn auch die Leute den Glauben verloren haben, sie selbst müssen doch tun, als ob sie für den alten Glauben zu sterben bereit wären.
Genau nach den alten römischen Zeremonien wurden die Holzscheite auf den Altar gelegt und darauf die Eingeweide des Stieres, ferner der Kopf und die Füße; die guten Fleischstücke aber legten sie daneben auf einen Tisch.
Glühende Kohlen aus einem Eisenbecken auf das dürre Holz gebracht, steckten es in Brand und in den dicken Rauch mischte sich der Gestank der brodelnden Eingeweide.
Als alles schon ein einziger Glutstock war, wurde aus der silbernen Schüssel auch noch das geronnene Blut auf den Altar geschüttet und jetzt zischte und brodelte es noch mehr. Neue Holzscheite drüber gelegt verdampfen auch das Blut. So war das Opfer vollendet und die Gunst der Götter für den Sieg des Kaisers gewonnen.

Für heute hatten die Priester ihr hochwichtiges Amt vollendet. Vom Tempel weg begaben sie sich in das öffentliche Bad. Das war wirklich recht zweckmäßig. Die Hände und manches Gesicht trugen noch die Spuren des heiligen Opferblutes und der Rauch hat sich auch auf ihre feisten Gesichter niedergeschlagen.
In der marmornen Säulenhalle, welche das Bad umgab, waren schon viele Männer anwesend, aber die wenigsten kümmerten sich um die ankommenden Priester,

nur hie und da konnte man ein kurzes *Salve* hören. Auch ein trauriges Zeichen der glaubenslosen Zeit. Ja früher, da war es anders, da küßten sogar die Männer den Purpursaum am Priesterkleide.

Als nach dem Bade die fetten Leiber der Priester mit wohlriechenden Oelen eingerieben waren, begaben sich alle in den nahe beim Tempel liegenden Palast des Oberpriesters.

Die glatten schimmernden Außenwände dieses Palastes schon stachen auffallend ab von den schmutzig düsteren Tempelmauern. Aber erst das Innere verriet bis ins kleinste Reichtum und Luxus. Der große Speisesaal hatte einen kunstvollen Mosaikboden, die Wände waren bemalt mit farbenprächtigen Bildern aus der Götterwelt und die nackten Göttinnen hoben sich mit ihren weißen Leibern von dem roten olympischen Hintergrunde ab, als wollten sie zu den Priestern herabsteigen und sich zur Tafel niederlegen. Auf dem Gesimse des marmornen Kamines standen aus Silber die Penaten und eine Statue der Venus, ein Meisterwerk der Bildhauerei, auf hohem Sockel schaute sie von der westlichen Wand lächelnd über die speisende Gesellschaft. Helles Licht aus den gegenüberliegenden Fenstern beleuchtete ihre schönen Formen. Ihr wurde auch das erste Trankopfer des süßen Sizilianers geweiht. Aus edlem Metalle und kunstreiche Arbeit waren die Geschirre, in denen die Speisen von den Sklaven aufgetragen wurden.

Fünftausend Sesterzen hatte der Sklave aus Ägypten gekostet, der in der Küche regierte. Aber das Tempelgeld war nicht hinausgeworfen. Er war wirklich ein Künstler. So gut wie beim Oberpriester konnte man in ganz Salzburg nicht speisen.

Auf weichen Kissen lagen die Priester um die blumengeschmückte, mit goldenen Aufsätzen aus der Schatzkammer des Tempels prunkende Tafel herum. Nur eine Seite derselben blieb frei, damit die Sklaven die reichen Silberschüsseln daraufstellen und den Wein kredenzen konnten.

Der zelotische Zug oder der erzwungene Ernst, der während des Opfers auf den Gesichtern der Priester lag, war jetzt wie weggewischt. Sie waren ja unter sich allein. Nicht einmal die Frauen durften mitspeisen. Diese hätten auch keine Unterhaltung gefunden, denn die Herren besprachen gar ernste Dinge. Hatten sie als Staatspriester für den Sieg des Kaisers Philippus geopfert, bei der Tafel sprachen sie sich offen für den Gegenkaiser Dezius aus. Sie waren freilich Diener der Staatsreligion, aber gerade durch die Religion hatten sie die Macht über den Staat selbst. Sie hatten eine ganz eigene Organisation und standen im ganzen Reiche miteinander in Verbindung. Darum war der Oberpriester Salzburgs über alle Ereignisse und Verhältnisse in Rom ebensogut unterrichtet, wie der Pontifex maximus der Hauptstadt die politische Lage im ganzen Reiche kannte.

Darum war auch die hohe Politik der einzige Gesprächsstoff während der Tafel, und je delikater die Speisen, je feuriger der kredenzte Wein wurde, desto bitterer wurde auch der Jammer der Priester über die schlechten Zeiten.

Dagegen gab es aber auch nur ein einziges Mittel, das Volk muß wieder zu seinen alten Göttern zurückgeführt, vor allem aber müssen die Christen ausgetilgt werden.

Der Oberpriester konnte seinen Mitbrüdern versichern, daß sich die ganze Priesterschaft des Reiches vereinigen will, um beim Kaiser wegen Hebung der Religion vorstellig zu werden.

Doch jetzt verstummte auch die Politik. Vor einer Stunde schon konnte man anhaltendes Schreien eines Schweines hören. Geschlachtet wurde es gewiß nicht, denn da hätte es nicht so lange und so schmerzlich geschrien. Den Priestern wässerte während dieses Geschreies schon der Mund, sie kannten zu gut den Leckerbissen, der jetzt bereitet wurde.

Dem Schweine wurden nämlich glühende Bratspieße durch den lebendigen Leib gestoßen. Dadurch blieb das Blut im Fleische und sollte durch die innere Hitze in alle Teile dringen, wodurch das Fleisch besonders schmackhaft wurde.

Endlich brachten vier Sklaven auf großer silberner Platte den bräunlichgelben Braten herein.

Gleichzeitig erschienen auch drei Flötenbläser und zehn junge Mädchen, auserlesene Schönheiten, die zum Flötenspiele vor der Tafel tanzten. An den Füßen trugen sie kleine zierliche Sandalen und der üppige Leib war in feinstes durchscheinendes Gewebe eingehüllt.

Die Pokale wurden neu gefüllt; „Vivat Bachus!“ „Vivat Venus!“ und die beiden bekamen das übliche Trankopfer. Die Tänzerinnen legten ihre duftigen Kleider ab – da trat eiligst der erste Tempeldiener herein und flüsterte dem Oberpriester einige Worte ins Ohr.

Schnell stand dieser auf und verließ mit seinem Sohne den Saal. „Vivat Bachus!“ „Vivat Venus!“ hallte es ihnen noch nach, doch bald wurde es hier immer stiller, nur helles Lachen, übermütiges Kichern oder der Klang eines umgeworfenen Bechers und Stöhnen der Luft gab Zeugnis davon, daß man hier der römischen Staatsreligion diente. Doch plötzlich wurde der Venusdienst grausam unterbrochen, als der Oberpriester wieder zurückkam. Sein Gesicht war gerötet, seine Augen blitzten und mit gebieterischer Stimme befahl er allen, bis auf die Priester, hinauszugehen.

Ein kleines Blatt Pergament in der Hand, drängte er zur Eile.

Noch war keiner der Priester betrunken; sie verstanden es, auf praktische Weise zu genießen; Zuerst satt in der Liebe und dann erst satt im Wein, war römischer Grundsatz des Genusses.

Darum wußten auch die Priester sogleich, daß es sich um etwas Wichtiges handeln muß, sonst würde ihnen der Oberpriester die Freude nicht so verderben und selbst so großmütig darauf verzichten.

„Meine lieben Mitbrüder am Altare der ewigen Götter", begann der Oberpriester. „Die Würfel sind gefallen. Soeben brachte ein Eilbote auf schäumendem Pferde dieses Pergament mit nur uns Priestern bekannter Geheimschrift von dem Schlachtfelde bei Verona.
Der liebe Mitbruder Cajus, der das Heer des Kaisers begleitete, läßt uns alle seine Kollegen wissen, wie die Schlacht geendet."
„Hat Philipp gesiegt? Ist Dezius Kaiser geworden?" unterbrachen die Priester ihr Oberhaupt.
„Vorgestern war die Schlacht", sprach Rufinus weiter, ohne auf die Fragen zu achten. „Von Tempel zu Tempel flog die geheime Nachricht. Auch ich habe sogleich meine Eilboten gegen den Inn und die Donau weiter geschickt. Schon sind sie mit der Kunde außer der Stadt, und viel früher wissen noch unsere Mitbrüder in Ovilava und Lauriacum, wer Kaiser ist, als der Militärtribun und Präfekt von Juvavum."
„Aber welcher Kaiser hat gesiegt?" bestürmte die aufgeregte Priesterschar wieder den Sprecher. „Doch nicht Philipp, für den wir heute geopfert?" „Der Kaiser Philipp ist tot" sprach der Oberpriester mit ernster Stimme und griff zum goldenen Pokal, hob ihn und rief laut: „Vivat Dezius Imperator!"
„Vivat Dezius Imperator!" *Vivat, Vivat!* stimmten die Priester mit ein. „Ja, wir sind kaisertreu, wir Priester sind des Thrones Stützen – nein, seine Grundfeste, und wenn das der Kaiser nicht einsieht, dann ist er nicht wert, auf dem Throne zu sitzen. Sogleich heute noch werde ich einen eigenen Eilboten an das kaiserliche Hoflager absenden, um dem neuen Kaiser die untertänigsten Glückwünsche zu seinem glorreichen Siege von der ganzen Priesterschaft Salzburgs zu übermitteln."
„Bravo, Bravo! Der Kaiser gehört auf unsere Seite, den müssen wir uns ködern. Der soll tanzen, wie wir pfeifen!" tönte es durch den Saal. „Aber jetzt, liebe Mitbrüder, an die Arbeit!" belehrte der Oberpriester weiter. „Keiner verrate, daß wir schon vom Siege des Dezius unterrichtet sind. Geht gleich in der Stadt herum und forscht nach, wie die Vornehmen gegen den neuen Kaiser gesinnt sind. Besonders aber sucht zu erforschen, ob die Christen sich nicht Äußerungen schuldig machen, die wir nachher als Majestätsverbrechen ausnützen können."
„Bravo, sehr gut, das werden wir schon besorgen." „Ich selbst werde den Militärtribun ausforschen, und du, mein Sohn, tue es beim Präfekten. Ja, diese Leute sollen erkennen, daß wir Priester das Haupt des römischen Staates sind. Diese Behörden schauen schon lange in ihrem Unglauben verächtlich über uns hinweg. Wenn sie uns schon nicht mehr glauben und gehorchen, so sollen sie uns fürchten lernen."
„Uns und die Götter sollen sie fürchten lernen" stimmte der Priesterchor mit ein. „Es ist leider eine traurige Tatsache, daß der Unglaube und die Verachtung der Götter von den obersten Klassen immer tiefer in das Volk eindringt und ein noch

traurigeres Zeichen ist es, weil die Legate und Schenkungen für die heiligen Tempel immer weniger werden." Sogar die noch halbgefüllten Pokale wurden nicht einmal mehr ausgetrunken. Die schönen Tänzerinnen und die geschmeidigen Lustknaben waren vergessen über dem begeisterten Eifer für die heilige Religion und den Tempelschatz.
Bald war der Speisesaal leer, und die Sklaven taten sich gut an den vorgefundenen Resten, als sie Ordnung machten.

Die Morgensonne schien schon recht warm auf die hohe Felsenwand nieder, über der hoch droben der Wartturm steht. So steil ist dort der Berg, daß es keinem Menschen möglich wäre, hinaufzukommen. Doch wo der Mensch nicht hin kann, der Samen der Pflanzen findet immer noch einen Halt. Darum hängen auch einige Bäume an dem Felsen und bohren ihre hungrigen Wurzeln hinein in kaum sichtbare Spalten. Auf diesen Zweigen singen die Vögel ihr lustiges Morgenlied.
Sonst ist es in diesem Winkel Salzburgs recht stille. Es ist heilige, feierliche Stille. Nicht der Lärm des Marktes, nicht der taktmäßige Schritt der Soldaten, nicht das Gepolter der Wagen und das Geschwätz und Gelächter müßiger Gänger ist hier zu hören. Auch die Häuser sind in diesem abgelegenen Winkel klein und unscheinbar und lehnen sich bescheiden an den Berg an. Hier wohnt die Armut und verachtete Arbeitskraft. Die Männer sind schon längst fort in die Werkstätten oder Landungsplätze an der Salzach, und auch die Weiber sind auf Verdienst in den großen Palästen. Nur eine Schar Kinder bringt Leben in die engen ausgestorbenen Gassen. Und auch diese mußten bald aufstehen, um sich in der Sonne tummeln zu können, denn bald wird auch diese hinter dem Berge wieder verschwinden für den ganzen Tag bis zum nächsten Morgen. Dann liegt den ganzen lieben Nachmittag des Berges Schatten wie ein geheimnisvoller, lichter Schleier über dem Stadtteile an der Felswand. Und geheimnisvoll ist hier alles. Geheimnisvoll das schlichte, längliche Gebäude, aus dem schon im Morgengrauen, bevor die armen Leute zur Arbeit gehen, halblautes Stimmengesumme kommt, geheimnisvoll der heiterernste Blick in den Augen der ausgebeuteten Arbeiter und gepeinigten Sklaven, geheimnisvoll der Friede und die Seelenruhe der Mütter, geheimnisvoll der heilige Ernst der Kinder.
Geheimnisvoll auch die Würde des alten Mannes mit langem weißen Barte, der als letzter aus diesem Gebäude tritt und mit hellen Augen gegen Himmel schaut. Sie alle, welche noch vor Sonnenuntergang aus diesem schlichten Gebäude kommen, sind Christen und das Haus selbst ist ihre Kirche, in der sie täglich zum Gebete und Opfer zusammenkommen, bevor sie an die harte Tagesarbeit gehen.
S. 16–27, S. 28f. (gekürzt)

Josef von Doblhoff (1844–1928)

„Wozu hat Rom nach Noricum die Künste getragen?"

Seine Werke liegen heute unter Bibliotheksstaub begraben, selbst in Antiquariaten sind sie kaum noch aufzustöbern. Dabei ist der stille Untergang dieser Lyrik in Heine-Manier, von historistischer Prosa und Geschichtsdramen noch leichter verständlich als der radikale Gedächtnisverlust, der den kämpferischen Liberalen, Reiseschriftsteller, Alpinisten, Gründer des Wissenschaftlichen Clubs in Wien und Förderer der Naturwissenschaften, Josef von Doblhoff, betrifft. Mit ihm ist eine Modellfigur liberaler Gesinnung aus den letzten Dezennien der k. k. Habsburger-Monarchie aus dem Geschichtsbewußtsein verschwunden.

In Erscheinung, Stil, Manier und Sujet hing der Schriftsteller Josef von Doblhoff am Alten, am traditionell Überlieferten. Nicht Arno Holz oder Johannes Schlaf, nicht Verlaine und Baudelaire waren ihm Vorbilder. Er dichtete Kunsthandwerkliches in der Art eines Walter Scott, Viktor Scheffel oder Felix Dahn. Trotz dieser Neigung zum Historisieren hielt Doblhoff satirisch bis boshaft Abstand zu allem, was im Geruch deutschnationaler Gesinnung stand: *„Ich mußte in Wien immer lachen über das mit den kriegerischen Erfolgen Deutschlands erwachende Teutonentum…"*

Der aus altem Tiroler Adel stammende Freiherr war ein unkonventioneller, aber nicht atypischer Vertreter der untergehenden Monarchie. Das Erlebnishafte und zugleich Antiquierte seiner Dichtung ist wohl seiner familiären Umgebung und gesellschaftlichen Stellung zuzuschreiben. Josef von Doblhoff, 1844 geboren, wuchs in einer ebenso kunstsinnigen wie politisch aktiven Umgebung auf. Die Familie bewohnte während des Winters das Doblhoffsche Fideicomisshaus am Graben 12, die Sommermonate verbrachte man in dem nachmals als *Romantikerhaus* bezeichneten Schlößl in Maria Enzersdorf am Gebirge. Es gehörte einem Pratobevera, einem Verwandten der Familie, und war das Zentrum der Nazarener Maler und Dichter gewesen.

Vor diesem romantischen Hintergrund, der die Kulisse von Doblhoffs jugendlichen Gedichten bildet, ist dessen Entwicklung zum überzeugten Liberalen, weitgereisten Weltmann und Naturforscher zu sehen, der sich als Verächter hohler Konvention und dünkelhafter Gesellschaftsordnung auszeichnete. Er kämpfte gegen nationale und Rassenvorurteile und handelte sich damit Gegner ein. Nach dem Studium wurde er in den diplomatischen Dienst berufen und kam 1868 ins Ministerium des Äußeren. Dort stieß die Großzügigkeit seines Weltbildes auf Widerstände, und er reichte in der Folge bereits 1870 seine Entlassung ein. Von da an widmete er sich ausschließlich seinen geographischen und naturwissen-

schaftlichen Studien und Forschungsreisen, der Dichtung und Malerei, denn Josef Doblhoff hat sich auch als bildender Künstler betätigt.
Das Dasein eines einzelgängerischen Solitärs ist ihm dabei zeitlebens fremd geblieben. Josef Doblhoff war ein Herr der Gesellschaft. *„Er war ein Mann von auffallender physischer Schönheit, mit einer gewissen Ähnlichkeit mit dem kapitolinischen Jupiter. Ein Mann von übertrieben ritterlicher Gesinnung, der in Gesellschaft mit glänzenden Manieren und unglaublichen Sprachkenntnissen brillierte."*
1871 trat er seine erste Orientreise an. Im Jahr darauf folgte eine Reise um die Welt, 1873 war noch einmal der ferne Osten Reiseziel. 1874 brach er noch einmal zu einer Weltreise auf und schloß damit diesen polyglotten Abschnitt seines Lebens ab. Im Sommer 1874 ließ sich Josef Doblhoff in Bad Ischl bei seinem Bruder Heinrich und Familie nieder, und damit begann seine kontinuierliche und konsequent betriebene Arbeit als Schriftsteller.
Zwei Jahre später verheiratete er sich mit Antonie Freiin von Haan, der Schwester eines Studienkollegen, und sie bewohnten bis zu ihrer Übersiedlung nach Salzburg das zweite Stockwerk im Gräflich Traunschen Palais in der Weihburggasse 26. In derselben Straße besaß er auf Nr. 10 das ehemals Falkenhainsche Barockpalais, in das er nach dem Tod seiner ersten Frau, im Jahr 1900, übersiedelte und bis 1910 dort verblieb.
Die Hochzeitsreise führte in die geliebte Schweiz, wo Josef von Doblhoff für die Geographische Gesellschaft tätig war und 1874–1876 auch seine Bilder ausstellte. Nach diesem Vorbild gründete er 1876–1879 den seinerzeit sehr renommierten Wissenschaftlichen Club in Wien; 1938 wurde dieser von den Nazis aufgelöst.

SALZBURG – EIN KOMPROMISS

Im Herbst 1884 mietete das *freiherrliche* Ehepaar von Doblhoff in Salzburg die sogenannte Jansky Villa gegenüber dem Parkhotel Nelböck (im Zweiten Weltkrieg zerstört) und zog im November ein. Wahlverwandt hat er sich dieser Stadt und ihren Einwohnern von Anfang an nicht gefühlt, sein Wunschziel wäre die Schweiz gewesen. Aber er erhielt hier, wie er sich ausdrückte, *„viel Gelegenheit, den Kampf gegen Antisemiten, Deutschtümler, Heuchler und Pfaffen zu führen"*.
Er erlebte den Wandel der stillen, ärmlichen Provinzstadt zur gründerzeitlich großspurigen Baugrube, hinter der Wirtschaftsleute mit Europa-Ambition standen, und er trug diese Aufbruchsstimmung auch persönlich mit. In literarisch-publizistischer Hinsicht begannen damals seine fruchtbarsten Jahre. Doch legte sich diese Stadt Salzburg, vermutlich im schmerzhaften Widerspruch zu dem beweglichen und wandelbaren Naturell des Freiherrn von Doblhoff, mit drückender Stetigkeit und Schwere auf dessen Gemüt. *„In Salzburg"*, klagte er, *„ist alles so bleiern schwer, sogar die Glocken schlagen träger, die Pferde schlafen im Gehen, die Menschen haben kein Temperament und die Tiere keine Rasse; Der Regen, der*

einmal fällt, kann nicht mehr aufhören, die Sonne ringt mühsam mit den Nebeln wie ein Sterbender mit dem letzten Seufzer, und gehen sie ins Theater, dann berechnen sie die Pausen zwischen dem Bühnenscherz und dem Gelächter im Parterre." (Erzählungen aus Salzburg, 53)

Nichtsdestotrotz brachte er hier den größten Teil seiner Werke – nicht zu Papier, aber – zur Veröffentlichung. Gesellschaftlich war er, wie immer, bestens integriert. Er trat der Künstlergesellschaft „Gral" bei, war mit Mielichhofer und anderen Teilnehmern des Naturforscherkongresses befreundet und erwarb sich mit der Broschüre „Zur Hebung des Fremdenverkehrs in Salzburg" (1888), einer kleinen, salzburgischen Manifestation liberaler Gesinnung, viele Sympathien in der Stadt. 1895 nahm er sein „Quellenstudium zur Salzburger Landeskunde" auf, eine bis heute geschätzte Arbeitsunterlage bei Historikern, und er setzte sich mit Enthusiasmus für die Feuerbestattung ein.

Josef von Doblhoff

Der Fortschritt, auf den Freiherr von Doblhoff vertraute, sollte die Zukunft der Stadt zu ihrem wirtschaftlichen und kulturellen Besten gestalten. Als einen etwaigen Fallstrick dieser Entwicklung bezeichnete der liberal gesinnte Publizist den aufkeimenden Antisemitismus. Denn *„so wie die Klerikalen hinter jedem Fremden einen Protestanten vermuten, so suchen die Antisemiten hinter jedem Fremden einen Juden"*. Zur Genese dieser Stimmungsmache – die politischen Konturen sind zu diesem Zeitpunkt noch nicht festgeschrieben – und gut im Bilde über das weltanschauliche Sammelbecken der Stadt, führt er dazu aus:

„Besehen wir uns nun die Antisemiten Salzburgs und ihre Geschichte: Diese ist kurz, denn es ist erst drei Jahre her, daß antisemitische Fühler bis in unsere Berge ausgestreckt wurden. Zwar sah man schon früher wilde Gebärden, finstere Mienen und hörte geheimnisvolle Reden, aber der Apostel Schönerer gab ihnen erst im Jahre 1885 die Weihe durch sein Erscheinen und durch eine Rede zu Neumarkt. Er fand zwar keine Juden, aber umso mehr des Methes volle Söhne des Landes. 1883 hatte es zwar schon zu Reichenhall gespukt, aber dort war der Bade-Commissär rasch mit der Gendarmerie zur Hand, welche sämtliche Zettel mit dem Juden hinaus von den Bänken und Felsstücken entfernte. Er war klüger, als die törichten Leute, welche ihren Geschäftsneid bald mit dem Verlust von 60 % des Badepublicums bezahlt hätten. In Salzburg war man natürlich vorerst erstaunt. Einige von jenen, welche stets das Aufblühen der Saisonstadt im Munde führen, um dann im

Winter über jede, die Entwicklung fördernde Unternehmung den Stab zu brechen, bis sie in der nächsten Saison wieder an die Brust schlagen können und den Fremden verkünden: Das haben wir gemacht! – fanden an den struppigen Jünglingen Gefallen und an ihren Reden wirklich etwas daran! Die Wunderpredigt des Apostels war also auf guten Boden gefallen und einige echte importierte Wiener Antisemiten, welche ihren Bildungsprozeß schon unter der erfahrenen Leitung von echtfärbigen Studentenverderbern durchgemacht hatten, schlossen sich gerührt an. – Diese unverfälschten deutschen Judenhasser (welche das Terrain vergeblich unsicher zu machen drohten, ohne daß der gebildetere und aufgeklärtere Teil der Bevölkerung aus seiner Reserve trat) haben sich ziemlich unbeachtet konstituiert, ohne daß es ihnen bei der Hauptversammlung des deutschen Schulvereines gelungen wäre, sich in den Vordergrund zu stellen.
Seit jenem Zeitpunkt aber sind wir in dem bedenklichen Besitz einer tätigen Ortsgruppe des Schulvereins für Deutsche, d. h. einer Vereinigung, welche unter dem Schutze des nationalen Gedankens Unerfahrene auf schiefe, ihnen nachteilige Bahnen lenkt, ohne sich weiter darob Vorwürfe zu machen.“ (Zur Hebung des Salzburger Fremdenverkehrs, 1888, 11f.)

Josef Doblhoff, in politischen Belangen nicht unerfahren und durch seine diplomatische Tätigkeit geprägt, erweist sich als guter Beobachter dieser ideologischen Szenerie, wo die schillernde Beweglichkeit von Publikumsstimmungen genauso zählte wie die unscheinbare Tätigkeit von Drahtziehern im Hintergrund, sodaß mit spielerischer Beiläufigkeit aus einem *Deutschen Schulverein* ein *Schulverein für Deutsche* hervorgehen konnte.

So wie Josef Doblhoff als historisierender Schriftsteller ein sinkendes Schiff befehligte, so stand er auch als überzeugter Liberaler auf der Verliererseite. Während das Lager der Christlichsozialen in jener Zeit laufend Zustrom erhielt, schmolz die Anhängerschaft der Liberalen dahin. Mit dem Einzug Dr. Karl Luegers als Bürgermeister ins Wiener Rathaus gestaltete sich dieser Aufstieg zum Triumph.

Mit dem Tod seiner ersten Frau kehrte Josef Doblhoff zurück nach Baden und dann nach Wien. Er erlitt 1919 einen Schlaganfall, von dem er sich nicht mehr erholte und verstarb 1928 in seinem letzten Domizil in der Währingerstraße 119.

Josef von Doblhoff als historischer Erzähler

Die römische Schweiz, der Schauplatz von Doblhoffs „Julia Festilla“, einem „Liebesroman aus Römisch-Helvetien“ (1884) in drei Bänden, bildete Doblhoffs Ausgangspunkt für die nachfolgende, sehr ausgiebige Beschäftigung mit dem historischen und archäologischen Roman. Nach dem Urteil Martin Feichtlbauers soll ihn Josef von Doblhoff in Salzburg gewissermaßen eingeführt haben. *„Doblhoff hat auf dem Gebiet des archäologischen Romans keinen ernst zu nehmenden Nach-*

folger in Salzburg, doch dürfte die Freude am Geschichtsroman, dem wir etwas später begegnen, vielleicht durch ihn doch etwas angeregt worden sein." (Salzburgs hochdeutsche Literatur von 1850–1917, 106)
Drei Frauen stehen im Mittelpunkt von „Julia Festilla", die Titelheldin, eine heroische Schönheit und Priesterin der Aventia, Lesbia, die käufliche Schönheit Roms und Caninia, die einfache und unschuldige Christin aus den Bergen des Walliser Landes. Mit der vergleichsweise weniger bekannt gewordenen Erzählung „Das Bild des Patronus" hat Josef Doblhoff seine Begeisterung für die römische Antike auf den Schauplatz Salzburg übertragen. Ein steinernes Grabrelief aus dem Stadtmuseum steht im Mittelpunkt der Handlung. Die Liebesgeschichte, die dabei das Thema angibt, enttäuscht freilich durch die flache Schilderung und simple Zeichnung. 1894 wurde sie in „Erzählungen aus Salzburg" publiziert.
Gegenüber Hans Kirchsteigers Kirchenkritik im Römergewand verfolgt Josef Doblhoffs Erzählung „Das Bild des Patronus", die im untergehenden Juvavum des 5. Jahrhunderts angesiedelt ist, eine völlig andere Zielrichtung. Er hat die zivilisatorischen Werte dieser römischen Kultur im Blick, Toleranz, Weltoffenheit und den Primat der Vernunft, die für ihn einen zeitlos gültigen Verhaltenskodex bilden. Gemeinsam ist Kirchsteiger wie Doblhoff die kritische Haltung gegenüber der konservativen Amtskirche.
Ein romanhaft breit ausgeführtes Manuskript über das „Leben des Bischofs Thiemo", Abt von St. Peter, 1091 zum Salzburger Bischof gewählt, fand keine Veröffentlichung mehr. Doblhoff hatte sich mit der Gestalt Thiemos einen Märtyrer ausgesucht, der, künstlerisch begabt, aber politisch unfähig, auf dem Kreuzzug von 1101 den Märtyrertod gefunden hatte. Die Haltung zum Zölibat, die in dem 800 Seiten starken Manuskript artikuliert ist, war so wenig kirchenkonform, daß kein Verleger das Wagnis einer Veröffentlichung einging.
Mit Felix Dahn, dem erfolgreichsten Bearbeiter des historischen Kostümfachs im Bereich der Unterhaltungsliteratur, kommt eine dritte Variante ins Spiel. Nach den Römergemälden des Sozialdemokraten Kirchsteiger und des Liberalen Josef von Doblhoff ist nun ein Erzeugnis der nationaldeutschen Geschichtsschöpfung, aufgemacht als spannende Belletristik, an der Reihe.

„Das Bild des Patronus"

Im Februar 1890 fuhr der altertumsbegeisterte Diplomat und Schriftsteller Josef Doblhoff, seit kurzem in Salzburg wohnhaft, zu den Marmorbrüchen am Untersberg, um dort Versteinerungen zu sammeln. Der Werkleiter hatte zwar nichts von den gewünschten, in Marmor kristallisierten Schnecken oder Muscheln parat, vertraute dem interessierten Herrn jedoch einen spektakulären Fund an, einen *versteinerten Menschen*, wie er sich ausdrückte, der das Gesuchte um ein Vielfaches aufwog. *„Ich lachte und ließ ihn vorangehen,"* berichtet Josef von Doblhoff. *„Hin-*

ter einem Neugebäude oberhalb des kurz zuvor fertiggestellten Seilaufzuges war frischer Schutt aufgehäuft. Der Mann schob mit dem Fuße an verschiedenen Stellen den Schnee weg, bis eine rötlichgraue, stark verwitterte Marmorplatte zum Vorschein kam, darauf, halb zubehauen, eine undeutliche Figur: Da ist er, der versteinerte Mensch!, sagte er."

Freiherr von Doblhoff präsentierte sein Fundstück der Gesellschaft für Salzburger Landeskunde und man bescheinigte diesem römerzeitliche Herkunft. Die geheimnisvollen Begleitumstände bei der Entdeckung dieses Grabreliefs aus dem 5. Jahrhundert inspirierten Doblhoff, der im Fach der historischen Erzählliteratur bereits mit „Julia Festilla" Erfolg gehabt hatte, zu einer Erzählung über den Untergang Juvavums unter dem Einfall der Goten.

Römisches Grabrelief

Zum Schauplatz dieser literarischen Konstruktion bestimmte er, wie er im Anhang zur Erzählung schreibt, den Römersteinbruch und Fundort des Reliefs. Der römische Freigelassene Iccius, Bildhauer und vormals Sklave des reichen Patriziers Placidius, Besitzer einer Villa in Loig, meißelt dort an einem Grabstein für seinen früheren Herrn. Seine Frau Lyce, die Tochter eines einheimischen Steuereinnehmers, sucht ihn dort auf, um ihm von einem fürchterlichen Traum zu erzählen, der sie noch immer ängstigt.

Da kündigt sich unter grellem Lärm und Feuerschein das Näherrücken der feindlichen Goten an. In der Ferne flammen die in Brand gesteckten Häuser und Hütten auf. Auch die Villa des Placidius im Westen der Stadt – die berühmte Villa von Loig diente Doblhoff offenbar als Vorbild – fällt der wüsten Zerstörungswut zum Opfer. „Der Bildhauer blickte entsetzt hinüber: *„Wozu hat Rom nach Noricum die Künste getragen, wenn jede Gotenherde sie zerstören kann?*"

Er lädt das Marmorbildnis auf einen Karren, und sie steigen zu Tal, kommen aber durch die Last des Reliefs, das sie mitführen, nur langsam voran. Von unten, aus dem Talgrund ertönen ängstliche Schreie, die zur Flucht mahnen. Mühsam erreichen sie die Legionsstraße, von der Villa Placidius stehen nur mehr kahle Mauern. Auf einem Wagen kommt ihnen Flavia, die junge Gemahlin ihres Herrn entgegen. Den Leichnam ihres Gatten neben sich gebettet, hat sie die Flucht nach Süden angetreten. Lyce wird von heftiger Eifersucht erfaßt. Als Flavia die beiden einlädt, zu ihr auf den Wagen zu steigen, ruft Lyce haßerfüllt aus: *„Lieber eines Feindes Weib, als meiner Nebenbuhlerin Freundin!*"

Iccius bleibt bei Lyce, um in ihrer Hütte ein beschauliches, einfaches Leben zu führen. Eine umherstreifende Kriegerhorde durchkreuzt ihre Absicht, nimmt die beiden gefangen und führt sie mit sich.

Im Römersteinbruch

Werkausschnitt „Das Bild des Patronus"

Sie waren nicht weit gekommen, als es lebendig wurde zwischen den Stämmen. Wie Raubtiere eilten die Feinde, zwanzig an der Zahl, dem Marmorbruche zu. Laut schreiend verlangten sie, Iccius solle ihnen Gold zeigen.
„Gold! – oder ich töte dich!" forderte mit wilden Gesten einer der Heruler.
„Ich bin ein Bildhauer. Wie soll ich Gold suchen?"
„Lügner! Was suchet ihr Anderes im Berge? Wo sind die Schätze aus jenem Hause? Du hast sie verborgen!"
„Suchet!" … Er deutete auf die Höhle. –
„Bindet sie!" brüllte der Anführer.
Die Krieger taten, was ihnen befohlen war.
Der Künstler und sein Weib standen gefesselt da. Sie blickten einander an, als wollten sie sagen: Uns haben die Feinde gebunden und verbunden!
Nur ein tiefer Seufzer entrang sich der Brust des Künstlers: „O Roma! werde ich dich wiedersehen?" klagte er.
„Ein Römer bist du?" fragte der finstere Anführer der Heruler hastig. – „Du wirst Italien wiedersehen, wenn du den Weg uns zeigst. Dorthin ziehen wir, Freunde der Goten. Wehe dir, wenn du uns irre führst!"
Er wies mit dem Schwerte gegen Süden.
„So erblickst du doch Italien, Lyce!" rief Iccius erfreut.
„So will ich es sehen, in Glück und Leide, gebunden mit dir!"
Sie schauten hinunter gegen Juvavia. Breit lagerte eine dunkle Rauchwolke über den Trümmern der verlorenen Stadt. Von Zeit zu Zeit noch züngelten aufhüpfende Flammen aus den Ruinen. Wie eine graue Decke lag der Qualm über den Hügelkronen. In der Fläche zwischen den Flüssen sah man die Reiterscharen sich zu großen Haufen sammeln.
Als die Gefangenen mit ihren Wächtern zur Legionsstraße abwärtsstiegen, kamen sie dort vorbei, wo Iccius sein Meisterwerk verlassen hatte. Er legte traurig die Rechte vor die Augen, und fest klammerte sich Lyce an den Geliebten, damit sein Blick nicht nochmals auf ihres Liebesleides Sinnbild falle.
Einer der Heruler-Krieger bemerkte den Grabstein. Er betrachtete in gebückter Stellung, seinen Ellbogen auf das Knie stützend, die frisch gemeißelte Platte. Sie

schien ihn zu fesseln; aber plötzlich, wie von einem Dämon ergriffen, stieß er dieselbe verächtlich mit dem Fuße auf das Geröll, daß sie zersprang.
Ein dankbarer Blick Lyce's traf den Krieger; doch weder dieser noch Iccius oder die übrigen hatten ihn bemerkt.
Der wüste Lärm war verschwunden.
Verlassen ruhte das Bild des Patronus unter den Felsen, aus denen es gemeißelt. Keine Zuschrift besagte, wer es geschaffen, für wen es erdacht worden.
Jahrhunderte sind darübergezogen; sie nagten an den Linien des Kopfes, sie verwischten die Togafalten, sie bröckelten ihren Schutt über das Einst, das Vergessene.
Nur ahnen können wir, wie Menschen längst entschwundener Zeiten fühlten, sprachen und handelten; doch das wissen wir, daß sie lebten und liebten, daß Freundschaft und Feindschaft sie beherrschten. – –
Wenn Steine reden könnten: vielleicht würde der verwitterte Grabstein aus dem Marmorbruche bei Salzburg erzählen, was ich von ihm erdachte!
S. 31–33.

Felix Dahn (1834–1912)

Deutsche Spiele in Wald und Aula

Der in Hamburg geborene Dichterjurist Felix Dahn, der mutmaßlich populärste Vertreter des sogenannten *Professorenromans*, war der Stadt Salzburg durch persönliche Aufenthalte verbunden. Sooft er in Gastein zur Kur weilte, lud Salzburg ein, Station zu machen. Mit Gründung der Ferialkurse, die sich als deutschnationales Gegengewicht zu der geplanten Errichtung einer katholischen Universität etablierten, nahm diese Verbindung organisierte Formen an.

Dabei kam neben dem Rechtshistoriker Dahn mit Lehrstuhl in Königsberg und Breslau auch der seit der Kindheit mit dem Bühnenleben vertraute, pathetische Festredner, Balladendichter und spektakulär-wortreiche Germanenschöpfer zur Darstellung. Salzburg als Naturbühne und Felix Dahn als Windmacher für ein germanenstolzes Geschichtsbewußtsein gingen eine höchst öffentlichkeitswirksame Verbindung ein.

Felix Dahns Eltern waren beide am Hamburger Stadttheater tätig gewesen. Der hohe Ton des Festlichen war daher von Kindheit an vertraut. Für sich selbst, soviel bekannt ist, hat Dahn nie einen Künstlerberuf in Erwägung gezogen. Erst über den Umweg des historischen Erzählers wurde er zum deutschen Monument. Doch steht neben dem Romancier, dessen „Ein Kampf um Rom“ (1876) bis heute in den Bücherregalen der Heranwachsenden seinen Platz behauptet, der Lyriker, Dramendichter und Balladenschreiber, der wenigstens zu Lebzeiten Dahns mehr als nur Schattenfigur war.

Sein Schauspiel „Sühne“ (1879) war das fünfte Drama nach der Chronik von Dahns Werkverzeichnis, es folgte auf „Deutsche Treue“, „König Roderich“, „Markgraf Rüdeger von Bechelaren“ und „Die Staatskunst der Frauen“. Über den Abstand von gut 30 Jahren kam es zu einer denkwürdigen Salzburger Aufführung im Rahmenprogramm der Ferialkurse. Wie das *Salzburger Volksblatt* am 3. September 1910 berichtete, wurde „Sühne“ bei einem *Germanenfest* auf der Freilichtbühne in Morzg gezeigt, Felix Dahn hatte für die Vorstellung noch rasch einen eigenen Prolog gedichtet. Von den Vortragenden im Hauptprogramm der Ferialkurse erwähnte das Blatt: Friedrich von der Leyen („Die Götter und Göttersagen der Germanen“), Walther Golther („Nibelungendichtung und Nibelungensage im Mittelalter und in der neuen Zeit“) sowie Hans Hirt („Geschichte des deutschen Wortschatzes“).

Die populäre Inszenierung von Geschichte zum Zweck nationaler Identitätsbildung bildet ein Grundmerkmal in Werk und Persönlichkeit Felix Dahns, macht vermutlich den besonderen Wesenszug seiner Symbiose aus Wissenschaft, Phantasie und Politik aus. Geschichtsvermittlung dieser Art lädt konsequenterweise zum Mitmachen und Mitspielen ein, das Spektakuläre und Bühnenmäßige entspricht ihrem Drang nach möglichst breiter Wirkung.

Nicht von ungefähr kam es daher im zeitlichen Nachfeld des Morzger Germanenfestes von 1910 zu Folgeerscheinungen und Nachahmungen. Anders gesagt, war Felix Dahn ein vergleichsweise früher und vergleichsweise seriöser In-Szene-Bringer von deutscher Nationalgeschichte.

Nicht weit von Morzg entfernt wurde beim Drachenloch in St. Leonhard am Fuße des Untersbergs das Grödiger Bergwaldtheater eingerichtet, und eine vergleichbare Naturbühne für volkstümliche Spiele entstand in Maria Plain. Ein ausführlicher Beitrag über ersteres erschien am 8. August 1936 in der *Salzburger Chronik.* Dort heißt es über die Vorzüge des Grödiger Spielplatzes: „*Schon der Zuschauerraum ist völlig entsprechend, der das Publikum fast zur Szene mitnimmt und ein unmittelbares Beteiligtsein am Spiele erzwingt und auch den Schauspieler durch seinen Blick in denselben von der gestellten Aufgabe nicht ablenkt. Die Möglichkeit, die Aktionen auf mehreren Plätzen sich abspielen zu lassen, höchst geeignete sichtbare und verdeckte Zu- und Abgänge der Szene (ich zählte an die sechzehn), die der Phantasie in jeglicher Weise zu Hilfe kommen und der Untersberg als geradezu idealer Hintergrund-Prospekt, der bald wie verzaubert in Unendlichkeiten ahnen läßt, bald in starrer Monumentalität eine unübersteigbare Grenze jedem gedanklichen Darüberhinauswollen bietet, beweisen die Vortrefflichkeit der Anlage.*“ (Das Bergwaldtheater in Grödig, Salzburger Chronik, 8. August 1936)

Bergwaldtheater Grödig

Das Germanentum, das ein Felix Dahn mit dem Farbauftrag des Historismus koloriert hatte, ging in den Propagandastil von *Blut und Boden* über. Ein abschließendes Zeugnis aus dem weiteren Umfeld dieser politischen Folklore führt auf den Kapuzinerberg, wo sich, lange vor dem Jahr 1936, die Halbwüchsigen der rechten Altstadtseite, mit Dahns „Ein Kampf um Rom“ sicher bestens vertraut, auf ihre Weise als *echte* Germanen aufführten.

„Die Darstellung der Schlacht im Teutoburger Wald“

Unter diesem Titel veröffentlichte Gustav Hinterhuber, aus der bekannten Apothekerfamilie in der Linzer Gasse, wo der deutsche Nationalstolz eine durchaus bürgerliche Pflege erfuhr, eine kleine, sentimentale Rückschau auf die spielerische Genese dieses Germanentums in seinen Kindheitsjahren, als sich die Halbwüchsigen der rechten Altstadt auf dem Kapuzinerberg ihr eigenes, vergleichsweise harmloses nationales Waldtheater geschaffen hatten. Es mutet vielleicht erst heute wie ein Austoben „Dahn'scher Lektüre" an:

„Unter dem dichten Dach der Baumriesen (des Kapuzinerbergs) *pflegte die Jugend der rechtsseitigen Stadthälfte an sonnigen Nachmittagen sich herumzutummeln. Zahllos war die Art der Spiele, die der Reihe nach in Mode kamen und wieder vergessen wurden. Bei einem blieben wir Jungen aber am längsten und führten es in vielen Variationen durch: Die Darstellung der Schlacht im Teutoburger Wald. Vorerst wurden Germanen und Römer durch das Los bestimmt, in der folgenden Zeit behielt jeder seine Rolle bei und trat mit Begeisterung für seine Partei ein. Daß es uns Buben in erster Linie um eine gründliche Rauferei zu tun war, soll nicht in Abrede gestellt werden, doch bildete sich schließlich in jedem eine Art von Nationalstolz heraus, die alten Deutschen warfen sich in Erinnerung an den großen Sieg vor 2000 Jahren in die Brust, die edlen Römer sahen mit Verachtung auf die wilden Bären des Urwaldes herab, denen sie an Kultur und Gesittung so weit überlegen waren. Gegen den Herbst zu hatte der germanische Heerhaufen einen gar lieblichen Zuwachs erhalten. Ein junges Mädel, 13 oder 14 Jahre alt, das in unserem Nachbarhaus wohnte und in Begleitung einer einfältigen Magd am Nachmittag in den Wald kam, nachdem sie erklärt hatte, daß sie nur auf deutscher Seite mitspielen wolle, war unter begeisterter Zustimmung als Thusnelda ausgerufen worden. Daß wir unter den Augen des hübschen blonden Mädels unsere ganze Kraft aufboten, die Römer Tag für Tag aufs Haupt zu schlagen, versteht sich wohl von selbst."*
(Salzburger Volksblatt, 6. Jänner 1912)

Felix Dahn war zwei Tage zuvor in Breslau an einer Lungenentzündung verstorben, als dieser Artikel erschien, der als Kindheitserinnerung wohl in die 80er Jahre des 19. Jahrhunderts zu datieren ist, als der Historismus soeben den Höhenrücken seiner Wirkungsgeschichte erklommen hatte. Am 26. Jänner 1912 fand im großen Kurhaussaal in Salzburg eine Felix-Dahn-Gedenkfeier statt. Die Liedertafel brachte „Schottischer Bardenchor" von Silcher sowie den „Siegesgesang nach der Varusschlacht" nach einem Gedicht von Felix Dahn, vertont von Franz Abt, zur Aufführung.

FELIX DAHN UND „FELICITAS" (1903)

Felix Dahn ist in München, wohin seine Eltern kurz nach seiner Geburt übersiedelten, aufgewachsen. Seine Universitätsjahre in München (1850/51) und Berlin (1852/53) widmete er einem breiten Fächerspektrum, der wichtigste Lehrer wurde ihm der Philosoph Karl Prantl. Die bei diesem abgeschlossene Dissertation „Über den Phaidon des Plato" führte aber nicht zur Promotion, er beschloß sein Studium

vielmehr mit einem juristischen Examen, dem 1857 die Habilitation folgte. Bis 1863 war Felix Dahn als Privatdozent tätig, dann erfolgte seine Berufung nach Würzburg. 1872 bis 1888 war er Professor an der Universität Königsberg.
Seine literarische Entwicklung setzte mit Lyrik und Versepen historischen Inhalts ein. In Berlin fand er Zugang zu dem Dichterbund „Tunnel über der Spree", was ihm die Bekanntschaft mit Theodor Fontane vermittelte. Literarische Vorbilder und Freundschaften, die sich in diversen Widmungen widerspiegeln, haben seine schriftstellerische Arbeit zeitlebens begleitet. Der Name Viktor von Scheffels, einer Schlüsselfigur des Historismus, der im Zusammenhang mit Anton Breitner noch zu erwähnen sein wird, ist hervorzuheben.
An Felix Dahns Laufbahn wie auch an der seiner Wegbegleiter ist der Übergang des Bürgertums vom Liberalismus der Innerlichkeit zum Patriotismus der Bismarckzeit und Reichsgründung nachvollziehbar, aus dem sich dann das entsprechende deutschnationale Empfinden rekrutierte. Der Ostgotenroman „Ein Kampf um Rom" – der Krieg in Italien 1859 hatte die Anregung gegeben, Dahns zweite Ehefrau Therese, geborene von Droste-Hülshoff, hatte das unvollendete Manuskript vor der Verbrennung gerettet – machte Felix Dahn berühmt, erhob ihn ins Walhall der Unterhaltungsliteratur.
Seinem Freund Viktor von Scheffel hat er das Schauspiel „Deutsche Treue" (1871) und das Lustspiel „Staatskunst der Frauen" (1877) gewidmet. Auch im Opernfach versuchte sich Dahn mit einigem Geschick. 1880 erschien „Armin", komponiert von Heinrich Hofmann, der bereits Scheffels „Ekkehard" vertont hatte. Es folgte, mit der musikalischen Komposition von Heinrich Vogl, „Der Fremdling", von Dahn dem verehrten Richard Wagner gewidmet. Im Unterschied zu seinen erfolgreichen Balladendichtungen erreichte Felix Dahn jedoch im eigentlichen dramatischen Fach nur mäßige Erfolge.

Felix Dahn

Als Dichter hat Felix Dahn weiter ausgeholt als im Gebiet seines wissenschaftlichen Arbeitens. Während seine historischen Forschungen fast ausschließlich den germanischen Reichen der Völkerwanderungszeit gewidmet sind und bei den Karolingern abschließen, hat er als Unterhaltungsschriftsteller auch die späteren Jahrhunderte, bis herauf in seine Gegenwart, erzählerisch bearbeitet. „Felicitas", Dahns einzige historische Gestaltung mit Salzburgbezug, führt als erster Titel eine Reihe „Kleine Romane aus der Völkerwanderung" an, ihre Entstehung geht wohl auf persönliche Beziehungen zu dieser Stadt zurück. Gewidmet ist sie den Dichtern des Schweizer Realismus, Gottfried Keller und Conrad Ferdinand Meyer. Das alte Juvavum des Jahres 476, als die Römerherrschaft zusammenbrach und sich Salzburgs spätere Bedeutung als kultureller Mittelpunkt vorbereitete, gab Ort und Zeit der Handlung vor.

Ungeklärt ist die Beziehung von „Felicitas" zu Josef von Doblhoffs „Das Bild des Patronus". Die auffallenden Parallelen in der Konzeption lassen eine gewisse Schuldigkeit Dahns gegenüber seinem Vorgänger vermuten. Beide Erzählungen spielen in dem fraglichen Jahr 476/77, sind in einer Colonen-Villa an der Legionsstraße nach Vindelicum Augusta (Augsburg) zu lokalisieren und haben eine archäologische Fundsache, dort ein Marmorrelief, hier eine Inschrift, als zentrales Motiv.

Wer den immensen Ausstoß an Felix-Dahn-Werken in Rechnung stellt sowie dessen flinke Abwandlung bewährter Erzählstoffe, die keine Berührungsscheu gegenüber dem Trivialen zeigt und auch vor Stereotypen in der Figurenzeichnung nicht haltmacht, würde sich zumindest nicht wundern, hätte Dahn zur schnelleren Produktion dieser Salzburger Freundschaftsdichtung bei einem Vorläufer ein wenig auf Kredit geborgt, um durch die rasche Festlegung von Sujet und Ambiente rascher zu einem Ergebnis zu kommen. Zumindest in Salzburg war ihm der Erfolg ohnedies im voraus sicher.

Hier wohnt das Glück

Bei Aushubarbeiten für das geplante Mozartdenkmal legten Arbeiter am 30. April 1841 auf dem Michaelsplatz (heute: Mozartplatz) die Relikte eines prachtvollen römischen Mosaikbodens frei, der mit dunklen Lettern auf weißem Grund die Inschrift trug: „Hic habitat … Nihil intret mali." Mit „Felicitas" ergänzte sich dies zu einem römischen Sinnspruch, auf Deutsch: „Hier wohnt das Glück, nichts Böses trete ein."

Dieses sprichwörtliche „Glück" gab Felix Dahn der Hauptfigur seiner Erzählung, einer griechischstämmigen, freigelassenen jungen Frau und Mutter eines Kleinkindes zum Namen. Zusammen mit ihrem Mann, dem Künstler und Steinmetzen Fulvius, lebt sie in einer bescheidenen Colonen-Villa im Westen der Stadt. Erhebliche Steuerschulden belasten das junge Familienglück. Zudem überschattet das fehlende Freilassungszeugnis der in Sklaverei geborenen Felicitas ihre Existenz als Colonen des römischen Imperiums.

Mit der Akribie des Geschichteprofessors schildert Felix Dahn die Zustände der Auflösung, die sich im Juvavum des 5. Jahrhunderts breit gemacht haben. Die psychologische Ausmalung dieses Niedergangs erfolgt freilich in bedauerlich plumper Manier. Leo, der Tribun, frönt seinen sexuellen Begierden, anstatt der Stadt militärischen Schutz zu geben. Der Kaiser im fernen Ravenna hat das Land *trans alpes* so gut wie aufgegeben. *„Alle paar Jahre wird ein anderer Kaiser uns*

bekannt: – – aber nur durch die Münzen.‘ – ‚Und diese werden immer schlechter!‘ – ‚Nun, noch schlechter können sie kaum werden: das ist ein Trost.‘ – ‚Aber die Steuern werden immer unerträglicher, ließ mir ein Vetter sagen aus Mediolanum (Mailand), wo man noch Büttel und Soldaten hat, sie mit Gewalt zu erheben.‘ ‚Uns kann's gleich sein,‘ lachte der Junge. ‚Wer weiß, wie viel ich schon schulden mag von diesen paar Joch Landes.‘ – ‚Und die Legionenstraßen überwächst das Gras, ja das Buschwerk des Waldes.‘ – ‚Und die Truppen erhalten keinen Sold.‘ – ‚Aber sie machen sich durch Plünderung der Bürger bezahlt, die sie verteidigen sollten.‘ – ‚Und die Wälle von Juvavum zerfallen, die Gräben liegen trocken, die Schleusenwerke verdorben –: die reichen Leute ziehen davon –: nur arme Schlucker, die nicht fort können, wie wir, bleiben.‘ – ‚Mich wundert, daß der Argentarius nicht schon lange mit seinem großen Geldsack über die Alpen davon gezogen ist.‘“ (25)
Dieser Argentarius (Geldwechsler, Bankhalter) mit Namen Zeno verkörpert neben Leo, dem Tribun, die haltlose Verkommenheit des Imperiums. Felicitas ist das begehrte Opfer von Leos sexueller Gewalttätigkeit, der Wucherer Zeno verschuldet durch eine fingierte Steuerschuld, daß Fulvius eingekerkert wird. Der Presbyter Johannes ist als Vertreter des jungen Christentums die einzige Vertrauensperson im öffentlichen Leben der Stadt. Er allein bürgt noch für Recht und Gerechtigkeit. *„Der Kaiser ist fern, seine Beamten sind alle zu kaufen; die Barbaren sind wie das Gewitter: sie brausen heran, man duckt sich, sie brausen wieder davon; aber die Kirche ist überall, wo auch nur ein einziger Priester im halbzerfallenen Bethaus die Messe hält. Und der Priester ist – nicht zu kaufen!“* (31)
Die Vertreter des Militärs dagegen, altmodische Feldherren wie Severus, armaturarum magister in Juvavum, oder Cornelius, mehr stoischer Nihilist als souveräner Heerführer, agieren als schwache und ziellose Vertreter der römischen Staatsmacht. Die innere Ordnung ist zerfallen. Der germanische Wanderzug nach dem reichen Süden, den Felix Dahn als Landnahme einer schlichten bäuerlichen Stammeskultur ausmalt, bricht so gesehen keine offenen, aber doch morsche Tore ein.

Barbaren vor den Toren der Stadt
Werkausschnitt „Felicitas"

War es wirklich so? Standen in der Tat die Germanen vor den Toren von Juvavum? Darüber zerbrachen sich die Bürger mit peinigenden Schwankungen die Köpfe. Zunächst erfuhr man gar nichts mehr von allem, was draußen vorgegangen war oder nun vorging; der Mund, der weiteres hätte berichten können, war verstummt auf immerdar. Die Tore wurden sorglich verschlossen gehalten. Leo der Tribun freilich oben auf dem Kapitol war auf die erste Meldung sofort von seinem Lager gesprungen: „Zu Pferd," hatte er gerufen, „hinaus vor die Wälle!" Aber mit einem Schrei des Schmerzes war er wieder zurückgesunken in die Arme seines Sklaven; und der Führung eines andern wollte er das gefährliche Wagnis einer nächtlichen Erkundung vor den Toren gegenüber einem gewiß sehr überlegnen Feind nicht anvertrauen. Severus, der Befehlshaber der Freiwilligen unten in der Stadt, hatte nur Fußvolk zur Verfügung. Mit diesem allein wollte und konnte er nicht den Barbaren zur Nacht entgegenziehen. Er begnügte sich, die Türme und Tore zu besetzen. Von den Wällen herab lugten und lauschten die verstärkten Wachen scharf in die laue Nachtluft hinein: aber nichts, gar nichts Außergewöhnliches war zu entdecken, kein Licht in der Nähe, auch keine Lagerfeuer in der Ferne, wie sie die mit Weib und Kind, mit Knechten und Mägden, mit Herden, Wagen und Karren einherziehenden Germanen gar nicht entbehren konnten und aus Klugheit oder Furcht zu verlöschen nicht gewohnt waren. Kein Geräusch vernahm man, weder Waffenklirren noch Hufschlag von Pferden: nur das gleichmäßig leise ziehende Rauschen des Flusses, der von Süden nach Norden das Tal durcheilt, drang zu den Ohren der Wachen: einer der Bürger meinte zwar einmal von dem Fluß her ein Geräusch zu vernehmen wie das leise Wiehern eines Rosses und ein Emporschlagen der Wellen, wie wenn ein schwerer Körper in den Fluß gefallen oder gesprungen –: aber er versicherte selbst, er habe sich getäuscht, da darauf hin alles still blieb. Nur die Nachtigallen sangen in den Büschen um die Villen: ihr unverstörtes Lied bezeugte, wie man richtig hervorhob, daß dorther nicht Wagen, Rosse, Krieger im Anzug waren.

Eine bange Nacht durchwachten die Bürger. Auf den Wällen hielten die Wachen fleißig Rundgang mit Fackeln, auch kleine Feuer brannten auf den Stellen, wo breite Quadern die Erd- und Rasenfläche deckten. Erst als der frühe Junimorgen hellere Dämmerung brachte, ließ man die Feuer erlöschen; scharf spähten die Wachen nun bei vollem Morgenlicht in die Landschaft hinaus: nirgends war eine Spur des Feindes zu sehen. Alsbald kamen, wie jeden Morgen, Landleute von allen Seiten der Umgebung, in der Stadt zu verkaufen oder zu kaufen: sie staunten, die Tore auch bei hellem Tage geschlossen zu finden; vorsichtig tat man auf, nur Einzelnen, scharf prüfend, ob es wohlvertraute Leute oder Späher, vielleicht gar verkleidete Barbaren seien. Aber die Harmlosen waren sehr erschrocken über diese ungewohnte Schärfe der Torbewachung; sie auszufragen hatte weder Sinn noch Erfolg: sie wußten offenbar von gar nichts und waren vielmehr eifrig und angstvoll beflissen, in der Stadt zu erforschen, was geschehen wäre. Gerade vom Nordwesten, von Vindelicien her, von wo man den Heranzug der Barbaren erwartete, waren die Landleute in gleicher Menge wie immer erschienen; nichts Verdächtiges hatten sie bemerkt.

Nur vom Südosten her kam fast niemand: es fiel nicht auf, wenige Villen und Colonenhäuser lagen hier; selten kam von daher ein Besucher des Marktes. Man hätte den Schrecken des vorigen Abends für Traum gehalten, wenn nicht der tote Reiter als stummer Zeuge die Wirklichkeit erwiesen hätte.

Als nun die ersten Morgenstunden ohne irgendein drohendes Anzeichen verstrichen waren, und man weithin keinen Feind gewahrte, – auch die Brücke über den Ivarus unterhalb der Stadt (eine zweite verband innerhalb der Mauern beide Ufer) war unbesetzt zu sehen, – befahl Severus – den Tribun hielt, wie es schien, die Prellung des Knies noch auf dem Kapitole fest – das vindelicische Tor zu öffnen: er rückte mit einer Schar bis an die Brücke, ließ das Brückenende am linken, westlichen Ufer mit Felsstücken und Balken verrammeln und von dreißig Speerträgern und Schleuderern besetzen und kehrte, nachdem er sich überzeugt, daß nirgends eine Spur vom Feind zu sehen war, in die Stadt zurück. – Doch ließ der alte Soldat in der Wachsamkeit nicht nach: er gebot die Tore geschlossen, die Türme besetzt zu halten und ihm von jedem Vorfall sofort Meldung zu bringen in das Bad der Amphitrite, wohin er sich nun begab, die Sorge der Nacht und den Schweiß und Staub des Marsches abzuspülen.

Nach vollaus genossenem Bade saß er jetzt behaglich auf der mit weichem Wollvlies belegten Marmorbank des halbrunden Porphyrbeckens, bald die Arme, bald die Beine von den Hüften bis zu den Knien reibend; der Mann von etwa fünfundfünfzig Jahren war ein Bild von gesunder noch vollrüstiger Kraft: Arme, Schenkel und Waden zeigten, daß die Übung der Jagd, der Gymnastik diesen stark angelegten Leib stark erhalten hatte. Nun hielt er inne in der Bewegung und versank allmählich in immer tieferes Sinnen. Sein Haupt glitt immer tiefer und tiefer gegen die Brust: endlich streckte er den rechten Arm ganz herab und fing an, Figuren zu zeichnen in den reinlichen weißen Sand, der den Rundgang zwischen den Marmorbänken und dem Rande des Wasserbeckens bedeckte.

„Noch tiefer die Glieder stellen gegen den germanischen Keil?“ murmelte er vor sich hin. „Zehn Mann hoch – zwölf Mann? Sie können schon jetzt kaum schwenken. Und doch! Es muß eine reine Rechenaufgabe sein, diese Germanen zu schlagen. Es ist nur ein Problem des Stoßes und des Widerstoßes. Wer es löste! Das Beste wäre …“

„Das Beste wäre," fiel eine melancholische leise Stimme ein, „wir lägen in jenem dunkeln Schlafe, wo es weder Stoß mehr gibt noch Widerstoß."
Severus wandte sich: hinter seinem Rücken war der weiße Wollvorhang des inneren Bades in leichter Bewegung: ein schöner Mann in reifer Jugendkraft und in vollen Waffen stand hinter ihm.
„Du, Cornelius. – Was meinst du?" – „Du kennst meine Meinung. Gar nicht geboren zu sein, ist den Menschen das Beste." – „Schäme dich! Dreißig Jahre und schon so lebensmüd'." „Schäme du dich. Bald sechzig Jahre und noch so lebenstöricht." – „Was bringst du?" – „Einen Rat: räume die Stadt, alle Bürger aufs Kapitol. Ein eilender Bote um Hilfe über die Alpen." – „Du siehst Larven und Lemuren!" – „Sähe ich nur die! Aber ich sehe die Germanen!" – „Niemand sieht eine Spur von ihnen weit und breit." – „Das ist gerade das Unheimliche. Sie müssen nahe sein, ganz nahe: und keiner von uns weiß, wo sie sind." – „Warum müssen sie nahe sein?" – „Weil der graue Reiher im Juniusmonat noch nicht nach Süden zieht: und weil er nie so niedrig fliegt." – „Was will das sagen?" – „Das will sagen: ich führte um Mitternacht die Runde, die Wachen auf dem Turm der Porta Latina abzulösen. Von der Turmzinne spähte ich scharf in die Nacht: nichts war zu sehen: und auch zu hören nichts als der Gesang der Nachtigall. Da, plötzlich, hörte ich den Ruf des grauen Reihers." „Er ist nicht häufig hier," meinte Severus, „aber er kommt doch vor in den Altwassern und auf den Sumpfwiesen des Ivarus." – „Gewiß: aber der Ruf kam nicht vom Fluß: er erscholl diesseits des Flusses, aus dem Bergwald her." – „Er horstet dort vielleicht." – „Es war aber sein Wanderruf. Und sie wandern erst im August. Und auf den ersten Ruf gab ein zweiter, dritter, vierter Antwort: bis die Stimmen immer leiser, immer ferner verhallten." – „Das Echo von den Waldbergen!" – „Das wäre denkbar. – Aber der Ruf kam nicht hoch aus der Luft: er kam von unten, vom Erdboden, zu mir empor in die Höhe der Turmzinne. Der Reiher fischt nicht zur Nacht!" – Behaglich lächelte der Alte. „Doch, mein Cornelius! Glaube dem älteren Weidmann. Er fischt auch zur Nacht, wenn er die Brut zu füttern hat. Ich habe selbst einen in der Fischreuse gefangen, die ich abends gestellt und morgens aufhob." – „... ebenso oft als der graue Reiher rief, antwortete, noch tiefer aus dem Ostwald, der schrille Schrei des Steinadlers von den Felsbergen herab." „Zufall! Und wie sollten die Germanen von Osten her drohn? Von Westen, von Vindelicien her allein können die Alamannen kommen, die uns nächsten Germanen. Wie sollten sie unvermerkt von uns über den Fluß gedrungen sein, wenn sie nicht Flügel haben, wirklich wie der graue Reiher selbst? Vorsicht ist ganz löblich, mein junger Freund, und du siehst, ich lasse es nicht an Wachsamkeit fehlen. Aber du bist allzu besorgt: Jugend und Alter haben die Rollen getauscht! – Ich weiß," beeilte sich Severus fortzufahren, da ein zorniges Zucken über das schöne Antlitz des Jünglings wetterleuchtete – „ich weiß: Cornelius Ambiorix bangt nur für Rom, nicht für sich." – „Weshalb bangen um ein Leben, das keinen Reiz und Wert hat?" fragte der andere, sich nun wieder beruhigt neben dem Alten niederlassend. „Die

alten Götter hat uns die Philosophie der Skeptiker zerstört: an den Juden von Nazareth kann ich nicht glauben. Ein blindes Fatum lenkt die Welt. Rom – mein Stolz, mein Traum – sinkt, sinkt unaufhaltsam.“ „Darin eben irrst du,“ erwiderte gelassen der Alte. „Ich stürzte mich heute noch in dieses Schwert“ – er griff nach der Waffe, die auf einem Polster neben ihm lag, „wenn ich diesen Glauben teilte. Aber dieses Schwert, – es ist das Erbe meines kaiserlichen Ahnherrn Probus – verheißt mir stets neuen Trost. Denn Germanenkönige knieten vor seinem Zelt, als er dies Schwert aus der Scheide zog und den Zitternden befahl, nach ihrer eigenen Sitte bei diesem Schwert ihm Treue zu schwören. Und sie schwuren.“ – „Das ist lange her.“ – „Und mit diesem Schwert vererbt in unserem Geschlecht das Orakel: Sieger in jeder Schlacht bleibt dieses Schwert. Wohlan, es ist erprobt in vielen Generationen unseres Hauses. Ich selbst, so lang ich dienen durfte, in zwanzig Schlachten und Gefechten habe ich die Germanen geschlagen – mit diesem Schwert.“ Und der Alte drückte die Waffe zärtlich an die Brust.

„Vergib, daß ich dich berichtige,“ lächelte der Junge traurig: „nicht mit diesem Schwert, mit Isauriern, Mauren, Illyrikern und – zumeist mit Germanen – hast du – andre – Germanen geschlagen. Rom, Latium, Italien hat keine Männer mehr. Keltisches Blut fließt in meinen Adern, – dakisches in den deinen. Und warum darfst du nicht mehr dienen? Gerade, weil du oft gesiegt hast, nahm dir der mißtrauische Kaiser den Feldherrnstab aus den Händen und schickte dich, zum Dank für deine Taten, hierher, in ehrenvolle Verbannung.“ „Es war sehr – unverdient,“ sprach Severus aufstehend, „aber gleichviel! Auch hier kann ich dem Staat der Römer nützen.“ „Zu spät!“ seufzte der andere. „Fuimus Trocs! Es ist aus mit uns. Den Parthern Asien, den Germanen Europa, und uns – der Untergang. Jedes Volk, scheint es, lebt sich zu Tode, wie jeder Mensch. Über zwölf Jahrhunderte sind vergangen, seit Romulus an der Wölfin sog. Man muß es ihr lassen, dieser ehrwürdigen Bestie, – sie hatte gute Milch: und lang hat es vorgehalten, das Wolfsblut in unseren Adern. Jetzt aber ist es krank. Und das Taufwasser hat es vollends zersetzt. Wie soll man die Weltherrschaft behaupten, wenn fast kein Römer mehr heiratet, wenn fast keine Römerin Kinder bringt, ganz gewiß aber ihr Kind nicht säugt, während diese breithüftigen Germanenweiber, nachdem sie geworfen, aufstehen, als wäre nichts geschehen, und uns in zehn Monaten wieder mit Zwillingen beschenken. Sie fressen uns auf, buchstäblich, diese Waldleute: sie verdrängen uns von der Erde, durch ihre keusche Fruchtbarkeit noch viel mehr als durch ihren lachenden Todesmut. Dreimalhundertvierzigtausend Goten hat Kaiser Claudius vernichtet – in vier Jahren darauf standen viermalhunderttausend im Feld. Sie wachsen nach, wie die Häupter der Hydra. Und wir sind nicht mehr herkulisch. Ich hab' es satt. In der nächsten Schlacht mach' ich ein Ende. Man leidet nicht lang, traf ein Germanenhieb.“

Severus erfaßte die Hand des jungen Mannes, der so bitter gesprochen. „Ich ehre deinen Schmerz, Cornelius. Aber du solltest selbst nach deinen Worten tun: dein

Thalamos steht leer: du mußt wieder den Hymenaios ertönen lassen unter den grauen Säulen."

„Ha," lachte der junge Mann grimmig, „daß mir ein zweiter Kaiser die zweite Frau verführe, wie ein Bischof mir die erste Braut, ein Kaiser die erste Gattin verführt hat? Nein! Wahrlich, es gibt keine Römer mehr: aber noch viel weniger Römerinnen. Wollust, Putzlust, Herrschlust, das sind die drei Grazien, die sie anrufen. Hast du je gehört, daß bei diesen Barbaren die Priester die Jungfrauen betören und ihre Könige den freien Männern die blonde Ehefrau vom Herde locken? Ich nicht! Ein Volk aber ohne Götter, ohne eingeborne Krieger, ohne richtige Weiber, ohne Kinder: – ein solches Volk kann nicht mehr leben. – Ein Volk, das vor seinen zehnmal zahlreicheren Sklaven zu zittern alle Ursache hat! – Hättest du nur die mörderisch drohenden, finstern Mienen gesehen, mit denen soeben die Sklaven des Argentarius ihren Herrn und den Sklavenmeister bedrohten, da sie in Ketten durch die Stadt getrieben wurden! – Ich aber selbst? – Wie steht es um mich? Alles bin ich gewesen und überall: in Rom, in Ravenna, in Byzanz: Soldat, Beamter, Schriftsteller – alles mit Erfolg: und doch fand ich alles – eitel, hohl. Alles hab' ich erprobt: – nichts ist es damit! Jetzt heimgekehrt nach meiner Vaterstadt Juvavum find' ich sie beherrscht von einem Wucherer aus Byzanz und einem Lüstling und Raufbold aus Mauretanien: und der Einzige, der diesem sauberen Bündnis noch etwas Widerpart hält, bist nicht du und bin nicht ich – wir sind ja beide nur ehrenhafte Römer! – nein: ein Christenpriester, dessen Vaterland, wie er sich rühmt, nicht das Römerreich, sondern der Himmel ist. – Ich hab' es satt! – Nochmal sag' ich's: ein Volk ohne Götter, ohne Weiber, ohne Mütter, ohne Kinder, ein Volk, dessen Schlachten geworbene Barbaren schlagen: – ein solches Volk kann nicht mehr leben. Sterben muß es. Und das bald. Kommt doch, kommt, ihr Alamannen! Ich mag nicht Schierling schlucken. Ich will fallen bei dem Klang der Tuba und mir einbilden, ich falle unter Camillus oder Scipio!"

Severus faßte den Wilderregten an beiden Schultern: „Versprich mir, den Tod nicht eher zu suchen, bis du die nächste Schlacht verloren siehst, und leben zu wollen, wenn wir siegen." Trübselig lächelnd nickte Cornelius: „Das glaub' ich kecklich versprechen zu können. Du und dein Siegesschwert, – ihr haltet es nicht mehr auf, das ehern schreitende Verderben."

In diesem Augenblick schlug gellendes Tubageschmetter an ihr Ohr: der Vorhang des Innen-Bades ward aufgerissen: – ein bewaffneter Bürger stürmte herein und rief: „Eile, Severus, jetzt sind sie da: aus dem Westwald jenseits des Flusses sprengen germanische Reiter heran!"

S. 49–50, S. 51–59.

Historischer Kommentar

Salzburg zur Römerzeit

Das keltische Königreich Noricum war 15 v. Chr. von den Römern in ihrem Alpenfeldzug unterworfen worden. Dank der günstigen Lage am Schnittpunkt wichtiger Verkehrswege und an einem schiffbaren Fluß entwickelte sich Juvavum, dies die römische Bezeichnung für die spätere Stadt Salzburg, zu einem regionalen Zentrum, das von der Mitte des ersten nachchristlichen Jahrhunderts bis zum Ausbruch des Markomannenkriegs 171 n. Chr. seine größte Blüte erlebte: Die einfallenden Stämme zerstörten die Stadt und töteten die Bevölkerung bzw. verschleppten sie. Eine anschließende fürchterliche Seuche forderte weitere unzählige Menschenleben.

Ende des zweiten Jahrhunderts setzte ein allmählicher Wiederaufbau ein, Teile der Stadt blieben aber in Trümmern liegen.

Zu Beginn des dritten Jahrhunderts bedrohten die Alamannen das Römische Reich und fielen mehrmals in salzburgisches Gebiet ein. Zusätzlich machte sich ein wirtschaftlicher Niedergang bemerkbar, und auch die innenpolitische Lage verschlechterte sich im Römischen Reich, da sich die von den Armeen in raschem Wechsel erhobenen Soldatenkaiser gegenseitig bekämpften.

249 – das Jahr, in welches Hans Kirchsteiger die Handlung seines Romans „Die Katakomben zu Salzburg“ setzt, fiel der Soldatenkaiser Philippus (244–249) im Kampf mit dem Gegenkaiser Decius in Verona. Für die Salzburger Geschichte war dieses Ereignis eines von vielen im fernen Rom, das sie kaum berührte. Als römischer Kaiser (249–251) ordnete Decius 250/251 aber die erste systematische Christenverfolgung im Imperium Romanum an. Vielleicht veranlaßte dieses Faktum Kirchsteiger, mit seinem Roman über die als krassen Gegenpol zur dekadenten Priesterschaft herausgearbeiteten Urchristen, beim Jahr der Machtübernahme dieses Kaisers einzuhaken, da auf Reichsebene ihre Verfolgung begann. Daß zu dieser Zeit in Salzburg bereits eine rege christliche Gemeinschaft existierte, ist zu bezweifeln, da das Christentum erst im 4. Jahrhundert – also mindestens ein halbes Jahrhundert später als bei Kirchsteiger – im Salzburger Raum tatsächlich Fuß zu fassen begann. Der neue Glaube war wohl von Soldaten und Missionaren hierher gebracht worden, nachdem er 313 unter Kaiser Konstantin öffentlich zugelassen worden war.

Nach dem Tod des Hunnenkönigs Attila (453) und dem Zerfall der hunnischen Macht zogen zahlreiche Stämme plündernd durch das Land. Von großer Bedeutung für Salzburg war das Wirken des heiligen Severin in den Jahren zwischen 470 und 475, der nicht nur als christlicher Missionar tätig war, sondern auch die Verwaltung und die Grenzverteidigung in der bedrohten Provinz Ufernoricum sicherte.

Im Jahr 476 setzte der Söldnerführer Odoaker, der an der Spitze eines Heeres aus verschiedenen Germanenstämmen stand, den letzten weströmischen Kaiser, Romulus Augustulus, ab. Obwohl dieses Jahr häufig als Epochendatum (Ende der Antike und Beginn des Mittelalters) angenommen wird, stellte das an und für sich mittelmäßig bedeutende Ereignis für Salzburg keine wesentliche Zäsur dar. Die Stadt wurde auch nicht – wie in der Erzählung „Das Bild des Patronus" beschrieben wird – 477 von den Herulern, einem germanischen Stamm, der sich Odoaker angeschlossen hatte, zerstört. Bei archäologischen Grabungen konnten keine Hinweise auf ein gewaltsames Ende Juvavums zu diesem Zeitpunkt entdeckt werden. Dieser verbreitete Irrtum beruht auf einer Fehlinterpretation der Lebensbeschreibung des heiligen Severin, die *Juvavum* mit dem Donaukastell *Joviacum* (es ist umstritten, ob es sich um Aschach oder Schlögen in Oberösterreich handelt) gleichsetzte, und von dessen Vernichtung durch die Heruler Eugippius, der Verfasser der Vita Sancti Severini, erzählt.
Als 488, sechs Jahre nach dem Tod des heiligen Severin, König Odoaker den Befehl gab, die Bevölkerung aus der bedrohten Provinz Noricum zu evakuieren, kam ein Großteil der Bürger Juvavums und der Landbevölkerung dem Aufruf nach und zog über die Alpen nach Süden. Die weniger Begüterten blieben auf dem Land zurück oder ließen sich in der Stadt auf den spätantiken Befestigungsanlagen der Nonnbergterrasse und des Festungsberges nieder.

Zu den Schauplätzen

Trotz großflächiger Notgrabungen in den letzten Jahren, die wichtige Detailergebnisse erbrachten, kann das Stadtbild von Juvavum nicht einmal in den Grundzügen rekonstruiert werden. Weder das Forum als politisches und wirtschaftliches Zentrum der Stadt, noch der sakrale Mittelpunkt, das Kapitol, konnten lokalisiert werden. Die verlockende Vermutung, daß sich auf dem Festungsberg ein Tempel der kapitolinischen Trias befunden hätte, können schriftliche und archäologische Quellen nicht belegen, auch nicht, daß *„mit finsterem Blicke der Tempel des Mars (…) auf das geschäftige Treiben in der Stadt"* herabgesehen hätte, wie Kirchsteiger lebhaft schildert. Lediglich in der Kaigasse fand man die Überreste einer großen Tempelanlage, die Asklepios, dem Gott der Heilkunst, geweiht war.
Die einzige Brücke in der Stadt führte einige Meter von der heutigen Staatsbrücke entfernt vom Klampferergäßchen über die Salzach zum rechten Stadtteil. Für eine zweite Brücke, die Felix Dahn in „Felicitas" *„unterhalb der Stadt"* situiert, gibt es keine historischen Belege.
Das sogenannte Felicitas-Mosaik, das aus vier ornamental verzierten Feldern besteht, wurde bei Fundamentierungsarbeiten für das Mozartdenkmal 1841 entdeckt. Die nur unvollständig erhaltene Inschrift des Mosaiks lautet: *„Hic habitat"* – das Subjekt ist nicht erhalten –, *„nihil intret mali."* Als Substantiv ergänzte man

„felicitas" (Hier wohnt die Glückseligkeit, nichts Böses soll Zutritt finden). Die Glückseligkeit, die Dahn zur Titelheldin seines Romans machte, ist eine Ergänzung aus der Mitte des 19. Jahrhunderts.
Im Jahr 1815 wurde in Loig bei Salzburg die Ruine einer großen römischen Villa ausgegraben, die zu den bedeutendsten erhaltenen römischen Bauten Österreichs zählt. In diesem Landpalast entdeckte man zahlreiche kunstvolle Mosaiken, so auch das berühmte Theseusmosaik, das vor allem die qualitätvolle Zeichnung und die gekonnt entfaltete Farbigkeit wertvoll macht. Angelehnt an diesen bedeutenden archäologischen Fundort verlegte auch Freiherr von Doblhoff einen seiner Schauplätze nach Loig, wo seiner Phantasie nach wilde Herulerhorden die Villa des römischen Patriziers Placidus niederbrennen.

Felicitas-Mosaik

Den von den Steinmetzen (wie Dahns Fulvius) und Bildhauern (wie Doblhoffs Iccius) – verwendeten Untersberger Marmor brachen die Römer hauptsächlich im Veitlbruch. Dort entdeckte man auch römische Münzen und zwei Streufunde; sonstige römische Spuren wurden aufgrund der Weiterführung des Bruchs während des Mittelalters und der Frühen Neuzeit wahrscheinlich verwischt.

Römische Priester und frühe Christen

Mit der Einrichtung Salzburgs als römische Provinz wurde auch die römische Staatsreligion übernommen. Dabei standen die Verehrung der kapitolinischen Trias, bestehend aus Jupiter, Juno und Minerva, und der Kaiserkult, der vornehmlich als politisches Bekenntnis zu verstehen war, im Mittelpunkt der Verehrung. Die örtlichen Honoratioren waren zu jährlich stattfindenden rituellen Handlungen verpflichtet, die eigentlich nur in Loyalitätskundgebungen bestanden. Verehrung fanden aber auch die anderen Gottheiten des römischen Pantheons.
Mit einiger Phantasie und der unbedingten Absicht, die verwerfliche Lebenshaltung der Priester anzuprangern, beschreibt Hans Kirchsteiger den möglichen Ablauf eines Tieropferrituals. Opferhandlungen vollzogen die Römer häufig und auf vielfältige Weise, als Opfertiere verwendeten sie meistens Schweine, Schafe und Rinder *(Suovetaurilia)*, Ziegen und auch kleine Haustiere. Bei Speiseopfern,

die wie alle derartigen Kultvorgänge nach strengen Vorschriften erfolgten, wurde ein Teil verbrannt, der größere und wertvollere diente der Ernährung der Opfernden und der Priester.
Die Christen lehnten sämtliche Opfer, auch die im römischen Kaiserkult üblichen, ab und brachten sich dadurch in Gegensatz zur Staatsdoktrin, die den Kaiserkult als Loyalitätsbeweis ansah. Als sich im 3. Jahrhundert die innenpolitische Krise verschärfte, drängten die römischen Kaiser auf ideologische Geschlossenheit, und die Christen wurden als Staatsfeinde ausgegrenzt. Christenverfolgungen, die bereits früher unter Decius (250/51) und Valerian (257/58) begonnen hatten, erreichten unter Diokletian (303) einen Höhepunkt.
Im frühen Christentum galten Gebet, Almosen und tätige Nächstenliebe als Opfer. Nach der Lebensbeschreibung des heiligen Severin wurden aber im späten 5. Jahrhundert in der Stadt Salzburg noch heidnische Riten vollzogen.

Das Interesse an der Römerzeit – die Katakombenlegende

Um 1900 war, nicht zuletzt aufgrund des in Salzburg regelmäßig verweilenden Sommerfrischlers Felix Dahn, das Sujet „Römerzeit" en vogue. Es bot sich geradezu an, durch die subjektive Schilderung von mehr oder weniger realitätsbezogenen Ereignissen in der Vergangenheit ideologische Anschauungen der Gegenwart zu transportieren. Dabei ist das ausgeprägte Interesse an der Römerzeit keine Erscheinung der Jahrhundertwende.
Ende des 18. Jahrhunderts – im klassizistischen Zeitalter – verfolgte bereits der aufgeklärte Schriftsteller und Pädagoge Franz Michael Vierthaler *„mit Vergnügen die Spur dieses großen Volkes durch das ganze Land"*.
1791 war der Kunstgärtner Josef Rosenegger auf ein römisches Gräberfeld am Bürglstein gestoßen. Die daraufhin errichtete romantische Parkanlage mit einem Antiquenkabinett entwickelte sich zu einem kulturellen Magneten. Im Zeitraum von 1822–1833 trugen sich 7433 auswärtige Besucher in das Besucherbuch ein! In den Jahren 1833 und 1837 erwarb König Ludwig I. von Bayern die Sammlung, die – wie später festgestellt werden mußte – auch einige Fälschungen enthielt. Rosenegger hatte rasch erkannt, daß mit der Schaustellung und dem Verkauf von römischen Altertümern gutes Geld zu machen war, und hatte auf unlautere Weise nachgeholfen.
Auf eine längere Tradition kann die *Katakombenlegende* und die damit zusammenhängende Geschichte von der Zerstörung Juvavums im Jahr 476/77 verweisen, die auch Freiherr von Doblhoff und Felix Dahn in ihren Werken weitergaben: Seit dem 12. Jahrhundert wurde das in der Lebensbeschreibung des heiligen Severin zitierte *Joviacum* als Juvavum gelesen bzw. interpretiert. Im 16. Jahrhundert adaptierte der humanistisch gebildete Abt von St. Peter Kilian Püttricher die Ausführungen des Eugippius, in der Überzeugung, ein Kapitel der Frühgeschich-

te Salzburgs in der Vita gefunden zu haben, sodaß die Legende über den gewaltsamen Tod des Märtyrers Maximus, der gemeinsam mit 40 Gefährten von den grausamen Herulern 477 von der Mönchsbergwand gestürzt wurde, entstehen konnte. Um seiner Überzeugung Ausdruck zu verleihen, ließ der Abt in der *Maximus-Kapelle,* die sich in den als Katakomben bezeichneten Mönchsberghöhlen befindet, eine Tafel anbringen, die von diesem vermeintlichen Martyrium berichtet. Der Satz der Lebensbeschreibung des heiligen Severins „*In derselben Nacht brachen die Heruler gänzlich unerwartet über die Stadt hinein, verwüsteten sie und führten die meisten Bewohner als Gefangene fort*" (Vita Sancti Severini, XXIV) wurde natürlich auch als für Salzburg gültig erklärt und gab zahlreichen Gelehrten und Schriftstellern Anlaß zu ihrer persönlichen Bildkomposition von der gewaltsamen Zerstörung der Stadt.

Aufgang zu den Katakomben in St. Peter

1862 wurden ein von Georg Pezolt nach Vorbildern römischer Katakomben entworfener Altar und Terrakotta-Leuchter aufgestellt, um den Eindruck einer frühen Märtyrerstätte zu unterstreichen.

Dahns und Doblhoffs Zeitgenosse Hans Widmann verweist allerdings schon in seiner 1907 erschienenen „Geschichte Salzburgs" auf einen frühen Gelehrtenstreit über die Frage der Gleichsetzung von Joviacum mit Juvavum und entschließt sich selbst für die Salzburg-Interpretation. Diese Meinung vertraten offensichtlich 1890 auch der liberale Gelehrte Doblhoff und 1903 der damalige deutschnationale Völkerwanderungszeit-Experte Dahn, die jeweils unter anderen Prämissen das Ende der Römerzeit in Salzburg schildern. „Die Katakomben zu Salzburg" sind auch ein Schauplatz des 1907 erschienenen Romans des sozialdemokratisch und kirchenkritisch eingestellten Geistlichen Kirchsteiger. Das römische Salzburg und die mystisch anmutenden Mönchsberghöhlen boten sich demnach für die unterschiedlichsten Weltanschauungen als Thematik an. Die Katakombenlegende gehört auch nach wie vor zum allgemeinen Erzählgut der Bevölkerung Salzburgs und wird zum Teil noch immer als „wahre Begebenheit" erzählt.

Ferdinand Grell (1911–1985)

Heiligenleben als Belletristik

Zwischen 696 und 720, so die aktuell gültige Festlegung durch die Wissenschaft, wirkte der heilige Rupert in Salzburg. Bereits runde 150 Jahre später wurde seine „Vita“ niedergeschrieben. Darin wird berichtet, wie der adelige fränkische Missionar, Bischof von Worms und spätere Gründungsheilige von Salzburg zusammen mit zwölf Gefährten von seiner Heimat ausgezogen war, um dem christlichen Glauben neue Anhänger zu gewinnen. Erwähnt ist auch die Virgo Christo Erintruda, Ruperts Nichte, die über den Trümmern einer alten Fluchtburg das Frauenkloster auf dem Nonnberg errichtete.
Diese literarische Gestaltung von Ruperts Lebensreise blieb interessanterweise ein Einzelfall. Sogar in der kaum überschaubaren Fülle historischer Erzählliteratur, die im 19. Jahrhundert über den wachsenden Buchmarkt hereinbricht, sucht man vergebens nach einem St.-Rupert-Roman oder wenigstens einer Erzählung über diesen ersten Salzburger Landespatron, der in zahlreichen Bildzeugnissen, Skulpturen, Gemälden und Stichen gegenwärtig ist. Als heilige Schwellenfigur vor den Domportalen ist er wohl am bekanntesten. Doch hat die erzählende Literatur einen bemerkenswerten Bogen um diesen fränkischen Heiligen gemacht.

Ferdinand Grell

Konkurrenzlos ist daher „Der Salzbischof St. Rupert“ (1973) von Ferdinand Grell. Darin erzählt wird in schlichter Kompilation aus gesicherter Überlieferung und plausibel Ausgedachtem die Lebensreise dieses fränkischen Adeligen, der als Missionar des Bayernherzogs Theodo, von diesem mit Vollmachten ausgestattet und mit Grundbesitz reich beschenkt, schließlich nach Juvavum kommt und hier, am Zielort seiner visionären Pläne, das Christentum, das seit römischer Zeit bestand, zu einer neuen Gemeinde befestigte.
Ferdinand Grell ist weniger als Schriftsteller, vielmehr so wie schon sein Vorgänger vor 1000 Jahren als Geistlicher an die Niederschrift seiner Lebensgeschichte Ruperts herangegangen. Bereits 1961 war ein „Pilgerführer zum Grab des hl. Rupert in Salzburg“ entstanden. Den Anstoß zu dieser ausgiebigen Beschäftigung gab wohl Grells Aufenthalt im Kollegiatstift Seekirchen im Jahr 1950, das als ursprüngliche Gründung Ruperts gilt. 1960 erfolgte von dort die Berufung ins Domkapitel Salzburg.

Auf hagiographischem Gebiet lag auch Grells theologische Diplomarbeit „Die Verehrung des hl. Ulrich von Augsburg“ (1963). Mit seiner Tätigkeit als Domdekan und Generaldekan der Stadt Salzburg hat sich dieses Interesse an der Gestalt des heiligen Rupert weiter vertieft. Ferdinand Grells Verdienst ist dabei nicht in erster Linie nach seinem literarischen Anspruch zu messen, liegt auch nicht unbedingt in der historischen Stichhaltigkeit seiner Darstellung. „Der Salzbischof St. Rupert“ ist bis dato eine Modellarbeit ohne Vergleichsstücke. Ihr Wert liegt in dem redlichen Bemühen, die dunklen Anfänge des christlichen Salzburgs mit den besonderen Möglichkeiten der Belletristik zu veranschaulichen.

Die Jugend eines Heiligen

Ausführlichen Raum hat Ferdinand Grell der Jugendgeschichte des fränkischen Adeligen Rupert gewidmet, indem er dessen Familienleben auf einem Herrengut, genannt Lauresham, zwischen Odenwald und Rheinland gelegen, in den sanften Farben einer frühmittelalterlichen Idylle ausbreitet.

Die Zeiten nach dem Tod König Chlodwigs waren unruhig, das hinterlassene Machtvakuum zog blutige Familienfehden nach sich. Aber Rupert selbst wuchs in gesicherten Verhältnissen auf. Sein Vater Leitmar war Herr über eine *Villa rustica*, Larissa genannt, das spätere Lauresham. Als die Franken vom Rheintal Besitz ergriffen hatten, war sie von ihren römischstämmigen Eigentümern verlassen worden. Nach Festlegung der neuen Machtverhältnisse bildete der stattliche Hof den Mittelpunkt eines ausgedehnten Herrenbesitzes an der Ostgrenze des Frankenreiches.

Nach seiner Verwendung in einer diplomatischen Mission nach Spanien im Brautwerbezug König Sigberts überraschte Rupert seine Familie mit dem Wunsch, im Kloster Marmatia an der Loire ein geistliches Leben aufzunehmen. Er wurde zuerst zum Leiter der Klosterschule und dann zum Bischof von Worms ernannt. Dort erschienen bald danach Boten des Herzogs Theodo von Bayern und brachten die Bitte um Prediger des christlichen Glaubens vor. Im Frühjahr brach Rupert nach Regensburg auf, wo er Widerstände und Gegnerschaften ausräumen mußte, bevor sich Herzog Theodo auf seine Seite stellte. An der feierlichen Taufzeremonie nahm neben der Herzogsfamilie das gesamte Hofgefolge teil. Im Jahr darauf setzte Rupert seine missionarische Erkundungsreise nach Südosten fort. Wie schon bisher, führte ihn diese auch nun wieder entlang von alten, verfallenen Römerstraßen. Er erreichte mit seinen Gefährten Castra Batava (Passau), sie errichteten in Lorch eine neue christliche Gemeinde und gelangten schließlich ins Alpenvorland in die Gegend des heutigen Seekirchen, wo Rupert zusammen mit seinem Gefährten Gislar eine Christengemeinde aufbaute und eine Kirche errichtete.

Auch hier galt es, das Heidentum und seine Opferkulte durch die Predigt christlicher Gottesliebe zu verdrängen. Als die kirchliche Gemeinde in Seekirchen gefestigt war und der Wotanskult am Mulperg ausgemerzt, verlegte Rupert seinen weiteren Wirkungskreis nach Juvavum, in dessen Ruinen er die Stadt eines Traums seiner Jugendjahre wiedererkannte. Hier fühlte er sich am endgültigen Ziel seiner *apostolischen Lebensreise*.

Verdrängter Götzenkult

Werkausschnitt „Der Salzbischof St. Rupert"

Das Fischerdorf lag am Abfluß des Sees und war so an zwei Seiten geschützt. Die flache Ebene den Hügeln zu war großen Teils schon versumpft und bildete so ebenfalls Sicherheit. In diesem Winkel hatten die Fischer ihre Hütten gebaut. Es war eine größere Anzahl, teils am Seeufer und den Fluß entlang, teils, vor allem die Vorratshütten, fast kreisförmig um einen klobigen Stein geschart, der den Mittelpunkt des Dorfes bildete. Hier fanden die Versammlungen statt, zu der alle volljährigen Männer geladen wurden.
Die Baiern hatten ihre Höfe auf den nahen Hügeln erbaut oder leerstehende Gehöfte der Römer übernommen. Nur auf wenigen Gutshöfen saßen Romanen. Dann waren es Nachkommen jener römischen Söldlinge, die es verstanden hatten, sich bei der Landnahme durch die Baiern, die friedlich und unblutig vor sich gegangen war, anzufreunden und deshalb auf ihrem Hofe bleiben konnten. Das Land lag nach dem Abzug der Romanen unter Odoaker streckenweise ganz entvölkert da und lud geradezu ein, es in Besitz zu nehmen. Die Baiern waren ein Bauernvolk und erkannten die Güte des Bodens. Sie richteten die verwahrlosten Felder und Wiesen wieder her. Es gab viel von diesem Ackerland, das verlassen und brach lag, so daß kein Streit darum nötig war. Nur wenn einer der Walchen feindselig gegen die Einwanderer sich zur Wehr setzte oder gar zu den Waffen griff, geschah es, daß ihm sein Hof genommen wurde, und er und seine Familie unfrei wurden.
In entlegenen Gebieten blieben ganze Weiler den Walchen erhalten und bildeten weiterhin geschlossene Siedlungen. An der Römerstraße in der Nähe des Wallersees, an diesem selbst und auch am Attersee befanden sich solche Siedlungen.
Im Laufe der Zeit bildeten sich verwandtschaftliche Beziehungen zwischen den alten und neuen Bewohnern des Landes. Mancher Baier kam durch Heirat auf einen Walchenhof und mancher Walche auf ein Baierngut. Gerade diese Mischlinge waren für die Missionierung von Bedeutung, weil ein Teil der Familie ja bereits christlich war, und die Missionare so leichter den Weg zu den Häusern und Herzen der heidnischen Baiern fanden.

Rupert und Gislar erregten Aufsehen bei ihrer Ankunft im Fischerdorf. Jeder Fremde war damals verdächtig. Was wollte er, warum blieb er nicht wie sie zu Hause und arbeitete? Waren sie Händler, hatte man seine schlechten Erfahrungen, waren sie Wanderer, konnten sie nur Tagediebe oder Spione sein.
Rupert wollte längere Zeit am See bleiben und so baten sie den Ältesten des Dorfes um die Erlaubnis dazu. Für ein paar Tage hatte man ihnen eine alte Hütte angewiesen. Sie nahmen dankbar an. Doch spürten sie, wie jeder ihrer Schritte beobachtet wurde. Es war schwer, mit einzelnen der Männer ein Gespräch anzuknüpfen. Gleich waren andere Fischer wie zufällig da und redeten mit. Auch die Verschiedenheit der Sprachen machte sich bemerkbar, und der Spaß, der aus Mißverständnissen entstand, war bisweilen der Weg zu den Herzen der Leute.
Als eines Tages der junge Bauer Gumprecht ins Dorf kam und Rupert traf, begann dieser ein Gespräch mit ihm. Gumprecht zeigte ein aufgeschlossenes Wesen, war freundlich und gefällig. Er half ihm auch als Dolmetscher, wenn Rupert das richtige Wort nicht fand. Es war ein Mischmasch von Bairisch und einer Art Latein, das die Walchen sprachen. Doch konnte sich Rupert mit der Zeit recht gut verständigen. Gumprecht erreichte es bei den Alten, daß Rupert und Gislar länger im Dorfe bleiben durften. Man wies ihnen das Ende der Landzunge an, auf der das Dorf lag. Mehr brauchten sie für den Anfang nicht. Die Leute waren zutraulicher geworden und halfen den beiden sogar beim Bau ihrer Hütte. So hatten sie nach den Tagen der Unsicherheit einen Unterschlupf und einen Stützpunkt für die Mission rings um den See. Die Leute schenkten ihnen immer mehr Vertrauen, und so konnten sie auch das Dorf verlassen und in die Umgebung wandern.
Ihr erster Weg führte sie zum Hof des jungen Gumprecht. Er hatte sie eingeladen, und Rupert war gerne dieser Einladung gefolgt. Er versuchte ein Gespräch über den Glauben und war erstaunt, in der jungen Bäuerin eine Walchin zu treffen, die von ihren Eltern manches Glaubensgut überliefert bekommen hatte. Etwas wirr manchmal, aber die Grundwahrheiten kannte sie. Auf die Frage, ob sie getauft seien, sie und ihr kleines Büblein, das sie auf dem Arm trug, verneinte sie die Frage. Auch Gumprecht war ein williger Zuhörer, als Rupert im Unterricht den Glauben seiner Frau wieder auffrischte. Auch von der Nachbarschaft waren Neugierige gekommen, die hören wollten, was die Fremden Neues zu berichten hätten. Die Eltern Gumprechts hielten sich zurück, der Großvater aber verließ brummend und fäusteschüttelnd den Raum. Auf die Frage, warum sich der Alte so benehme, beruhigten die Leute Rupert mit der Auskunft, der Alte sei nicht ganz klar im Kopfe.
Erst als die junge Familie und einige aus der Nachbarschaft getauft waren, kehrten Rupert und Gislar ins Dorf zu ihrer Hütte zurück. Täglich fanden sich nun Walchen ein, die mit dem Bischof reden wollten. Die Christengemeinde am See und rings um ihn wuchs.

Es wurde notwendig, ein kleines Kirchlein zu bauen. Jetzt halfen auch die Fischer des Dorfes mit, und Rupert fand sie aufgeschlossen und willig. Die erste Feier war die Trauung Gumprechts und seiner Gattin. Der Kleine wurde auf den Namen Vitalis getauft. Die Mutter hatte es so gewollt, weil ihr die bairischen Namen zu holperig klangen.

Bei seinen Wanderungen um den See fiel es Rupert und Gislar auf, daß die Baiern in Einzelhöfen siedelten. Jeder war ein kleiner Freiherr auf seinem Hof, der seinen Namen trug, abgeschirmt gegen seinen Nachbarn durch einen kleinen Wald oder Hain für den Holzbedarf. Auf dem Hofe führte der Bauer ein strenges Regiment über die Familie, zu der auch das Gesinde gehörte. Die Knechte zogen mit dem einfachen Holzpflug die Furchen durch den fetten Ackerboden, und der Bauer streute breitspurig darüberschreitend, Samen in die Erde. Das langhaarige, teilweise noch halbwilde Rind lebte sommers wie winters im Freien. Ein offener Schuppen bildete den „Scherm" für die stürmischen Regentage und die Winterkälte. Dicht gedrängt standen die wetterharten Tiere beisammen, um sich gegenseitig zu erwärmen.

Das weibliche Gesinde, unter der Aufsicht der Bauersfrau, bereitete aus der fetten Milch Butter und Käse. Diese bildeten neben getrocknetem Fleisch und selbstgebackenem Brot die Hauptnahrung der bäuerlichen Bevölkerung. Bei manchen Höfen entstand schon rings um das Gehöft ein bescheidener Obstgarten mit Holzäpfeln und wilden Birnen, die zwar weniger gut zum Essen waren, aber einen leidlich trinkbaren Most abgaben. Mitunter fand man auch Kirsch- und Weichselbäume. Die Früchte schmeckten noch bitter und waren sauer, aber kundige Walchen hatten schon angefangen, die Wildlinge zu veredeln. Die Römer hatten an den sonnigen Leiten Edelobstbäume aus ihrer südlichen Heimat mitgebracht, und diese hatten sich gut an das rauhere Klima gewöhnt. Rupert trug sich schon lange mit dem Gedanken, einen Weinberg anzulegen. Da fand er eines Tages in der Nähe des Hofes, der dem Taggo gehörte, Reste eines Weinberges. Verwilderte Weinstöcke wuchsen dort, durch Jahrzehnte verwahrlost. Um diesen Weinberg nahm sich Rupert mit großem Eifer an. Er verstand den Weinbau von seiner Heimat her, und auch Gislar war in dieser Kunst nicht unerfahren. Sie brauchten doch den Weinberg, um den nötigen Wein für das heilige Opfer zu gewinnen. Auch für die Kranken war er gut zu gebrauchen.

„Wenn manchmal an hohen Festen auch Wein auf den Tisch der Brüder kommt, soll er die Festesfreude erhöhen. Daß sie aber nicht ausarte, dafür sorgt schon das klare Wasser, das ja der Herrgott vor dem Wein erschaffen hatte."

Gislar lächelte, als er seinen Meister so reden hörte, und dachte an den herrlichen Wein in ihrer Heimat am Rhein.

„Da bist du aber milder, Rupert, als unser Vater Sankt Martin, der nur den kranken Mitbrüdern Wein gestattete."

„Ein weniges die Zügel lockern, heißt noch nicht sie schleifen lassen", erwiderte ihm Rupert.

„Gislar, es wird noch lange dauern, bis wir die Wein trinkenden Brüder und den Wein dafür haben werden. Aber wir müssen vorbauen und in allem an die Zukunft denken. Auch das war die Lebensart unseres Vaters Sankt Martin."
Mit dem Fischerdorf in der Mitte bildete das Gebiet um den Wallersee eine wirtschaftliche Gemeinschaft. Es könnte auch der Mittelpunkt der Missionsarbeit werden. Rupert plante schon, seit er das Dorf betreten hatte. „Das Stückchen Land, das wir erhalten haben und worauf unsere Hütte steht, bietet auch noch reichlich Platz für ein Gotteshaus und ein paar weitere Hütten. Der See bietet uns Schutz und liefert uns noch eine Menge eßbarer Fische für unseren Mittagstisch. Das Wild für die Festtagstafeln liefern uns die Wälder ringsum."
„Aber, Vater, woher nehmen wir die Wolle für unsere Kutten? Sie sind schon so zerschlissen und zerlumpt, daß wir uns damit schämen müssen", wandte Gislar ein und betrachtete seine und Ruperts Wollkutten, die wirklich schon erbärmlich aussahen.
Dieser Sorge half Rupert ab. Eines Tages, als er allein eine Runde um den See machte, traf er einen Bauern, der Schafe hielt. Er kaufte ihm ein Pärchen ab und brachte sie abends mit nach Hause. Als Gislar diesen Aufzug sah, war er überrascht. Die Schafe waren schon müde. Sie hatten nur schwer dem raschen Gang Ruperts folgen können. Nun mußte er alle paar Schritte stehenbleiben und den Schafen gut zureden, daß sie ihm wieder ein Stück des Weges folgten.
„Du siehst, das Hirtenamt ist schwer, so oder so", sagte Rupert und lachte.

Mit dem Wachstum der Christengemeinde wuchs auch der Mut Ruperts, den Ort am See besser auszubauen. Manchmal dachte er sogar daran, hier seinen Bischofssitz zu errichten.
„Das Fischerdorf erfüllt aber nicht die Vorschriften der Synoden, Vater. Es muß doch ein größerer Ort sein, eine Stadt, um sie zum Bischofssitz zu bestimmen. Da tut's dieses Fischerdorf nicht ganz!"
„Das laß meine Sorge sein, Gislar. Das Dorf wächst und wenn wir einmal ein steinernes Gotteshaus gebaut haben werden, werde ich mit dem Herzog darüber verhandeln, der ja auch noch gefragt werden muß."
Und nun war es Gislar, der heute nun einmal seinen grüblerischen Tag hatte, der die alte Frage wieder anschnitt.
„Vater, wo nehmen wir die Helfer für die Arbeit her? Wir sind nur zu zweit hier. Überall willst du Zellen bauen, und wir haben keine Brüder für sie."
Es lag eine herausfordernde Haltung in dieser Frage, und Rupert wurde dadurch gereizt. „Deus providebit", wollte er schon ebenso gereizt erwidern. Aber er besann sich. Gislar hatte recht und eine solche Antwort war für diese Frage, die sie doch beide beschäftigte, zu billig. So schwieg er und sah Gislar ein wenig lächelnd an. Gislar kannte seinen Meister und freute sich über den Sieg, den dieser über sich selbst errungen hatte.

Rupert sperrte mit dem Holzriegel seine Hütte ab, warf den Mantel über und machte sich auf den Weg zur Fischach. Auf einem glitschigen Prügelweg mußte er das sumpfige Wegstück zwischen seiner Landzunge und dem Fluß überqueren. Ein primitiver Steg führte ihn über das Wasser. Dann schritt er durch das Jungholz den Hügel hinan, wo sich der kaum sichtbare Steig ganz verlor. Durch den Hochwald wanderte er hügelauf und -ab. Nach einer guten halben Stunde kam er auf einen Hügel, der oben abgeflacht war. Die Bäume standen ganz dicht beisammen, und kein Sonnenstrahl konnte das Dunkel des Waldes erhellen. Rupert zwängte sich durch das Gestrüpp, dessen Zweige ihm das Gesicht blutig schlugen. Er achtete nicht darauf und drängte trotz des Widerstandes der Büsche vorwärts. Er wollte auf den Mulperg, wo eine Malstätte stehen sollte, auf dem die Heiden ihre Opfer darbrächten. Die mußte er finden.

Und er fand sie, als er das dichteste Unterholz durchbrochen hatte. Ein Platz, mit Gras bewachsen, lag plötzlich vor ihm, eingefaßt mit jahrhundertealten Eichenstämmen. Und mitten auf dieser Wiese erhob sich ein riesiger Felsblock. Das war der Opferstein, über und über mit eingetrocknetem Blute beschmiert. Rupert überlief es kalt bei diesem grausigen Anblick. Nicht wegen des Blutes und der Opfer, die hier grausam hingeschlachtet wurden. Ungestümer Zorn stieg in ihm auf, als er daran dachte, daß nach so vielen Jahrhunderten der Erlösung immer noch im tiefen Dunkel der Wälder heimlich den heidnischen Göttern geopfert wurde. Gegen dieses Heidentum wollte er mit allen Mitteln, die ihm zur Verfügung standen, ankämpfen.

Es fehlten noch ein paar Tage, bis der Mond wieder voll war. Da kam Gumprecht, der junge Bauer zu Rupert. Der kleine Vitalis war plötzlich erkrankt und Gumprecht klagte dem Bischof seine Sorge. Er mußte ja in allen Nöten der Leute Abhilfe wissen. Rupert gab dem jungen Bauern Heilkräuter mit für einen heilenden Teeabsud. Er wolle in den nächsten Tagen selber kommen und nachsehen, wie es dem Kleinen geht, sagte er zu ihm.

Diesen Besuch hatte Rupert heute gemacht und auf dem Heimweg noch mehrere Höfe von Walchen und Baiern besucht. Die Leute waren überall freundlich zu ihm. Aber es fiel Rupert auf, daß nur Frauen zu Hause waren. Die Männer schienen alle auf einmal wie verschwunden. Auch die Frauen waren bei aller Freundlichkeit scheuer und zurückhaltender als sonst. Etwas stimmte hier nicht. Er kam schon spät in die Nacht hinein, als er sich auf den Heimweg begab. Er fürchtete sich nicht in dieser einsamen Gegend, und gegen die wilden Tiere hatte er seinen Knüttelstock bei sich.

Und doch lag etwas in der Luft. Er glaubte, von Zeit zu Zeit Schritte zu vernehmen, meinte schemenhafte Schatten zu sehen, und allzu oft schrie ihm das Käuzchen. Der Mond stieg am Horizont auf. Da durchfuhr Rupert jäh ein Gedanke. Es ist Vollmondnacht, in der die Heiden ihre Opfer darbringen. Er eilte rascher vorwärts, um seine Hütte zu erreichen. Es reifte in ihm ein kühner Plan.

Gislar hatte schon auf Rupert gewartet. Er teilte ihm sofort seine Absicht mit, heute nacht das heidnische Opfer auf dem Mulperg zu belauschen.
Gislar erschrak. „Das ist ja Wahnsinn, Vater, das kann dir das Leben kosten."
„Das weiß ich, Gislar, aber ich muß wissen, was dort vor sich geht und wer von unseren Leuten dabei ist. Wenn wir das Heidentum nicht an der Wurzel treffen, arbeiten wir umsonst. Du kannst mitgehen, Gislar, wenn du Mut hast."
Sie warteten noch eine spätere Stunde ab und machten sich dann auf den Weg zum Mulperg. Rupert ging voran. Als sie zu der Stelle kamen, wo der Wald am dichtesten wurde und die mächtigsten Tannen standen, bedeutete er Gislar, hier zu warten, bis er zurückkäme.
Vorsichtig pirschte sich Rupert vorwärts, bis er ganz nahe dem Platze, auf dem der Opferstein lag, eine Lücke in den dichten Ästen erreichte. Rings um die Wiese, mit dem Rücken zu den Bäumen, standen junge Männer als Wachposten. Rupert hielt den Atem an und vermied jeden lauten Tritt. Schon das Knacken eines Zweigleins konnte ihn verraten. Das Opfer hatte schon begonnen. Die Männer schritten mit tiefem Gemurmel um den Stein, auf dem etwas großes Dunkles lag. Ein Tier oder gar ein Mensch? Aber an Menschenopfer in Friedenszeiten war nicht zu denken. Da löste sich plötzlich ein großer, hagerer Mann aus dem Kreise der Männer und trat zum Opferstein. Er zog ein Messer aus seinem bauschigen Gewand, trat feierlich mit steifen und großen Schritten zum Opfertier und stieß ihm den blitzenden Stahl ins Herz. Ein Blutstrahl sprang hoch und schaurig hallte der Todesschrei des getroffenen Opfers durch die mondhelle Nacht, die nach dem Verklingen des Schreies noch stiller und unheimlicher schien. Jetzt trat der Mond über die Baumwipfel und sein voller Schein fiel auf die grausige Szene. Feuer flammte auf und im Nu brannte der mächtige Holzstoß, der auf den Stein geschichtet war. Rupert konnte sich gerade noch hinter einer dicken Eiche verstecken. Jetzt sah er die Gesichter der Männer im hellen Mondlicht. Sie waren nicht mehr zu erkennen, so verändert war ihr ganzes Wesen. Die Männer, die sonst so gutmütig und bieder dreinsahen, blickten nun starr zu ihrem Anführer auf. Er konnte den Mann nicht erkennen, weil er seinen schwarzen Mantel über das Haupt geschlagen hatte. Mit dumpfer Stimme murmelte er Gebete vor sich hin und umschritt den Stein, auf dem ein Pferd lag. Es war ein Wotansopfer. Auf ein Zeichen hin begannen die Jünglinge, die fast nackt waren, einen wilden Tanz um den Opferstein. Der Mondschein erhellte die Gesichter, und Rupert glaubte, den einen oder anderen zu erkennen. Das war doch Ruozzo, der ihn am Morgen seiner Ankunft über den See gefahren hatte, dann der Bauer, bei dem er übernachtet und die halbe Nacht über Religion gesprochen hatte. Sie kamen doch beide eifrig zum Unterricht! Auch sonst waren noch manche hier, die ihm freundlich gesinnt waren und die zum Teil auch den Unterricht besuchten.
„Es wird noch viel Geduld und Gnade brauchen", sagte Rupert, als er wieder zu Gislar gekommen war, der im Schatten der gespaltenen Eiche auf ihn gewartet

hatte. Es war ihm schon bange um Rupert geworden, weil er so lange ausgeblieben war, aber er getraute sich doch nicht vom Baume wegzugehen, um Rupert nicht zu verfehlen, wenn er zurückkehrte. Sie sprachen auf dem Heimweg kein Wort zusammen. Von ferne rief von Zeit zu Zeit ein Käuzchen durch die Nacht. Rupert kam der Ruf unheimlich vor. Rufen denn Käuzchen die ganze Nacht? Und so viele? Waren es Warnzeichen der nächtlichen Wotansanbeter?

Unausgeschlafen und müde traf er am frühen Morgen Gislar, und er ging ihn geradewegs an: „Gislar, wir bleiben trotz aller Schwierigkeiten hier am See. Hier werden wir auch unseren Mittelpunkt für die Mission errichten." „Du hast wohl den Anschlag auf unser Leben wieder vergessen, Vater?"

„Nein, Gislar, aber jetzt erst recht! Wir weichen keinem Götzenpriester und wenn er noch so wild droht. Wenn sich hier der Teufel so mächtig wehrt, hat er wohl Grund dazu. Er spürt schon seine kommende Niederlage. Und die will er verhüten!"

In den nächsten Tagen rief Rupert alle geeigneten Männer zu sich und erklärte ihnen sein Vorhaben. Die einen staunten über seinen Mut, die anderen freuten sich darüber, weil sie gleich begriffen, daß damit ihr Ort unter den anderen Siedlungen am See eine besondere Bedeutung erhalten würde.

„Wir haben Steine genug von den verfallenen Römervillen, die rings um den See zu finden sind. Geht und bringt so viel ihr könnt zu meiner Hütte hierher. Die Kirche und das Kloster werden den Platz auf der Halbinsel ausfüllen."

Mit Gislar und Ursus, einem bärenstarken Walchen, der vom Steinbau etwas verstand, entwarf er in den folgenden Tagen den endgültigen Plan für den Bau. In seiner Heimat hatte er viele Steinkirchen gesehen, die ihm als Anregung dienen konnten. Als der Plan fertig war, übertrug er Ursus die gesamte Bauleitung. Gislar sollte nur die Aufsicht übernehmen.

Stolz über seinen Auftrag machte sich Ursus mit Eifer ans Werk. Die Männer steckten den Bauplatz ab, gruben Löcher für die Eckpfeiler und huben Gräben aus für die Grundmauern. Zum Glück war der Boden auf der Halbinsel schon in geringer Tiefe felsig, so daß die Kirche auf sicheren Grund zu stehen kam.

Mit den Ochsen brachten die jungen Burschen die Steine von allen Seiten heran. Sie benutzten dazu hölzerne, schlittenartige Schleipfen aus mittelstarken Bäumen. Darauf legten sie Bretter und auf diese die Steine. Seltenes Baumaterial traf hier ein, wie es nicht bei jedem Kirchenbau zu finden ist. Grabplatten mit römischen Inschriften, wuchtige, breite Platten, die von einem römischen Opferstein stammten, der umgestürzt irgendwo gelegen war. Reste von Figuren wiesen auf den Mithraskult hin. Mit Schadenfreude bauten die Walchen diese heidnischen Steine in die Ecken des Gotteshauses. Sie wollten damit unbewußt ausdrücken, die Steine hätten lange genug den heidnischen Göttern gedient, jetzt sollten sie Christus, dem Eckstein, helfen, seine Kirche zu tragen.

Hell klangen die Schläge der Steinmetze vom frühen Morgen bis ins Abenddämmern über den See. Eine Bronzeplatte, die die Männer in einem zerfallenen Hause gefunden hatten, wurde an einem Seile aufgehängt und an einem dicken Ast befestigt. Auf ihr gab Ursus das Zeichen zum Beginn und zum Ende der Arbeitszeit. Es war mit Ursus nicht zu spaßen, sollte einer zu spät kommen oder zu früh sein Werkzeug weglegen. Rupert wunderte sich immer wieder, woher die verschiedensten Geräte so plötzlich gekommen waren. Mit viel Geschick stellten die Männer viele davon selber her. Die Esse des Schmiedes brannte den ganzen Tag und erleuchtete auch noch bis tief in die Nacht hinein die nächste Umgebung der Baustelle.

Die ersten Herbstnebel zogen vom See her über das Land, als die steinerne Kirche fertig war, so daß sie feierlich eingeweiht werden konnte. Ursus hatte seine Leute nicht geschont. Tag für Tag war er vom ersten Morgengrauen an auf dem Bau und trieb die Arbeiter an. Als die letzten Steinschindeln auf dem Dach befestigt waren, stieg er herunter und suchte Rupert in seiner Hütte auf.
„Herr, wir sind mit dem Bau fertig. Du kannst die Kirche einweihen."
„Gut, Ursus, das habt ihr vortrefflich gemacht. Wenn ihr den Bauplatz aufgeräumt habt, dann schmückt das Gotteshaus und den Platz ringsherum. Ich werde am Sonntag die Kirche weihen."
„Du kannst dich verlassen, Herr." Rupert wollte schon gehen, aber Ursus blieb stehen und sah fragend den Bischof an.
„Ursus, was ist? Ist noch etwas unklar?"
„Nein, aber ich habe meinen Leuten versprochen, daß es ein großes Fest geben wird, wenn sie fleißig zugreifen, ein Fest mit viel Bier und Fleisch und Brot."
„Du hast leicht versprechen, Ursus, woher soll ich das alles nehmen?"
„Dafür haben wir schon gesorgt, Vater. Seit Tagen wird Bier gebraut, und die Rinder zum Schlachten sind auch schon bereit. Die Frauen backen seit Tagen schon frisches Brot. Nur …"
„Was nur?" Der Bischof ahnte allmählich, welche Sorgen Ursus drückten. „Ja, das kostet doch alles Geld, Vater, wenn du für die Kosten aufkommen könntest?"
„Gut, Ursus, ihr habt fleißig gearbeitet und so soll es am Lohn nicht fehlen. Der Arbeiter ist seines Unterhaltes wert und ein Fest dazu", ergänzte der Bischof die Worte der Heiligen Schrift.
Zum Patron der Kirche bestimmte Rupert den heiligen Petrus, nicht nur weil seine Heimatkirche und der Wormser Dom diesem Heiligen geweiht waren, sondern der Erstapostel des Herrn und der Fischer vom See Genesareth sollte die Arbeit der Fischer am Wallersee beschützen und seiner Missionsarbeit den Segen beim Herrn erflehen.
S. 127–142 (gekürzt).

Historischer Kommentar

Walchen und Bayern

488 hatte Odoaker, der *König der Germanen in Italien*, der romanischen Bevölkerung Salzburgs 488 nachhaltig befohlen, das bedrohte Ufernoricum zu verlassen und über die Alpen nach Italien zu ziehen. Trotzdem verweigerte sich dieser Anordnung eine kleine Gruppe und blieb auf ihren meist bescheidenen Gütern zurück: Diese Romanen werden in den schriftlichen Quellen als *Walchen* bezeichnet. Der im heutigen Gemeindegebiet von Seekirchen gelegene Ort *Seewalchen* ist beispielsweise nach einer solchen Gruppierung von „Walchen am See“ benannt.
Im späten 6. Jahrhundert besiedelten die Baiuwaren ausgehend von ihren frühen Zentren an der Donau, Straubing, Regensburg und Neuburg, das Alpenvorland vom Chiemgau über den Salzburger Flachgau und das heutige Oberösterreich bis in die Gegend von Linz.
Die ansässigen Romanen stellte der Bayernherzog nun unter seinen Schutz, sie waren ihm zinspflichtig und unfrei. Sie galten genauso wie die unfreien Knechte und Mägde der Baiuwaren als Eigentum des Herzogs, der das Recht hatte, sie samt ihren Gütern zu verschenken oder zu vertauschen. Diese Regelung betraf die gesamte romanische Bevölkerungsgruppe – es wurden also nicht nur die Aufmüpfigen und Widerspenstigen unfrei, wie es Ferdinand Grell schildert.
Für die weitere Entwicklung des Salzburger Flachgaus, insbesondere von Seekirchen und Salzburg, erwies sich das kulturelle Erbe, das die Romanen ihren neuen Herren vermittelten, als bedeutungsvoll. In „Der Salzbischof St. Rupert“ erfahren wir zum Beispiel von den Kenntnissen der Obstveredelung und des Weinbaus. Der Weinbau war zu dieser Zeit weit verbreitet, also möglicherweise auch in Seekirchen.
Das wichtigste Kulturgut, das die Baiuwaren von den Romanen übernahmen, war aber das Christentum. Während das „Volk“ der Baiuwaren noch „heidnische“ Naturgottheiten verehrte, waren zumindest schon einzelne Angehörige des Herzogsgeschlechts der Agilolfinger, die an der Spitze des Stammes standen, Christen.

Der heilige Rupert kommt nach Seekirchen

Die in der Gegend um Seekirchen lebenden Romanen waren auch ein Grund, warum der mit den Merowingern versippte fränkische Adelige Rupert im Jahr 696 an den Wallersee kam, denn dort konnte er mit seinen Missionsarbeiten an eine bereits bestehende christliche Tradition anknüpfen. Seekirchen war zwar gemäß den kanonischen Vorschriften ungeeignet für die Errichtung eines Bischofsitzes, wie auch in Grells Roman Ruperts Gefährte Gislar zu bedenken gibt, lag aber in günstiger Distanz zu Juvavum, um Verhandlungen mit Theodbert, dem ältesten Sohn und Mitregenten Herzog Theodos, zu führen, der in der Stadt residierte.

Der Mulperg als heidnische Opferstätte

Ferdinand Grell läßt den heiligen Rupert ein nächtliches Wotansopfer auf dem *Mulperg* beobachten. Vielleicht sah der Autor vor seinem imaginären Auge, wie sich eine rituelle Opferszene auf dem *Mühlberg* bei Seekirchen abspielte. Archäologische Beweise für eine Malstätte auf dem Mühlberg gibt es keine, was Grell möglicherweise veranlaßte, den Ort seines fiktiven Geschehens *Mulperg* zu nennen, um ihm den Anschein von Authentizität zu nehmen.

Die Kirche zum heiligen Petrus – Der erste Kirchenbau des „Salzbischofs" im heutigen Land Salzburg

Das älteste Salzburger Güterverzeichnis, die Notitia Arnonis (788–790), zählt 68 bischöfliche Eigenkirchen auf, die zur Ausstattung der Salzburger Diözese gehörten. An erster Stelle dieser Bischofskirchen steht *ad See ecclesia*, die Kirche am See – Seekirchen.

Bei archäologischen Untersuchungen in der Pfarr- und Kollegiatsstiftskirche in Seekirchen konnten im Jahr 1977 (vier Jahre nach dem Erscheinen des Romans) Fundament und Fußbodenreste der von Rupert gegründeten Kirche zum heiligen Petrus aufgedeckt werden.

Bei dieser Grabung stieß man auch auf einen römischen „Polsterstein". Seine Bestimmung wie sein ursprünglicher Standort sind leider unbekannt. Es besteht allerdings die Vermutung, daß der Stein von der Unterkante einer römischen Altarplatte stammt. Folglich wäre hier ein alter Götterkult durch den Bau einer christlichen Kirche abgelöst worden, wofür man ganz bewußt die Überreste eines alten, vertrauten Heiligtums wiederverwendete.

Rupert erblickt die Ruinen von Juvavum

Wann der heilige Rupert Seekirchen wieder verlassen hat und ob sein Aufbruch mit der Fertigstellung der Kirche in Zusammenhang steht, ist ungewiß. Obwohl Juvavum zum Großteil zerstört war, hatte ein Teil der romanischen Bevölkerung auf der Nonnbergterrasse und auf dem Festungsberg die unsichere Zeit der Völkerwanderung überdauert; auch die Neuorganisation unter bayerischer Herrschaft war bereits in Gang. Die alte Römerstadt bot sich daher nicht nur aus rechtlichen Gründen als neue Wirkungsstätte für den „Salzbischof" an.

Rupert – der Salzbischof?

Das Salzfaß hält der heilige Rupert erst seit dem Spätmittelalter und aufgrund einer Legende in Händen, auf älteren Darstellungen ist er nur als Bischof mit Mitra und Bischofsstab abgebildet. Als Rupert Ende des Mittelalters zum Landespatron erwählt wurde, brachte man sein Wirken mit der Salzgewinnung am Dürrnberg in Verbindung, die jedoch zu seinen Lebzeiten noch gar nicht betrieben wurde, sondern erst 1198 einsetzte. Seine Verbindungen zum Salz beschränkten sich auf die Saline Reichenhall, deren Salzproduktion auch der *Salzach* und *Salzburg* den Namen gaben.

Anton Breitner (1858–1928)

VERKLÄRTE PROVINZ

„Als der junge Student (der Landwirtschaft) *an der Leipziger Hochschule, Anton Breitner, Ende der siebziger Jahre des vergangenen Jahrhunderts mit seiner Mutter zur Sommerfrische nach Mattsee bei Salzburg kam, verfiel er dem Zauber der weltfremden Landschaft."*
So kommentierte Burghard Breitner, Sohn, Schriftsteller und Arzt, in „Hand an zwei Pflügen" die schwelgerische Zuneigung, die sein Vater zu der Gegend um den Mattsee gefaßt hatte. Sie sollte über fünf Jahrzehnte das Kraftfeld seiner Neigungen und Interessen bilden, war ideales und idealisiertes Umfeld seiner Betätigung als Hobby-Archäologe, Historiker, Dichter, Schriftsteller, Literaturkritiker, Buchkünstler und Archivar.
1886/87 wurde aus der jährlichen Sommerfrische in Mattsee ein zur Seßhaftigkeit verpflichtendes Domizil. Anna Rosa Breitner, die Mutter des Dichters, hatte einiges Vermögen eingesetzt, um sich in der idyllischen Voralpenlandschaft des Flachgauer Seengebiets anzukaufen. Zwei Häuser bescheidener Ausstattung, wie sie der einfachen Lebensart der Gegend entsprachen, wurden erworben. Daneben entstand, nach den Plänen eines Wiener Ringstraßenarchitekten und sichtlich erhaben über das dörflich-bäuerliche Ortsbild von damals, die „Villa Breitner".
Von einem reizvollen Aussichtspunkt, wo *„Wartstein und Schloßberg, schroffwandige Steinzeugen tausendjähriger Geschichte, als zwei Halbinseln in Seenland eingebettet, dem schluchtenreichen Haunsberg und steilen Buchbergkegel zu Füßen lagern"* (Diemut, 6), überblickte der noble Bau wie ein Großbürger auf Sommerfrische das Seengebiet.
Die Familie Breitner hatte ihr Tusculum gefunden, das dem Weltgeschehen entrückte Glück der Provinz. Behagliche Abgeschiedenheit und unterhaltsame Besucherschaft bestimmten die Lebensweise der Familie, die ihrer großbürgerlich-urbanen Herkunft verbunden blieb.
Die materielle Basis dieser Lebensform lag in Wien-Schwechat. Dort betrieb Anton Dreher, der Vater des Dichters und einer der reichsten Industriellen auf dem europäischen Kontinent, eine Brauerei. Bierspezialisten ist er als Erfinder des untergärigen Biers bis heute ein Begriff. Die Wiener bewunderten den feschen, keineswegs öffentlichkeitsscheuen Erfolgsmann und Reitstallbesitzer, der neben einer guten Hand fürs Geldverdienen auch Gehör für soziale Nöte hatte: *„Nein, daß ich den armen Leuten gern was schenke, daran ist ja nichts Besonders, ich hab's ja."* (Anton Dreher in einem Interview)
Wenigstens zwei Charakteristika, die Großzügigkeit sowie die rigorose Ablehnung der Moderne – Anton Dreher war bei den Wienern auch als erklärter Feind der

Sezession populär – haben sich auf den Sohn vererbt. Dieser hieß nach seinem Vater Anton und trug den Familiennamen der unverehelichten Mutter.
Anna Rosa Breitner entstammte einer jüdischen Wiener Familie von Textilhändlern. Ihre Beziehung zu Anton Dreher, nach damaliger Auffassung ein Konkubinat, währte über Jahre. Im Fall der Kinderlosigkeit von Drehers Frau war ihr die Ehe versprochen. Schließlich kam es zu einer einvernehmlichen Trennung, der eine generöse Abfindung die Tragik nahm. Anna Rosa Breitner übersiedelte mit ihrem Sohn, der gerade sein Studium der Landwirtschaft beendet hatte, nach Mattsee. Aus der Ehe mit Pauline Hauck, Tochter des Mattseer Sprengelarztes, gingen zwei Söhne, Burghard und Roland, hervor, die das Familienidyll abrundeten.

Anton Breitner

Ein handschriftliches Manuskript von Kan. Matthias Ebner, als Mattseer Heimatbuch angelegt, enthält fotografische Aufnahmen aus jenen Jahren, die diesen *„Zauber einer weltfremden Landschaft"* hart an der Schnittstelle zu ihrer touristischen und gewerblichen Erschließung wiedergeben.
Über Fischerhütten und rastende Kleinhäusler, durch Wiesenland und blühende Obstbäume wandert der Blick, zieht vorbei an altertümlichen Booten im Schilfgürtel, streift über eine geruhsam gewellte Landschaft. Ihre anheimelnde Entlegenheit war schon zu Zeiten Anton Breitners im Schwinden begriffen. Seine Dichtungen gestalteten sich als deklariertes Festhalten an diesem romantischen Widerschein, selbst um den Preis einer *Poesie des nicht mehr ganz Wahren.*
Anton Breitner, der erklärte Gegner des Fortschritts, wurde in Mattsee zum Dichter, Historiker und Buchkünstler, bei dem Persönlichkeit und Werk aus einem Guß waren. Freunde verehrten den *„romantischen Heiligen"* für seine franziskanische Milde und umfassende Naturliebe. Die stattliche turmbewehrte Villa schien ihm *„peinlich groß"*, die kultiviert-bürgerlichen Ansprüche der Mutter unterlief er mit fortgesetzter Sehnsucht nach dem einfachen Leben. *„Hätt' i nur so a Bauernhäusl!"* war eine stehende Redensart des Dichters und früheren Studenten der Landwirtschaft gegenüber der befreundeten Familie Roller, die über die Sommermonate in einem schlichten Nachbarhaus einquartiert war.
Alfred Roller war als Bühnenbildner für die Salzburger Festspiele engagiert, seine Ausstattungen von Richard-Strauss-Opern eroberten sich größte Wertschätzung. Ehefrau Milenka, auch sie künstlerisch tätig, war eine vertraute Freundin Anton Breitners und hat ihn wiederholt gezeichnet. Zur Feier seines 70. Geburtstages

entstand ein Porträt, wie es nur Nahestehenden gelingen konnte. Es erschien im *Neuen Wiener Journal* vom 18. März 1928.

„*Seine* (A. B.s) *warme, gütige, mitfühlende, alles umsorgende Menschlichkeit, die keinen Menschen unbeachtet, ungetröstet, unbeschenkt – kein lebendes Tier ungepflegt – keine abgerissene, weggeworfene Blume nicht ins Wasser gerettet –, keinen Tierkadaver unbegraben sehen kann – artet manchmal in tragikomische Clownerie aus, über die man lacht und doch tief erschüttert ist. Acht Jahre pflegte er seinen gelähmten Dackelhund, der am Schluß nur mehr ein räudig-befellter Fleischklumpen mit treu-flehenden Augen ist. Zimmer dürfen nicht benutzt und geputzt werden, weil hereingeflüchtete Waldvögel darin überwintern und gefüttert werden. Zum Undank schrecken und fressen sie Breitner die gehüteten Spinnen weg. In kargen Zeiten bekommen die zahllosen Schnecken am Wege Apfelstücke hingelegt. Die mühsam in Fallen gelockten Mäuse, die alles im Hause annagen, werden im Morgengrauen heimlich ausgelassen usw. usw. Täglich kniet er morgens vor einem Madonnenmarterl – täglich klopft er an die Grabsteine seiner Tiere – zur Zeit der untergehenden Sonne ist er am Wartsteinspitz beim See –, ein frommer, sonnenanbetender Heide. Sein Stoßgebet lautet: ‚Venus, Madonna, gütige Sterne.' Ein geborener Wiener, hat er in jungen Jahren die Tochter des Mattseer Arztes Hauck geheiratet, ist später dorthin übersiedelt, hat ein gastliches Haus geführt und sein Leben der ‚Verziehung' seiner Söhne gewidmet, die er mit all den modernen Büchern beschenkte, die er für sich wild negierte. In den Kriegszeiten ist sein Vermögen ungültig geworden; Anton Breitner träumte und verschenkte weiter – und wenn heute noch ein Ziegel am Dach liegt, ist dies das Verdienst seiner Hausfrau. Nun feiern die Söhne: der Chirurg Professor Burghard Breitner, in seinen wenigen freien Stunden auch Schriftsteller, und der Opernsänger Roland Breitner, in aller Stille ihres Vaters siebzigsten Geburtstag in treu-zäher Angewurzeltheit in Mattsee.*"

Aus dem Blickwinkel des Kulturbetriebs von damals wurde der spätromantische Meister des Regionalen und sein eigenwilliges Idyllenleben weniger wahrgenommen als der deklarierte Gegner von Fortschritt und Moderne. Nach dieser Seite nämlich legte Anton Breitner auch einige Angriffslust an den Tag. Im Kampf zwischen dem wendigen Seitenwechsler Hermann Bahr und dem satirischen Moralisten Karl Kraus ergriff er die Partei des letzteren. Diesem fühlte er sich in seiner Kritik am „*grenzenlose(n) Eigennutz protziger Geldmenschen*" verbunden sowie in der Skepsis gegenüber einer kalten, oberflächlichen Fortschrittsprogrammatik. Breitners spezifische Mischung aus Rigorismus und Verspieltheit, deren er sich bediente, um über seine Gegner Scherbengericht zu halten, setzten ihn freilich in das Licht einer hilflosen Nostalgie und restaurativen Provinzialität.

Daneben verblaßte der Stellenwert seiner schöpferischen Eigenleistung, die konservatorische und literarische Pflege geschichtlicher Überlieferung, die Originalität seiner Buchkunst sowie die miniaturenhafte Zartheit, mit der er sich als

Schriftsteller der kleinen Geschichte des Provinziellen angenommen hat, dabei Pflanzen, Bäume, geschichtshaltiges Mauerwerk und Volksbräuche wie zu einer Stickerei umdichtend. – Eine persönliche Entgegnung auf das Monumenthaft-Kolossale der *großen Geschichte*.

In der Einleitung zu „Diemut. Eine Skizze mit scharf umrissenem historischem Hintergrund" erinnert sich der Erzähler (benannt als *Heinrich der Poet*), wie er als Zehnjähriger die Verbrennung des letzten Einbaums, eines prähistorischen Relikts im Flachgauer Schiffsbau miterlebt hatte: *„Das ist der letzte! näselte der Alte und warf das letzte Stück bereitliegenden Eichenholzes in die Lohe. Bald war's vom Feuer verzehrt und ein Stück Romantik verloren: der letzte Einbaum hatte von den Mattseen auf ewig Abschied genommen.*

Mattsee

Das war vor vielen Jahren. Der Seestill lebt noch und der übermütige Bub von Anno dazumal ist der Schreiber dieser Erzählung. Damals hatte er seine Freude an der Vernichtung des sagenumsponnenen Fahrzeugs und half dem Alten, die Asche, den Befruchter des Erdäpfelackers und Krautgartens, über den Boden verstreuen; heute weint der alte Knabe jenem Einbaum eine Träne nach und möchte viel darum geben, säh' er die Fischer noch immer in diesem derben Gefährt nach Angel und Reuse Nachschau halten, statt im brettergezimmerten Kahn fortschrittbeflügelter Zeit." (6f.)

Das Licht auf dem Scheffel

Hans Widmann, ein Kenner von Salzburgs Literaturlandschaft um die Jahrhundertwende, lernte den Mattseer Genius bei einer hochsignifikanten Gelegenheit kennen: *„Es war an dem schönen Tage, wo in dem stillen Haine am St. Wolfgangsee die Gedenktafel für Viktor von Scheffel enthüllt wurde. Damals lernte ich zuerst den jungen Breitner kennen; sein Witz und Humor erheiterte die ganze frohe Schar, die an der Enthüllungsfeier von Salzburg aus teilnahm, alle noch in Scheffels Bann gefangen und ‚feuchtfröhlich' genießend, ringsum nur lachende Welt erschauend.*" (Salzburger Volksblatt, 18. März 1908)

Joseph Viktor Scheffel (1826–1886), ein Kultautor gotisierender Geschichtserzählungen im altdeutschen Stil, bildet die Schlüsselfigur zum Verständnis von Anton Breitners Werk. Dessen „Ekkehard" (1855) war der erfolgreichste deutsche Roman des 19. Jahrhunderts gewesen. Bis in die Zwischenkriegszeit wurden seine betulich heldischen Mittelalterbilder in Großauflagen nachgedruckt. Die beiden ersten Veröffentlichungen Anton Breitners, „Der Mönch von Mattsee" (1882), ein Versepos, in dem sich der Dichter mit Pilgrim II. von Puchheim, dem mutmaßlichen Mönch von Salzburg identifizierte, sowie der Mattseeroman „Diemut" (1894) sind eng an Scheffels Elaborate angelehnt. Dabei sind „Der Trompeter von Säckingen" und „Ekkehard" in ihrem Modellcharakter für Breitners Stil besonders hervorzuheben.

1890 gründete Anton Breitner einen Scheffel-Bund und im Turmzimmer der Mattseer Villa wurde ein Scheffel-Museum eingerichtet, das einige Anziehungskraft auf entsprechende Besucher ausübte. Im engeren Bekanntenkreis vertreten waren der Apotheker Carl Hinterhuber, der Arbeitgeber Georg Trakls, und der Sagensammler und Redakteur Rudolf von Freisauff. Familiären Kontakt hatte man zur Familie Roller sowie zu dem Kompositions-Guru August Brunetti-Pisano.

Der Erste Weltkrieg und die Währungsreform raubten den Breitners ihr Vermögen. In diesen Notzeiten entschloß sich die Familie zum Verkauf des Scheffel-Museums. Die damit erzwungene Räumung des Turmzimmers zeigte jedoch innere Folgerichtigkeit. Die geschichteselige Epoche des Historismus hatte sich noch im ausklingenden 19. Jahrhundert erschöpft. Der opernhafte Zitate- und Requisitenschatz aus Säulen, Erkern, Götterbüsten, Butzenscheiben und allegorischen Dekorationsstücken verkam zur Kuriosität und Trödelware.

Anton Breitners literarische Produktivität war dementsprechend noch während der Makart-Zeit zu Ende des 19. Jahrhunderts verstummt. Sein letztes Manuskript, ein Römerroman mit dem Titel „Erz", blieb ungedruckt. Die geliebte archäologische Tätigkeit konnte er mangels Geldmitteln nicht weiterführen. Die Ausgrabungen im römischen Gräberfeld von Schalkham (1885–1888), deren humorvolle Dokumentation unter dem Titel „Juvaviae rudera" (1898) vorliegt, hatte er auf eigene Kosten unternommen. Finanziell aufwendig hatte sich auch die Liebhaberei seiner Buchkunst gestaltet.

Die letzten Publikationen, kammgeschwellte Attacken auf den *„zersetzenden Geist der Moderne"*, fanden zwar Gehör, aber kaum Zustimmung. Anton Breitner, von Anfang an kein Schriftsteller mit Breitenwirkung, war aus der Mode gekommen, noch ehe das neue Jahrhundert eingeläutet war. Es war dann ausgerechnet Hermann Hesse, der diesem altdeutschen, musealen Zeitalter und seiner Leitfigur Viktor Scheffel eine ritterliche Lanze gebrochen hat.

„Man wirft nicht weg, was man einmal geliebt hat, und im Museum muß neben der falschen Renaissance der siebziger und der falschen Gotik der vierziger Jahre auch der altdeutsche Scheffel seinen Platz haben, einen Platz als Großonkel und geehrtes Bildnis einer verschwundenen Zeit. Aber unsere Söhne werden, so hoffen wir, mit anderen Liedern und anderen Zeichen aufwachsen und fröhlich sein und die Studenten, die diesen Krieg mitgemacht haben, werden noch viel rascher als die bisherigen Jahrgänge vollends mit der falschen Männlichkeit des Bier- und Raufburschen

und mit der falschen Gefühlswelt der Altdeutschelei aufräumen. Und damit wird auch in der Dichtung das Jahr 1914 ernster nachklingen als das Jahr 1870." (Hermann Hesse, Schriften zur Literatur 2, 344. Gesammelte Werke Bd. 12)
Das Jahr 1914 hat dem kostümmäßigen Reckentum des Historismus, das in seiner altdeutschen Spielart eher für Jubiläumszwecke taugte als für einen Maschinenkrieg des 20. Jahrhunderts, den endgültigen Garaus gemacht. Anton Breitner überlebte diese Zäsur um immerhin 14 Jahre. Seit Ausbruch dieses Krieges, der die Lebensverhältnisse der Familie Breitner zunehmend schwierig gestaltete, wurde es auch in gesellschaftlicher Hinsicht stiller im Haus am Wartstein. Anton Breitner starb 1928 im Kreis seiner Familie in Mattsee.

Der Buchkünstler Anton Breitner

Mit einem Versepos, dem „Mönch von Mattsee", hatte Anton Breitner 1882 seinen literarischen Einstand gegeben. 1894 schloß daran der Heimatroman „Diemut" an, eine historische Skizze mit scharf umrissenem Hintergrund, wie es im Untertitel heißt, wiederum in der Nachfolge Viktor Scheffels stehend. Eine Einheit bilden die beiden Titel als poetische Stilisierungen von Natur und Geschichte der Mattseer Wahlheimat.
„Diemut", das vielleicht liebenswerteste Werk Anton Breitners, zeigt die Buchkunst bereits als integralen Bestandteil von dessen weit gefaßtem Literaturbegriff. Der befreundete akademische Maler Hermann Bergmeister aus Graz hatte einen Einband in Pergament geschaffen. Die aufwendigen Eckbeschläge ahmten ein mittelalterliches Missale nach, dazu ergänzte sich romantischer Illustrationsschmuck zwischen den Kapiteln.
1888 war „Vindobonas Rose" erschienen, eine Dichtung auf Anton und Pauline Breitners Hochzeitsreise, die sie stilgerecht nach Italien geführt hatte. „Im Hochzeitsbrevier des Vaters Danubius gefunden", wie der Untertitel vermerkt, erschien das Werk in Gestalt einer antiken Capsa, einer neo-römischen Buchdose aus Pappe. Die ebenso originelle wie kunsthandwerklich preziose Schöpfung brachte dem Buchkünstler Anton Breitner eine Goldmedaille auf der Internationalen Buchausstellung in Antwerpen ein. Der literarische Inhalt, Gesänge, die den römischen Kaiser Marc Aurel mit dem frisch vermählten Paar zu einer Geschichte zwischen Italien und Donauraum, zwischen römisch-imperialer Vergangenheit und habsburgisch-monarchischer Gegenwart verflechten, war in Form von numerierten Papierrollen in die Capsa eingelegt. Die kostspielige Originalausgabe wurde, wie schon im Fall von „Diemut", durch eine Volksausgabe in handelsüblicher Buchform komplettiert.
Die eigentümliche Spannung in Anton Breitners Schaffen, bedingt durch die Verknüpfung aus literarischer Konvention aus dem 19. Jahrhundert und einer verspielt-originären, sehr zeitgemäßen Innovation der Buchkunst, tritt am deutlich-

sten in seinem nächsten Titel, „Literarisches Scherbengericht" (1895–1897) zutage. Das Vorbild des griechischen Ostrakismus (Scherbengericht) wurde damit als ein Mittel moderner Literaturkritik aufgenommen. Die Porträts und Namen mißliebiger AutorInnen der Moderne waren auf Scherben in einer antiken Vase versammelt.

Was diese geistreiche Umsetzung von Literaturkritik in Buchkunst in ihrer Aussagekraft schmälert, ist die vernichtende Einseitigkeit, mit der dabei über Zeitgenössisches Gericht gehalten wurde. Der Rundumschlag gegen *das Neue*, der mit Breitners Beiträgen in „Literaturbilder fin de siècle" (1896– 1906) und „Belletristische Archäologie. Randglossen zur deutschen Literaturgeschichte" (1896/97, 1898) Fortsetzungen fand, engte die Verknüpfung von Historismus und Provinzkultur, die dahinterstand, auf den fragwürdigen Stellenwert eines Winkeladvokatentums restaurativer Kunstschöpfung ein. Sie stand gegenüber der nachwachsenden, vom Naturalismus begeisterten Generation, unter der sich auch Anton Breitners Sohn Burghard befand, von Anfang an auf verlorenem Posten.

Villa Breitner

Anton Breitner, überaus milde und sehr subjektiv, ein insulärer Bürger seiner romantischen Traumwelt, vermochte in der Rolle des streitbaren Wertkonservativen am wenigsten zu überzeugen. Die facettenreiche Widersprüchlichkeit seiner Lebensweise war zu liebenswürdig, um nicht zu sagen clownesk, um als richterliche Instanz durchzugehen. In der Villa Breitner wurden eben nicht nur bedrohte Waldvögel, Schnecken und Hasen durchgefüttert, sondern sie war, wie durch die Feder ihres Hausherrn bekanntgegeben, auch als „Heldenplatz" übermütiger Schießübungen im Gespräch. In „Zehn Minuten bei Robert Hamerling. Ein fossiles Albumblatt von A. Breitner" (Juli 1867) heißt es: *„Meine Buben sind hier und spielen mit sechs- und achtläufigen Revolvern. Dabei ist es schwer, sich in die classische Stimmung zu finden, die zur Schilderung eines Besuches bei unserem großen Hamerling nothwendig ist."* Eben diese Buben wurden vom Vater mit exakt jenen Büchern beschenkt, die dieser auf den Index seiner Literaturkritik der Moderne gesetzt hatte.

Diemut, Berta und Amazonen – Ein mittelalterlicher Frauenroman aus Mattsee

„Ein blütenüberschneites Gemälde aus Mattsees Vergangenheit" nannte der Literaturhistoriker Martin Feichtlbauer Anton Breitners „Diemut. Eine Skizze mit scharf umrissenem historischen Hintergrund". Der Roman führt in das herr-

schaftlich-ritterliche Mattsee des 14. Jahrhunderts, wo um die madonnengleiche Gestalt Diemuts (von der Alben/Alm) gelehrte Kleriker, ein Einsiedel, Künstler und einfaches Landvolk zu einem malerischen Gruppenbild mit Schloßherrin arrangiert sind. Ihre Geselligkeit konveniert auf das beste mit der Natur dieser Landschaft, die in zahlreichen Personifikationen, sagenhaft, allegorisch, idyllisch, mythisch und dämonisch in Erscheinung tritt.
Der Erzähler, *Heinrich der Poet,* schwärmt von der *„mondgelben Nachtkerze, des Mattiggaus Lotos und Felsenkönigin, von ihrer Blumengenossin, der Alpenglockenblume, von den blauen Wiesenenzianen mit dem weißen Stern im Kelch, von dem alten bemoosten, vielerfahrenen Apfelbaum von Gebertsham und dem Kirschbaum auf dem Ochsenharing, dem brauchtümlichen Mittelpunkt eines Frühlingsfestes"*.
Als Pflanzenliebhaber wie als Historiker zeigt Anton Breitner Neigung, die Beschäftigung mit dem Realen in die Freiheit des Fiktiven und Phantastischen zu überhöhen. Er bringt Apfelbäume zum Sprechen, fühlt mit Ente und Wasserhuhn, Hirsch und Reh, und fügt um diesen innigen Austausch zwischen Mensch und Natur einen ornamenthaften Rahmen, wo Naturgeister durch Rankenwerk und Dickicht spuken.
„Zieht der Polterer seinen Wolkenmantel von Perwang herauf und über seinen Schädel bei der Rauhleiten hinunter, dann regnet's unerbittlich tagelang fort und seine Wolken tanzen über den See herüber und kreisen im Hexentanz um den Gipfel des Buchbergs." (67)
Im Buchberg verbirgt sich ein Riese, der Haunsberg beherbergt einen Forstteufel und das Grubenweibl, eine alte Anbinderin. In der Quellengrotte des Mattsees aber haust der vom Erzähler mehrfach besungene Nix. *„Einst in der Fastnacht saß der Wasserkobold auch in seiner Grotte und pfiff sich den Eisvogel vor seine kalte Majestät. Der Eisvogel trug Flügel wie Edelrost alter Bronzen und hatte ein Wams, wie oxydiertes Eisen gefärbt. Hol' mir die Eisjungfrauen! befahl er dem Vogel. Der aber sah ihm über seinen starken Schnabel keck in's Gesicht und piepste: Sind nicht zu Hause! Da schöpfte der Nix eine Handvoll aus der Quelle und schüttete sie dem Vogel über den himmelblauen Rücken und über die blaugrünen Flügel und schimpfte: Rauschzapfen."* (113)

Da schau her und dichte!

Ein Grabstein aus Adneter Marmor, der zu Ende des 19. Jahrhunderts noch im Kirchenraum, beim Cölestinusaltar, im Boden eingelassen war und heute im Kreuzgang aufgerichtet steht, bildet den realgeschichtlichen Ausgangspunkt für Anton Breitners „Diemut"- Roman.
„Da führte einst ein sonniger Tag", heißt es einleitend, *„Carolus den Bücherer und kunstfrohen Cleriker des Stiftes Mattsee dem Schreiber dieses Buches zu. Und*

Carolus, der Schriftdeuter, faßte den Sinnirer unterm Arm, zog ihn geheimnisvoll blinzelnd in die sommerkühle Stiftskirche und zum Gitter verwahrten Altar des heiligen Cölestinus und sprach, auf die Fliese des Bodens hindeutend: Da schau her und dichte! Und auf dem breiten wappengezierten roten Marmor-Grabstein aber, den ihr Fuß betrat, stand: Diemut." (8)
Auf diesem realen Grabstein steht, den Stein umrandend, weiters zu lesen: *„Hie leit fraw diemut hern merten von der alben hausfrav die gestorben ist an freitag vor de(m) palmtag nach christi purd XIII h(un)d(er)t und in dem LXXXIIII iar."*
Hinter *Carolus dem Bücherer* ist Karl Holly zu vermuten, der 1884–1891 Bibliothekar des Stiftes Mattsee war, dazu Archäologe und Geschichtsfreund und in dieser Eigenschaft Anton Breitner archivarisch betreute, ihm vor allem Einsicht in die Handschriften des Stiftes ermöglichte. Als maßgebliche Quelle ist hier der *Liber traditionum* oder *Codex maticensis* zu erwähnen, angelegt unter dem Stiftsdekan Christian Gold (1365–1388). Ergänzend dazu lagen Breitner drei Kalendarien desselben Zeitraums vor, wo etwa zum 13. April 1379 nachzulesen steht: *„Diemudis que dedit ecclesia predium padinheim."* (Diemut schenkte der Kirche das Bauerngut Padinheim.)
Diese Handschriften bilden zusammen mit der Landschaft und ihren steinernen Geschichtsdenkmälern jenen *„scharf umrissenen historischen Hintergrund"*, vor dem Anton Breitner die Lebensgeschichte Diemuts ausbreitet. In Abwesenheit ihres Mannes Merten/Martin steht sie der Herrschaft über Mattsee vor, das damals in ein komplexes Gefüge von Territorialgewalten eingebettet war.
Die *„in mangelhaftem Latein geschriebenen Briefe des Pfarrers Pfnurr"*, die Anton Breitner gleichfalls in der Stiftsbibliothek entdeckt und studiert haben will, existierten freilich nur in der Phantasie des Dichters. (Es gibt keine tradierten „Briefe Pfnurrs". Vgl.: Wilhelm Erben, Quellen zur Geschichte des Stiftes der Herrschaft Mattsee. Wien 1896)
Historisch ist aber die Gestalt dieses Stiftsdekans Ulrich Pfnurr (1388–1406). Sogar die Urkunde, die seine Erhebung zum Stiftsdekan in der Nachfolge Christian Golds belegt, ist erhalten. Dazu bezeugt ihn ein Epitaphium in nächster Nähe zu Diemuts Grabstein. Zu erkennen ist die Figur eines Kanonikers mit gefalteten Händen und ohne Kopfbedeckung. Drei Seiten tragen in gotischer Minuskel den Schriftzug: *Anno d(omi)ni . millesi(m)o . CCC. III . obiit . ulricus . d(i)c(t)us . pfnurr . decan(us) . hui(us) . ecc(lesi)ae . matticensis . die palmar (um).*

Diemut – weiblich stark

„Diemut" ist ein Frauenroman und dazu eine historistische Männerphantasie des 19. Jahrhunderts. Zu dem Madonnenbildnis der Burgherrin mit Flachshaar und gotischem Stirnband stellte Anton Breitner eine weibliche Modellreihe von angepaßten bis provokanten Frauenfiguren. Darunter finden sich die blondzopfige

Berta, Tochter des Malers Soraperus, die zur Geliebten des Haunsbergers wird, dann eine zauberkundige Alte, *Grubenweibl* und *Anbinderin* im Haunsberger Forst und schließlich ein Amazonenheer, das der Dichter unter der Anführerschaft eines mythischen Bösewichts mit Namen *Schellerer* in nächtlich exzessiven Ausritten durch die mit Mondlicht überflutete Landschaft des Flachgaus hetzt.
Dem Kirchenmaler Soraperus ist es aufgegeben, den Widerstreit dieser Weiblichkeitsmuster auszutragen. Durch seine Kunst zur Schöpfung von Idealbildern und Heiligenfiguren verpflichtet, kämpft er gegen die Erfahrung weiblicher Erotik an, deren Schönheit nicht nur verlockend ist, sondern auch Angst einjagt und als sündhaft abgelehnt wird. Der Anblick einer nächtlich dahinjagenden nackten Amazonenschar stürzt den Kirchenmaler, der die Schloßkapelle, das Stifts-Refektorium und die Kapelle von Gebertsham mit neuen Gemälden ausgeschmückt hat, schließlich in Wahnsinn.
„Er, dem der Frauen Leib für heilig galt, konnte der entblößten Jägerinnen Anblick nimmer verwinden. Besorgt blickten alle auf ihn, der keine Silbe sprach. Sah er ein, daß seine Kunst, die er bisher geübt, nichts war? daß er die Schönheit malen müsse, wie er sie im Zauberlicht des Mondes gesehen, unverhüllt und berückend, nicht in langen Mänteln versteckt?“ (92)
„Der kranke Maler, für den es kein Heilmittel gab, wie Haug der Chirurgus versicherte, beging die tollsten Streiche. So malte er auf alle Wände Rümpfe von Heiligen und legte ihnen den Kopf in den Schoß, malte eine Dornenkrone dazu, samt Herzen, die er mit einem Dolch durchbohrte. Und eines Tages gefiel es ihm, seine Farbentöpfe hoch vom oberen Turm auf der Andächtigen Köpfe zu werfen, als sie in die Stiftskirche zogen zu frommer Andacht.“ (146)
Die mittelalterliche Bezugsfigur zu Soraperus ist Gordian Guckh, der Schöpfer des Gebertshamer Altars und Leiter einer Altarbauwerkstatt in Laufen, der im Flachgau mehrfach tätig war. Er ist urkundlich von 1506 bis 1538 nachweisbar, 1521 nahm er für ein Jahr den Posten des Bürgermeisters in Laufen ein.
Enger ist möglicherweise die Parallele zu einem Zeitgenossen Anton Breitners. Johann Berger (1846–1929), geboren und verstorben in Wals bei Salzburg, war ein Schüler Pilotys an der Akademie in München, dann kurz bei Hans Makart. Er fiel in geistige Umnachtung.[1] Nachdem er, zurückgezogen, aber nicht weit von Mattsee, auf einem Bauernhof in Moos am Irrsee lebte, ist anzunehmen, daß Anton Breitner von ihm und seinem tragischen Schicksal Kenntnis hatte. Diese Nebenhandlungen, über die auch der Mönch von Salzburg eingebunden ist, bereichern den Frauenroman „Diemut“ um die Züge eines mittelalterlichen Künstlerromans.
Eröffnet wird die Romanhandlung mit dem Palmsonntag 1350. Damals wehte die Trauerfahne vom Schloßturm. Die kleine Tochter der Schloßherrin Frau Diemut von der Alben war verstorben. Feierlich zog die große Trauergemeinde zum Friedhof. Der Ehemann, Herr von Merten, leistete Ludwig dem Bayer gegen

Friedrich den Schönen von Österreich seit längerem Kriegsdienst im Kampf um die deutsche Königskrone und konnte daher nicht zugegen sein. Mit im Trauerzug sind Heinrich und Hatmar, die Söhne Diemuts. Später wird sie der Einsiedel Franz Wiesauer, der am Felsrücken des Wartsteins eine Klause bewohnt, über den schmerzlichen Verlust trösten.[2]

„Diemut" folgt im thematischen Aufbau einer klassischen Ritterdichtung. Wie über ein schwarzweißes Schachbrettmuster bewegt Anton Breitner die Handlung. – Mühelos und unspektakulär könnte Diemut ihre Aufgabe einer Burgfrau und Herrin über Land und Ingesinde erfüllen und damit ihren Kriegsdienst leistenden *„gemahel"* souverän vertreten, gäbe es da nicht in rechtloser Wildnis, weit jenseits des eigenen Burgfrieds, eine feindlich-dunkle Gestalt, einen dieser *Schwarzen* oder *Roten Ritter*, der die hochherzige Hausherrin mit Raublust und Gewalttätigkeit bedroht. Diesem mythischen Gegenspieler mit Namen Schellerer steht, dies ein Zierrat aus der Schmuckkiste des Historismus, der sich in den Bildersälen von Mythos und Allegorie reichlich zu bedienen pflegte, eine weibliche „Streitmacht" zur Seite.

Ein Amazonenheer ist ihm zu Diensten, das sich aus entführten Burgfrauen zusammensetzt. Gegen ihren Willen wurden sie zu Komplizinnen dieses raubritterlichen Gewalttäters und sind aufgeboten, in dessen *Heerzug einer verkehrten Welt* auf Gedeih und Verderben mitzufahren. Aber Diemut und die rechtliche Sicherung des Landes triumphieren schließlich über diesen Angreifer aus chaotischer Wildnis, und mit ihm besiegt sind auch Unrecht, Grausamkeit und Ausschweifung.

[1] Diesen Hinweis verdanke ich Dr. Adolf Hahnl von der Stiftsbibliothek St. Peter.

[2] Bis zur Mitte des 19. Jahrhunderts ist diese Tradition eines Klausners bei der Wartsteinkapelle geschichtlich nachweisbar.

Diemut und Amazonen

Werkausschnitt „Diemut"

Ein Bär an Leib und Seele, auf den ersten Blick zum Entsetzen, eine platte Mauer von einem Schädel, ein Turm von einer Nase, herunterhängende Schweinsohren, ein hervorragendes, in der Mitte völlig gespaltenes Kinn, Kienbacken wie Türangeln, einen Wald von Augenbrauen, fuchsroten Bart, am ganzen Leib gleich fett und schwapplich, dabei unruhig, sich allerwärts herumtreibend, ruhmredig, plauderhaft, hart unbillig, unversöhnlich, alles umstürzend und verachtend, was nicht von ihm ausging und zu alldem ein unbändiger Fresser und Säufer! So sah der Schellerer aus und so war er. Ein feiner Herr!

Er saß im Rittersaal am hohen Kamin; ihm zu Füßen lagen seine Amazonen. Hier war sein Lieblingsplatz, auch wenn's nicht schneite und stürmte. Es gefiel ihm gut in der neuen Burg, auch seinem üppigen Troß.

Am Pfingstsonntag hatte er Laufen gestürmt und mit der Fischerinnung Lade, die voll blanken Goldes war, verlassen; war auf den Haunsberg gestiegen, hatte den Haunsberger nach tapferer Gegenwehr durch List überwunden, verjagt, und tat sich nun nach getaner Arbeit gütlich. Hier, hoch oben auf der steilen Bergseite, in der unzugänglich scheinenden Burg, fühlte er sich behaglich. Wie ein König sah er auf's Land herab, das ihn fürchtete, wie den Satan.

Woher der Schellerer war, das wußte niemand. Das Beste, was man ihm nachreden konnte, war's, wenn man ihn einen entlaufenen, abenteuerlustigen Soldaten hieß.

Die meisten glaubten, er sei auf die Welt gekommen mit dem Unkraut, das der Teufel gesät, als er den Herrn in Versuchung geführt. Etliche nur ließen sich's nicht nehmen und schworen, der Schellerer stamme in direkter Linie vom Forstteufel, der in den Schluchten des Haunsbergs forstete. Trotz seines ungeschlachten Wesens, seiner reibeisernen Außenseite und inwendigen Unverbesserlichkeit hatte der Schellerer guten Geschmack und übte eigenartige Kurzweil, um die ihn mancher gute Ritter beneidete. Seine Freude waren die Amazonen. An der Spitze dieser geraubten Burgfräulein oder verlassenen und überwältigten Ritterfrauen zog der Schellerer auf Plünderung der damals wenig geschützten Burgen und Ortschaften aus, oder jagte mit ihnen durch die dunkeln Forste des Haunsbergs. Die meisten hatte er nach ihrer Eheherrn Abzug, die sich draußen im Reich herumschlagen mußten, unter Androhung fürchterlicher Martern gezwungen, ihm zu dienen. Eh' ich mir den Kopf abschlagen laß', reit ich lieber, dachte jede und so ritten sie.

Waren auch etliche dabei, die unglückliche Liebe zu dieser Gefolgschaft trieb, obzwar das Glück sich weder erjagen noch erreiten läßt. Sie waren tot für alle Lebensfreude und die Toten reiten schnell.

Der Schellerer hatte den Sonnwendtag erlesen, die geglückte Erstürmung Laufens und der Burg des Haunsbergers zu feiern. Es war bei ihm Brauch, statt der Reisighaufen etliche Häuser anzuzünden. Und wie eine seiner Damen bemerkte, diese Art Sonnwendfeier sei doch allzu grausam, da meinte der Unhold, ein Haus brenne größer und schöner als ein Reisighaufen.

Dem Ausritt der Jägerinnen ging stets ein wildes Zechen und wüstes Gelage voraus, um sie zu allem fähig zu machen, auch zum Unerhörtesten. Dann stürmte die wilde Jagd zum Burgtor hinaus mit Horrido und Hussassa. Flog eine der Reiterinnen vom Roß, war's dem Schellerer erst so recht behaglich zu Mute. Um Ersatz war er nie verlegen. Ein recht anheimelndes Chor.

Fahrende Spielleute und Sänger musizierten just auf vor ihm und seinen Zecherinnen. Dem Anstimmer warf der bereits schwer bezechte Amazonenjäger eine

handvoll Goldstücke zu, weil er ihm über die Befestigung des Schlosses zu Mattsee erwünschte Auskunft gab. Das klang dem Schellerer besser zum Ohr denn Musik und Gesang.
Vor nicht allzu langer Zeit spielten die gleichen Landstreicher im Schloßhof zu Mattsee und baten um Almosen und Frau Diemut gab ihnen reichlich und heute verrieten sie die Wohltäterin ihrem größten Widersacher. Diemuts schöne Gestalt fehlte dem Kobold noch im Reigen seiner Walküren.

Die Möve ist auf der Netzstange eingenickt, und nur der Wachtelkönig überfliegt sein Reich, das Moos. Über dem Münsterholz steht die bleiche Mondscheibe. Da flammte es mit einem Mal auf dem Staufen; auf dem Geiereck, dann auf dem Göll: die ersten Sonnwendfeuer.
Die Elfen blieben nicht zurück im Feiern der Johannisnacht. Glühwürmchen flimmerten gleich zerstäubten Mondstrahlen am feuchten Waldboden, in den vermorschten Baumstrunken der Seeufer und aus dem Gehöhle der Nagelfluhfelsen des Gramsees.

Des Johannistags gedenkend befahl Diemut, ein großes Feuer zu entzünden. Da brach allgemeiner Jubel los. Von Fraham kamen die Leute aus den Gehöften und halfen den Jägern Brennzeug zusammentragen. Bald war der mannshohe Reisighaufen geschichtet und mit Rasch belegt. Ungeduldig harrten die Scholaren des Winks, ihn in Brand zu stecken. Das war ein Spaß für die Jugend. Er wurde ihr vergällt.
Auf den Höhen über Webersberg lohte es auf. Es waren nicht Flammen, in die der Johannisnacht Weihkraut geworfen war. Webersberg, des Stifts Kornspeicher stand in hellen Flammen. Und über Gimmelsberg, Matzing und Wiesenberg gloste es. Aus den Heuschobern der Gehöfte züngelten Flammen.
Dunkle Gestalten, hoch zu Roß, sprengten um die Glut.
Frau Diemut und die ihrigen erbleichten. Die Mägde von Fraham, die so gern mit den Jägern Kurzweil getrieben, verkrochen sich in den Reisighaufen, über den sie hätten geschmeidig springen sollen, und die Scholaren suchten, des kleinen mutigen Heinrich kühner Einfall, im großen Fischkalter Zuflucht, der glücklicherweise außer Wasser stand.
Der Schellerer! bebte es von allen Lippen. Mit dem Avefrieden der Landschaft war's vorbei.
Frau Diemut hob sich hoch im Sattel, griff das Demantkreuz, das ihr auf der Brust funkelte, küßte es und sprach mit weithinschallender Stimme allen Mut zu. Sie konnten nimmer fliehen. Es hieß, des Schellerers Angriff erwarten, und ihn auf Tod oder Leben besteh'n.
Moriz, der Pfleger, die Brüder Gold, Albertus der Probst und die anderen Jäger stellten sich um Frau Diemut, die Herrin, mit ihrem Leib deckend, zu schützen.

Die tapfere und kluge Frau gebot Hausl, dem Fischer, die Firner über die Strömung spannen. Würde der Schellerer den Sprung über die Ack wagen, müßten sich die Pferde verhängen und stürzen. Hartnid stellte die Bogenschützen längs des Ufers auf hinter dem Erlengebüsch. Wir wollen den wilden Jäger mit einem Hagel von Pfeilen begrüßen, der den Mond verfinstern wird! sprach er frei mit Herodot. Der alte Jäger war auch einst hinter der Schulbank gesessen.
Der Haunsberger barg trotz ihres Sträubens sein goldzopfig Lieb unter dem knappen Weidengeflecht eines der Fischkörbe, die am Ufer lagen.
Wildjauchzend sprengten die Reiter von den Höhen herab, alles zerstampfend. Im Frahamer Gehölz rauschte und brauste es, als zöge der Sturmwind einher. Eine unholde Jagd.
An der Reiter Spitze, auf Bogenschußweite, flüchtete schweißend und schäumend ein gewaltiger Ender. Die wilde Jagd hatte die Straße erreicht und folgte dem Wild, das von Todesangst gepeitscht, dem See zuraste. Nun waren auch die Reiter zu erkennen.
Frauengestalten, wie Walküren zu schauen, nur ein Fell um Brust und Lenden, Köcher und Bogen am Rücken, den Jagdspieß in der Rechten, den Zügel in der Linken, so saßen sie nach Männerart zu Roß.
Hoiho! Freijagd! jauchzten sie, den Speer schwingend, wild durcheinander. Als letzter und einziger männlicher Jagdgenosse dieser Schar spornte der Schellerer hinterdrein, den spitzgedrehten Strohhut mit der brennroten Feder am Kopf, den Schellenkranz um den Hals, die kurzstielige, langgeknüpfte Peitsche schwingend. Ihr Bleiknopf traf, wenn er's wollte, noch das vorderste Roß im Zuge. Piff! paff! sauste es durch die Luft.
Frau Diemut hielt bittend gegen Himmel schauend den Anreitenden ihr Demantkreuz entgegen, auf den Angriff gefaßt. Die Jäger griffen die Speere fester und legten die Bolzen auf die Armbrust.
Es sollte sich aber zum Guten wenden.
Wollte der Schellerer mit seinen Reiterinnen nur großtun, oder schien ihm ein Angriff auf die Bewaffneten zu tollkühn? Statt auf sie loszureiten, blieb er dem gehetzten Wild auf der Spur.
Viel hatten die Mattseer über des Schellerers seltsame Jagd gehört, aber bis zur angstvollen Stunde hatte sie noch keiner geschaut. Sie wären einem Angriff der Reiterinnen sicher unterlegen, vom ungewohnten Anblick befangen.
Ein Gefühl von Beschämung, nicht auf Männer loszuschlagen, und die schönen Körper, die sich fast enthüllt den erstaunten Blicken darboten, überwältigte die Jäger. Den Überraschten und von zwangloser Schönheit Besiegten entfiel das Gewaffen und alle Sinne begehrten.
Nun stürzte der Ender durch's hohe Uferschilf, in einem Satz das rettende Ufer zu gewinnen. Das arme herrliche Tier war zu erschöpft. Es stürzte in die Strömung und trieb die Ack hinab. Nun hatten auch die Amazonen das Uferschilf

erreicht. Mit schrillem Pfiff durch die Finger gebot ihnen der Schellerer Halt. Sie sprangen von den Rossen, warfen Köcher und Fell ab und stürzten in die Flut. Mit einer Hand rudernd, in der andern den Wurfspeer schwingend, von der Meute umklafft, schwammen sie in prachtvoller Nacktheit dem Wilde nach. Zu Roß, die Pferde der Reiterinnen vor sich hintreibend, folgte der Schellerer am Ufer nach. Sein Gesicht glühte und er war toll vor Wonne, wie die Hatz hinabtrieb. Im Mondlicht glänzten und gleißten die entblößten Leiber der Schwimmerinnen, wie flüssig Silber perlte der Wasserschaum von den Nacken und umspielte lüstern üppigsten Reiz. Moriz, der Pfleger, wäre gern mitgeschwommen.
Staunend blickten die Wasserfeien von den Seetiefen herauf, fast neidig auf den seltsamen Besuch der Erdnixen. Fragend schüttelten sie das seerosengeschmückte Köpfchen.
Auf Wiederschau in Mattsee, vielschöne Frau Diemut! höhnte der Schellerer vorbeireitend hinüber. Dem alten Hartnid, der sich zu weit vorbeugte, sauste er ein's um die Ohren mit der langen Peitsche, daß er das Genick einzog. Der Alte merkte sich den Schlag und schwor, ihn zurückzuzahlen.
Als der wilden Jagd Lärm sich in der Ferne, dem Gramsee zu, verloren, zogen die Mattseer heim. Aber ohne Hornschall. War auch der Strauß gut ausgegangen, lag's doch wie Wetterschwüle auf den Gemütern.
Aus der ziersteinumrandeten Quelle am bewaldeten Ufer des Gramsees schöpften sie kein Wasser mehr, seit sie durch den Ritt des Schellerers verhext war.
Am nachteiligsten hatte das Abenteuer auf Soraperus, den Maler, gewirkt. Starr, wie mit verglasten Augen, blickte er vor sich hin. Er, dem der Frauen Leib für heilig galt, konnte der entblößten Jägerinnen Anblick nimmer verwinden. Besorgt blickten alle auf ihn, der keine Silbe sprach. Sah er ein, daß seine Kunst, die er bisher geübt, nichts war? daß er die Schönheit malen müsse, wie er sie im Zauberlicht des Mondes gesehen, unverhüllt und berückend, nicht in langen Mänteln versteckt?
Als die heimkehrenden Jäger die Furt der Landenge durchschifft hatten, spiegelte sich eine riesige Fackel im Untersee. Das Lehen in Stein brannte lichterloh. Der Schellerer leuchtete den Mattseern heim.
S. 75–78, S. 87–92 (gekürzt).

HISTORISCHER KOMMENTAR

DIE HERRSCHAFT MATTSEE IM MITTELALTER

Anton Breitner versetzt mit seinem Roman „Diemut“ das Publikum in eine mythisch verklärte mittelalterliche Lebenswelt in seiner Wahlheimat Mattsee.

Im Jahr 1350, in dem die Handlung beginnt, befand sich die Herrschaft Mattsee samt dem Landgericht am Höchfeld (das heutige Gebiet von Straßwalchen) noch im Besitz der Passauer Bischöfe, die allerdings aufgrund von finanziellen Schwierigkeiten die beiden Landstriche seit der Mitte des 14. Jahrhunderts immer wieder verpfänden mußten.

Das der Tradition nach um 777 (tatsächlich vor 783/84) von Herzog Tassilo III. gegründete Kloster Mattsee war 877 von König Karlmann an seine im Vorjahr erfolgte Stiftung Ötting übergeben worden. Im Jahr 907 schenkte König Ludwig das Kind die Abtei Ötting, mit der Mattsee nun vereinigt war, an das Hochstift Passau, um diesem erlittene Schäden durch die Ungarn abzugelten.

Erst dem Salzburger Erzbischof Gregor Schenk von Osterwitz (1396–1403) gelang es im Jahr 1398, Mattsee und das Landgericht am Höchfeld zu erwerben. Mit diesem Kauf war aber noch keine vollständige Zugehörigkeit zum Herrschaftsgebiet der Salzburger Erzbischöfe gegeben, denn die Bayernherzöge beanspruchten nach wie vor das oberste Halsgericht (Rechtsprechung über todeswürdige Verbrechen). Auseinandersetzungen über die Gerichtsbarkeit und Grenzstreitigkeiten zogen sich über die folgenden Jahrhunderte und fanden erst nach der Säkularisation im Jahr 1816 durch die veränderten politischen Verhältnisse ein Ende. Mattsee blieb auch kirchlich bis 1803 dem Bistum Passau unterstellt.

Um die Mitte des 14. Jahrhunderts erlebte das Stift unter Dechant Christian Gold, dem Verfasser der Mattseer Annalen, einer wichtigen Geschichtsquelle für Anton Breitner, eine beachtliche Blüte.

DIE VON ALBEN

Die historisch faßbare Diemut, die einen im Mittelalter in unseren Breiten gängigen Namen trug, war, wie ihrem Grabstein zu entnehmen ist, die „Hausfrau“ des *Merten* (Martin) *von Alben* (Albm, Alm) und starb 1384. Die Ritter von der Alben, die auch auf der Hieburg und in Triebenbach im Rupertiwinkel saßen und zu den Schiffherren von Laufen zählten, stammten aus dem Pinzgau und gehörten zu den ältesten adeligen Geschlechtern Salzburgs. Im Jahr 1561 starb der letzte Herr von Alben.

Frauenbilder – Geschlechterbeziehungen

Diemut, die tapfere, tüchtige und kluge Burgherrin, verhält sich als Vertreterin ihres abwesenden Mannes vorbildlich weiblich. Sie spricht – wie im ausgewählten Werkausschnitt zu lesen ist – den anderen Mut zu, wird aber, wenn Gefahr droht, von männlichen Jägern beschützt.

Der Schellerer, ihr mythischer Gegenspieler, ist als Anführer einer „wilden Jagd" gezeichnet und trägt deswegen einen Schellenkranz um den Hals. Er umgibt sich mit einer Kampftruppe, bestehend aus halbnackten Reiterinnen, die ihren Herrn begleiten und dabei ihre Körperlichkeit als Waffe einsetzen müssen und so das Amazonenmotiv in der Sicht des Historismus pervertieren.

Die historisch dokumentierte Bezugsgestalt des Schellerers ist ein Angehöriger der salzburgischen Stift- und Edelleute Scheller, die Anfang des 14. Jahrhunderts in den Besitz von Schloß Gartenau kamen.

Anton Breitner adaptierte in seinem Roman das traditionelle weibliche Rollenbild, das jahrhundertelang kirchlich geprägt war und zwei völlig gegensätzliche Frauentypen kannte: Maria, die Gottesmutter, galt als Heilsbringerin und Siegerin über das Böse. Ihr gegenüber stand Eva, die sich vom Teufel in Versuchung führen ließ und die Erbsünde verursachte. Breitner übernahm die „klassische" Zweiteilung und kreierte in einer Zeit der „Pathologisierung der Frau" (spätes 19. und frühes 20. Jahrhundert), als die auf eine lange Tradition zurückgehende Minderbewertung der Frau gegenüber dem Mann nun durch die „Biologie der Frau" erklärt und verwissenschaftlicht wurde, die Amazonen des Schellerers als Antipoden zu Diemut und als Ausdruck einer, im Mittelalter sehr beliebten *verkehrten Welt*.

Die Amazonen, die dem Maler Soraperus den Verstand rauben, sind auch schon Ausdruck einer für das fin de siècle typischen Ästhetik. Erotische Frauendarstellungen brachten latente Ängste der Männer vor der sexuellen Macht der Frau an die Oberfläche. Verbildlicht hat diese Haltung dann einige Jahre später Gustav Klimt in seiner berühmten *Judith*. Ihre spürbare Sinnlichkeit zieht an, doch ihr Name erinnert daran, daß sie eine gefährliche Frau ist, eine Frau, die um der Zerstörung willen verführt.

Arthur Achleitner (1858–1927)

Schreiben, jagen, schreiben…

Als Gymnasiast übersiedelte der im bayerischen Straubing geborene Sohn eines Lehrers und Chorleiters, Arthur Achleitner, nach Salzburg. Die Familie machte sich in Gnigl wohnhaft. Der Sohn sollte dem Vater einst im Schuldienst nachfolgen.

Dieser starb jedoch frühzeitig, Arthur Achleitner scherte aus dem vorgegebenen Lebensweg aus, ging auf Reisen, begann zu schreiben und dann zu schriftstellern. Er veröffentlichte Reiseskizzen und Feuilletons, belieferte als Journalist diverse Blätter und erhielt schließlich die Stelle eines Redakteurs bei der *Süddeutschen Presse* in München.

Nebenher entstanden literarische Arbeiten, die er 1889–1895 unter dem Titel „Geschichten aus den Bergen“ in fünf Bänden veröffentlichte. Diese ersten Erfolge erlaubten eine langsame Lösung vom Tagesgeschäft des Journalismus, Arthur Achleitner wechselte in das Fach des freien Schriftstellers und legte bald Berge von Romanen, Novellen, Humoresken, Reisebildern und Dramen vor. Sagenhafte 178 Buchtitel brachte er zeitlebens auf den Markt, geschätzte fünf Publikationen jährlich. Es war viel leichte Kost darunter, Lesegenüsse für schlichtes Publikum, das sich von Arthur Achleitner in eine trachtenbunte, walddurchrauschte Alpenwelt entführen ließ. Bauernstücke und Jagdbilder, Wildererromane und Liebesgeschichten standen neben Beiträgen zur Alpinistik und geschichtlichen Erzählungen.

Das Leitthema bildete die Jagd. Der Großteil seiner unterhaltsamen Prosa kreiste um Wild, Wald und Jägerei, so wie auch die Freizeit dieses immens Beschäftigten ganz dieser Passion gehörte. Arthur Achleitner jagte oder schrieb. Wenn er nicht schrieb, dann jagte er.

Er durchwanderte, wie das *Salzburger Volksblatt* (Nr. 226, 3. Oktober 1927) im Nachruf bemerkte, *„in den Sommermonaten mit seinem Stutzen die Berge Bayerns, Tirols und der Steiermark, wo ihm hochgestellte Herren ihre Jagdgebiete offen hielten, und vertraute dann im Winter seine Jagd- und Reiseerlebnisse und seine Beobachtungen des Volkslebens der Feder an“*. Er wurde dafür mit Titeln und Auszeichnungen überhäuft. Seine Freundschaft mit dem Herzog von Anhalt scheint in dieser Hinsicht besonders fruchtbar gewesen zu sein.

Diese obsessive Jagdleidenschaft, die er mit weiten Adelskreisen von damals teilte, hatte ihn wohl auf Erzbischof Leonhard von Keutschach gebracht, eine herkulische Jägergestalt im asketischen Habitus eines Mönchs, so wenigstens erscheint er in der Legendenbildung, der mit der einfachen Armbrust im Tennengebirge auf die Jagd gegangen war. Er ist die Hauptfigur in „Der Stier von Salzburg“, den

Achleitner 1897 als seinen ersten größeren Versuch im Fach des historischen Erzählens herausbrachte.
Arthur Achleitner, der sich, vielleicht zu Unrecht so eingeschätzt, gegenüber Ludwig Ganghofer wie eine Kopie zum Original verhält, war, in dieser Reihenfolge, Jagd-, Alpen- und historischer Schriftsteller, und er hat damit wesentlich zur Verbreitung von Alpengenre und Alpenstil beigetragen. Seine immense Produktivität, die ihm breiteste Publikumsschichten gewann, bedingte nichtsdestotrotz Saisonerfolge. Arthur Achleitner war ein mittelmäßiger, ein Modeschriftsteller in der Nähe des Trivialen, der Trachten*chic* und Gebirgsromantik, kerniges Volksleben und schlichte Dorfschicksale für kleine Münze an die Leserschaft brachte. Seine Publicity-Wirkung für den Alpintourismus und die kommerzielle Alpenkultur ist aber dabei nicht zu unterschätzen.
Wie alle Mode, so ging auch diese vorbei. Achleitner war schneller vergessen, als sich seine Geschichten geschrieben hatten. Dabei liegt so mancher Buchtitel von ihm vor, dessen Handlung fernsehfilmverdächtig wäre. Gerade seine historistische Kulissenmalerei, die Sorgfalt in der Aufarbeitung des Stoffes zeigt, könnte noch heute ihr Publikum finden – wäre da nicht die hoffnungslos veraltete Sprache.

Arthur Achleitner

Gebrochene Bürgerrechte

„Der Stier von Salzburg", ein Kulturbild aus dem Beginn des 16. Jahrhunderts, wie es im Untertitel heißt, 1897 in Berlin erschienen und mit Neuauflagen bis in die 20er Jahre im Buchhandel vertreten, steht am Anfang von Arthur Achleitners Beschäftigung mit dem historischen Roman.
Die Person Leonhard von Keutschachs, 1495–1519 Erzbischof von Salzburg, mag ihn als hünenhafte Jägergestalt mit Armbrust in den Bann gezogen haben und dazu als brachialer Streiter um die unumschränkte Landesherrschaft. Die Stadtbevölkerung, allen voran ihre jüdische Minderheit, waren die Leidtragenden dieser Politik der Gewalt, wie man weiß, mit der den Untertanen neben finanziellen Ressourcen auch fundamentale Bürgerrechte abgepreßt wurden.
In die engste Umgebung des Keutschachers stellte Arthur Achleitner Doktor Mändl, der als trinkfester, fettleibiger Opportunist die Karikatur eines herrscherlichen Beraters abgibt und Sebastian Ilsung, einen Rechtsgelehrten in der Kutte

des Augustinermönchs. Beide Gestalten sind, wie die Mehrheit der Figurenstaffage, der historischen Überlieferung entlehnt.
Leonhard von Keutschach, der Gewaltmensch im Bischofsornat, dessen Familie in der Nähe des Wörthersees ihr Stammschloß hatte, brachte, auch das ist Geschichte, durch eine Fehde mit dem bayerischen Ritter Wisbach/Wisbeck Berchtesgaden zu Salzburg. Im Gedächtnis der Salzburger tiefer eingeprägt hat sich freilich dessen Anschaffung eines Orgelwerks, *„Horn"* oder *„Stier"* genannt, das in einem Gelaß der östlichen Festungsbastei untergebracht war und zur akustischen Untermalung des erzbischöflichen Herrscherwillens diente.
Eine mittels Windmechanik betriebene Orgelmixtur brachte in 45facher Verstärkung einen F-Dur-Dreiklang hervor, der den Salzburgern mit verstörender Wucht in die Knochen fahren sollte. Diese *Kennmelodie* des Keutschachers nahm sich Achleitner zum Titel seines Romans.
Der beginnt im dritten Jahr von Leonhard von Keutschachs Regierung, als dieser zur Sanierung seiner prekären Finanzlage zu einem brutalen Schlag gegen die jüdische Minderheit der Stadt ausholt. Der Stoßtrupp Kriegsknechte, den er eines Nachts in die jüdischen Wohnungen zwischen Rathaus und Waagplatz ausschickte, zielte auf Plünderung, Verhaftungen und Vertreibung.
Der alte Jude Daniel und seine schöne Tochter Esther befinden sich unter den Geiseln, die auf die Festung gebracht und dort in Haft genommen werden. Hartwig, der junge Neffe des Erzbischofs, entdeckt durch Zufall einen Geheimgang, folgt diesem und steht schließlich vor einem Verließ im Untergrund der Festung. Darin eingeschlossen findet er die beiden Verzweifelten. Aus Mitgefühl bereitet er ihre Befreiung vor und flüchtet schließlich aus heimlicher Liebe zu Esther mit ihnen Richtung Bayern. In den Saalachauen werden sie von einem Trupp Kriegsknechten gestellt, Hartwig durch ein Florett außer Gefecht gesetzt, Daniel und Esther ermordet.

Ein Verbot für Ausländerehen

Die brutalen Herrscherlaunen des Keutschachers bekamen genauso die vermögenden Bürger der Stadt zu spüren. Den Kern dieses Konflikts bildete ein Ratsbrief, ausgestellt von Kaiser Friedrich III., der verschiedene Bürgerrechte zusicherte. Er gestand den Salzburger Patriziern insbesondere die Wahl eines eigenen Stadtrats zu. Darin enthalten war weiters die Bestimmung, daß keine Verordnung des Erzbischofs ohne Genehmigung dieses Stadtrats zur Ausführung kommen dürfe. Dieser Ratsbrief schloß also eine unumschränkte Machtbefugnis des Erzbischofs aus. Doch am Ende triumphierte, wie bekannt, die erzbischöfliche Landesherrschaft über diese zivilen Freiheiten der Stadt.
Zu einer ersten Eskalation führte ein erzbischöfliches Heiratsgesetz (bereits von Pilgrim II. von Puchheim 1388 erlassen), das ein generelles Verbot über die Ehe-

schließung mit Ausländern aussprach, sofern dazu keine erzbischöfliche Bewilligung vorlag. Für einen solchen Erlaubnisschein wurde dann eine Steuer von 500–1000 Goldgulden fällig.
Dieser Erlaß empörte die Salzburger nicht nur als rücksichtsloser Beutezug in ihre Handelskassen, man fühlte sich, was leicht nachvollziehbar ist, auch in seinem Bürgerstolz getroffen.
Handelskontakte nach Deutschland und Italien wurden häufig mit entsprechenden Eheverbindungen gefestigt. In Venedig war das Handelshaus der *„Teutonici"* – *„il fondaco dei Tedeschi"* neben der Rialtobrücke eine solche Niederlassung, wo die Kaufherrensöhne aus Salzburg eine Art Börsenpraxis absolvierten. In diesem Zusammenhang konnten sich vorteilhafte Ehen mit Levantinerinnen anbahnen, deren Familien dort vertreten waren.
Von dieser erzbischöflichen Verfügung persönlich angegriffen fühlte sich in Achleitners Roman der Salzburger Bürgermeister jener Jahre, Matsperger mit Namen, der seine Tochter soeben mit einem Venetianer Kaufherrn verlobt hatte.

„...dass er uns nicht heiraten lässt in fremde Städte..."

Werkausschnitt „Der Stier von Salzburg"

In der düsteren Ratsstube sitzen zehn Salzburger Gemeinderäte um den schwerfälligen Tisch und lauschen schier mit verhaltenem Atem den Mitteilungen des dürren Stadtrichters, dem der Bürgermeister zur Seite steht. Eben hat der Richter bekanntgegeben, daß er im speziellen Auftrag des Erzbischofes vor den Räten erscheine, da klinkt Matsperger etwas geräuschvoll die Saaltüre auf und tritt ein; halb ärgerlich über die Störung im spannungsvollsten Augenblick und doch wieder erfreut, daß der einflußreiche und ob seiner Redegewandtheit im Rate in hohem Ansehen stehende Matsperger doch noch zur außerordentlichen Sitzung kommt, wenden die Räte dem Eintretenden die Köpfe zu, und ein leiser Zischlaut mahnt den verspäteten Ankömmling leiser aufzutreten. Matsperger bleibt denn sofort an der Saalmauer stehen, worauf der Richter in seiner Rede fortfährt: „Einem löblich ehrsamem Rat habe ich ein Schriftstück zu überreichen, worin Seine fürstliche Gnaden der Stadt zu wissen tun, daß hinfüro das Heiraten junger Leute beiderlei Geschlechtes nach auswärts in fremde Städte und Orte verboten und im Übertretungsfalle mit schwerer Pön in Geld belegt ist!"
Ein vielstimmiger Ruf der Überraschung tönt durch den weiten Saal; die meisten Räte fragen schreiend: „Wie? Was sagt Er?!" und halten die rechte Hand ans Ohr, um die Antwort besser erfassen zu können. Auch Matsperger ist an den Tisch

getreten, ein tiefer Ernst liegt in seinen Gesichtszügen, doch zeigt er sich weniger überrascht als die übrigen völlig verblüfften Räte und greift nach der Pergamentrolle, die das unerhörte Geheiratungsverbot enthält. Dies gibt das Signal für die übrigen Räte, die zeternd über den neuen Eingriff in das Stadtrecht aufspringen und schreiend über solch unerhörte Vergewaltigung auf den Stadtrichter einstürmen. Erregt ist auch der Bürgermeister, der ein- um das andermal stammelt, es sei solch Gebot unmöglich, eine Knebelung alten Rechtes und ein Fußtritt für die Stadt. Je toller sich der Rat gebärdet, desto ruhiger steht der hagere Richter wie ein Fels in der Brandung; er hat ja gewußt, daß die Überraschung eine vollkommene sein werde. Einen Augenblick schwankt der Stadtrichter im Zweifel, ob er es den Räten sagen soll, wie er sich bemüht hat, den Erzbischof vor Erlassung solchen Gebotes abzuhalten. Doch entschließt er sich, hierüber nichts verlauten zu lassen, da jede Bemerkung nur die Wirkung des Öles auf glühende Kohlen haben müßte. Weiter im Saale zu verweilen erscheint dem Richter zwecklos, das Schriftstück ist dem Rat übergeben, seine Mission andurch erfüllt. Die Ratsherren durch eine Verneigung stumm begrüßend verläßt der Richter die Versammlung.
Matsperger hat inzwischen den Erlaß sorgsam durchgelesen und genau geprüft; mit den Worten: „Es ist unerhört, was sich der Rübentaler herausnimmt!“ legt er das Pergament auf den Tisch. Die Ratsherren umringen Matsperger und fordern seine Meinung ein, was zu tun sei in diesem Falle, ob es sich empfehle, den Bischof durch eine Deputatio um Zurücknahme zu ersuchen oder das Gebot zu ignorieren. Der eine Rat schreit zornig, daß die Geheiratung seiner Kinder den Keutschacher nicht den Deut zu kümmern habe, ein anderer lärmt entrüstet, daß er seine Tochter bei Nacht und Nebel fortschaffen und nicht einen roten Heller Pön zahlen werde, ein dritter höhnt auf die Geldnot des Bischofs, ein vierter sagt es kreischend heraus, daß das Gebot nur Mittel zum Zweck der Geldschinderei, eine neue Steuer sei, die des Rübentalers leere Taschen füllen solle.
Da hebt Matsperger zu sprechen an, und augenblicklich verstummen die Räte: „Gemach Ihr Herren! Ist auch die Meinung, daß der Keutschacher selbst aus Familienereignissen und Geheiratung unserer Kinder Geld schlagen will, nicht von der Hand zu weisen, da selbe eines Körnchens Wahrheit nicht zu entbehren erscheint, so deucht mir jeglicher Schritt zur Zurücknahme des Gebotes vergeblich, ja gefährlich für die Sicherheit und das Leben der Deputatio. Dem Mann mit dem Stiernacken ist niemals zu trauen, ihm geht Gewalt stets vor Recht. Uns bleibt nur die Appellatio an den Kaiser, wir müssen eine Klageschrift sofort absenden, auf daß diese Sache untersucht und auf Kaisers Befehl beschieden werde. Was jeder im eigenen Hause tut und wie einer seine Kinder in Sicherheit bringt, das ist jedes einzelnen eigene Sache, die wir im Rat nicht zu besprechen haben. Klugheit ist geboten, wo die Gewalt uns bedroht. Ich für meine Person werde mich um das Gebot nicht kümmern und dem geldhungrigen Keutschacher keinen Pfennig zahlen. Gehabt Euch wohl!“

Der Aufbruch Matspergers veranlaßt auch die übrigen Ratsherren, davon zu stürmen; es drängt jeden, die Kunde von dem unerhörten Heiratsverbot der eigenen Familie so rasch wie nur möglich zu überbringen, sie in der Stadt zu verbreiten und Maßregeln zu treffen, um dem Verbot ein Schnippchen zu schlagen. Nur der Bürgermeister bleibt zurück im Saale, um das inhaltschwere Schriftstück aufzubewahren und die Klageschrift im Sinne Matspergers zu entwerfen, auf daß selbe möglichst bald an den Kaiser abgeschickt werden könne.
Wie Flugfeuer verbreitet sich die Kunde von dem Heiratsverbot durch die Stadt und erzeugt die widerstreitendsten Gefühle. Herrscht in wohlhabenden Familien Sorge um die heiratsfähigen Kinder, weinen verlobte Töchter in Angst um ihr gefährdetes Glück, ballen die Kaufherrnsöhne die Faust im Zorn, daß ihre Eheabsichten durch den gewalttätigen Bischof vereitelt werden könnten, so lachen vergnüglich die gemeinen Leute, die sich darüber freuen, daß die reichen Familien, die Unterkeuffels und Ratsherren schwere Pön zahlen müssen, wenn sie ihre Kinder nach auswärts verheiraten wollen. Die armen und gemeinen Leute trifft das Gebot sonach nicht, sie heiraten nicht in die Fremde, also können sie mit dem Machtgebot des Fürsten wohl zufrieden sein. In vielen Familien wird Kriegsrat gehalten; man macht zur Dämmerstunde gegenseitig Besuche, Ratstöchter huschen durch die Gassen zu Freundinnen, Kaufherrnsöhne versammeln sich bei Fröschlmoser und Gauchsperger, um sich über die Möglichkeit einer Flucht zu besprechen. Die Familienväter sind in einer eigentümlichen Lage; sie möchten dem Glück ihrer Kinder nicht im Wege stehen, müssen aber gewärtig sein, daß der Stiftsherr rücksichtslos eine Übertretung seines Verbotes am Vermögen der zurückbleibenden Eltern ahnden wird. Muß die Pön aber gezahlt werden, so braucht es doch keiner heimlichen Flucht aus der vergewaltigten Stadt. Dieser Ansicht huldigt man namentlich im Hause des Kaufherrn Kaserer, dessen Sohn sich eben rüstet zur gänzlichen Übersiedelung nach dem Süden, verbunden mit seiner Verheiratung mit einer Gorizianer Sensalstochter. Der junge Kaserer ist der Meinung, daß man dem Burgherrn eben die Pön zahlen soll, worauf die Reise wohl ungehindert stattfinden werden könne. Der alte Kaserer hingegen neigt mehr der Ansicht zu, daß das bischöfliche Gebot mehr bezwecken und kaum ein Ausfuhrverbot an sich sein dürfte. Die Pön, selbst wenn sie hoch sein wird, kann den Entgang der Mitgiftgelder nicht ersetzen, und dem Keutschacher wird es hauptsächlich darum zu tun sein, das Geld seiner Untertanen im Lande zu halten. Kaserer junior, ein Feuerkopf und Sausewind, will daran nicht glauben, weshalb der Alte ihm rät, doch erst, gleichsam zur Probe für seine wirkliche Abreise, zu versuchen, ob es so leicht sein werde, durch die Stadttore unangehalten fortzukommen. „Topp, es gilt, Vater! Ich wette um eine Kanne des besten Weines, daß ich durch eines der Tore ins Freie gelange!“ ruft Kaserer junior und hält dem Vater die Hand zum Abschluß des Paktes hin.
Ernst erwidert der alte Kaserer: „Ich wette nicht, da Du die Wette sicher verlierst!

Die Türmer sind bischöflich und unzweifelhaft schon vor Erlaß des Gebotes verständigt worden!"
„Ich werde es trotzdem versuchen!" ruft der junge Kaserer und eilt durch die nächtlich dunklen Gassen einem Hause zu, wo er gleichalterige Genossen weiß, die gleich ihm durch das bischöfliche Heiratsverbot in ihren Interessen schwer bedroht sind und mit welchen Rat gepflogen werden soll, wie eine Flucht aus der geschlossenen Stadt sich bewerkstelligen lassen könnte.
Lange raten die Kaufherrnsöhne hin und her; alle wollen fort und den Weg nach Venedig nehmen, mit dessen Fondaco die Väter rege Handelsbeziehungen unterhalten. Einmal jenseits der Tauern kann des Erzbischofs Zorn ihnen nichts mehr schaden, sie sind dann geborgen und die Väter sollen zusehen, wie sie mit dem geprellten Fürsten und der Pön fertig werden. Daß die Alten dem Gewaltherrn ein Schnippchen schlagen werden, bezweifeln die Jungen keinen Augenblick; sind die Alten doch durch den Verkehr mit Wälschen geriebene Kaufleute geworden, die immer ein Hintertürchen zu finden wissen, wenn das große Tor geschlossen ist. Und so ward beschlossen, daß am nächsten Tage gegen Abend zunächst ein Teil der jungen Herrchen unter Führung Kaserers junior versuchen solle, durch das Steintor auszukneifen, indeß der Rest sich durch das Mühlentor in Verkleidung schleichen und die Stadt durch das Moor umkreisen und die Richtung gegen den Paß Lueg gewinnen solle. Die Flucht durch das starke Steintor ist zwar schwieriger, weil der Turnermeister selbst dort seine Behausung hat, dafür gewinnt dieser Teil der Ausreißer am raschesten die Straße zu den Tauern und kann dem Machtbereich des geprellten Bischofs am flinksten entwischen, sofern der Keutschacher nicht berittene Schergen den Flüchtlingen nachschickt. Aus dieser Erwägung erfloß die Mahnung, daß Kaserer mit seiner Begleitung wohl bei Nacht die Straße halten und unbedingt vor Tagesanbruch den Paß Lueg erreichen müsse, bei Tageshelle jedoch die Straße meiden und sich seitlich gen Radstadt drücken solle. Auch erfloß aus der Besprechung der vorsichtige Rat, Geld und Geldeswert sich durch Frauenhände in die Wämser einnähen zu lassen.
Dem trüben Regenwetter ist ein prächtig klarer Tag gefolgt, und heiß brannte die Sonne herab, bis in die Schlupfwinkel der eckenreichen Stadt ihre Glut sendend. Erst gegen Abend, als der Bergwind herabstrich, ward es kühler, und die Bürger und Zünftler verließen ihre Steinhäuser, um sich unten am Gries noch ein Weilchen in frischer Luft zu ergehen. Am Steintor hat der Turnermeister der Hitze wegen es vorgezogen, die Turmwache seinem dienstältesten Blasknecht zu übertragen, und sich dann aufs Ohr gelegt im Turmstübchen, bis Matza durch ein schüchternes Klopfen an der Eichentüre bekundete, daß die Sonne hinter der Veste hinabgesunken und es Abend geworden sei. Der Türmer erhebt sich schlaftrunken, wischt sich die Augen aus, reckt die Glieder und gähnt ärgerlich, daß die Zeit so rasch entschwindet. Und dann der höllische Durst! Ein Durst, der so schön ist, daß es ein Verbrechen wäre, ihn in Wasser zu ertränken. Eine mächtige Holz-

bitsche Bier wäre just recht, doch bindet die Pflicht den Meister an den Turm, den er doch wohl nicht schon wieder verlassen kann, nachdem er den ganzen Nachmittag verschlafen hat. Aber ist es denn nicht gleichgültig, wie man den Tag verbrachte? Im Turm war er ja, also auch im Dienst und lange genug zu Hause, also kann der Abendtrunk schon auswärts eingenommen werden, besonders wenn der Meister ein Brauhaus in der Nähe aufsucht und der Tochter wissen läßt, wo er sich befindet für den Fall, daß der Turmdienst sein persönliches Eingreifen erfordern sollte. „Ja, so mach' ich's!" brummt der Turnermeister vor sich hin, greift nach der bequemen Haube, ruft die Matza und kündet ihr, daß er zum Abendtrunk ins Steinbräuhaus gehe.

Bedächtig klettert der Türmer die Steintreppe hinab, biegt in die enge Steingasse längs des Imberges ein, durch die ein Trupp fahrender Schüler ihm entgegenkommt mit einem jungen Franziskanermönch in der Mitte. Schon von weitem begrüßen die Burschen den Turmmeister, so daß der Alte verwundert stehen bleibt und den Trupp herankommen läßt. Die Erscheinung des Kuttenträgers ist verwunderlich, weil das Mönchlein arg schwankt und von zwei Burschen gestützt werden muß. Einer der fahrenden Schüler im zerschlissenen Wams trägt hinterher eine mächtige Bitsche, bei deren Anblick der Türmer augenblicklich die Ursache des schwankenden Ganges errät.

Richtig sagt auch der vorausgehende Schüler zum Meister, daß sie den Franziskaner, der terminierte in der Stadt, unterwegs gefunden und aus Mitleid mitgenommen hätten.

„Wohin wollt Ihr denn das Mönchlein schleppen?" fragt der Meister.

„Der Franziskaner will heute noch nach Werfen in sein Kloster!" antwortet der Schüler an der Spitze der sichtlich angeheiterten Truppe.

„So weit kommt der Mönch heut' nimmer mit seinen schweren Füßen! Und Ihr? Wollt Ihr ihm das Geleite geben?"

„Bis zur nächsten Trunkstätt', weiter nicht! Der Kuttenträger soll dann selbst sehen, wie er weiter kommt, hihi! Doch Meister wollt Ihr uns die Ehre tun, zu kosten diesen Trank? 's ist kein Rübenbier fürwahr! Haha!"

„Gebt her, ich will's versuchen und erproben!" ruft der durstige Türmer, und trinkt mit mächtigem Zuge die Kanne leer.

Jubelnd umringen die Schüler den Türmer, indeß der blasse Franziskaner an einer Mauer lehnt und vor sich hinstarrt, als sei er nicht mehr bei Sinnen.

„Der Trank ist trefflich! Kein Wunder, daß er dem Mönchlein schmeckte! Aber seit wann terminieren die Werfener Franziskaner in der Bischofsstadt?" fragt der mißtrauisch werdende Türmer und mustert mit scharfem Blick den Mönch, der noch blässer wird im Anlitz.

„Was kümmert das uns? Der Pfaff wird wohl für seines Leibes Notdurft terminieret haben, und übel genug bekam ihm der terminierte Abendtrunk. Seid von der Güte, Meister, und laßt das Mönchlein hinaus zum Tor, auf daß er heimwärts

schwanke. Wir wollen bald uns wieder wenden und suchen Euch auf im Steinbräuhause, wasmaßen Ihr uns die Ehre geben wollet zu leeren noch etzliche Humpen nach unserer Rückkunft!"
„Topp, das ist ein Wort! Schleppt den Mönch getrost hinaus, im Straßengraben wird er wohl nüchtern werden! Zur Rückkehr gebt am Turm zur Losung an: ‚Stein und Saft', und sagt beim Austritt dies dem Knecht vorher."
Bereitwillig gehen die Burschen darauf ein, bedanken sich fürs Wort und Freigeleit mit dem Versprechen, nach erfolgter Rückkehr mit dem Meister etzliche Humpen zu leeren.
S. 72–80.

Historischer Kommentar

Beschwerdeschrift über einen autoritären Erzbischof

Richtig ist, daß bereits im Jahr 1388 Salzburger Bürger gegen ein Verbot von Ehen mit Ausländern protestierten. Richtig ist auch die Schilderung Arthur Achleitners, daß der Stadtrat unter der Wortführung Matspergers eine Protestschrift an den Kaiser verfaßte. Falsch ist jedoch, daß die Eingabe an den Kaiser ein unter Leonhard von Keutschach erlassenes Auslandsheiratsverbot zum Gegenstand hatte, wie es Achleitner darstellt.
Das Verhältnis zwischen Erzbischof Leonhard und den Salzburger Bürgern, deren Selbstbewußtsein Kaiser Friedrich III. durch den Großen Ratsbrief des Jahres 1481 gestärkt hatte, war sehr gespannt. Dazu kam ein Gefühl der kulturellen Überlegenheit der Untertanen gegenüber ihrem Landesfürsten, denn die mit der italienischen Kultur vertrauten Salzburger Patrizier und Kaufleute lehnten das bäuerliche Wesen *Leonhards des Windischen*, wie sie ihn abschätzig nannten, ab.

Leonhard von Keutschach

Die Konflikte zwischen den Parteien, die durch kleinlich anmutende Anschuldigungen genährt wurden und in die sogar Kaiser Maximilian I. wiederholt eingriff, zogen sich über Jahre hinweg. 1503 verfaßten Bürgermeister und Rat eine Klageschrift, die alle angeblichen Rechtsverletzungen des Erzbischofs auflistete. Eine weitere schriftliche Beschwerde liegt aus dem Jahr 1510 vor, die 59 Klage-

punkte und eine Fülle von konkreten Einzelfällen enthält. In keiner von beiden wird allerdings ein Heiratsverbot erwähnt.
Arthur Achleitner zog bei seinen Recherchen über Leonhard von Keutschach das damalige Standardwerk, „Die Geschichte der Stadt Salzburg" von Franz Valentin Zillner, zu Rate. Zillner setzte eine andere, undatierte Beschwerdeschrift der Salzburger Bürgerschaft, die den Namen des Erzbischofs, an den sie gerichtet war, nicht nennt, in die Regierungszeit Erzbischof Leonhards (Zillner, Geschichte der Stadt Salzburg II, 393f.). Die von Zillner angeführte Klageschrift enthält den Punkt, daß – entgegen den Bestimmungen des Stadtrechts und der alten Gewohnheiten – den Bürgerkindern die Heirat in fremde Städte verboten ist.
Die Urkunde konnte mittlerweile eindeutig in das Jahr 1388 datiert werden und war also ursprünglich an die Adresse Pilgrims II. von Puchheim, eines anderen autoritären Erzbischofs, gerichtet. Dieser, und nicht Leonhard von Keutschach, stieß mit seiner Heiratsbeschränkung auf heftige Ablehnung der Salzburger Patrizier.

Bürgermeister Matsperger

Stadtrat Matsperger, der Leonhard von Keutschach in Achleitners Roman die Stirn bietet, wurde 1506 Bürgermeister und war dann bei seiner Wiederwahl im Jahr 1511 zusammen mit dem Stadtrat in eine grausame Falle gelockt worden. Der Erzbischof ließ die geladenen „Gäste" gewaltsam auf die Festung eskortieren. Auf Hohensalzburg verlas ihnen der Landesherr eine umfangreiche Anklageschrift, die auch den Vorwurf eines Mordkomplotts gegen ihn enthielt und zahlreiche Punkte gegen Bürgermeister Matsperger vorbrachte. In einer Nacht- und Nebel-Aktion ließ Leonhard einen Teil der Gefangenen mitten im Winter nach Radstadt bringen. Aus Sorge um das Leben der Stadträte ging die Bürgerschaft sodann auf die Forderungen des Erzbischofs ein. Arthur Achleitner hat der Schilderung dieses Vorfalls breiten Raum geschenkt.
Hans Matsperger, Gewerke in Gastein und Fernhändler, Pächter von Gewölben im Fondaco dei Tedeschi in Venedig (Niederlassung und Herberge von deutschen Händlern), hatte sich, als er das Amt des Bürgermeisters bekleidete, wegen seiner eigenmächtigen und gegen den Erzbischof gerichteten Entscheidungen zu dessen erbittertstem Gegner entwickelt. Nach insgesamt 15 Jahren unausgesöhnter Konflikte mit den Bürgern war dem Erzbischof klar geworden, daß er auf dem Verhandlungsweg keinen Erfolg verbuchen konnte. Daher bediente er sich dieser oft geschilderten List.

Franz Löser (1889–1955)

Literaturarbeit eines Gefährdeten

1910 machte sich der im niederösterreichischen Neunkirchen geborene Franz Löser, gelernter Schlosser, Tierbändiger, Boxer, Modellsteher bei Rodin, Walzbruder und freiwilliger Hörer für Kunst und Literatur an der Universität Zürich, in der Stadt Salzburg seßhaft. Hier blieb er bis zu seiner Übersiedlung nach Wien im Jahr 1938.
Der nicht untalentierte, aber vorerst ziellose Vagant aus einfachen Verhältnissen eroberte sich im Kulturgeschehen der Stadt, die damals durch ihre Festspielambitionen in einem kräftigen Aufwind lag, nach und nach den Stellenwert einer schreibenden und schauspielernden *Buffo*-Figur.
Eine lebensgefährliche Verwundung, ein Lungenschuß, den Franz Löser aus dem Ersten Weltkrieg davongetragen hatte, war der zwingende Auslöser dieses Wandels vom abenteuerlichen Kraftmenschen zum wendigen Abenteurer des Literaturmarktes gewesen. Franz Lösers Eltern entstammten der Arbeiter- und Bauernschicht, doch hatte sich der Vater als Gemischtwarenhändler versucht und war dann als kleiner Gerichtsbeamter nach Gmunden gekommen. Die Volksschule hatte Franz Löser noch in Ternitz besucht.
Er versuchte sich zuerst im Fach des bäuerlichen Volksstückes. 1919 wurde „Die Herrgottsbrücke" aufgeführt, kurz darauf folgten „Das Kriegerdenkmal", „Das Gerücht" und „Der sündige Bock". Franz Löser hatte sich, wie Erwin H. Rainalter, Redakteur des Feuilletons im *Salzburger Volksblatt*, Schriftsteller und ein geneigter Förderer Lösers, dem jungen Kollegen ins Vorwort zu „Vagabund Kielholz" schrieb, *„auf gut Glück der Literatur verschrieben"*.
„Der baumlange Mensch, ein wahrer Goliath, der in schäbiger, abgetragener Infanteristenuniform" bei Rainalter eingetreten war, um zur Premiere seines ersten Bühnenstücks einzuladen, war durch die Kriegsereignisse um sein einziges Kapital gebracht worden – strotzende Gesundheit und Körperkraft.
Die Literatur, die ihn magisch in ihren Bann zog, wie es weiter heißt, gestaltete sich zum neuen Lebensinhalt. Förderer wie Hermann Bahr, aber auch die offene Atmosphäre der jungen Festspielstadt beflügelten dieses Vorhaben.

„Jedermann" spricht Dialekt

1920/21 war Löser unter der Regie Max Reinhardts bei den ersten Aufführungen des „Jedermann" von Hugo von Hofmannsthal als Spielansager verpflichtet. Die tiefen Eindrücke, die das Spiel und sein moralischer Appell beim Publikum auslösten, bewegten Löser zu einer Popularisierung des Stücks. *„Um nämlich das Spiel*

vom Sterben des reichen Mannes unseren Volksschichten besser verständlich zu machen, habe ich die eigentliche Handlung aus dem Mittelalter in die heutige Zeit und in ländliche Umwelt verlegt und aus dem Patrizier Jedermann einen reichen Bauern geschaffen, der im Dialekt spricht." (Vorwort zum Bühnenmanuskript des Löser'schen „Jedermann")
Wohin aber nun mit diesem bäuerlichen Konkurrenzprodukt zur *großen Kunst*, dessen Spielfiguren, ausgenommen Herr, Mammon, Tod, Glaube, Teufel und Guter Geselle Flachgauer Dialekt sprachen? Franz Löser, hart erprobt im Wellengang seines Erwerbslebens, zog mit einer eigenen Spieltruppe über Land, um seinen bäuerlichen „Jedermann" zu bewerben.
Handelseins wurde er dann mit dem Mondseer Strandbadbesitzer Karl Stuchl, der *„aufgrund der schönen Erfolge im Jahre 1922"* Franz Löser den „Jedermann" abkaufte. Stuchl erhoffte sich davon einen entsprechenden Gästezustrom für Mondsee. Der pensionierte Hofschauspieler Josef Bunk übernahm die Regie und führte das Stück, das bis heute seine lebendige Spieltradition bewahrt hat, zu einem bleibenden Erfolg.
Zum Leidwesen der Mondseer hatte Franz Löser, findig und in Geldverlegenheit, auch noch anderweitig *Exklusiv*-Abnehmer für seine „Jedermann"-Bearbeitung gefunden: In Zell am See und Kitzbühel kam es zu Aufführungen, Faistenau erwarb die Rechte auf Lösers „Dialekt-Jedermann" in den 50er Jahren.
Als nächstes wandte sich Franz Löser der Prosa zu. Mit Kurzgeschichten, Erzählungen und Romanen blieb er bis kurz vor seinem Tod Mitte der 50er Jahre präsent. Erwin H. Rainalter nahm Kalendergeschichten und historische Anekdoten in das *Salzburger Volksblatt* auf, daneben war er auch in anderen Salzburger Blättern vertreten.

Franz Löser

Auf dem *„Bummel"*, wie die Salzburger Flanierzeile hieß, die sich vom Landestheater über die damals noch kaum befahrene Staatsbrücke, vorbei am Alten Markt zum Waagplatz erstreckte, wo die Redaktion des „Volksblattes" lag, fehlte damals selten die Hünengestalt Franz Lösers. Vom späten Nachmittag bis in die frühen Abendstunden wurde diese Meile des Klatsches und der Zerstreuungen von gemessen ausschreitenden Spaziergängern belebt. Wer sich hier sehen ließ, hatte am öffentlichen Leben der Stadt teil, an ihren Eitelkeiten und kleinen Sensationen. Mit im Gedränge waren auch Professionisten wie Franz Löser, die dieser *„Tagesschau"* Neuigkeiten von journalistischer Verwertbarkeit abgewinnen konnten.
Neben diesen kleinen Zeitungsbeiträgen entstanden allmählich literarische Arbeiten von größerem Umfang. „Der Bergherr von Gastein" (1929), ein Geschichtsro-

man aus der Blütezeit des Gasteiner Goldbergbaus, steht am Anfang dieser Prosa-Arbeiten. Es folgten die Romane „Erben der Erde“ (1933), Lösers Lebensbeschreibung in „Vagabund Kielholz“ (1935), „Ein Mann geht seinen Weg“ (1937) und „Der Weitmoser“ (1939). An seine frühere Beschäftigung mit dem Theater schlossen noch zwei dramatische Nachdichtungen an, ein Stück mit Bibelszenen und der „König Riepel“.
Auf der Basis dieser mäßig erfolgreichen, etwas haltlosen und doch gehemmten Lebensgeschichte und ihrem Druck zur Dienstbarkeit schwamm der kleine, literarisch ein bißchen glitzerige, aber doch sehr heimatliche, wendige Fisch Franz Löser geradeaus in den großen Rachen des Nationalsozialismus. Zuerst ein heimlicher und dann ein offener Parteigänger, spuckte ihn dieses braune Fahrwasser nach Kriegsende nur halb entfärbt wieder aus. Nach 1945 lebte er in Wien. Sein letzter Roman ist dem Erfinder des diamantstrahlenden Glasschmucks Pierre de Strass gewidmet. „Pierre de Strass. Das Geheimnis der Wiener Brillanten“ erschien 1952.

DER BERGHERR VON GASTEIN. ROMAN (1930)

Salzburg – Gastein 1496. Erasmus Weitmoser kehrt nach seiner Ausbildung zum Gewerken in den Gruben von Eisleben, Mansfeld und am steirischen Erzberg in seine Heimat zurück. In der Stadt Salzburg wird er bereits erwartet. Erzbischof Leonhard von Keutschach macht ihn zum Oberbergmeister in Gastein, um damit einen Aufschwung im Goldbergbau zu erzielen. Weitmoser verheiratet sich mit Berta von Zott aus dem alten Geschlecht der Zotten von Bärneck, die seit einer Fehde mit den Rittern von Goldegg großes Mißtrauen gegen den jeweiligen erzbischöflichen Landesherrn pflegen. Mit Hans Strochner, Martin Lodinger und seinem Sohn Christoph hat Weitmoser wichtige Mitstreiter an seiner Seite.
Vor dem Hintergrund der Bauernkriege und des aufkeimenden Protestantismus, in das die Familie der Weitmoser verwickelt wird, schildert Löser die Höhen und Tiefen der Goldgewinnung in den Gasteiner Erzgruben. Neben den autobiografischen Aufzeichnungen des legendären Gewerken Erasmus Weitmoser, dem Anführer einer rebellischen Bauerntruppe, die 1525 gegen den Erzbischof von Salzburg zog und der wahrscheinlich außer Landes verstorben ist, dürfte er noch weitere historische Quellen benutzt haben.
In seiner Romanerzählung behandelt sind die Neuorganisation des Knappenwesens und die Reform der Bergwerksordnung durch die Einführung einer Bruderlade, des Schichtbetriebs sowie einer Grubenmiliz zur Sicherung des geförderten Goldes gegenüber räuberischen Überfällen, schließlich die Berufung böhmischer Knappen, mit denen der Protestantismus ins Gasteinertal gelangte. Aber auch die Sagenstoffe rund um die Weitmosers und das Tauerngold sind mit in Lösers Darstellung eingeflossen.

Literarisch nicht eben anspruchsvoll hat sich Franz Löser mit diesem heimatkundlichen Lesestoff und seiner Verherrlichung trotzig-schlauer, weitblickender und doch festwurzelnder Mannskerle der nationalsozialistischen Bewegung ins Herz geschrieben. Seine Gasteiner Bergherren bringen alles mit, was der deutschgesinnten Heimatkunst von damals recht und billig war: Tatkraft, Treue, ideelles Freiheitsstreben und verwirklichte Rangordnung, Heimatbewußtsein und Technologievertrauen, patriarchal angepaßte Frauen und souveräne Männergestalten.

IM GOLDSTOLLEN VON GASTEIN

WERKAUSSCHNITT „DER BERGHERR VON GASTEIN"

Und dann gelangten sie in einen alten, verfallenen Römerstollen, für den sich bisher noch keiner der Gewerken interessiert hatte. Weitmoser nahm seine Wünschelrute vor und machte die Probe. Nach ein paar vergeblichen Versuchen schlug die Rute aber doch aus. Seine Vermutungen bestätigten sich. Sogleich gab er dem Oberhäuer Lodinger Anordnungen, an dieser Stelle nach einer bestimmten Richtung weiterzuarbeiten. Dann setzte er die Besichtigung der übrigen Anlagen fort. Nach einigen Stunden kehrte der Oberbergmeister wieder zu dem alten Römerstollen zurück. Die Arbeiten waren inzwischen ziemlich weit fortgeschritten. Doch es wollte sich keine Erzlagerung entdecken lassen, nur üblicher Quarz war bisher zum Vorschein gekommen. Die Gewerken setzten schon ein leichtes überlegenes Lächeln auf.

Da begann es mit einem Male im Gebälk zu knistern und knacken. Fluchtartig zog sich alles zurück, jeder fürchtete einen Einsturz des alten Stollens. Nur Weitmoser bewahrte die Ruhe. Mit einem Blick hatte er übersehen, daß es sich nur um eine kleine örtliche Loslösung von Geröll und Schutt handeln konnte. Er zog sich zwar auch etwas zurück, blieb aber doch so weit vorne, um alles beobachten zu können.

Und dann stürzten die Gesteins- und Schuttmassen mit einem donnerähnlichen Rollen herab. Der Oberbergmeister schrie:

„Lampen aus! Auf die Erde nieder! Augen zu!"

Im Nu waren alle von einer undurchdringlichen Finsternis umgeben. Eine dichte Staubwolke wälzte sich durch den Schacht und nahm fast jede Luft zum Atmen. Hustenreizend legte sich der Staub auf die Lungen, drang in die Nasen- und Ohrenöffnungen ein, biß in den Augen, und jeder glaubte, seine letzte Stunde habe schon geschlagen. Aber der Oberbergmeister verlor Ruhe und Zuversicht nicht. Abwartend blieb er liegen und spannte alle seine Sinne aufs äußerste an.

Mit einem Male spürte er einen ganz leichten Luftzug. Nun sprang er auf und schrie wieder:
„Licht!"
Es dauerte eine Weile, bis die Knappen ihre Lampen zum Brennen bringen konnten. Der Oberbergmeister aber hatte sich inzwischen schon auf allen vieren vorwärtsgetastet, der Richtung zu, aus der ihm der Luftzug entgegenkam. Und sein geübtes Auge erspähte bald einen ganz schmalen Spalt, durch den Tageslicht hereindrang.
Als Lodinger nun mit der Lampe kam, schimmerte es ihnen von ganz weit hinten weißlich entgegen. Und nun krochen die beiden über die Schutt- und Trümmermassen vor. Quarz, schöner weißer Quarz leuchtete ihnen entgegen. Im Scheine der Grubenlampe funkelte und gleißte es in diesem Quarz. Und dann zeigte sich ein schöner gelber Streifen, der sich zahllos oft verästelte. Da jubelte der Oberhäuer:
„Gold!"
Eine Goldader von bisher nie gesehenem Reichtum war zum Vorschein gekommen. Sie lag ganz dicht unter der Erdoberschicht, beinahe im Tagbau herauszuarbeiten. Und alle Anzeichen sprachen dafür, daß der Erzgang tief und dicht war.
Vorsichtig arbeitete nun Weitmoser sich den schmalen Spalt hindurch. Er achtete nicht darauf, daß Erde und Dreck ihm in Ohren und Nasenlöcher drangen.
Dann stand er endlich in einer Schlucht, über sich den tiefblauen abendlichen Himmel. Die letzten Strahlen der untergehenden Abendsonne streiften gerade noch den oberen Rand der nicht allzu tiefen Schlucht. Ein unbeschreibliches Gefühl der Befriedigung stieg in Weitmoser hoch. Er konnte sich nicht enthalten, er mußte gegen den Himmel blicken und einen Dank emporschicken:
„Herr, du meinst es gut mit mir, und ich will allzeit dein getreuer Diener bleiben!"
Inzwischen hatten sich in der Grube drinnen die übrigen Gewerken nacheinander von dem reichen Fund überzeugt. In manchem stieg ein leiser Neid auf, daß er die ganzen Jahre her so unklug gewesen war, den alten Römerstollen nicht näher zu untersuchen. Kein Mensch hätte ihn daran hindern können, davon Besitz zu ergreifen. Nun war er für ihn verloren. Denn nach altem Berggesetz gehörte der Fund dem, der ihn entdeckt hatte. Aber alle waren nun fest davon überzeugt, daß es nur zu ihrem Nutzen gereichen konnte, wenn sie sich bedingungslos der Führung des Oberbergmeisters anvertrauten.
Als Weitmoser wieder in die Grube zurückkehrte, wurde er von allen Seiten beglückwünscht. Und jeder der Gewerken versicherte ihm jetzt, wie glücklich er sich fühle, ihm folgen zu dürfen. Der Oberbergmeister nahm diese Versicherungen befriedigt entgegen. Dann sagte er zu den versammelten Bergleuten:
„Der Allmächtige stand mir zur Seite, nur er hat mir diesen Schatz gegeben. Drum soll die Grube in Hinkunft und für alle Zeiten ‚Gottesgabstollen' heißen."

Und als die Nachricht von dem reichen Funde das Tal durcheilte, spiegelten sich auf allen Gesichtern tiefste Befriedigung, Freude und Beglückung.

Schon am nächsten Morgen standen der Oberbergmeister, Lodinger und einige Knappen zur frühesten Stunde auf der luftigen Höhe des Radhausberges, um die weitere Ausgestaltung der neuen Grube zu besprechen. Tief unter ihnen zog das herrliche Tal sich hin. Es lag noch in tiefe Nacht gehüllt, von den gegenüberliegenden Hängen und Matten erklangen aber schon die fröhlichen Gesänge der Hirten und das lustige Schellen der Herdenglocken.
Auch der Weg über das Eselskar, der zweite Zugang von Kärnten her, war in seinen tiefer liegenden Krümmungen noch in ein fast nächtliches Dunkel gehüllt. Die Strahlen der aufgehenden Morgensonne konnten noch nicht bis dahin gelangen. Dieser krasse Gegensatz, hier schon die frohe Helligkeit und der Jubel des erwachenden Tages, dort noch ein beinahe gespenstisches Dunkel und die Ruhe der Nacht, lösten einen Zauber aus, der jeden gefangennahm.
Wie gebannt aber starrte der Oberhäuer zu den Krümmungen des Kärntner Weges hin. Ihm schien, als bemerkte er ab und zu ein flüchtiges Aufblitzen von Waffen und Rüstungen. Er machte Weitmoser auf diese Erscheinung aufmerksam und meinte besorgt:
„Sollten es die Sakermenter doch wieder versuchen wollen, unsere Gruben zu überfallen?"
Der Oberbergmeister nahm den Hohlweg scharf ins Auge, und dann bestätigte er die Befürchtungen:
„Bei Gott, es ist das Blitzen von Waffen, und es müssen ihrer gar viele sein, die sich da heranschleichen."
Sogleich traf er seine Anordnungen zur Abwehr des Angriffs. Er ließ die ganze Belegschaft alarmieren und eilte rasch zu den Knappenstuben hinab, um die Abwehraktion selbst zu leiten. Einen Teil der Knappen versammelte er um sich, die anderen schickte er aus, sich hinter Felsblöcken zu verbergen, um im geeigneten Augenblick auf ein Signal hin hervorzubrechen und den Räubern in den Rücken zu fallen. Einen der Knappen schickte er nach Gastein hinab, um von dort Hilfe herbeizuholen.
Durch Spione waren die Kärntner von der Bewaffnung der Gasteiner Bergleute schon längst unterrichtet. Sie wollten aber doch noch einmal einen Raubzug ins Werk setzen, einen letzten, bevor die Knappen im Gebrauch der Waffen so ausgebildet waren, daß sie jedem Angriff begegnen konnten. Daher waren sie in großer Übermacht angerückt und hatten sich auch gegen früher besser bewaffnet. Die Bergleute auf der Kuppe hatten sie wohl bemerkt, und es war ihnen auch nicht deren rasches Verschwinden entgangen. Sie ahnten daher, daß auch sie gesehen worden waren und schickten, bevor sie zum Angriff übergingen, einen Späher aus. Als dieser zurückkehrte und berichtete, daß bei den Knappenstuben nur eini-

ge wenige unter Waffen stünden, sonst aber nichts bemerkt werden konnte, stürmten sie mit wüstem Geschrei los, um Furcht zu erregen.
Weitmoser ließ sie in Ruhe herankommen und stellte sich ihnen zum Kampfe. Absichtlich wich er dann mit seinen Leuten ein Stück zurück, um die Angreifer mehr in die Schlucht hereinzubekommen. Und dann gab er das verabredete Signal. Die hinter den Felsblöcken verborgenen Knappen stürmten nun heran, gelangten in den Rücken der Räuber und schnitten ihnen so den Fluchtweg ab. Nun entspann sich ein heftiges Kämpfen und Fechten. Die Kärntner dachten jetzt nicht mehr an Raub, ihr einziges Bestreben war, der Falle zu entrinnen.
Der Oberbergmeister beteiligte sich selbst an dem Handgemenge und hatte auch schon einige von den Angreifern unschädlich gemacht. Da geriet er unversehens in ein wildes Getümmel, wo wahllos um sich geschlagen wurde. Aber noch ehe er sich daraus befreien konnte, traf ihn der gutgezielte Hieb einer Haue so wuchtig auf den Kopf, daß er wie leblos niedersank. Und nun stürzte sich ein Haufen der Kärntner über ihn und schlug blindlings auf ihn ein.
Als Lodinger den Oberbergmeister in derartiger Bedrängnis sah, rief er seine Leute und stürmte heran. Es gelang ihm schließlich auch, den Schwerverletzten zu befreien. Die Kärntner aber hatten inzwischen Luft bekommen und stürzten nun in wilder Flucht davon. Sie mußten aber dennoch eine Reihe Verwundeter und Toter zurücklassen. Von den Knappen hatten, bis auf Weitmoser, nur einige ein paar unbedeutende Verletzungen davongetragen. Der Oberbergmeister allerdings war beinahe bis zur Unkenntlichkeit zusammengeschlagen worden.
Wie ein Lauffeuer durcheilte das ganze Tal die Kunde von dem neuerlichen Überfall und der schweren Verwundung des Oberbergmeisters. Sie rief überall tiefste Entrüstung und größtes Leidwesen hervor. Die Frauen schluchzten auf, denn sie fürchteten, daß er, den sie als den Mann verehrten, der das Glück ins Tal gebracht hatte, seinen Verletzungen erliegen könnte. Und die Männer ergingen sich in wilden Flüchen und Verwünschungen gegen die Übeltäter. Sie wollten sich auf deren Verwundete stürzen und sich an ihnen rächen. Nur mit Mühe konnten sie davon abgehalten werden.
Zum Glück aber erwiesen sich bei näherer Untersuchung Weitmosers Verletzungen bei weitem nicht ganz so schlimm, als es im ersten Augenblick den Anschein hatte. Vor allem aber bestand keine Lebensgefahr für ihn. Er hatte wohl eine klaffende Wunde auf dem Kopfe, einen Riß über die ganze rechte Wange und mehrere Rippenbrüche, doch es hätte noch ärger sein können. Der Medikus wusch die Wunden aus, nähte sie zusammen und meinte dann:
„Bei sorgsamer Wartung wird er bald wieder auf den Beinen sein."
Der Pfleger Strochner wollte den Freund abermals nach Klammstein schaffen lassen. Dort wäre er am besten aufgehoben, und die linden Hände seiner Gattin würden schon wieder dafür sorgen, daß er bald gesunde.

Als Berta Zotten davon hörte, erblaßte sie. Eine andere sollte den Mann, an dem sie mit jeder Faser ihres Herzens hing, wieder pflegen dürfen, und sie sollte dabei untätig zusehen müssen? Nein. Das durfte nicht geschehen. Unter gar keinen Umständen. Und kurz entschlossen entschied sie, wobei sie auch die Unterstützung ihres Bruders fand:
„Er wird auf Zottenhof gebracht. Ich will ihn warten und pflegen, und kein Mensch soll mich daran hindern."
Und der beste und hellste Raum des Zottenhofes war im Nu zu einer Krankenstube umgewandelt worden.
S. 82–88.

HISTORISCHER KOMMENTAR

DER GOLDBERGBAU IM GASTEINERTAL

Zur Blütezeit des Goldbergbaus im Revier Gastein-Rauris in der Zeit von 1500–1590 zählte Salzburg neben Tirol (Silber) und Sachsen (Silber) zu den größten Edelmetallproduzenten des römisch-deutschen Reiches und somit zu den vermögendsten Ländern.
Aus der Mitte des 14. Jahrhunderts stammen erste Nachrichten über den Bergbau in Gastein-Rauris. Die 1342 erlassene Bergordnung für Gastein stellt einen Meilenstein innerhalb des europäischen Bergrechts dar. Typisch für die erste Phase des Gasteiner Bergbaus war, daß er von den Gewerken (Besitzer von Bergwerk-Anteilen) als Privatunternehmen betrieben wurde. Überwiegend Bewohner des Tales, verfügten sie nur über bescheidene finanzielle Mittel aus kleinem Kaufhandel, Handwerk und Landwirtschaft und arbeiteten meist eigenhändig in ihren Gruben.
Zu Beginn des 15. Jahrhunderts erreichte der Gasteiner Goldbergbau bereits Höhen von 2500 Metern über dem Meer und erwies sich, da er jenseits der Grenze zur Kulturlandschaft lag, als sehr kostenintensiv. Eine Folge dieser Entwicklung war, daß die zahlreichen, wenig kapitalkräftigen Gewerken einer kleinen Anzahl kapitalkräftiger Unternehmer weichen mußten. Jakob Fugger errichtete um 1490 mit dem Erwerb von Schmelzhütten in der Gastein den ältesten festen Stützpunkt seiner Bergbauunternehmungen. Neben der Finanzgroßmacht der Fugger beteiligten sich unter Erzbischof Leonhard von Keutschach auch andere ausländische Handelshäuser und führten den Gasteiner Goldbergbau zu seiner Hochkonjunktur.
Während der ersten Jahrzehnte des 16. Jahrhunderts traten aber die ausländi-

schen Investoren gegenüber den einheimischen in den Hintergrund. Drei Familien – die Straßer, Weitmoser und Zott – erlangten eine führende Position als Berg- und Hüttenherren.
Der enorme Aufschwung, den der Gasteiner Bergbau bis etwa 1560 zu verbuchen hatte, ist aus einem Zusammenspiel verschiedener Faktoren zu erklären: Zum technischen Fortschritt gesellten sich staatliche Förderungsmaßnahmen. Die veränderte Wirtschaftslage brachte – besonders nach dem Bauernkrieg 1525/26 – einen sozialen Wandel mit sich. Zur Absicherung der lohnabhängigen Bergarbeiter initiierte Erzbischof Leonhard die Schaffung der Knappschaft, allgemein *Bruderlade* oder auch *Büchsenpfennig* genannt, die meistens von den Gewerken verwaltet wurde und als Fonds zur Unterstützung von kranken, verunglückten und alten Bergleuten diente.
Der Bauernkrieg, an dem die Gasteiner Gewerken und Knappen als Anführer beteiligt waren, verursachte dem Gasteiner Goldbergbau keinen nachhaltigen Schaden. Der im Roman erwähnte, historisch belegte Kleingewerke Martin Lodinger war der erste namentlich bekannte Salzburger Emigrant, der nach 1532 vermutlich nach Regensburg auswanderte. Bereits um 1560 war aber eine Erschöpfung der ertragreichen Lagerstätten zu beobachten, und ein stetes Sinken der Produktion setzte ein. Mit Ende des 16. Jahrhunderts zwangen mangelnde Fündigkeit und andere Ursachen die Gewerkenfamilien nacheinander zum Ausscheiden aus dem Bergbau. Die Zeit des Wohlstands war vorüber.

Erasmus Weitmoser – Bergherr von Gastein

Erasmus Weitmoser

Der Schriftsteller und Gesellschaftskolumnist Franz Löser läßt seinem Protagonisten Erasmus Weitmoser all jene Eigenschaften angedeihen, über die ein mit Führungsqualitäten ausgestatteter Mann im Sinne der NS-Ideologie verfügen sollte. Er schildert ihn als klugen, draufgängerischen Mann, dem weibliche Bewunderung sicher ist.
Welche Charakterzüge dem „echten" Erasmus Weitmoser eigen waren, ist heute nur mehr hypothetisch zu beantworten. Risikofreudig, erfolgreich, engagiert und geschickt muß er aber gewesen sein. Der Sage nach ist Hans (Erasmus) als Sohn eines armen Bauern zu Gadaunern (südlich von Hofgastein) geboren. Ein Weitmoser scheint aber in der Liste des *gemei-*

nen Pfennigs von 1497 im ganzen Tal nicht auf. Historisch belegt ist hingegen, daß er sich um 1500 im Gasteinertal ansiedelte, dort am Radhausberg Erzgruben aufschlug und es zu großem Wohlstand brachte. Da der ertragreichste Stollen den Namen *St. Erasmus* führte, ging der Name Erasmus (auch Asm) auf ihn über. Während des Bauernaufstands 1525 hatte der angeblich mit Berta Zott vermählte Gewerke den Rang eines Hauptmanns. Erasmus Weitmoser starb nach 1526. Der bekannteste und angesehenste Weitmoser war aber sein Sohn Christoph (1506–1568), der als der *größte Bergbauunternehmer des Alpenraums* bezeichnet wurde.

Erhard Buschbeck (1889–1960)

FEINGEFÜHL FÜR LABILE GRÖSSEN

Erhard Buschbeck gehörte zu jener Spezies Mensch, die ihren Standort im Schatten Größerer sucht. Was kein besonderes Talent voraussetzt. Aber in Erhard Buschbeck steckte ein phänomenales Gespür für unentdeckte, beargwöhnte, gefährdete Größe, und er verausgabte sich nach Kräften, diesen sturzgefährdeten Sonnen seines Lebens ihren Platz am Firmament zu sichern. Unter Einsatz seines menschlichen, organisatorischen, diplomatisch lenkenden, künstlerischen und materiellen Vermögens diente er, in dieser zeitlichen Reihung, Georg Trakl, Hermann Bahr, dem „Akademischen Verband für Literatur und Musik" (Wien), Theodor Däubler, der Berliner Literaturvereinigung „Sturm" und schließlich dem Wiener Burgtheater als Freund, Förderer, Organisator und Mitarbeiter. Er war einer, der mit Erfolg im Schatten stand.

Mit Georg Trakl verband ihn die Geburtsstadt Salzburg. Ihr Ineinander von Gartenzauber und kleinbürgerlicher Stickigkeit, von verfallener Glorie und provinzieller Dürftigkeit hat sich beiden in festen Topoi eingeprägt. Buschbeck, der Sohn eines Magistratsbeamten, war in der Ernest-Thun-Straße 8, in einer Villa unter alten Bäumen aufgewachsen. Es war ein Frauenhaushalt, eine von Tanten umhegte, in einen alten Garten eingebettete Häuslichkeit. Doch lief diese Häuserzeile am Kai in gerader Linie auf den Bahndamm zu. Buschbecks Zuhause war nicht nur ein grün belaubter Winkel der Geborgenheit, sondern auch Schwelle, ein Sehnsuchtsort nach großer, weiter Welt. Dreimal wöchentlich fuhr hier donnernd der Orientexpress Konstantinopel – Paris ein.

Dieses Urvertrauen aus seiner umhegten Kindheit muß Erhard Buschbeck auf andere, ihm nahestehende Künstler und Kunstzirkel übertragen haben. Es erzeugte eine wohltemperierte menschliche Atmosphäre, wie es heißt, in der Buschbeck, klug, engagiert, ausgleichend und sich selbst zurücknehmend, auf die Begabungen anderer seinen gedeihlichen Einfluß nahm. Georg Trakl, ein Freund aus Schulzeiten, steht am Anfang dieser Reihe. Er hat ihn in seiner Bedeutung erkannt und gefördert, ihm Kontakte geknüpft und den Weg in die Öffentlichkeit gebahnt. Georg Trakl galt Buschbecks erste Publikation, ein Requiem aus Anlaß dessen Todes, 1917 in Berlin erschienen. Unter dem Titel „Aus goldenem Kelch" (1939) stellte er die Erstausgabe von Trakls Gedichten zusammen.

Als Spaziergänger und Wanderer trat er in jenen Jahren an die Seite Hermann Bahrs, mit dem ihn bald eine tiefe Freundschaft verband. Erhard Buschbeck war Trauzeuge, als sich Hermann Bahr und Anna Mildenburg in der Aigner Kirche das Jawort gaben.

Im Herbst desselben Jahres 1909 ging er zum Jusstudium nach Wien. Dort nahm er Verbindung zum „Akademischen Verband für Literatur und Musik“ auf, einem Forum für avantgardistische, vielfach angefeindete Künstler. Darunter waren Oskar Kokoschka, Anton Faistauer, Adolf Loos, Theodor Däubler, Arnold Schönberg, Anton Webern und Alban Berg. Zwei Jahre später, Buschbeck war Anfang 20, wurde er mit der Leitung und Programmgestaltung des Verbandes beauftragt und redigierte in dieser Funktion die Vereinszeitschrift „Der Ruf“. Legendär ist eine Ohrfeige, die Erhard Buschbeck, an sich jeder rüden Form von Konfliktbewältigung abgeneigt, in seiner Rolle als Vorstand austeilte. Bei der Aufführung der „Kindertotenlieder“ versetzte Buschbeck in dem ausgebrochenen Tumult zwischen Begeisterten und schäumenden Gegnern einem frechen Beleidiger der Kunst Gustav Mahlers eine schallende Ohrfeige. Georg Trakl, der *„in den Innsbrucker Zeitungen (...) von dem pöbelhaften Skandal“* gelesen hatte, schickte ein Telegramm mit Gratulation.

Erhard Buschbeck

1913 trennte sich Buschbeck von seiner Verbandstätigkeit und gesellte sich einem neuen künstlerischen Leitstern zu. Er begleitete Theodor Däubler, den charismatischen Dichter und Begründer des lyrischen Expressionismus auf Wanderjahre nach Italien und in den Norden. Wieder entstand, in konsequenter Weiterführung von Buschbecks Künstleraltruismus, eine Publikation, „Die Sendung Theodor Däubler“ (1920).

Bis zu seiner Verpflichtung ans Burgtheater im Jahr 1918, wo er zusammen mit Hermann Bahr eintrat – dieser zog sich bald wieder zurück –, lebte Erhard Buschbeck mit Unterbrechungen in Berlin. Er fand dort Zugang zu dem Kreis um Herwarth Walden und verkehrte mit Else Lasker-Schüler, Paul Klee und George Grosz.

Vor diesem Berliner Hintergrund mit der Fülle seiner künstlerischen Impulse entstand mit „Wolf Dietrich“ die literarische Besonderheit eines expressionistischen Salzburger Geschichtsromans.

„Wolf Dietrich“ – Barocke Seele im Kleid des Expressionismus

Auch „Wolf Dietrich“ entsprach Buschbecks Lebenssuche nach der starken Gegenfigur. Zu dem Genius loci der Salzburger Stadtarchitektur führen aber zudem innere Berührungspunkte zwischen Barock und Expressionismus. Die beiden Stilrichtungen sind in ihrer theatralischen Exposition seelischer Prozesse, in

der Extroversion von Innenwelt, in der Heftigkeit ihrer Kontrastzeichnung sowie in der reichen Farbskala ihrer Gefühlsdarstellung verwandt.
Buschbeck ist dieser „Wolf Dietrich“, der zwischen Geschichtsfakten, sinnlichen Impressionen und sprachlichen Experimenten schillert, nicht in jeder Hinsicht gelungen. Aber innerhalb von Salzburgs nicht übermäßig reich gesegneter Literaturlandschaft gibt er eine erstaunliche und dazu preziose Erscheinung ab. Mit einiger Intuition folgte der Autor den Spuren dieser prägendsten Herrschergestalt der Stadt, spannte den Bogen vom feierlichem Einzug als neugewählter Fürsterzbischof bis zur Zeit der Festungshaft. In Schichten und Segmenten angelegt ist das Alltagsleben der Wolf-Dietrich-Zeit. Der geistlichen Herrschaft sind Szenen des kleinbürgerlichen, von Gewerbe und Kaufleuten bestimmten Stadtalltags gegenübergestellt, neben den Räumen der Macht, des Regierens, Planens und Gestaltens stehen Bilder der Geselligkeit und des idyllischen Zusammenseins mit Salome. Letztere sind häufig als Spaziergänge in freier Natur ausgeführt.
Aufgespalten und zwiespältig ist auch Wolf Dietrichs Herrscherprofil. Der widersprüchliche, dabei willensstarke Renaissancemensch wird nacheinander als Machthaber, Bauherr, Bekämpfer des Protestantismus, Kunstfreund und Familienmensch vorgestellt.
Ausführlich, nahezu überspitzt in der psychologischen Motivierung, schildert Buschbeck die Brandlegung Wolf Dietrichs am alten Dom, die er zu einem Feuerzauber aus expressionistisch bewegten Stimmungsbildern überhöht.
1918, mit seiner Berufung zum Dramaturgen des Burgtheaters in Wien, fand Erhard Buschbeck zu seiner endgültigen Lebensaufgabe, die rasch Lebensmittelpunkt wurde und ihn sensationelle 42 Jahre ausgefüllt hat. Von seiner literarischen Arbeit, die er, soweit das im Rahmen seiner Burgtheaterpflichten möglich war, fortführte, erschien 1946 ein weiterer Titel mit Salzburgbezug, die liebevoll karikierende Hommage an die Tanten seiner Kindheit, „Die Dampftramway oder Meine alten Tanten reisen um die Welt“. Den größeren Teil seiner Beiträge zur Theatergeschichte sowie Erzählungen, Porträts und Jugenderinnerungen veröffentlichte posthum seine Lebenspartnerin Lotte Tobisch unter dem Titel „Mimus austriacus“.

Purpur, Rosé und Flammenrot
Werkausschnitt „Wolf Dietrich“

Im Arbeitszimmer Wolf Dietrichs hängt ein Bild von Benozzo Gozzoli, ein Erbe aus medicäischem Besitz. In dichtem Wald halten Engel einen Purpurmantel vor das Grün der Bäume, und unter dem weißen Hermelin der Innenseite sitzt Maria mit dem Kinde. Ihr Kleid ist grün wie der Wald hinter ihr. Blumen blühen vom Boden auf. In braunen Kutten der heilige Franziskus und Bernhard.
Das Bild ist die Farbe und das Licht des Raumes. Die braune Täfelung verdüstert ihn schwer. Dämmerung schwebt durch ihn. Die Türen liegen hinter dunklen Vorhängen. Die drei Fenster sind breit, und es kommt doch keine Helligkeit aus ihnen. Bleich und wächsern schimmert aus der Mitte des Zimmers eine Weltkugel. Beherrschend steht sie über dem großen Tisch. So betont geistert sie hier hervor, als stünde sie im Zentrum ihrer leibhaftigen Bewegung und im Gleichnis ihres Geschehens.
Reich ist das Zimmer gefüllt. Kleine Statuen erhärten gespenstisch die Dämmerung. Klare Römerköpfe zeugen von Haltung. Teppiche und Überhänge erweichen morgenländisch den Raum.
An den Wänden stehen Kästen mit Büchern. Große Blöcke ruhen in Leder gebunden. Strenge Bände leuchten in weißen Rücken ernst aus dem schattenhaften Rahmen. Bändchen mit Miniaturen sprechen leutselig von froheren Stunden. Mappen liegen auf Tischen und Bänken. Viele sind aufgeschlagen, als wären sie eben erst nachgesehen worden.
Wolf Dietrich sitzt am Tisch, über Pläne gebeugt. Mit einem Glase prüft er Einzelheiten. Er lehnt sich wieder zurück und schaut aus der Ferne auf die Wirkung des Ganzen. Andere Blätter vergleicht er und sondert sie.
Leidenschaftlich ist er bei diesem Tun. Sein Auge weilt mit langer Liebe auf den Zeichnungen, oft will er sie nicht loslassen. Das Bewußtsein ist ihm ganz darin aufgegangen. Vertieft, will er nicht mehr daraus entsteigen – aus dieser papierenen Stadt seines Bildens.
Kirchen stehen über Palästen, Häuser neben Häusern, Nutzbauten hinter Brunnen, Plätze umfassen die Gassen, Gärten erheitern die Mauern, hier liegen große Gesamtbilder, dort reizvolle Durchblicke: in Blei und Tinte drängt aus allen Entwürfen der eine Wille nach Leibhaftigkeit. Im Herzen Wolf Dietrichs hat er seine Wurzeln gefunden und war mit dessen Adern verwachsen. Was das Blut dieses Menschen verlangte, war auf den Blättern der Wunsch von Steinen geworden. Wessen er bedurfte, ist hier als greifbare Erfüllung erschienen. Vom Papier zur Wirklichkeit ist nur ein Schritt: der Schritt eines Mannes.
Wolf Dietrich weiß es, er wird ihn gehen, weil er es muß; weil er die Zeit auf seinen Schultern fühlt und ihre Not hört wie die seiner eigenen Brust.

Als diese Gewißheit in ihm festsitzt: es wird aus der Erde wachsen, durch ihn und sein Schicksal, was sich in Formen aus ihm hier erdacht – da ist er miteinmal nüchtern geworden, Schwärmerei und Phantasieren sind von ihm abgefallen, die Beschränktheit aller irdischen Mittel steht klar vor seiner Überlegung: er nimmt Feder und Papier zur Hand und rechnet.
Auf langen Bögen sammeln sich alle Baukosten. Ziffern wachsen zu Ziffern, Summen fügen sich ineinander und übereinander, Höhen steigen an, heben sich ins Schwindelhafte und übertürmen sich nochmals. Aber der die Zahlen führt, ist sicher, schwindellos streicht er übers Papier: Zielen zu.
Neue Bögen kommen aus dem Tisch, die Einlösungen bestehender Werte rechnen sich auf. Was dauern soll, zehrt, die Kosten der Erhaltung werden erwogen und vorgezählt.
Aller Aufwand ist gehäuft. Er wird verteilt.
Wolf Dietrich richtet sich verschiedene Bauzeiten ein, teilt die Ausführung der Pläne unter die Jahre aus: auf den Bögen kommen Striche unter Striche, Teilung in Teilstücke, die großen Summen werden abgetragen und wieder auf Einzelheiten gebracht.
In Zahlen wächst feste Erde unter die Luftschlösser. Wolf Dietrich feiert den ersten Grundstein über einem Berg beschriebener Blätter.
Erlöst springt er vom Stuhl auf. Seine freudigen Schritte machen sich Luft. Weit greifen sie aus und kehren doch immer zum selben Tisch wieder zurück.
Die Bewegung soll ihn entlasten, befreien vom Druck der Gedanken: sie bringt seinem Hirn nur neue Nahrung.
Mit der Unruhe seines Ganges muß er nach Wegen suchen, die ihm die Mittel brächten, zu bauen, zu erfüllen. Diese Ungeheuerlichkeit der nötigen Mittel! Hin und her sucht er mit seinen Schritten.
Richtig, hier faßt er im Geiste schon eine Möglichkeit, Gelder zu schaffen. Dort auch zeigt sich ein Weg, auf Gold zu stoßen. Sein Fleiß ist unablässig dabei.
Zäh hat er der Ratlosigkeit des Anfangens standgehalten. In Fieber bosselt er jetzt durch alle Winkel und Ecken seines Verstandes. Seine Phantasie hilft schöpfend wieder mit. Nie doch verliert sie die harten Grenzen der gegebenen Bedürfnisse und schaut die Welt in ihrer Wirklichkeit. Seinem Auge war von Natur aus die Gabe geschenkt, die Gestalten der vorliegenden Erde in jenem Punkte zu treffen, wo in einer lebensvollen Mitte auseinandergehende Richtungen sich schnitten.
Das Volk kannte er. Wie es die Not verschieden schichtete, wie die Bedürfnisse sich in den Verhältnissen mannigfach spiegelten und die Tragfähigkeit wechselte, vor den Geboten seines Wirkens ist es immer als klares Bild gestanden. Im Auswägen der Lasten hatte er schiefe Gebilde vermieden. War aber der ganze Körper nicht längst so fest umspannt, daß weiteres Anziehen die Lebensnerven treffen mußte?
Was waren Steuern und Abgaben bisher: die Kassen des Erzbistums ergriffen Gut von Einzelnen zu eigenem Bedarf. Allgemeine Zwecke stellten sie davor und all-

gemeinen Nutzen versprachen sie. Fühlbar war für den Betroffenen nur der Verlust des Seinen. Das Fernere sah er nicht und ahnte es kaum. Er sah, was ihm mit Gewalt genommen worden. Hart und im Ganzen stand es noch vor ihm. Unter diesem unmittelbaren Gesicht konnte das Volk nicht mehr stärker genötigt werden, wollte man nicht Grundlagen erschüttern, auf denen schließlich gebaut wurde.

Wie aber könnte er nicht unsichtbar kommen? Statt die Zweige abzuhauen, warten bis die Äpfel reif waren? Das Mark verschonen? Wenn er nicht auf den Besitz griffe, sondern auf seinen Verbrauch! Wenn er die Personen selber durchließe, ihren Bedarf an Sachen aber unter Zinsen stellte! Von den Waren Steuern nähme! Wäre das jeweilig Sichtbare nicht ein unendlich Kleines? Für ihn die Summe dieser kleinen Zahlen, die dienstbar überallher liefen, – hinreichend dem größten Unternehmen! Könnten die Augen des Volkes greifbar den Entzug der Güter verfolgen? Und was bedeutete nicht dieses! Im Bewußtsein des Erwerbenden, des Besitzenden! Er, der Einzelne könnte die Summe ziehen, die von den Vielen kam. Sie verloren aber die Posten einzeln in der langen Reihe ihrer Bedürftigkeit und hätten kein Maß, sie zu zählen. Nicht sehend würden sie weitergehen, wo sie zusammenbrächen, im Erkennen.

Den Anfang soll machen, was leichther den Schwächen der Menschen diente. Wein, der ihnen den Geist wärmte, Tabak, der ihnen die Lippen zog, sie sollen ihm sein Teilchen nur geben! Die eigene Not, Nötigung seines Geistes, wird seine Hände zwingen, die Notwendigkeiten des Lebens unter sein forderndes Sieb zu rücken, aus Salz wird ihm Geld kommen wie aus Getreide: der Körper gibt ihm sein Opfer. Er führt es fort in Geist: als Mittler des Lebens. Durch seine Tat steht es über der Erde.

Wolf Dietrich überkommt eine unbändige Lustigkeit nach dieser umfassenden Lösung. Das Hauptgewicht seines Denkens konnte er von sich werfen. Er steht vor der Weltkugel, betippt sie mit den Fingern und dreht sie. Das Spiel freut ihn und er lacht ihm noch nach, als seine Hände wieder Ruhe hielten.

Daneben kräuseln sich ihm die Einfälle weiter. Wie er hier das Volk nach gerechtem Maß gleichmäßig heranzog! Langten doch die Steuern jetzt auf die Waren gradaus, nicht auf die Käufer. Damit konnte er endlich auch Personen erreichen, die bisher von Abgaben befreit waren! Ist das nicht ein fetter Fang für ihn? Zum Hauptzug kam er noch von selber darüber!

Wenn er die neuen Steuern einführt, kann er die Leute mit harmloser Freude anders beschäftigen. Kann Nachlässe von den früheren Abgaben gestatten, kleine Vorteile erringen lassen, augenblickliche Bequemlichkeiten zugeben. Ein jungfräuliches Spiel dann für ihn!

Inzwischen kommt das neue Übel unbemerkt aus Hintergründen über das Gut der Sorglosen – die Schönheit wird Wirklichkeit und bringt neues Leben, neue Mittel und Wohlfeilheit wieder.

Zufrieden wirft sich Wolf Dietrich in einen Stuhl und lacht laut auf. Er erschrickt, so fremd klingt das Lachen im Saal, so einsam verhallt es. Salome wandelt ihm durch den Sinn. Noch einmal lacht er: stumm.
Mathias Ianischitzer meldet mit seiner greisen Stimme den Domherrn Markus Sittikus.
Eilends schiebt sich die Bäuchlichkeit des erhabenen Vetters aus der offenen Tür, irgendeine Wichtigkeit läßt ihn beinahe schon springen. Seine Mienen strotzen vor Besorgtheit, seine Lippen wollen so gerne die Unannehmlichkeit der Botschaft entbinden.
Wolf Dietrich versucht sich schnell als gemächlich, freundlich bietet er Platz – doch die Worte sprudeln über ihn her. Von Teuerung und Not, der Kärglichkeit aller Mittel und Beschränktheit des irdischen Maßes muß er hören.
Die Absicht rückt hervor, von einem allgemeinen Übel auf ein besonderes hinüberzuleiten. Wolf Dietrich unterbricht mit einem harten Auffahren seiner Schultern den Schwall der Weisheit und frägt kurz, was vorgefallen sei.
Markus Sittikus fühle sich als Vorstand der Rechenkammer verpflichtet, dem Erzbischof bezeichnende Mitteilungen zu machen. Über den Festen der letzten Zeit und dem mannigfachen Aufwand wäre das bare Geld in den fürstlichen Kassen ausgegangen. Man müsse daran denken, mit Bewilligung Seiner fürstlichen Gnaden natürlich, bei einem Kaufmann am Orte einen größeren Betrag vorsichtig aufzunehmen. Ja, dringend notwendig wäre es schon geworden, denn – oh wie zögernd sollten seine Worte niederkommen – man hätte heute den Küchenmeister, als er um Geld für seinen Bedarf gebeten, mit Worten bloß vertrösten können.
Lachen stürzt aus Wolf Dietrich: vor seinen Augen liegen noch die Bögen mit den ungeheueren Zahlen, in seiner lebendigen Vorstellung drängen die höchsten Pläne auf seinen Willen und der Rechenvorstand kommt ihm um einige Groschen. Während er hier oben im Geiste eine neue Stadt baute, verhandelten sie unter ihm um das Gemüse für die Tafel, das sie nicht bezahlen konnten. War das nicht ein unendliches Lachen wert?
Es klingt als Hohn. Im Anlitz des dicken Pedanten steht dummes Entsetzen. Welche Lust müßte es sein, dieses erschreckte Gesicht in äußerste Fassungslosigkeit zu treiben, die blöden Augen zu blenden! Im jungen Herzen Wolf Dietrichs jagt das Verlangen, jetzt, gerade jetzt, mit solcher Ausgelassenheit, von seinen Aufgaben zu erzählen. Überwältigend kommt es ihn an.
Er hält sich in völliger Ruhe. Mit keinem Wort streift er die Sorgen Markus Sittikus. Keine einzige Geste gibt er ihnen mehr, in nichts – auch sein Lachen ist schnell verstummt – geht er irgendwie auf sie ein. Als wollte er sich durch anderer Leute Unbequemlichkeiten im Getriebe der eigenen Gedanken nicht stören lassen, spricht er ohne welche Überleitung von der Notwendigkeit eines Neubaus der Stallungen. Kurzweg tischt er danach seine Pläne für Reitsäle auf, festliche

Sommerschulen und Winterhallen. Die Frage jener Umbauten und anderer Vergrößerungen erweitert sich: wäre es nicht gleich besser, das Alte ganz niederzureißen und vom Grund auf Neues zu bauen?
Markus Sittikus verfolgt ihn mit Blicken, wie einen plötzlich Wahnsinnigen. Sein breiter Mund hat sich sprachlos in die Seiten verzogen.
Weiter tanzen die Vorhaben in die Luft, aufenthaltlos und sprühend von Farbigkeit. Immer doch haben sie Grund. Nichts wird auf Jahre verteilt. Morgen schon beginnt die Arbeit, an dieser Ecke und jener, auf allen Seiten! Übermorgen ists wieder beendet: vollendet. So übermütig es geht, so übertrieben es klingt, der Ernst von Wirklichkeiten schimmert hindurch.
Die kleine Besorglichkeit ist erschüttert. In seine Augen ist Haß gekommen.
Wolf Dietrich malt ihm die Mittel noch hin, die Wege, auf denen er Unsummen erlangen würde. Vom giftigen Gesichtsausdruck gereizt, steigert sich seine Laune: die Zahlen eines Abenteurers werden von einem Despoten dem blutenden Lande entschunden. Feuer der Leidenschaft scheint ihn zu leiten: innerlich wärmt ihn die Lust, den breiten Dummkopf zu schrecken.
Der Haß hat Markus Sittikus völlig durchdrungen. Nichts anderes war mehr der ganze Mensch. Aus allen Fingern will er beizend entfauchen. Nur seine Lippen können im wütigen Übermaß die rechten Worte nicht finden. Dumpf entpreßt sich die Drohung „Kapitel".
Auf die nächste Tür stürzt er los und entläuft – wie einem Raubtierkäfig.
Und Wolf Dietrich lacht wieder laut auf.
Das Kapitel konnte ihn nicht stören. Den Spaß kann er zugeben. Sonst hielt er es kurz – könnte es noch kürzer fassen?
Behaglicher wird es um ihn.
Mathias Ianischitzer kommt besorgt herein. Markus Sittikus war so heftig an ihm vorbei.
„Mathias, unser Leben wird lustig! Bunte Dinge werden deine Augen hier sehen! Das Spiel der Tage dreht sich verwegener, unbestimmbarer treiben wir hin. Armer Alter, wirst dus vertragen?"
„Herr, allem schaue ich nur mehr zu. Nehm es hin, ohne zu denken. Helfe dort, wo ich kann."
„Menschen bewegen dich aber doch! Zuneigung und Widerstand fühlst du, ich weiß es. Mathias, was meinst du zur jungen Herrin, sag?"
„Herr, Frau Salome ist lieb und gut."
Diesen Abglanz seines Glückes wollte Wolf Dietrich in den Augen des alten Dieners leuchten sehen.
„Euer Gnaden, zwei Patres der Gesellschaft Jesu warten im Vorsaal, der Instruktionen wegen."
„Führ sie herein."

Schwarze Gestalten erscheinen im Dunkel. Bleich glühen die Köpfe. Kühle kommt in den Raum.

Sie sitzen zu dreien gegenüber am Tisch. Zwischen ihnen liegt das gemeinsame Ziel: der Glaube des Papstes herrscht lückenlos wieder im Land. Scharf schauen sie alle Wege dahin ab. Verschieden sind ihre Blicke. Gleicherweise verfolgen sie. Der Erzbischof macht seine Angaben über die Verfahren gegen die Abtrünnigen. Unter Leitung der fremden Mönche sollen sie statthaben.

Zuerst müssen die Gesinnungen aller Beamten durchforscht werden. Feststehen soll die Treue eines jeden. Kein Ketzer darf fortan Richter, oder Gewählter sein. Keiner bei einer Pflegschaft bedienstet werden. Keiner selbst Schreiber irgendwo sein. Wenn die Leitung des Landes bis zu den kleinsten Händen hinab zuverlässig befunden ist: dann greife Umkehr in die Räder. Jeder Abtrünnige oder frevelhaften Glaubens Verdächtige wird vor eine erzbischöfliche Kommission gerufen, schwört hier ab und bekennt sich aufrichtig und für immer zur heiligen Religion, oder er verlasse das Land, binnen drei Wochen. Kein Unterschied darf bestehen, keine Ausnahme stattfinden. Lebt ein Katholik mit dem Ketzer in Ehe, ist die Ehe ungültig oder er wandere mit.

„Die Luft muß wieder rein sein im Land. Zu einem Gott sollen in ihm die Menschen beten: gnädig wird er dann über sie walten. Eine Religion verbinde alle zu einem Ganzen: Glück wird in ihrer Gemeinsamkeit wohnen. Nur wenn sie an den einen Gott glauben, können sie ihrem Fürsten gehorsam sein, der sie mit ihm verbindet. Ihr demütiger Glaube lenke die Fäden, die aus frommer Glut einem jeden nach oben streben, in meine Hand zusammen: als vereinigtes Band führ ich sie weiter, hinauf zu Gott dem Herrn.“

Die Mönche dringen darauf, das Volk zur täglichen Messe zu zwingen. Die Erfüllung der religiösen Pflichten sollte überwacht werden. Fromme Übungen die Verstockten anleiten, Widerstrebende umfassen. Umzüge durchs Land die Gewalt des Glaubens bekennen. Sichtbar sollte Maria die Himmelskönigin überall auferstehen.

„Die Menschen wollen ihren Glauben um den Priester sammeln. An Bildung und Umblick soll er sie überragen. Rein muß er vor ihnen stehen. Für uns heißt es: eine neue Priesterschaft ist zu erziehen. Gelehrte Schulen werden errichtet. In ihnen wachsen die künftigen Seelsorger auf. Sorge um den Geist soll sie tragen. Zucht des Lebens wird sie gewöhnen.“

Gerne stimmen die Patres dem bei. Manches erfinden sie noch dazu.

Wolf Dietrich lenkt nochmals zum Anfang zurück. Ein Einfall war ihm gekommen.

„Wer auswandert, hat sein liegendes Gut zu verkaufen. Nur was einer selbst mitnehmen kann, darf ihm ferner gehören. Alles Vermögen, das aus dem Lande getragen wird, verliert ein Zehntel als Steuer der Auswanderung an die Kassen des Erzbistums.“

Die Mönche gehen. Unverändert sind ihre Mienen. Kein Verstehen zeichnet sie und keine Gebärde des Herzens.
Das Zimmer erhellt sich? Atmet es auf?
Zwei harte Gesichter aber tragen die Strenge des befehlenden Geistes hinaus in die Stadt und über das Land.

Wolf Dietrich und Salome waren in einer Sänfte aus der Stadt gekommen. Die Luft des Landes umgab sie mit frischen Hauchen. Die Augen ruhten am Grün, das breit auf Erde dahinzog. Über der Brücke, am anderen Ufer war ihnen die Stadt geblieben.
Hoch und zitternd stehen die Gräser in den weiten Auen. Ein östlicher Wind raschelt in den alten Weiden. Hinter leicht geschwellten Hügeln liegt hier der Fluß. Nicht bergschnell, wie noch in der Stadt, breit und glänzend strömt er zur Ebene. Im Rücken wachen leuchtend, steinern die Berge.
Trotzdem sich der Sommer schon der Reife zu neigte, lag in der Luft noch ein Ungewisses, lagen im Zittern Fragen, ein Werben und Werden.
Ohne Weg gehen die beiden durch Gras und Au. Seine Hand faßt die ihre.
„Salome, siehst du diesen Arm des Flusses, träge schleicht er durchs Schilf und scheint stille zu stehen. Ein weiter Umweg erst bringt ihn zurück zum väterlichen Lauf. Künftig soll er sich nicht von ihm trennen! Sein Bett wird schwarze Erde füllen, das Auf und Ab des Bodens geglättet liegen, die Weiden werden fallen und die Wildnis verschwinden: festlich wird uns ein Garten umglänzen, Rosen blühen über grünem Rasen, Lauben und Hecken schlingen sich durch, marmorne Balustraden begrenzen, hohe Vasen und Statuen ragen weiß auf. Dort aber, vor jenen breiten Hügel wollen wir ein Schloß bauen, fürstlich soll es in den Garten lachen, das Schloß unserer Liebe. Welchen Namen es tragen wird?“
„Den ihm deine Liebe gibt.“
„Wie klingt es – Altenau? Mit ihm sollst du das Schloß und den Garten besitzen.“
„Auch unsere Kinder werden den Namen haben. In ihnen gehört dann alles doch wieder dir.“
Sie gehen über diese wilde Erde und sehen sie nicht mehr und fühlen sie nicht. Schon ist sie ihnen im Geiste gebändigt, eben vor ihre Füße hingebreitet und für die Augen in Gestalten gelegt: als trüge sie schon das Glück, das sie künftig hier sich bereiten.
S. 59–71.

HISTORISCHER KOMMENTAR

DER „PRINCIPE“ WOLF DIETRICH VON RAITENAU

Im Werkausschnitt *Wolf Dietrich* vermittelt uns Erhard Buschbeck seine Sicht vom Wesen des mutmaßlich populärsten Salzburger Erzbischofs. Mit dem ihm eigenen Sendungsbewußtsein entwirft Wolf Dietrich eine gut durchdachte prunkvolle Stadt auf dem Reißbrett. Um seine Vorstellungen auch in die Tat umzusetzen, wird er keine Kosten und Mühen scheuen und keinen Widerstand dulden.
Wolf Dietrich, der Geistliche ohne Berufung, erhielt 1576–1581 seine Ausbildung am Collegium Germanicum in Rom, dem berühmten, von Jesuiten geführten Priesterseminar. Seine dort begründete Begeisterung für die italienische Architektur hatte nachhaltigen Einfluß auf sein ästhetisches Empfinden und seinen Sinn für das Schöne. In krassem Gegensatz dazu standen die engen, schmutzigen und düsteren Gassen des mittelalterlichen Salzburg. Wolf Dietrich begann allerdings erst nach 1598, also nach dem Einsturz der hölzernen Stadtbrücke und dem Brand des romanischen Doms, mit einer umfassenden organisierten Bautätigkeit. Als junger Erzbischof – er erhielt das Pallium bereits mit 28 Jahren – konzentrierte er sich zuerst auf die Schaffung einer repräsentativen Residenz. Das kolportierte und auch von Buschbeck ausgeschmückte Gerücht, Wolf Dietrich hätte mit Begeisterung dem Dombrand zugesehen oder diesen sogar legen lassen, entbehrt einer seriösen Grundlage. Immerhin veranlaßte er sogleich, das schadhafte Gewölbe des alten Doms mit schwerem Estrich abzudecken, und erst als dieses aufgrund von Unwetterschäden ein Jahr später einstürzte, ließ er ihn abtragen. Interessant ist aber auf jeden Fall, daß solches Gerede überhaupt entstehen konnte. Die Salzburger trauten es ihrem Landesherrn und Kirchenfürsten offensichtlich zu, daß er sich nicht davor zurückscheute, ein altehrwürdiges Gotteshaus in Brand zu stecken.
Insgesamt riß man während seiner Regierungszeit über 50 Bürgerhäuser ab, um Platz für größere Projekte zu schaffen, mehr als 70 Bauvorhaben wurden zum Teil begonnen, zum Teil auch ausgeführt. Keiner der großen Bauten konnte allerdings unter seiner Regierungszeit tatsächlich abgeschlossen werden.
Problematisch ist Wolf Dietrichs Attribut *Gründer des barocken Salzburg* – wie auch der Untertitel der Salzburger Landesausstellung 1987 lautete: Der Erzbischof und seine Architekten waren zum Teil noch dem Baustil der Renaissance, vor allem aber dem Manierismus, verpflichtet.
Absolut war aber sein Herrschaftsanspruch und die Selbstverständlichkeit, mit der er Platz für seine projektierten Bauten schuf. Autoritär trat er auch als Verfechter des fürstlichen Absolutismus gegenüber dem Domkapitel auf, das durch das *Ewige Statut* (1606) dem regierenden Erzbischof als vornehmstes *Haupt und*

Glied des Erzstifts rigoros unterworfen wurde. Die Landstände hob er zwar nicht auf, wie häufig geschrieben wurde, sondern er berief sie nach 1592 einfach nicht mehr ein.

Seine Anschauungen über die Aufgaben eines Fürsten legte der Raitenauer in einem der Gattung des Fürstenspiegels zuzuordnenden Traktat mit dem Titel „De Principe" dar. Bei diesem in lateinischer Sprache geschriebenen und um 1587 zu datierenden Werk ist allerdings als direkte Vorlage die umstrittene Schrift „Il Principe" des Florentiners Niccoló Macchiavelli nicht nachweisbar. Möglicherweise verfaßte der noch junge Fürst die Schrift als eine Art Programm für seine Regierung. Nach seinen eigenen Worten zeichneten einen Fürsten unter anderem *Entscheidungsreife, Durchsetzungsvermögen, das Beharren auf einmal getroffenen Entscheidungen, Tapferkeit in schlechten und Bescheidenheit in guten Zeiten* besonders aus.

In seiner Beziehung zur Salzburger Bürgerstochter Salome Alt zeigte er sich von einer ganz anderen, von seiner menschlichen Seite: Mit der Lebensgefährtin und den gemeinsamen Kindern soll der ansonst skrupellose und jähzornige Erzbischof einen liebevollen Umgang gepflegt haben. Für Salome ließ er Schloß Altenau, den Grundstock für das spätere Schloß Mirabell, erbauen und erreichte sogar bei Kaiser Rudolf II. ihre Erhebung in den Adelsstand. Angeblich ließ er sich seiner Gefährtin zuliebe heimlich mit ihr trauen.

Familie Raitenau-Alt

Juliane Kay (1899–1968)

Lebensreise in unvollendeten Rollen

Juliane Kay, ein Pseudonym für Erna Baumann, kam vom Theater zur Literatur. Die gebürtige Wienerin mit Schauspielengagements in Innsbruck und Deutschland erhielt für ihren Erstlingsroman „Abenteuer im Sommer" 1926 den „Deutschen Erzählerpreis". Dies ermutigte zur Ausdehnung ihrer literarischen Tätigkeit. Neben unterhaltsamer Prosa, die geschichtliche Themen sowie Künstlerleben als Schwerpunkte erkennen läßt, entstanden Schauspiele und Drehbücher. Als Filmautorin wurde Juliane Kay/Erna Baumann 1952 mit dem „Deutschen Bundespreis" ausgezeichnet. Sie verstarb 1968 in ihrer Heimatstadt Wien/Mauer. Bis in die Gegenwart erlebten einzelne Buchtitel aus ihrem Erzählwerk Neuauflagen.

Salzburg war die Autorin durch ihre Ehe mit einem Rechtsanwalt verbunden. Die Stadt und ihre Geschichte war aber auch mehrfach Schauplatz ihrer Romane. In den 60er Jahren entstanden zwei Buchtitel über die Familie Mozart. Bereits in die frühen 30er Jahre datiert die Auseinandersetzung mit dem Salzburger Barockfürsten Markus Sittikus von Hohenems, der in den sieben Jahren seiner Regierungszeit (1612–1619) als Politiker kaum Profil entwickelte, aber als Bauherr das von Wolf Dietrich Begonnene zur Entfaltung brachte. Sein spektakulärer, durch die Schaustellung von Macht geprägter Regierungsstil, der mit Paraden, Prozessionen und festlichen Aufzügen prunkte, sprach naturgemäß die Theaterkünstlerin Juliane Kay an.

Juliane Kay

Dem eigentlichen Regisseur dieser Politik der Bühneneffekte, Markus Sittikus Neffen Jakob Hannibal, der 17jährig Hofbeamter in Salzburg wurde, ist von Juliane Kay nur eine Nebenrolle zugestanden. Sie reicht aus, um dessen verschwenderischen Erfindungsgeist in der Ausrichtung von Festen, Bällen, Schlittenfahrten, Karfreitagsprozessionen und anderer *Mega Events* barocker Lebenslust auszuleuchten. In den letzten zwei Regierungsjahren Markus Sittikus beliefen sich Jakob Hannibals Lebenshaltungskosten für seinen Haushalt im Neugebäude der Residenz auf jährliche 14.330 Gulden. Ein einfacher Salzburger von damals fand mit 20 bis 30 Gulden sein Auskommen.

Den geschichtlichen Quellen folgt auch die Zeichnung der übrigen Romangestalten in nächster Umgebung des Landesfürsten. Vertreten sind die Hofbeamten Perger und Steinhauser, die erzbischöfliche Geliebte Katharina von Mabon, Jakob Hannibals polnische Braut Anna Sidonia und schließlich Markus Sittikus anverwandter Vorgänger, Wolf Dietrich, dessen Haft der Hohenemser mit krankhaftem Argwohn überwachte. Dabei war es Wolf Dietrich gewesen, der dem jungen Vetter, der als Kardinalstaatssekretär in Italien Schulden hinterlassen hatte, die Tür nach Salzburg öffnete, wo er ihm einen Platz im Domkapitel verschaffte.

DIE KLOSTERMAGD ANNA MARIA PFEIFFERIN

Soweit die Erzählerin Juliane Kay der geschichtlichen Überlieferung im Wort bleibt, bietet sie ein gefälliges Sittenbild der barocken Residenzstadt Salzburg. Literarische Bedeutung kommt dem Roman durch die Einführung einer singulären Gestalt freier Erfindung zu, die als Hauptfigur und Komplementärbild zu Markus Sittikus eingeführt ist. Die Verwandlungen und Identitätskrisen, die diese Klostermagd Anna Maria Pfeifferin auf ihrer Suche nach dem Göttlichen erfährt, heben ihren Lebensweg über das bloß Historische, gestalten ihn als weibliche Spielart des barocken Schelmenromans.

Aus den kleinsten und erbärmlichsten Verhältnissen stammend, die sich im Salzburg der damaligen Zeit denken lassen, hat es sich dieses schlichte Geschöpf mit dem auffallend feinen Gesicht und dem beschränkten Verstand in den Kopf gesetzt, das Leben einer Heiligen zu führen. Anna Maria Pfeifferin war als Magd ins Kloster auf dem Nonnberg eingetreten, wo man ihr den Namen Diemut gab. Dies sollte für ein Mädchen ihres Standes schicklich sein.

Bei einer Prozession entdeckt der Fürsterzbischof ihre schmale Gestalt im Engelkleid, mit dem offenen lichtblonden Haar und den bemalten Wangen, und er faßt ein rätselhaftes Gefallen an dem Ausdruck der Verzückung in ihrem geschlechtslosen Porzellangesicht. Auf seine Weisung hin wird sie in die Residenz gebracht. Dort probiert Markus Sittikus die unterschiedlichsten Verkleidungen an diesem puppenhaften Geschöpf. Die Faszination, die ihn zu immer neuen Erfindungen anregt, ist in Juliane Kays Darstellung zwischen manieristischem Spiel und erotischer Eskapade angelegt: *„Die Magd kam herein, sie trug das Kleid einer halbgöttlichen Griechin, Nymphe oder Najade…“*

Bei Tag lebt Diemut in der Kutte eines Büßers bei Hof und nennt sich Mönch Medardus. Aber dieses Doppelleben wird rasch beargwohnt und weckt neben Gerüchten auch verständliche Empörung, denn der seltsame Mönch mit dem Mädchenkopf entwickelt das Verhalten eines grausamen Quälgeistes.

In dem Glauben, daß es Leid und Schmerz sei, der die Menschen veredle und Gott näherbringe, steigert die gewesene Klostermagd Anna Maria Pfeifferin ihre

Leibfeindlichkeit zu sadistischen Attacken. Markus Sittikus wird ihrer überdrüssig, als sich die Beschwerden und bösen Nachreden häufen. Von einem Hauptmann wird sie zum Paß Lueg geleitet und dort ausgesetzt wie ein lästiges Schoßtier. Von diesem Krisenpunkt führt ihr weiterer Weg der Wandlungen rasch bergab. Sie gerät in eine Bettler- und Räuberkolonie.
Auch dieser neue Lebensabschnitt setzt mit einem Identitätswechsel ein. Der Mönch Medardus wird wieder zur Frau und erhält bei dem schwarzmagischen Ritual der Aufnahme in die Diebsbande den Namen Pfennigbrot. Zuvor dem Leben einer Heiligen verschrieben, dient nun Anna Maria Pfeifferin mit derselben Ernsthaftigkeit der Macht des Bösen. Einige Monate später gebiert sie heimlich ein Kind, möglicherweise die Frucht ihres Verhältnisses mit Markus Sittikus, und tötet es. Dem kleinen Leichnam trennt sie eine Hand ab und verwahrt diese als teuflischen Talisman. Unter dem Namen *„Kleinhändl"* entwickelt dieses Objekt ein dämonisches Eigenleben.
Pfennigbrot wird in die Raubzüge dieser Bande von *Outlaws* verwickelt, die Züge der Zauberer-Jackl-Überlieferung erkennen läßt. Ihr größter Coup ist ihr Auftritt als Blinde bei einem Jahrmarkt, wo ihre wunderbare Heilung die gesamte Bewohnerschaft des Marktes aus den Häusern lockt und soweit ablenkt, daß die geplante Plünderung ihres Besitzes in aller Ruhe vor sich gehen kann.
Pfennigbrot gelingt vorerst die Flucht, und sie findet Unterschlupf auf einem entlegenen Bauernhof, wo sie ihren letzten Gestaltwechsel mitmacht. Bevor sie unter dem Steinhagel einer wütenden Dorfbevölkerung ums Leben kommt, kehrt sie hier an den Ausgangspunkt ihres Daseins zurück. In dem Bestreben, den guten Kern ihres Wesens wiederzufinden, lebt und arbeitet sie als Magd. Aber auch diese letzte Verwandlung ist kurz befristet. Die übersteigerte Suche nach dem Großen und Wahren hatte die Lebensreise dieser Anna Maria Pfeifferin immer weiter und schrecklicher in die Irre geführt, um zuletzt in einem Abgrund zu enden. Als Markus Sittikus erfährt, daß die frühere Klostermagd als Teufelsbündnerin geendet habe, merkt er in der Art einer persönlichen Lebensmaxime an, *„daß alle Menschen immer nur allzu kurz bei einem Wunsch oder Verlangen bleiben können. Sie werden verwandelt mit jedem Alter, mit jedem Wechsel der Zeit. Sie können nichts fertig leben."* (390)
Das Leben als Rollenspiel, das einem seine Identität entreißt, noch bevor sich diese gefestigt hat, nur um mit neuen Verstrickungen aufzuwarten, ist von der Autorin programmatisch in Szene gesetzt. Es beherrscht nicht nur die Welt der kleinen Leute, deren kümmmerliches Dasein zu wenig Halt bietet, um daraus eine festumrissene Existenz zu schaffen. Dieses Getriebensein, das auch Züge des Launenhaften und eines oberflächlichen Gefallens am Kurzweiligen zeigt, bestimmt genauso die Gestalten der herrschenden Schicht. Auch für sie gilt, was Markus Sittikus zum Ableben seiner gegenbildlichen Schattenfigur, der Klostermagd und Teufelsbündnerin Anna Maria Pfeifferin aussagt: *„Auch*

Gott ändert sich und die Zeit. Wie sollen wir ein Ding ganz sein? Wie sollen wir einen von unseren vielen Menschen in uns ganz vollenden? Wir können es nicht.“

Vom äussersten Rand einer geordneten Welt
Werkausschnitt „Der Erzbischof von Salzburg“

Der Winter war kurz, aber hart gewesen. Viele Dörfler zogen fort zu den Salzgewerken – dort, in den Pfannhäusern, wärmten sich Bettler, Krämer, Musikanten, fahrende Leute des ganzen Landes.

Jetzt, im Frühling, kamen sie zurück. Abends, im Hof, im Kreis sitzend um brennende Scheiter, erzählten sie ihre Abenteuer – solche, die sie selbst erlebt, und andere, die Hasenpuettl bestanden hatte –, die letzteren waren die schönsten.

Schertatz, Sauwigel und Pumpum hatten längere Zeit mit dem Hauptmann wandern dürfen. Erst zu Beginn des neuen Jahres ließ er sie zurück, um allein einen weiten Ritt zu machen – er wollte die Freunde, die er besaß, aufsuchen – und diese Freunde waren zahllos, nicht nur im Land, auch in den Nachbarländern, in der Steiermark, Tirol und auf kärntischem Boden. –

Anna Maria Pfeifferin saß im Schatten, vom Feuer entfernt, angelehnt an die hölzerne Wand des Hauses. Sie trug einen langen, braunen Kittel, der die Gestalt unförmig und häßlich machte, und darüber, weil sie beständig fror, einen dunklen, geschlitzten Sack, der ein Loch für den Kopf besaß und vorn und rückwärts frei herablief, wie ein Priesterkleid, meinten die Dörfler. Sie war breiter und voller geworden seit ihrem „Eintritt“, der nun schon viele Monate zurücklag.

Dieser Eintritt war feierlich begangen worden. Nachts brachen sie auf – Hasenpuettl, Hinkespein und Schertatz mit ihren neuen Brüdern, Medard und Ulreich – und mußten lange gehen, bis sie zum Stein kamen, der, von unheiliger Hand gezeichnet, auf einem Hügel lag. Die Männer löschten die Fackeln aus. Im Dunkeln tappten der Mönch und das Kind aufwärts, kletterten auf den flachen Stein, und gleich spürten sie Ameisenlauf über den ganzen Körper, Frost und Hitze. Die Nacht war so dunkel, daß sie nichts sehen konnten. Nur die Stimmen der Männer klangen nach und übermäßig laut, weil das Baumrauschen an diesen Stimmen rüttelte. Es verwehte den Klang – man konnte denken, daß sie im Wald hin und her sprangen, aber die Hand des Hauptmanns blieb um die Hand des Mönches geschlossen, und also war er nicht vom Fleck gegangen – nur seine Stimme wanderte umher, entfernte sich und kam zurück.

Der Mönch zitterte auf dem Stein und wollte nach dem Kind Ulreich greifen. Die

Männer aber schienen Augen zu haben wie Katzen, sie verwiesen ihm jegliche Bewegung und sagten, er solle die Hände nicht aus der Kette lösen.
Medard konnte die Augen nur schwer offen halten. Ein wunderlicher Rauch biß in den Blick, heißer Dunst stieg auf, aber kein Feuer brannte rings um den Stein. Jetzt aber, in dieser dicken, dumpfen, fast klebrigen Dunkelheit, darin man atemlos wie im Sumpfe steckte, stieg ein gelbliches Leuchten auf, das einen faulen und süßlichen Geruch verbreitete, wie von Leichen – und Medard sagte furchtsam, er fühle ein Kratzen auf seinem Kopf. Ulreich schluchzte klagend. Der Hauptmann antwortete, dies sei die Hand des hohen Gestrengen, der das Taufwasser und den alten Namen abkratze. Und die neue Taufe würde vollzogen werden. Weil ihr Haar gelb sei, weißlichgelb wie bayrisches Roggenbrot, das in kleinen Laiben für einen Pfennig verkauft würde, sollte sie den Namen „Pfennigbrot“ erhalten.
Und während der Hauptmann den Taufspruch hersagte, fiel eine Flüssigkeit auf den Kopf des Täuflings, rann über Stirn, Wangen und Lippen, und schmeckte bitter und säuerlich. Die heißen Dämpfe, der gelbe, ätzende Rauch, schienen wie kleine, beißende Tiere am Körper zu nagen – und Pfennigbrot tat einen langen Schrei.
Mit diesem Schrei, sagte Schertatz, sei der alte Mensch aus ihrem Leib entwichen und ein neues Geschöpf, das nicht Gott gemacht habe, geboren worden.
Hinkespein fing an, auf einer Flöte zu pfeifen. Sie klang scharf und hoch. Der Takt der gepfiffenen Melodie war schnell und hüpfend – auf und ab gellten die Töne – Hasenpuettl sagte, auch der Teufel wolle bei seinen Opfern eine hübsche Musik haben, und niemand könne besser pfeifen als Hinkespein.
Jetzt schnitt er mit einem Messer kleine, im Dreieck gelagerte Wunden in Pfennigbrots Arm über dem Ellbogen. Zündete ein Pechlicht an, legte das Buch auf den Stein, ein großes Buch, das zur Hälfte in rotem und zur Hälfte in schwarzledernem Einband steckte, und trug Pfennigbrots und Ulreichs Namen ein. Und zur trillernden Flöte las er den neuen Text:
Anna Maria Pfeifferin, Tochter des Hanns und der Irmingart Pfeiffer in Salzburg, jetzund Pfennigbrot.
Ulreich Aschacher, Sohn des Berbershofers Bartlmä Aschacher und seiner Hausfrau, jetzund Krumpschnabel.
Hasenpuettl gab ihr ein Geldstück zum Eintritt und ein Kopftuch mit Fransen, das er aus dem Beutel zog. In diesem Beutel, den er am Gürtel hängen hatte, klapperten Büchsen und Dosen – und Pfennigbrot wollte sie gern ansehen – Salben und Pulver, darauf verstünde sie sich.
Der Eintritt, die Taufe und die Blutschrift im rot- und schwarzledernen Buch war im Septembermonat begangen worden. Von da an lebte Pfennigbrot in der ledigen Frauenhütte und schlief zusammen mit Fudl-Gredl, die in Wahrheit Katharina Pichlerin hieß und vom Dienstplatz weggelaufen war.

Das alte Weib Linga erzählte, Fudl-Gredl habe vor einem halben Jahr ein Kind von Hasenpuettl bekommen, das hatte er mitgenommen und in der Stadt ausgesetzt. Im übrigen sei der Hauptmann nur schwer zu bekommen, Pfenningbrot solle nicht auf ihn hoffen. Er sei der größte Zauberer, der jemals gelebt habe. Das Gericht wolle ihn lange fangen, er aber entwiche jeglicher Gewalt.
Pfennigbrot war gern bei den Frauen. Der Tag verging ruhig. Wenn sie nicht auswärts waren, um den Männern zu helfen, hatten sie fast keine Arbeit. Der Schmutz blieb in den Hütten, und das Essen war schnell bereitet. Die Männer brachten alle Tiere, die sie erlegen konnten. Im Sommer auch Feldfrüchte, die sie nachts stahlen, Speck, Würste, Schmalz und Brot aus den bäuerischen Speisekammern.
Und immer hörte man Geschichten, Erzählungen von bestandenen Abenteuern, Bränden und Morden, Kämpfen und solche, die von Liebschaften handeln. Das gute Ende vom Tag war das Feuer im Hof und rundherum der Kranz von Geschichten.
Die Dörfler schienen Pfennigbrot nicht ungern zu dulden. Neigungen besaßen sie wohl nicht, aber die Neue war zu brauchen, sie hatte sich schnell eingewöhnt – und war nicht besser als die anderen.
Das Amt, Tiere zu schlachten, war ihr gegeben worden. Sie tat dies mit gleichmütigen Händen. Das alte Weib Linga konnte zusehen, wenn reichen Frauen die Kehlen durchschnitten wurden, aber ein Schwein schlachten konnte sie nicht. Das Tier sei ja unschuldig, sagte sie. Vor allem Wildtauben und Gänse liebte sie und bejammerte sie noch in der Küche. Hingegen kochte sie gern Katzen – von diesen sagte sie, daß sie falsch und böse wären. –
Noch eines tat Pfennigbrot ohne zu schelten und auszuspeien, sie pflegte wundkranke Dörfler, kochte Salben, wusch und pflegte die häßlichsten Wunden. Viele Weiber und fast alle Kinder des Dorfes litten an Geschwüren, die nicht allzu schmerzhaft waren, aber beim langen Gehen oder Reiten Beschwerden machten. Und obgleich sie sonst nicht schamhaft waren, versteckten sie diese Geschwüre voreinander, um nicht ausgelacht zu werden.
Pfennigbrot aber schien alles Kranke und Häßliche gern zu sehen, ihr Gesicht und der Ausdruck ihrer Augen erwärmte sich, wenn sie mit Salben und Tränken beschäftigt sein konnte. In solchen Augenblicken geschah es, daß sie sang – über Wunden und Schwären geneigt, ihre langen und hohen, feierlichen Gesänge –, Lieder aus der Nonnenkirche, die sie behalten hatte.
Ihr Leib wuchs immer höher, und Linga meinte, das Kind würde nicht lange mehr auf sich warten lassen. Vor Weihnachten noch, in einer sehr kalten Nacht, die den Schnee zu Eis werden ließ, kamen die ersten Schmerzen, und die ledigen Weiber zogen aus der Hütte, um nicht gestört zu werden. Sie legten sich allesamt zu den Kindern in die Kochhütte, heizten den Herd und tranken Schnaps. Es ging laut und lustig zu, man hörte den Lärm über den Hof schallen.

Pfennigbrot sagte – wenn die Schmerzen von außen kämen, würde sie nichts davon verspüren; innen im Leib aber sei sie noch nicht eisern und gefeit.
Linga schlief in ihrem Winkel, der mit Stroh und Asche ausgefüllt war zu einem weichen und warmen Lager – und meinte, sie würde wohl aufwachen, wenn das Kind da wäre.
Pfennigbrot lag in der Finsternis. Angst und Kälte preßten den Körper zusammen. Der Atem pfiff aus und ein – dann und wann stürzten die Schmerzen über sie her, drängten den Schweiß aus allen Poren, Schmerzen wie schnappende Kiefer, die sich einhackten und den Leib zerrissen – und dann nagten und bissen und zerrten sie noch ein wenig wie im Spiel und liefen davon. Aber sie kamen wieder. Zuletzt würgten und drosselten und brannten sie ohne Aufhören. Und ihre Gewalt und Größe war ungeheuer – Pfennigbrot wollte nicht schreien –, die Schmerzen versuchten den Körper bersten zu lassen – und die reißenden Rachen wollten ihn vierteilen –, Pfennigbrot meinte, sie könne entspringen, dem Gemetzel entlaufen, und mit unsäglicher Kraft richtete sie sich auf – in diesem Augenblick wurde der Knabe geboren, der gleich schrie und sehr gesund zu sein schien, groß und stark.
Linga erwachte und zündete das Pechlicht an, das am Haken über der Türschwelle hing. Und sie besah das Kind von allen Seiten. Es sei fast schade darum, sagte sie.
Pfennigbrot antwortete, sie könne jedes Kind mitleidiger ansehen – aber mit diesem Knaben habe es eine andere Bewandtnis. Wenn sie ein wenig bei Kräften sei, wolle sie alles tun, um den Zauber zu bekommen.
Nach zwei Tagen konnte sie wieder umhergehen, und am dritten Tag nahm sie den Knaben mit in den Wald. Sie hatte ihn gestillt, um seinem Schreien ein Ende zu machen und auch, weil die Brust von der drängenden Milch schmerzte. Der Waldboden war hartgefroren, von den Ästen fielen klirrend kleine Eisstücke herab. Schwarz waren die Stämme und weiß die Zweige. Pfennigbrot trug schwere Männerschuhe unter dem Kleid, sie glitt aus im Gehen und tappte von Baum zu Baum. Ein wenig entfernt vom Dorf war ein Wasser, im Wald liegend, dunkel gefärbt und von alten, mächtigen Bäumen umstanden.
Pfennigbrot hatte ein Beil mitgenommen, weil sie meinte, daß der Teich gefroren sei. Das Eis lag so dick, daß sie längere Zeit brauchte, um ein Loch zu hacken.
Die Brust war wieder so schwer, daß sie den Knaben trinken ließ. Sein Kopf war zart und hübsch geformt. Die Augen sahen noch blicklos, dunkelbläulich und unbewegt aus dem runden Gesicht.
Pfennigbrot bückte sich, fühlte sich starr und steif von der Kälte des Waldes und meinte, ihr Leib sei nach diesem Kinde noch fester geworden. Fast völlig von Bein oder Eisen. Dies alles sei nötig – und dieses Wissen war so stark in ihr, daß es den Kopf auf dem Halse versteifte – nötig, um ihn zu strafen. Woher die Hilfe kam, wollte sie nicht klar denken, aber Hilfe kam in letzter Zeit aus allen Stunden des Tages. Daß sie ein elendes Leben führte, war Hilfe. Auch daß sie in Stücke gegan-

gen war und dann ein Kind bekommen hatte, daß dieses Kind schrie wie eine Katze und seine Decke verunreinigte, und nicht so rund und weiß und rotwangig aussah wie auf heiligen Bildern das Kind Marias, daß sie also zu diesem Knaben niemals, auch nicht in der Klosterzeit, hätte beten können, dies alles half dem Vorhaben: ihn zu strafen.

Für eine Magd, für einen Mönch, für die Landstreicherin Pfennigbrot war es nicht leicht, einen Fürsten zu strafen. Er saß allein auf einem Berg, er schritt auf den Köpfen der Menschen, er machte die Truhen des Landes auf und nahm heraus, was er brauchte. Er hatte tausend Hände, und sie raubten das Land aus. Hasenpuettl tat dasselbe. Dem Fürsten half Gott, und dem Hauptmann half der andere.

Pfennigbrot wiegte den Kopf hin und her, nahm das Tuch ab, ein rotes Tuch, das sie zum Eintritt bekommen hatte, strich über Fransen und Seide – dieses Tuch war das schönste, was sie besaß. Um eines Heiligen willen hatte sie erstmals, im Kloster, den Kopf mit grober, gesteifter Leinwand eingebunden, Nichts zum Dank hatte sie von ihm bekommen. Später trug sie eine Kapuze über dem Haar von wolligem und stechendem Stoff. Auch dafür keinen Dank. Andere Frauen bekamen seidene Kleider, schöne, pelzverbrämte Mäntel, Schuhe von Silber und Atlas und Halskragen von Spitzen, Gürtel und Schnallen. Sie aber hatte in ihrem Leben nur ein Tuch bekommen von roter Seide. Es schmiegte sich fest um den Kopf. Sie hätte gern einen Spiegel gehabt, aber das Dorf besaß keinen.

Der Knabe stieß ein schwaches Wimmern aus – er war wohl schon fast erfroren. Sie hatte ihn vergessen. Vor der Dunkelheit wollte sie heimkommen.

Mit dem Beil hackte sie ihm die rechte Hand ab. Es kam nicht viel Blut, die Tropfen erstarrten auf dem glasigen Boden. Das Kind schrie, zappelte mit dem Stumpen, krampfte die Beine an den Leib. Pfennigbrot nahm das Tuch, band das Kind darin ein und einen Stein dazu, versenkte es im Eisloch des Teiches. Ein kleines Geräusch, wie ein Plappern des Wassers, war zu hören. Pfennigbrot meinte, das Kind habe noch aus dem Loch gesprochen. Es solle deutlicher reden, sagte sie. Aber jetzt blieb der Teich stumm.

Die abgetrennte Hand lag in ihrem Schoß. Klein, bläulich und mit verkrümmten Fingern. Pfennigbrot fühlte, daß diese Kinderhand Zärtlichkeit von ihr forderte. Sie wollte gewiegt sein und im ledernen Beutel schlafen, den die Mutter an einer Schnur um den Hals trug.

Pfennigbrot tat, was sie konnte, um die tote Hand weich und warm zu betten. Und sie gab ihr den Namen Kleinhändl. Nie wollte sie von ihr getrennt sein. Kleinhändl würde die Mutter groß machen, groß und mächtig, daß sie jegliche Zauberei bewirken könnte. Geduldig wollte sie abwarten, bis die Lehre deutlich einginge in ihren Kopf und die Kraft anfinge zu wirken…

S. 264–273.

Historischer Kommentar

Zauberer zur Zeit Markus Sittikus

Mit einer barockzeitlichen Subkultur von Hexenpersonen und Vaganten assoziiert man in Salzburg unweigerlich den berühmt berüchtigten Zauberer Jackl, dessen vermeintlichen Mitstreitern von 1675–1690 der Prozeß gemacht wurde. 200 Menschen fanden im Zuge der Hexenprozesse den Tod. Bei den Opfern handelte es sich fast vorwiegend um Bettler und Vaganten, viele waren noch in jugendlichem Alter.

Juliane Kays Roman spielt aber während der Herrschaft Markus Sittikus von Hohenems (1612–1619). Unter seiner Regierung scheinen in den Quellen keine Verfolgungen von Randständigen auf, die in Hexenverbrennungen gemündet hätten. Erst nach dem Dreißigjährigen Krieg, zu einer Zeit, in der auch Vagierende, gartende Landsknechte und Kriminelle zahlenmäßig sprunghaft zunahmen, begann die klassische Zeit der Hexenprozesse. Davor verlief das Leben der Nicht-Seßhaften noch ruhiger – sie konnten zumindest ohne ständige Angst leben, der Zauberei bezichtigt zu werden.

Wer von der Hand im Mund lebt, hat sie zum Schreiben nicht frei

Über die Verhältnisse und das Alltagsleben von Bettlerinnen und Bettlern während der Frühen Neuzeit sind keine Quellen vorhanden, die einen „authentischen" Einblick in ihre Lebensumstände geben; sie können nur auf Umwegen rekonstruiert werden.

Wie jüngere Forschungen bewiesen haben, ist aber die Annahme verfehlt, daß in der Bettlerszene ganz andere Lebensformen geherrscht hätten als bei den Bevölkerungsgruppen mit festem Boden unter den Füßen. Die Versorgungsstrategien und die moralischen Wertvorstellungen der Bettlerinnen und Bettler, wie zum Beispiel Treue in Partnerschaften, unterschieden sich kaum von denen der Seßhaften, nur konnten sie seltener realisiert werden. Es bestand auch untereinander eine gewisse Verbundenheit. Gerade Bettler, Krämer und Musikanten, die auch Gegenstand von Juliane Kays Romanhandlung sind, waren zum Teil nicht ungern gesehen: Sie stellten ihre Arbeitskraft in der Landwirtschaft zur Verfügung, verrichteten Sammlertätigkeiten und boten Dienstleistungen sowie schwer erhältliche Waren für den Haushalt oder die Gesundheit an. Sie wußten Neuigkeiten zu erzählen und brachten Abwechslung in den Alltag. Den ländlichen Unterschichten und den seßhaften Angehörigen der unehrlichen Berufsgruppen war die vagierende Lebensweise auch nicht in dem Maße fremd, wie sie uns heute ist, denn saisonales Wandern gehörte zu den Lebenserfahrungen

Bettlerpaar

vieler. Zahlreiche Arbeitsuchende glitten auch in die Armut und Obdachlosigkeit ab.

Räuberbanden entwickelten sich zu außerordentlich widerstandsfähigen *Subkulturen*. Sie waren hierarchisch strukturiert, fungierten für ihre Mitglieder als Familienersatz, boten Schutz vor Verfolgung, Hilfe in der Not. Stabile Verhaltensmuster herrschten vor. Aufnahmeriten oder *Taufen*, wie sie Juliane Kay beschreibt, waren übliche Rituale, um die Zugehörigkeit von neuen Mitgliedern zu besiegeln.

Juliane Windhager (1912–1986)

„In diesen grossen Schuhen zu gehen…"

Schreiben hieß für Juliane Windhager, Überbrückungen zu schaffen. Ihre Novelle „Die Kassiansnacht" (1942) überbrückte die harte Kriegserfahrung. „Der Friedtäter", 1946 verfaßt und 1948 publiziert, ein Roman um Paris Lodron, half, über den Schmerz und die Trauer um das im Alter von vier Monaten verstorbene Söhnlein Gottfried hinwegzukommen. Später glich die Arbeit an Lyrik, Hörspielen und Kurzprosa den wachsenden Abstand zur Welt und zu den „Nächsten" aus, die nicht mehr nahe genug standen.
Ein paradoxes Hemmnis bestimmte die literarische Durchsetzungskraft Juliane Windhagers. Wo Preise und Auszeichnungen[1] den literarischen Durchbruch ankündigten, folgten jeweils Signale des Rückzugs, und unbestimmte, aber wirksame Gesten der Verweigerung beschließen die einzelnen Etappen ihrer Entwicklung. Was wie ein Aufbruch beginnt, ergibt sich in Skepsis, mündet in Zurückhaltung, verstummt in einem inneren Exil.
Juliane Windhager wuchs als Einzelkind der Möbelfabrikanten Franz Georg und Maria Häuptner in Bad Ischl auf. Diese bürgerliche Herkunft gewährte eine trügerische Sicherheit, die in der Wirtschaftskrise einbrach. Der Betrieb machte Bankrott.
Lily Häuptner, so der Mädchenname, den sie für die ersten beiden Publikationen beibehielt, besuchte die Bürgerschule in Bad Ischl. In ihrem zwölften Lebensjahr eröffnete sich über einen Familienkontakt die einzigartige Möglichkeit, die Ausbildung in einem französischen Internat in Pau, Südwestfrankreich, fortzusetzen. Zusammen mit ihrer Freundin Hermine Kolm wurde sie aufgenommen. Sie erwarb dort, neben der Landessprache, mit Englisch und Spanisch zwei weitere lebende Fremdsprachen. Der brillante Literaturunterricht, den sie durch die heimliche Lektüre von Baudelaire, Verlaine, Valéry und anderen Schriftstellern des modernen Frankreich ergänzte, schuf das Fundament ihrer literarischen Existenz.
Diese Wirklichkeitsverdichtung durch Sprache und Literatur erfolgte in einem Zustand der Weltferne und des Eingeschlossenseins, in einer von Mauern umzogenen klösterlichen Inselwelt. Eine Nonne lenkte die Schritte der kleinen Spaziergängerinnen beharrlich an dem Weg vorbei, der zur Pforte führte: *„Als die Mädchen die Nonne daraufhin einmal ansprachen, warum sie den besagten Weg niemals gingen, wurde ihnen erklärt, daß es sich dabei um einen Weg zur Welt handle und es ihr verboten sei, in die Welt hinauszugehen, solange sie lebe."* (Gespräch Juliane Windhager mit der Diplomandin Christine Edtstadler am 17. März 1976)[2]

Diese hermetische Lebenssituation sollte sich wiederholen. Neben zahlreichen Reisen liegen die Fluchtpunkte einer Emigration nach innen.
Lily Häuptner kehrte im Mai 1928, mit exzellenter Schulbildung, aber ohne Zeugnisse, nach Bad Ischl zurück und widmete das folgende Jahrzehnt bis zu ihrer Eheschließung den Gelegenheitspflichten und Dauereinsätzen einer Tochter aus besserem Haus. Sie erhielt Engagements als Privatsekretärin und Französischlehrerin, dazwischen half sie im elterlichen Betrieb. Ihre Heirat mit dem Architekten Franz Windhager bedingte, aus beruflichen Rücksichten, ihre Übersiedlung nach Salzburg. Mit dabei war die kleine Tochter Uta Maria. 1943, 1946 und 1948 folgten drei Söhne.

Der Friedtäter – Eine „saubere" Geschichtsdarstellung

Die Kriegsjahre haben Juliane Windhager nicht verschont. Der Ehemann war zum Militärdienst eingezogen, zwei kleine Kinder zu versorgen. Unter diesen widrigen Umständen startete Juliane Windhager ein größeres Schreibprojekt. Nach ihrem ersten Roman „Cordelia" entstand als zweite Buchveröffentlichung „Die Kassiansnacht", eine Schilderung des Bauerntums und des Landadels, in dem bereits ein Leitthema Windhagers ausgeprägt ist, das erzählerische Geflecht aus *unmöglichen* Liebesgeschichten. Darauf folgte „Der Friedtäter", ein Roman um Paris Lodron (1586–1653) und dessen Verteidigungspolitik für das Erzstift Salzburg während des Dreißigjährigen Krieges.

Juliane Windhager

Es gehört zu der auf Vorbehalt und Distanz begründeten Praxis des Schreibens bei Juliane Windhager, daß ihr das geschlossene Weltbild von Roman und Novelle nur akzeptabel schien, solange es Weltersatz war, eine Überlebensbrücke in Zwischenzeiten der Isolation.
Diese Abgeschirmtheit ermutigte aber zugleich, sich an einem Text von größerem Umfang, an dem geschlossenen Wirklichkeitsbild eines Romans zu versuchen.
Mit dem Aufreißen dieser Verkapselung, die als persönlich wohltuend erfahren wurde, verzichtete Juliane Windhager auf weitere Projektionsgemälde, wie sie die große, welthaltige Form des Romans bedingt.
„Plötzlich war es, wie wenn eine Tür aufgegangen wäre in eine andere Landschaft. Der Eindruck der Dinge, die wir dann lesen konnten, von denen wir dann gehört haben, war unerhört, denn das war uns vorher völlig verschlossen." (Gespräch Juliane Windhager mit der Diplomandin Christine Edtstadler am 17. März 1976)

Juliane Windhager rückte mit dem Aufreißen dieser isolierenden Abschirmung, irgendwie erschrocken und verlegen über die Größe und den Umfang dieser *„Glashaustexte"* vom narrativen Schreiben ab. Sie wollte nach dem Krieg nichts mehr wissen von den *„großen Schuhen der Prosa, schon gar der historischen"*, von dieser *großsprecherischen Romanform*, die ihr plötzlich viel zu laut und viel zu grell in den Ohren lag.
Mehr als ein Jahrzehnt verschwand sie von der öffentlichen Bildfläche der Literatur, um sich dann, 1959, als Lyrikerin neu vorzustellen. Ernst Schönwiese verfaßte das Nachwort zu ihrem Gedichtband „Der linke Engel". Im Jahr darauf folgte „Die Disteltreppe" und mit „Talstation" (1967) beschloß sie diesen ersten Abschnitt als Lyrikerin.
Den Abstand zur großen Prosaform hielt sie aufrecht. Im großen Bogen umging sie diese frühen Arbeiten auch noch im Rückblick über mehr als zwei Jahrzehnte: *„Das Thema kam nicht von mir, es wurde mir von einer inzwischen verstorbenen Freundin nahegelegt, die sagte, du sitzt in Salzburg, du hast die ganzen Archive zur Verfügung, das ist ein Stoff, den ich selbst gerne behandelte, aber mir fehlt das Material, der Zugang zu den Archiven."* (Im Gespräch mit Christine Edtstadler am 15. Februar 1977)
Juliane Windhager unterzog sich der Kärnerarbeit historischer Recherche, um *„die Geschichte sauber darzustellen"*, wie sie sagte, und sie hat damit ein Geflecht aus historisch bezeugten Gestalten und solchen aus eigener Erfindung einem authentischen Barockrahmen eingepaßt. Die für ihre Prosa charakteristischen, parallel gesetzten Stränge aus *unmöglichen Liebesgeschichten* bilden den inneren Aufbau.
Paris Lodron, die Figur im Mittelpunkt, führt sein Verteidigungswerk für die anvertraute Stadt unter Verzicht auf persönliches Glück aus. Innerhalb seines Festungsringes wird am Dom und an der Residenz gebaut. *„Hat er nicht – es ist freilich lange her – dem Frieden in der Familie sein ganzes Lebensglück geopfert? Damals, als er im Bildnis von Castelnuovo des Vaters Braut kennenlernte – oh, er war blutjung, war stattlich, es wäre vielleicht so schwer nicht gewesen, das Mädchen dem alternden Vater abzugewinnen – und Paris hatte die Weihen noch nicht. Die Scham aber vor der häßlichen Tat und Scheu, den Frieden des Hauses zu brechen – den heiligen Frieden zwischen Nächsten – trieben ihn fort in Entsagung und Einsamkeit, in die geistliche Würde und das hohe Geschick, das ihn erwählt, und die auch er erwählt hatte."* (213f.)
Friede, wie ihn Juliane Windhager versteht, stellt sich durch Aufrichtigkeit und Wohlwollen unter Nächsten her. Die Liebe wirkt gegenüber diesem erstrebenswerten Gleichgewicht mehr bedrohlich als sichernd. Rupert Behaimer, ein Mitglied der Hofkapelle, verliert seine junge Frau Zora im ersten Kindbett. Der Student Barthlmä Schwarzkappl, ein besessener Mitspieler beim benediktinischen Studententheater, liebt die Bürgertochter Christine Steinhauserin und verliert sie

an Christoph Lodron, den leichtfertigen und leichtlebigen Halbbruder des Fürsterzbischofs. Barthlmä Schwarzkappl stirbt beim Duell mit dem Rivalen, Christine Steinhauserin sinkt als ledige Kindsmutter zur Näh- und Flickarbeiterin herab und kommt bei der ausbrechenden Pestepidemie ums Leben.
Im Jahr eins nach Ende des Zweiten Weltkriegs verfaßt, geht dieser „Friedtäter" mit seinem eigenwilligen Kompositum in der Titelzeile weit über eine bloß *„saubere Geschichtsdarstellung"* hinaus, ist viel mehr Anklage und Mahnung gegenüber den Zeitumständen. Die Autorin selbst, die sich damals in eine hermetische Innenwelt der lyrischen Sprachschöpfung zurückzog und die erst sehr viel später mit Hörspielen, Erzählungen und Kurzprosa einen neuen Aufbruch zum Erzählerischen unternahm, hätte aber eine solche aktualisierende, zeitkritische Sichtweise auf ihren Barockroman höchstwahrscheinlich abgewehrt.

[1] Georg-Trakl-Preis 1957, Österreichischer Staatspreis für Hörspiel 1964, Hörspielpreis der Stadt Klagenfurt 1969 u. a.
[2] Christine Edtstadler, Juliane Windhager. Leben und Werk (Hausarbeit in Germanistik).

Der befestigte Friede

Werkausschnitt „Der Friedtäter"

Pygmäische Gestalten! Es kratzt die Kelle, breite Pinsel waschen die Wand. Auf einem Gewinde aus Hanfseilen schaukelt schwappend ein Eimer mit gelöschtem Kalk, von einem breitbeinig in die Knie gebeugten Arbeiter empfangen und weitergeleitet. Obwohl die Zurufe der Männer gedämpft bleiben, widerhallen sie in dem hohen, leeren Gewölbe.
Weit und festlich soll er aufwachsen, der neue Dom, ein Prunksaal Gottes, dem himmlischen in aller modestia vergleichbar, wie wir ihn uns hier unten in Erdenarmut und -not erträumen. Wenn erst die Orgel steht mit schimmernden Pfeifen, brausende Melodie die Hallen durchschüttert … aber das ist noch weit, so weit, daß man manchmal schier verzagen möchte! In aller Treue hat Paris Lodron sich's gelobt, den Bau zu vollenden, den andere fast allzukühn begonnen. Wolf Dietrich, der Ungestüme, riß die kohlenden Mauern des alten Münsters ein, wollte Neues mit Zauberhänden hinbannen, aber sie nahmen ihn gefangen und er starb einsam auf Hohensalzburg. Dann kam der Neffe mit Kling und Gloria, ließ weiterschaffen und fragte nicht lang, was es koste. Er durfte gleichfalls nicht vollenden, der Tod nahm ihm alle Pläne aus der Hand, und so wenig war er drauf vorbereitet, der Liebhaber des Lebens, daß sein Grabstein für alle Zeiten die Worte trägt: „Nun geh und lerne sterben!"
Beginnen ist leicht, denkt Lodron, fortbauen schon schwerer, es wächst das Werk

ins Breite und frißt die Kraft, täglich neue und ermüdendere Schwierigkeiten türmen sich hoch, man muß sie alle übersehn und lenken. Einen Augenblick besinnt sich Paris vor dem Steinkoloß, der zwei seiner Vorgänger überlebte. Wird ihm selbst denn das Vollenden erlaubt sein, wird er nicht auch nur Handlanger bleiben an dem Vorhaben, gewaltig über Menschenmacht? Ist nicht dieser Dom nur ein großes Gleichnis aus Stein, aufgerichtet, um ihn zu mahnen an alles übrige, was die Verblichenen ihm unfertig hinterließen und was er bewältigen muß – ja, muß – soll er nicht als Schwächling dastehn vor kommenden Geschlechtern?
Halb gesichert erst die machtvolle Feste über der Stadt, der Baumeister, Solari, darf in Stein nicht träumen, forteilen muß der Bewegliche zu Schanzen und Wällen, die sein rastloser Geist festigt und bewehrt – dies ist das Vordringlichste jetzt. Mir, Paris Lodron, ist es auferlegt, den Dom zu vollenden, aber daneben muß Salzburg der Friede bewahrt werden inmitten eines kriegsschwangeren Europa. Das wollen meine Untertanen von mir, Adel, Bürger, Zünfte, Bauern; mögen sie's wissen oder nicht. Hierher ins Erzstift darf der Greuel nicht reichen, langten seine gierigen Krallenfinger auch über unsere Grenzen. Die Teilnahme am Kampf – wie gern umginge er sie! – wird von der harten Stunde gefordert. So hat der Erzbischof auf dem Regensburger Bundestag fünfhundert Kürassiere zu stellen versprochen; und die Schlacht auf dem Weißen Berge sah Salzburger Schwerter im katholischen Heer. Sie fochten unter Tilly tapfer gegen den Mansfelder. Darum aber darf die Stadt selbst nicht ohne Schutz bleiben. Soll der Schwede einstürmen ins Erzstift, mordend, sengend, Gewalt tuend an Weibern und Kindern? Das verhüte der Herrgott.
Mögen sie doch lieber den Lodron geizig heißen und Dukaten heimsend, mag der Kaiser in Wien schelten, es sei kein Verlaß auf ihn, und der bayrische Maximilian ihm bitter grollen. Das Hemd ist mir näher, Herr Obrist des katholischen Bundes, als der Rock, mögt Ihr's verstehen oder nicht.
So bete ich, dies mein Leben möge kein mächtiges, prächtiges, kein von vielen bestauntes werden, sondern ein geduldiges, weites, wucherndes, überall zugegen und voll von behütender Kraft. Daß es wie ein Eichbaum gedeihen dürfte, breithinschattend, mit tiefen Wurzeln und hoher Krone über dem riesigen Stamm, die da Schutz gibt jedem, der sich bei ihr birgt! Ich verlange wohl viel, domine … nicht aus Übermut, sondern weil's mir geboten scheint.
Die Lodron sind ein langlebiges Geschlecht von altersher. Und mit Gottes Hilfe … Will doch dem Leibarzt besser gehorsamen von nun an, wenn er brummt: „Menagieret Euch, hochfürstliche Gnaden!" Habe mit eigenen Augen ja das mahnende Spektakulum zweimal erschaut, wohin einer treiben kann, wenn Verlangen nach Macht oder Lust größer wird als bewahrende Klugheit. Zwei Erzbischöfe half ich begraben – dann drückte man mir selber die Infel aufs Haupt. Möchte sie gern tragen in Ehren und Bescheidenheit, als einer unter vielen, der vorsah und aushielt. Wenn ich den Weg nicht genau weiß, so doch mit Gottes Hülf die näch-

ste Fußspur. Heut will ich weiterschreiten, unverzagt, so gut ich es vermag, das Morgen aber nicht begrübeln.
Wenn sie dem Raitenauer ins Grab nachrufen, daß er den Grundstein legte (viel Mut war nötig hiezu), so mögen sie mir einst auf den Stein setzen: „Er deckte das Dach." Oder lieber noch: „Er hielt Frieden!" Das ist nämlich allzeit das Schwerste – braucht viel der Gnade von oben ... Heilige Kümmernus, liebes Bild aus versunkener Zeit, geleite mich du auf meinen irdischen Wegen! Hab ich doch vermocht, dich zu besiegen – wie sollte nicht auch das übrige gelingen?

Der Erzbischof überquert den Kapitelplatz, steigt durch schmale, ärmliche Gassen bergan, Hohensalzburg zu. Es war so kühl in dem Neubau, daß er den leichten, spanischen Mantel enger um seine Schultern zieht, dem Sonnenlicht zum Trotz.
Das Gespräch mit dem jungen Solari hat ihn nachdenklich gestimmt, war ein Nachklang gleichsam zu seinen Zweifeln an der eigenen Kraft. Hatten doch die zerquälten Züge des kaum dem Jünglingsalter Entwachsenen enthüllt, wie der Dienst an einem Werke Fron bedeuten und dem Arbeiter alle Lebensbande zerreißen kann, ohne dafür auch nur die schwächste Gewißheit zu geben, das Opfer sei nicht umsonst gewesen. Dennoch muß der Aufgerufene seinen Pfad verfolgen, unwissend, welche Gesichte die nächste Wegbiegung ihm verbirgt, ob die Gabe ausreichen, ob er scheitern oder obsiegen wird.
Eng und gedrückt erscheint hier alles, trotz des Mailichts, das in hellen Kaskaden über ausgetretene Treppenstufen schäumt. Hoch und schmal sind die altersbraunen Häuser mit ihren Grabendächern, graufarbene Wäsche hängt dazwischen zur Schau, von blauen zerschlissenen Lappen grämlich unterbrochen. Man sieht, daß kleine Leute hier hausen, so abgeschunden von des Tagwerks Plackerei, daß keine Muße zu einem Blick in den zartblauen Himmel übrigbleibt, darüber gelb behauchte Schäferwolken treiben. Ein Halbwüchsiger jagt einen mageren, braungefleckten Hund. Aus einer baufälligen Tür zu ebener Erde schießt ein weißsträhniges, altes Weib mit einer für ihre Jahre erstaunlichen Behendigkeit. Die verwitterte Linke drückt einen Tontopf an die flache Brust, indes die Rechte weit ausholt zu einer klatschenden Ohrfeige auf des Buben Wange. Er setzt zu einem Sprung an, verzieht den Mund im Davonrennen. Abstoßend häßlich ist das stumpfe, verkniffene Gesicht mit Henkelohren und engen, stechenden Äuglein.
Gegenüber, vor der Tür des Flickschusters, wäscht ein ungesund aufgeschwemmtes, stumpfsinnig blickendes Mädchen die Hausbank mit Seifenlauge. Sie hält in der Arbeit inne und starrt dem Herrn in Hofkleidung mit klaffenden Lippen nach, als müsse sie sich an etwas Langvergangenes erinnern.
Paris ist froh, als er dem Gassenspalt entrinnt und an der Biegung, die der Weg zur Rechten hin nimmt, vom hölzernen Geländer einen Blick über die Stadt tun kann, die tief unten im weißlichen Mittagslicht gebreitet liegt. Der wachsende Dom und

die Paläste ringsum sind der Mittelpunkt, um den alte Bürgerhäuser, vom großen Brand verschont, sich lagern. Aus allen Schornsteinen kräuselt blauer Mahlzeitrauch, aber die Föhnluft verbiegt die Dunstsäulen, läßt sie in Schwaden auf die Grabendächer drücken. Das grüngraue Wasser der Salzach teilt die Stadt in zwei Hälften, wie ein Messer einen Kuchen zerschneidet. Drüben, am rechten Ufer, ist alles grün, ist noch viel Raum frei – dorten will ich hinbauen, später, denkt Lodron. Droben am Kapuzinerberg kann man Mauern und Türme des im Entstehen begriffenen Bollwerks erkennen, ganz verloren in dem zarten Laub.
Der Bischof steigt weiter bergan, nun ist ihm warm geworden, und er nimmt den Mantel ab, obwohl er schon im Baumschatten des Waldes wandert. Unwillkürlich sieht er sich nach einem Diener um, der ihm das Kleidungsstück abnehmen könnte, belächelt sich gleich darauf selbst. Seid Ihr so vornehm geworden, Herr Hofkammerpräsident von gestern, daß Euch jeder Handgriff abgenommen werden muß? Ihr seid doch auch vormals oft allein gewandert, weshalb solltet ihr's heute nicht tun? Die Herren vom Hof waren freilich insgeheim dagegen – nun, sie werden auch fürderhin häufig dagegen sein. Mögen sie sich beizeiten daran gewöhnen. Wer allein geht, hat manche Beschwernis. Aber er kann wenig behindert werden.
Im Wald ist es schön, tief ruhig, die Stämme gleißen silbrig im jungen Licht, blaßgrün flattert feuchtes, weiches Buchengeblätter im Wind. Es geht steil bergauf, Lodron wischt sich mit einem batistenen Tuch die Schweißtropfen vom Gesicht. Er hat einen Specht aufgescheucht, der, ein bunter Blitz, flüchtend durch die Bäume zuckt. Kiesel lösen sich unter dem Schuh des Steigenden, sickern rollend zu Tal. In der dunstigen Feuchte des Baumschattens wuchert dunkles Moos, ringeln Farne mit gelben Tupfen an der Unterfläche, wächst der Bärenlauch mit weißen Sterndolden. Ein Salamander liegt im Glanz seiner feuerfarbenen Male unbeweglich auf einem flachen Kalkstein.
Längst ist der Bischof unter dem Steinbogen hindurch, der sein Wappen trägt. Er kommt zur Hohen Katze, dem Vorwerk, das nach Solaris Plänen hier errichtet wird. Die Steine karrenden Arbeiter, Sträflinge zumeist, auch entlaufene Söldner sind darunter, versteinen in Scheu, als sie Lodrons ansichtig werden.
Er winkt ihnen, in ihrer Arbeit fortzufahren, steigt weiter, nach links abbiegend, zum Keutschach-Bogen hinan, um durch den Trompeterturm zur dritten Sperre zu gelangen. Flüchtig streift Lodrons Blick eine schwere Steinkugel, die rechter Hand in die Mauer eingelassen ist. Vor hundert Jahren haben die aufständischen Bauern das Unding ins Fürstenzimmer geschleudert, als sie Hohensalzburg belagerten, es heißt, sie traf damals eine Marmorsäule im Goldenen Saal. Nun ist sie den Heutigen aufbewahrt zu mahnendem Gedächtnis, „was denen Pauren alles einfallen tut." So sagte Matthäus Lang zu Wellenburg, der damals regierte.
Lodron schiebt die Unterlippe vor und blinzelt in der Sonnenhelle, die das schwärzliche Gestein glitzern macht. Das Warnmal hat heute etwas Drohendes

für ihn. Was denen Pauren alles einfallen tut – wahrhaftig weiß er's noch weniger als damals Matthäus. Im Landl ob der Enns rumort es unter der Asche bußfertiger Bravheit. Sind allzuviel Lutherische, auch dort. Nun, denkt Paris, Uns sollen sie nit an den Leib, so Wir's hindern können. Wir greifen in kein Wespennest, solang es nit sein muß. Die Tapferkeit in allen Ehren, wo sie vonnöten, aber besser, man braucht sie nicht.

Der Erzbischof durchschreitet den Zwinger, dessen graue Mauern Lindenzweige überfingern, mit ihren zitternd belebten Schatten als dunkleres Spiegelbild bläulich und apfelgrün an der Wand hinspielend. Unter dem Reiszug hindurch, den Leonhard von Keutschach im Jahre 1504 erbauen ließ, um seine Soldaten leichter verköstigen zu können, gelangt Lodron zur Roßpforte. So heißt sie, weil sie den Reit- und Fahrweg überdacht. Sie ist von einem Wurferker gekrönt, dessen sieben Öffnungen einem anmutigen Ornament gleichen, wüßte man nicht, daß ihnen in Kriegszeiten, soll das Tor verteidigt werden, Pfeile entschwirren, auch wohl Pech und siedendes Öl aus ihnen auf die Stürmenden herniederregnen. Paris schaut zu ihnen empor, in der Sonnenhelle die Lider zusammenkneifend. Er wünscht und hat's auch durch Befehle erhärtet, daß dort oben alles in musterhafter Ordnung sei. Aber die Stunde, da dräuende Bereitschaft zu lebendiger, grauser Wirklichkeit wird, möchte er nie erleben müssen. Er ist Priester, inbrünstiger als der wehrhafte Raitenau, der spielerische Marx Sittich es waren. Es liegt ihm wenig daran, Wunden zu schlagen, ganz fühlt er sich als Jünger dessen, der da sprach: „Meinen Frieden hinterlasse ich euch!" Aber Wunden abzuwehren von einem Leibe, aus Stadt und Land gebildet und eins mit ihm, dazu will er stark genug sein.

Hat ihm nicht geträumt in der anderen Nacht, er liege ganz still und fühle sich wachsen, weit über gewohnte Körpergrenzen hinaus? Über seinem Haupt zerriß der Betthimmel, Wolken lugten herein. Das Haupthaar, der Bart wurden Wald, ein Fels die Stirne, zwei Bergseen das Augenpaar. Bäume entwuchsen seinem Leib und vereinten windbewegte Kronen, Häuser duckten sich an Steilhängen, die Adern in seinem Fleische verzweigten sich als Bachlauf und Fluß. Der Schlummernde wußte nimmer, wo die Landschaft endete, der eigene Körper begann. Sein Atem wehte als Windhauch, Sehnen und Muskeln spannten sich wurzelgleich, wie Moosgeflecht wucherten ihm die Brauen. Erde war er ganz. Er kannte das steile Felsgestein, darauf die Feste erbaut ist, der Fluß mit seinem Goldsand war ihm vertraut wie sein eigenes Blut. Schneite es nicht von blühenden Birnbäumen über seine geschlossenen Lider, kühl und duftend?

Doch oben, durch runde Wolkenbauschen, wie sie den goldbraunen Samt seines Bettvorhanges verdrängt haben, schneidet bläulich ein scharfer Schwertstahl. Drohend schwebt's über seinem verwandelten Haupt, daß er sich ächzend beiseitkrümmt. Deutlich erkennt er den dreikantigen Stahl, den Kreuzgriff, vom Alter grüngesprenkelt, mit seiner ziselierten Spirale. Eines Ruckes bedarf's von schier übermenschlicher Kraft: der Mensch, das Land reißt sich hoch, faßt das

Schwert, das wie Feuer glühende, zerbricht's. Die Trümmer fallen nieder auf Kornfelder und blumenbunte Wiesen – erwachend sieht der Erzbischof eine Stütze des Betthimmels zersplittert auf der seidenen Decke liegen.
Der Erinnerung an dieses wirre Geträume hingegeben, betritt Paris den Burghof, ragende Riesenfiguren der Türme umringen ihn in fast senkrechter Steile. Immer noch spürt er sich traumbefangen, indes seine vom Steigen geweitete Brust in raschen Stößen atmet. An diesen Quadergestalten haben die Vorgänger gebaut, der Not begegnend, und jede ist ein Denkstein geworden von übermenschlichem Ernst. Auch seine, Paris Lodrons Züge, werden einst, so Gott will, im Steine zu lesen sein, dort, wo die obere und untere Bastion den Hasen- mit dem Glockenturm verbinden soll. Die Zeitläufte verlangen von ihm dies Werk – aber er freut sich auch, daß das, was seine Baumeister hinsetzen, nicht allein fest und dauerhaft, sondern darüber hinaus von gültiger Form sein wird.
Langsam geht er hinüber zu den Werkleuten, deren dunkle Schar ihm heute seltsam still erscheinen will. Wo bleiben das gewohnte Ameisengewurle von Hin Wider, die derben Zurufe und das laute Kommando der Vorarbeiter? Die Männer bilden einen Halbrund von Lederkollern und Panzerhemden, und nur Gemurmel dringt herüber. Es stockt der Bau. Eines der vielen Unmöglich wohl wieder, die Solari der Ältere möglich machen muß über kurz oder lang. Der Bischof fröstelt im Mauerschatten, der blau über die Steinplatten des Bodens fällt. Sein Fuß tritt hart auf sprödes, noch morgenfeucht gebliebenes Gras; es wuchert zwischen den Ritzen der Fliesen, gemeinsam mit Hahnenfuß und weinendem Wegerich.
„Was gibt's?" ruft er laut.
Sie bilden links und rechts eine Gasse, treten zurück, um ihn durchzulassen. Und nun wird plötzlich sichtbar, worauf sie alle hingestarrt. Auf dem Boden, über Gras und Erde hingebreitet, liegt blutüberronnen die Leiche eines jungen Menschen, das zerschmetterte Haupt auf einen Sack gebettet, den einer hastig zusammengerollt. Weißblonde Strähnen kleben steif verkrustet über der blutigen Stirn, die Augen sind noch offen und spiegeln weißlich den bewölkten Himmel. Einer von der Landfahne ist es, zu kurzem Frondienst auf die Festung befohlen. Der Erzbischof winkt. Der Hauptmann beugt sich und drückt dem Toten die Lider zu, indes ein Polier berichtet: Der Soldat habe einen Mauerhaken einschlagen sollen an der Turmwand, und sei dabei vom Gerüst gestürzt, von wohl vierzig Ellen Höhe herab in die Tiefe. Es wäre gleich aus gewesen mit der armen Seel.
„Wer war es?" fragt Lodron, der seinen Federhut abgenommen hat.
„Peter Gatterer aus Radstadt, einer Wittib einziges Kind. Auf die Woch hätt er heim dürfen, da seine Dienstzeit ablief. War lernbegierig und heiter, frumb von Gemüet ..."
Paris durchschauert's. Es geht ihm durch den Sinn, wie wohl in alten Zeiten ein Lebender ins Gebäu eingemauert wurde, den Wänden Bestand zu verleihen. Das mögen freilich Mären sein. Es darf kein Opfer verlangt werden, das zu bringen

man nicht selbst allezeit bereit wäre. Der Bau, er muß stehn – nicht, weil um seinetwillen Blut vergossen wurde, sondern trotzdem.
Lodron legt die Hand vors Gesicht.
„Belieben Euer hochfürstliche Gnaden", sagt der Hauptmann in Sorge und reicht dem Erzbischof seinen Becher mit Wasser hin. „Der Aufstieg ist woltern gach, der Tag voll Sonnenglut …"
Doch der Schwankende strafft sich, öffnet weit die Augen.
„Ein Begräbnis mit allen kriegerischen Ehren", befiehlt er fest und hell. „Soll bei St. Peter bestattet werden. Die Mutter forsche man aus, damit wir fürder für sie sorgen."
Dann kreuzt er die Finger über seiner silbernen, feinziselierten Gürtelschnalle, spricht dem Toten das Gebet. Alle fallen sie ein unter dem dunkelblauen Maihimmel voller Federwolken, tiefe Stimmen und helle, rauhe und sanftere, Handwerker, Sträflinge und Soldaten:
„Unser Vater, der du bist in dem Himmel … geheiliget werde dein Name … zu uns komme dein Reich …"
S. 74–88 (gekürzt).

Historischer Kommentar

Salzburg und der Dreissigjährige Krieg

Der Dreißigjährige Krieg überschattete beinahe die ganze Regierungszeit (1619–1653) des aus der Provinz Trient stammenden Erzbischofs Paris Graf Lodron. Salzburg war zur Zeit des europäischen Glaubenskrieges weder belagert noch ernstlich bedroht worden – eine Leistung, die das Attribut *Friedtäter*, welches Juliane Windhager dem Erzbischof verlieh, rechtfertigt. Er setzte den neutralen Weg, den Wolf Dietrich und sein Nachfolger bereits eingeschlagen hatten, fort und verweigerte trotz großem Druck Maximilans I. von Bayern und später auch Kaiser Ferdinands II. den Beitritt zur katholischen Liga. Salzburger Kontingente kämpften und fielen aber in der Schlacht am Weißen Berg 1620 und unterstützten die Liga unter Graf Johann Tilly gegen Ernst von Mansfeld, wie Juliane Windhager schildert. Obwohl der Salzburger Erzbischof das katholische Lager einseitig unterstützte, verfolgte er nach der Auffassung der Frühen Neuzeit eine neutrale Politik, denn als nicht betroffener Staat griff Salzburg zugunsten der *gerechten Sache* ein. Und die *gerechte* Seite in einem Glaubenskrieg war für einen Fürsterzbischof nun einmal die katholische.

Die Militarisierung Salzburgs

Paris Lodron hatte gleich zu Beginn seiner Regierungszeit erkannt, daß eine neutrale Haltung und die Zahlung von Kontributionen an den Kaiser alleine nicht ausreichen würden, um Stadt und Land Salzburg vor feindlichen Angriffen zu schützen. Er begann mit der Befestigung der Stadt Salzburg, die in den Quellen bis dahin als *offenes Dorf* bezeichnet wurde. Als Baumeister wählte er Santino Solari aus, der durch den Dombau große Berühmtheit erlangte. Der Italiener orientierte sich an den damals modernsten Fortifikationsbauten der Venezianer und schuf in den Jahren 1620–1646 eine fast uneinnehmbare Festungsstadt. Die neue Stadtbefestigung bezog auch die Stadtberge und vor allem die Festung Hohensalzburg mit ein. Sie erhielt eine neue Gestalt durch zahlreiche Um- und Erweiterungsbauten. Die Bauarbeiten verrichteten dienstfreie Soldaten, Sträflinge, Bettler, sogenannte *Müßiggänger* und robotpflichtige Untertanen, wie Peter Gatterer in Windhagers Roman.

Die während dieser Zeit entstandenen Bastionen prägten bis zur Aufhebung des fortifikatorischen Bauverbots im Jahr 1860 das Stadtbild von Salzburg. Einige Mauern und Tore, die das lodronsche Wappen mit dem Brezelschweif-Löwen tragen, zeugen noch heute von den Wehrbauten zur Sicherung des Friedens.

Die Domweihe 1628

Wolf Dietrich ließ das mittelalterliche Münster nach dem verheerenden Brand 1598 abreißen. Markus Sittikus beauftragte Santino Solari mit dem Neubau. Paris Lodron sorgte für einen zügigen Fortgang der Bauarbeiten und weihte den Dom. Der Bau selbst war zwar schon überdacht und die Innenausstattung weitgehend fertig, aber in seiner Gesamtheit noch unvollendet. Die von Windhager erwähnten Künstler Arsenio Mascagni, ein florentinischer Spätmanierist und Ignaz Solari, ein Sohn des großen Baumeisters, gestalteten neben anderen in- und ausländischen Künstlern das Innere des Doms.

Paris Lodron

Inmitten von Kriegszeiten veranstaltete der Erzbischof ein pompöses Fest zur Weihe des Gotteshauses, das nichts an barockem Pomp und Glanz entbehrte. Eine Prozession mit den Reliquien der Landespatrone sowie Feuerwerke, Jagden in Hellbrunn und Theateraufführungen bildeten neben einer Armen-Ausspeisung die Höhepunkte. Erst unter Erzbischof Guidobald von Thun (1654– 1668) kam mit dem Ausbau der beiden Türme und der Errichtung der Dombögen das frühbarocke Großbauwerk tatsächlich zu einem Abschluß.

Pater patriae

Die Auswirkungen des europäischen Glaubenskrieges zogen Stadt und Land Salzburg arg in Mitleidenschaft. Hohe Kosten verursachten Kontributionszahlungen, Einquartierungen, der Ausbau der Befestigungsanlagen und die sprunghaft angestiegene Anzahl der Obdachlosen, die durch das Land zogen oder in der Stadt untertauchen wollten. Verschiedene Seuchen, unter dem Sammelbegriff Pest subsumiert, verbreiteten sich. Paris Lodron, der in dieser schwierigen Zeit auch als Gründungsvater der *Alma mater Paridiana,* der Salzburger Universität (1622/23), in Erscheinung trat, konnte aber sein wichtigstes Ziel, die Sicherung des Friedens, erreichen. In einer Lobschrift als *Pater patriae* verehrt, nahm ihn dann auch der Bayernkönig Ludwig I. in die Walhalla bei Regensburg auf.

Stimmen zur Protestantenvertreibung

Die Tragödie der Salzburger Protestanten, die 1732 in einer Massenausweisung gipfelte, ist auffallend oft zu einem Thema der Literatur geworden. Johann Wolfgang Goethes epischer Dichtung „Hermann und Dorothea" (1797) liegt eine Anekdote zugrunde, die in Gerhard Gottlieb Göckings „Vollkommene Emigrationsgeschichte von denen aus dem Erzbistum Salzburg vertriebenen ... Lutheranern" (1734) überliefert ist. Daraus entnommen ist auch die Figur der Dorothea, ihrer authentischen Existenz nach eine junge Salzburgerin aus dem protestantischen Vertriebenenzug, die in der Fremde einen reichen Bräutigam fand. Goethe hat diese historische Quelle mit Blick auf die Flüchtlinge vor der Französischen Revolution aktualisierend bearbeitet.
Davon künstlerisch wie zeitlich deutlich abgesetzt, entstand im ersten Drittel des 20. Jahrhunderts eine Reihe von historischen Erzählungen zur Salzburger Protestantenemigration. Sie wurden ausnahmslos von Nicht-Salzburgern verfaßt.

Agnes Miegel (1879–1964)

Geschichten aus der Ferne

Eine Sonderstellung im mehrfachen Sinn nimmt innerhalb dieses erzählerischen Spektrums die ostpreußische Schriftstellerin und Balladendichterin Agnes Miegel ein.
In Filzmoos steht bis heute jener Oberhof, von dem aus Matthias Hofer, ein Vorfahre von Agnes Miegel, die Wanderung nach Ostpreußen angetreten hat. Diese vertriebenen Salzburger Glaubensgefährten nehmen in Agnes Miegels Prosa gleich mehrfach den Platz ahnenhafter Vorgänger ein, die sie mit der charakteristischen Pelzmütze, den schwarzen Schürzen aus Seidentaft und anderen Trachtenelementen ausgestattet hat. Vor

Oberhof vor 1920

allem aber rühmte sie ihnen nach, das schwere, dicke Blut der Ostpreußen mit Leichtigkeit gewürzt und verdünnt zu haben.
Agnes Miegel wurde 1879 in Königsberg in die gesicherten Verhältnisse einer Kaufmannsfamilie hineingeboren. Nach dem Abschluß der „Höheren Töchterschule" ging sie zur Weiterbildung nach Weimar und veröffentlichte 1896 ihr erstes Gedicht. In Paris, wo sie zu einem dreimonatigen Studienaufenthalt weilte, lernte sie den Balladendichter Börries von Münchhausen kennen, der sie zu eigener literarischer Tätigkeit anregte und ermutigte. Das frühe Werk Agnes Miegels setzt sich hauptsächlich aus Balladen zusammen.
Ihr weiterer Bildungsweg trägt alle Kennzeichen eines weiblichen Aufbruchs der Jahrhundertwende. Agnes Miegel hat dabei die traditionell gesetzten Grenzen der Frauenbildung und Frauenberufstätigkeit nicht überschritten. In Berlin absolvierte sie eine Ausbildung zur Kinderschwester. 1902–1904 war sie Erzieherin in einem englischen Mädcheninternat und ging von dort ans Berliner Lehrerinnenseminar. Sie schloß ihre pädagogische Ausbildung in München ab und wurde durch die Nachricht von der Erkrankung ihrer Eltern zurück nach Königsberg gerufen.

Agnes Miegel

Nach ersten Veröffentlichungen (1901 und 1907) war sie seit den 20er Jahren kontinuierlich auf dem Buchmarkt vertreten. Sie entwickelte sich zu der bekanntesten ostpreußischen Dichterin, ihr lyrisches Repertoire vermehrte sich nach und nach um Erzählungen und Novellen. Zur 200-Jahr-Gedenkfeier der Vertreibung aus Salzburg erschien das Gedicht „Meinen Salzburger Ahnen". Eine deutliche Verdichtung dieser Salzburger Geschichtsspuren erfolgte in ihrer späten Prosa, „Truso" (1958) und „Heimkehr" (1962).
Agnes Miegel blieb von dem Schicksal ihrer Salzburger Vorfahren nicht verschont. Sie hat, 84jährig, die Existenznot der Vertreibung am eigenen Leib erfahren. Auf einem der letzten Flüchtlingsschiffe verließ sie im Frühjahr 1945, zusammen mit 35.000 Flüchtlingen, ihre Heimatstadt Königsberg. Das Schiff nahm Kurs auf Dänemark, wo sie im Lager Oksboel eine provisorische Unterkunft fand. Die Familie ihres Freundes und literarischen Förderers Börries von Münchhausen hat sie auf Schloß Apelern bei Hannover aufgenommen. In den Folgejahren war sie noch auf zahlreichen Lesereisen aktiv und starb 1948. Begraben liegt sie in Bad Nenndorf, dem Aufenthalt ihrer letzten Lebensjahre.
Der Oberhof in Filzmoos, woher Agnes Miegels Vorfahren mütterlicherseits 1732

nach Ostpreußen auswandern mußten, trägt seit 1988 eine Gedenktafel, mit der an das tragische Schicksal dieser vertriebenen Protestanten erinnert wird. Zugleich wird damit der Dichterin Agnes Miegel ein ehrendes Andenken bewahrt.

Gedenken
Werkausschnitt

Der scharfe Ostwind, der über die Insterwiesen blies, hatte eben noch einen leichten Schnee aus den zerrissenen Wolken geschüttelt. Nun glänzte er wie Zucker aus den dunklen Furchen der grünen Saaten, auf den noch winterbleichen Weidegärten mit den Stubbelweiden und lag blauweiß im Schatten des Wagenschuppens. Aber die österliche Aprilsonne leckte ihn von dem dampfenden Düngerhaufen und dem weiten grauen Gutshof. Es tropfte und rieselte von den dunklen Strohdächern mit ihren grünen Moospolstern, die bunte Steinwand des neuen Pferdestalls glänzte im warmen Nachmittagslicht, das graue Holzwerk des Schafstalls, die frischgekalkte Mauer des Kuhstalls blendete so sehr, daß die alte Frau Forstreuter einen Augenblick die altersbraunen Lider schließen mußte, wie sie jetzt die obere Halbtür nach dem Hof aufstieß.
Eisig stieß der Wind herein, ihre schwarztaffne Sonntagsschürze flog rauschend über dem weiten lila Rock, sie mußte rasch die Pelzjacke zuknöpfen und das graue Kopftuch über der weißen Haube verknüpfen.
Aber sie sog recht mit Behagen die kalte Luft ein. Die hatte sie hier oben zuerst geliebt, die hatte sie gleich in dem ersten harten Frühling hier an die frische Bergluft auf den Almwiesen des väterlichen Hofs erinnert. „Schön!" sagte sie, mehr zu sich selbst als zu den beiden Urenkeln, die neben ihr die kleinen, vom Wind geröteten Nasen über den grüngestrichenen Türrand reckten. „Da ist's gut über den Hof zu gehn, zu den Rössern!" „Zu den Purras!" verbesserte der kleine Georg, dem der Wind den hellbraunen Haarschopf über die dunkelblauen Augen wehte, und riß mit den festen Jungenshändchen am Türriegel. Aber seine Schwester, die fünfjährige Annegrete, schüttelte den Kopf mit den steifgeflochtenen Zöpfchen: „Nein, wir bleiben hier, Urchen, bis der kleine Bruder kommt!" Ihre großen Augen hingen an dem Storchenpaar, das in immer größeren Kreisen über dem Hof ins helle Licht schwebte. „Erst wenn die wieder aufs Nest kommen, bringen sie das Brüderchen", tröstete die Urgroßmutter. „Da können wir noch durch alle Ställe gehn, – auch zu den kleinen Lämmern. Lauft mal schnell zur Trine, sie soll euch warm anziehn. Aber leise, leise!" Sie legte mahnend den Finger auf den Mund. Aber die beiden, denen sie versonnen und freundlich nachsah,

hingen schon an der Tür zum Vorderflur. Die sonnendurchschienene Glastür drüben war fest verschlossen, aber es wehte kühl und ein bißchen modrig von der Treppe her, auf deren letzter Stufe die Kinder fast gegen die alte Frau rannten, die schwer aufs Geländer gebückt, auf ihren Stock gestützt, ihnen entgegenkam.
„Stillchen, stillchen!“ ermahnte sie, „die Muttchen ist sehr krank!“ Zwischen dem Heulen des Windes um das hohe Dach, dem Klappern der Schindeln hörten die Kinder das wimmernde Stöhnen hinter der weißen Tür des Mansardenzimmers.
„Mutter!“ schrie der kleine Georg und wollte an der Alten vorbei, die ihn aber mit Arm und Stock fest an ihre hellgestreifte Leinenschürze preßte, damit die Küchenmagd mit ihren Eimern dampfend heißen Wassers treppauf konnte. Zu gleicher Zeit stürzte aus der andern Mansardentür die kleine dicke Trine, das Kindermädchen, die Stricknadel quer durch die weiße Hülle der kleinen Haube gespießt, den feuerroten Strickstrumpf in der Hand, und rief den Kindern zu: „Man rasch anziehn!“ Sie zog die beiden über den dunklen Flur fort, ehe sie zu der Mutter hineinsehn konnten.
Unten war die alte Frau Forstreuter der lahmen Alten entgegengegangen und geleitete sie auf den steifen Lehnstuhl am Flurfenster, schob ihr auch selbst mit den immer noch behenden Füßen die rohrgeflochtne Fußbank unter die dicken Filzschuhe. „Na, Matthésche, wie lang wird's noch dauern?“ Die Alte sah auf. Ihr Gesicht war ebenso lang wie das der alten Frau Forstreuter, aber schmäler, die Nase ebenso scharf wie bei jener, aber langgezogen, und ihre Augen und Brauen noch dunkler. Sie lächelte, ein gutes, mütterliches Lächeln. „Ihr Salzburger seid alle Dickköpfe. Das dauert lang.“ Die alte Frau Forstreuter seufzte besorgt. „Könnt Ihr denn auch Eure Schwiegertochter bei der jungen Frau allein lassen?“ Die Matthésche lächelte wieder, ein bißchen überlegen. „Die Charlotte hat bei mir gelernt. Die kann vor jedem Professor bestehn. Wenn sich das immer von der Mutter auf die Tochter vererbt, dann erst versteht man was von dieser Kunst. Oder war nicht schon meine Mutter eine gute Hebamme?“ Die alte Frau Forstreuter nickte. „Das war sie, – und eine gute Nachbarin dazu! Wer kam uns mit Salz und Brot entgegen, als mein Andrees und ich hier eingezogen? Wer nahm uns auf, als wir damals im Hungerwinter abbrannten? Und wer half mir, als heute vor sechzig Jahren mein kleiner Georg ankam – am Georgstag?“ Die Matthésche nickte. Gleich aber schüttelte sie den Kopf. „Ein bißchen Katholisches hattet ihr Salzburger doch noch an euch, – so mit den Namenstagen!“ „Ach wo“, meinte die Frau Forstreuter, „tut Euch nur nicht so strengreformiert! Ihr wißt ganz gut, was der Georgstag für uns bedeutete, – heut sind's grade zweiundsechzig Jahr, daß wir aus unserer Heimat raus mußten, von Haus und Hof, von Stall und Feld, – von aller Verwandtschaft!“
Beide blieben einen Augenblick still. Dann trappelten die Kinder, dick verpackt in ihre Pelzmäntel und Filzkappen, die Treppe herunter, von Trinchen geleitet. Die alte Frau Forstreuter sah ihr entgegen. „Kannst hierbleiben, Trinchen, der Oma

Matthé Gesellschaft leisten. Kannst auch nachsehn, ob die Hanne schon Kaffee gemahlen hat. Wir werden ja bald feiern müssen."
Die alte Frau Matthé sah auf: „Warum ist die junge Frau noch so spät hier zu Besuch gekommen?" Die große Haube der Urgroßmutter neigte sich tief über den Lehnstuhl: „Ich hab ihr zugeredet. Ich hab gesagt, weil das neue Haus noch so naß ist. Aber ich dachte, – weil da noch keiner gestorben ist!"
Sie flüsterte es ganz leise, der Kinder wegen, aber die Matthé hatte verstanden und nickte und auch das Trinchen machte ein verständnisvolles und besorgtes Gesicht. Die Kinder aber ließen keine Zeit für ängstliche Gedanken. Sie zupften an der schwarzen Schürze und baten: „Zu den Purras! Zu den Schafchen!", so daß Trinchen eilig den Riegel der unteren Tür aufstieß, aus der die beiden vor Eifer beinah über die Holzstufen in das kleine Gärtchen stolperten. Die Fliederbüsche am gekalkten Lattenzaun bogen sich im Wind, es orgelte in der Krone der jungen Kastanie, deren braune Knospen schon klebrig glänzten. Mit lautem Geschrei liefen die Kinder über den Hof, scheuchten die erschreckten Hühner, rannten auf die Schwelle des Pferdestalls, stürzten in den Kuhstall, wo die Mägde schon beim Melken waren, liefen an den Schweinebuchten entlang und zogen die Urgroßmutter endlich nach dem Schafstall.
Die alte Frau folgte ihnen nicht. Sie blieb am Tor stehn. Der warme Tierdunst, das rastlose Auf- und Abwogen der grauen Leiber, das Hin- und Herfluten der dunklen Köpfe mit den langgezogenen, blanken Augen machte sie schwindlig. Sie nickte dem Schäfer zu, der neben seinem wolligen Hund an einem Lattenverschlag stand und die Kinder das kleinste Lämmchen in seinem Arm bewundern ließ. Neben ihm stand sein jüngster Enkel und reckte den flachslockigen Kopf. „Ist das der Lise ihre? der Lise Sperling ihr Kleiner?" fragte die Urgroßmutter. Der Schäfer lächelte. Sein rotbraunes, von Wind und Frost gegerbtes Gesicht zog sich in hundert Fältchen zusammen, bloß die kleinen, hellen Augen blickten klug und freundlich nach der Tür. „Das is der Lise ihr Enkel! Geh, Fritzchen, gib der Frau Forstreuter Handchen!" Der Kleine watete durch das rauschende Stroh auf die alte Frau zu und reichte ihr zutraulich die feste Hand. „Mit!" sagte er vergnügt, als er merkte, daß sie gehen wollte. Sie nickte dem Alten zu. „Er kann nachher unsre Kinder ins Haus schicken. Die Lise wird ja wohl noch beim Melken sein. Den Kleinen nehme ich mit, geh noch ein bißchen nach der Linde."
Sie hielt das warme Händchen in der ihren. Der Kleine gefiel ihr, sie blieb stehn und suchte in der großen Tasche unter der schwarzen Schürze, bis sie eine verschrumpelte Kastanie fand und ein Stückchen Gerstenzucker, das sie ihm in den weichen Mund schob. Die Kastanie warf er fort, nachdem er schmatzend daran geleckt hatte. Die alte Frau lachte, strich zärtlich über die Flachslocken und wanderte dann mit ihm über den Feldweg, der zwischen Schuppen und Pferdestall ins Freie führte, zu der großen Linde, die dort auf einer kleinen Anhöhe in dem winzigen Friedhof stand, den ein bemooster Lattenzaun im Viereck umgab. Um den

rissigen, mächtigen Stamm lief eine schmale Holzbank, auf der die alte Frau und das Kind einen geborgenen Platz in der Sonne suchten, die nun schon tief über dem blaudunklen Zackenstreifen der fernen Forst stand.

Der Wind ließ nach, die Wärme der Luft war schon zu spüren. Halb eingesunken, unter der verfahlten Tannendecke noch grau und kahl, lagen die Gräber unter den Kreuzen. Die alte Frau Forstreuter hatte die Hände gefaltet und sah auf die Namen. Ein paar waren von Schnee und Regen verwaschen, aber ihr waren sie so vertraut, daß sie Name und Daten wie aus einem Buch ablas: den Namen des ältesten Sohnes und seiner Ehefrau, die da vor zwei Jahren fast am gleichen Tag beerdigt waren. Den Namen jenes ersten kleinen Georg, den Namen der jung verstorbenen Tochter. „Viktoria" stand da neben dem altmodisch gewordenen Namen Ursula; am Tag von Leuthen war sie geboren. Sie sagte es flüsternd, als ob der Kleine neben ihr es verstehn müßte. Er lag fest an sie gelehnt, in ihre aufgeknöpfte, lange Pelzjacke gekuschelt, mit der schwarzseidenen Schürze zugedeckt, warm wie ein kleines Tier. Sie fühlte den festen kleinen Kopf mit dem steilen Schädel. Sein rosiges Gesicht war rund wie das seines Großvaters, des Schäfers, aber der Kopf mit der steilen Stirn und die feste Nase, – das war Sperlingsch. So hatten sie alle ausgesehn, der Melchior und der Michel, die Rosina und die Apollonia, wie sie da abends neben ihr auf dem Flüchtlingswagen unter dem Leinenplan im Stroh lagen. Die Eltern der vier waren schon tot, so hatte die Bas vom Klosterlehn, die Mutter der Catharina, sich ihrer angenommen auf der langen, langen Wanderung vom Radstädter Gericht bis in die Insterniederung. Alle vier waren sie gekommen, das Bündelchen in der Hand, – bloß die eine nicht, Brigitta, ihre Liebste und Beste. So blaue Augen hatte sie gehabt wie dies Jungchen, auch solch helles Haar! Klein wie er war sie gewesen, als sie der Catharina durch den Zaun die ersten Kirschen zusteckte, die drüben, im sonnigen Schneidergarten, früher reiften als auf dem Hang hinterm Klosterlehn. Zusammen hatten sie auf der Bachwiese die Gänse gehütet. Dann kamen die Ziegen heran.

Die alte Frau merkte es nicht, daß sie halblaut in das kleine rosige Gesicht hinein sprach, das wie aus einem Nest aus der Geborgenheit des Pelzes zu ihr emporblickte, glücklich und ein bißchen schläfrig von der starken Luft und dem leisen Gemurmel der Worte, die der abendlich sanfte Wind aus dem sonnengoldnen Greisengesicht trug:

– – „Ein Bühl ist's gewesen, ganz rund wie ein Kopf. Ein Kranewittstrauch stand oben, an dem lagen wir. Weit konnte man ins Land sehn, bis zu den hohen Bergen. Da will ich hinübergehn, wenn ich groß bin und dem Andrees seine Frau! So hab ich immer gesagt. Aber die Brigitta, die hat dann den Kopf geschüttelt. Sie wollte bloß daheim bleiben. Ist schön hier! hat sie immer wieder gesagt. So fand sie nicht den Mut, mit den andern zu ziehn, nicht im Winter und im Frühjahr nicht. Geweint hat sie und gebetet – aber sie hat nicht fortgefunden von der alten Heimat. Ist's der Weißperger Ruprecht, der dich hält? hab ich sie gefragt, als wir abends noch einmal am Zaun standen. Denn ich wußte, daß er sie gern hatte und zu ihr hielt, trotz des andern Glaubens, und wußte auch, daß er ein guter Bursch war, so übermütig auch seine Mutter war und so stolz auf ihren großen Hof. Aber sie hat bloß gesagt: der Rupp ist's nicht, so lieb er mir ist. Aber ich kann nicht fort von hier. Das wär mein Tod!"

Das Kind war sanft eingeschlafen, es atmete leise und die alte Frau spürte es sanft an ihrem Herzen. Sie redete weiter, die großen Augen starr nach der sinkenden Sonne geheftet, deren glühendes Rund hinter großen, purpurgesäumten Wolken vorblickte.

„Am St. Georgstag mußten wir fort. Am Bühl kamen wir vorüber, da stand die Brigitta ganz allein neben dem Kranewittstrauch. Ihren Sonntagsstaat hatte sie an und den schönen Hut auf mit der Goldschnur, wie zur Kirche. Ganz still stand sie, als wir vorüberzogen. Sie hörte uns singen, – das gab Mut, – es hat auch keiner von uns geweint. Nur die Winckler Maria und der Michel vom Walchhofer, die noch bis zum Nachbardorf mit uns gingen, haben laut geschluchzt. Auf einmal, wie ich vorüberkam, mit meinem Andrees Hand in Hand, damit alle recht sehen konnten, daß wir uns als Brautleute bekannten, – ist sie den Hang heruntergelaufen und hat den großen Strauß Primeln, den sie bis dahin in der Hand hielt, mir zugeworfen. Dann aber ist sie wieder ganz still gestanden und hat uns nachgeschaut. Als ich mich einmal umdrehte an der Brücke, da hab ich sie noch gesehn und wie ihr grüner Rock in der Sonne glänzte –"

Die alte Stimme erstarb in leisem Flüstern. Die bräunlichen Lider sanken über die sonnenmüden Augen. An den rissigen, warmen Lindenstamm gelehnt, schliefen die alte Frau und das Kind.

Nein, sie schlief nicht. Sie war hellwach, sie spürte die Sonne des Frühlingsnachmittags auf ihrem Gesicht. Sanft und heiß strich der Wind über den Bühl, aus dessen frischem Gras die kleinen Primeln sahn, hell und weich wie flächserne Kinderlocken. Vor dem strahlend blauen Himmel, scharfgezackt, mit noch schneesilbernen Graten, mit enzianblauen Schatten, stand die Wand der Bergkette im Norden. Aber unten, vor dem breiten Giebel des Hofs und auf dem Hang dahinter, in den Dorfgärten am Bach, – überall blühten schon die Obstbäume.

Zwei kleine weiße Ziegen spielten im Gras, zwei Hütekinder, Bub und Mädel, kauerten davor, stießen sich an und lachten heimlich, wie sie nach der uralten Frau deuteten, die da oben am Wacholderbusch stand. Leise richteten sie sich auf und schlichen hinter den Strauch, um zu hören, was die Alte sagte. Die aber hatte sie doch kommen sehn. Sie winkte ihnen, die scheu näher schlichen. Die Tracht der Frau war altmodisch und verblichen, der grünseidene Rock, das Brusttuch und die Schürze waren fahl vor Alter, wie das stille, stubenblasse Gesicht der Greisin. Der Bub flüsterte dem kleinen Mädel ins Ohr: „S' ist die Weißperger Ahndl! Ist heut gekommen mit vier Rösser, wie eine Erzherzogin. Grausam reich ist sie!"

Die Kleine starrte die alte Frau an, dann lächelte sie vertrauend. Einen gar zu guten Blick hatten die hellblauen Augen der Fremden. Aufmerksam hörten die Kinder zu, was sie ihnen sagte, wie ihre welke Hand mit den zu großen Ringen auf den Weg unten zeigte, in dessen ausgefahrenen Wagenspuren noch das Wasser vom gestrigen Regen stand. Eindringlich sprach die altersbrüchige Stimme auf sie ein:

„Dort unten sind sie gezogen. Die Jungen zu Fuß, das Bündel in der Hand, die Alten und Bresthaften auf den Wagen. Hinter dem Wagen vom Klosterlehn gingen meine Brüder und Schwestern, die sahen sich nicht um nach mir. Zuletzt kam der Melchior. Der hat weggeschaut und laut das Exulantenlied gesungen. Dann kam der Andrees mit der Catharina Hand in Hand. Sie hat den Strauß aufgehoben – und dort an der Brücke hat sie sich noch einmal umgeschaut. Möcht wissen, ob sie noch lebt, da oben in Preußen. Ob sie noch meiner denkt?" – – –

Die alte Frau Forstreuter schrak auf aus ihrem Traum, eine Stimme hatte nach ihr gerufen. „Wach auf, Fritzchen!" mahnte sie das schlaftrunkene Kind, das sich gähnend und taumelnd aus seinem Versteck schälte, dann aber, rasch ermunternd, durch das offne Friedhofpförtchen dem Trinchen und den beiden Urenkeln entgegenlief, die da laut rufend näher kamen. Weit hinter ihnen, schon im Schatten, hinkte die alte Matthé und ließ ihr großes, weißes Kirchgangstaschentuch wehn.

„Ein Schwesterchen, ein Schwesterchen!" schrien die Kinder und zeigten, vor Freude laut lachend, nach dem Storchnest auf dem Gutshaus, auf dem die Störchin saß. „Eine junge Tochter!" schrie das Trinchen, ganz heiser vor Aufregung, ihr Botenbrot als erste zu verdienen. Die alte Frau zog denn auch gleich den schon bereitgehaltenen blanken Taler aus der Tasche. Einen Augenblick lang sah sie auf sein Bild. Es war kein Theresientaler, es war ja auch noch nicht Kindtaufe. Aber ein schönes Stück war's doch, mit dem scharfgeschnittnen Profil des großen Preußenkönigs. „Halt es in Ehren!" Damit ließ sie den Taler in die noch kindlich runde Hand gleiten.

„Wie wird das Schwesterchen heißen?" schrien die Geschwister ... „Nich sagen! Nich beschreien vor der Tauf!" mahnte die Matthé im gleichen Atemzug mit ihren Glückwünschen. Aber die alte Frau Forstreuter lacht diesmal bloß. „Brigitta soll sie heißen! Dafür werd ich schon sorgen."

Den kleinen Georg an der einen Hand, das Fritzchen an der andern, schritt sie aufrecht und stolz wie eine Junge über den Hof auf das Haus zu, hinter dem der Frühlingsabendhimmel verglühte.

Helene Dalmer (1860–)

Um des Glaubens Willen

Ebenfalls aus der Feder einer Frau stammt die folgende Literarisierung der Protestantenausweisung in Salzburg. „Um des Glaubens Willen. Eine Salzburger Emigranten-Erzählung“ (1904). Die Autorin, Helene Dalmer, wurde 1860 in Carwitz bei Schlawe/Pommern als Tochter eines Gutsbesitzers geboren. 1879 übersiedelte sie, bedingt durch ihre Ehe mit einem Dragonerleutnant und späteren Rittmeister, nach Berlin auf Gut Carwitz. Als Schriftstellerin für Jugendbücher, Alpen- und Frauenliteratur lebte sie später in Blankenburg im Harz und in Rudolfstadt.
Der Näglhof im Gericht St. Johann, wo die Prambergers ihren alteingesessenen Besitz haben, bildet den Ausgangspunkt dieser wenig anspruchsvollen, aber sachlich doch stichhaltigen Geschichtsprosa, die das Schicksal einer Handvoll Pongauer Bauersfamilien von ihrer Ausweisung bis zu ihrer Ankunft in der neuen Heimat von Ostpreußen zur Darstellung bringt.

Die düsteren litauischen Lehmhäuser

Werkausschnitt „Um des Glaubens Willen“

In Königsberg gab es neuen Aufenthalt. Das Land war überfüllt mit Emigranten, die vom Mai ab einwanderten. Die meisten Höfe waren bereits vergeben. Die jetzt zuziehenden Familien mußten deswegen vorläufig bei einheimischen Bewohnern in Kost gegeben werden. Der Winter war vor der Tür, Schnee gefallen, und ein frühzeitiger Frost setzte ein. An das Bauen neuer Gehöfte konnte vor dem Frühling nicht gedacht werden.
Die Handwerker blieben mehrfach in den Städten, wo sie Arbeit fanden. Die Landbewohner gewöhnten sich schwer an die engen städtischen Verhältnisse und drängten immer wieder auf das Land.
Die Bäuerin war ebenfalls nicht zu bewegen, in der Stadt zu bleiben. Die hohen Häuser, die engen Straßen schienen sie zu erdrücken. Der Bauer, der sich Wagen und Pferde kaufte, fuhr unermüdlich von einem Amt zum anderen, nach einem Gehöft zu forschen. Fast überall gab der Amtmann kurzen Bescheid. Die Behörden wußten selbst nicht mehr aus noch ein. Immer neue Scharen strömten herzu und wollten feste Wohnung haben. Oft kam es deswegen, daß ein reicher Bauer, der in Salzburg im großen Hof gewohnt, nur ein kleines Stübchen für den Winter fand.

Auch die Näglhofer hausten in einer engen Kammer. Untätig saß die Resel den ganzen langen Tag. Kam der Pramberger, sie zu trösten, war ihre stete Antwort: „Ich möcht grad sterben – mich gefreut halt das Leben nimmer."
Die Burgei blieb viel bei ihrer kränkelnden Mutter. Sie traute sich nicht recht ins Dorf. Die Litauer verspotteten die Salzburger Frauen wegen der fremdländischen Kleidung. Die kurzen, bis an das Knie reichenden Röcke forderten besonders ihre Spottlust heraus. „Stuckai, Stuckai!" (zu deutsch Stumpfschwanz), tönte es lachend hinter der Burgei her, so oft sie sich zeigte.
Auf seiner Fahrt im Lande begegnete der Bauer ab und zu Bekannten aus der Heimat, die zerstreut, hie und da Wohnung gefunden.
In einem Dorfe, zwei Stunden von der Romintener Heide, fand er sogar eine ganze Kolonie, die alle aus dem Pfleggericht St. Johann stammten. Diese trafen es gut, weil sie schon Ende Mai in Ostpreußen anlangten. Teilweise wurden ihnen leerstehende Häuser gegeben, teilweise errichteten sie Höfe nach Salzburger Art, da ihnen die düsteren litauischen Lehmhäuser durchaus nicht zusagten. Holz gab es in den großen Forsten übergenug, das ihnen unentgeltlich geliefert wurde. – Ganz heimatlich sahen die Häuser aus, an denen selbst nicht der Altan fehlte.
Der eine Bruder der Bäuerin, der Adam Berghöfer, befand sich unter diesen Salzburgern. – Das war ein Lichtblick! Wenige Tage später nahm sein gastliches Haus die Familie des Prambergers auf.
Ein tränenreiches Wiedersehen feierten die beiden Frauen. Die Berghöferin litt ebenso stark an Heimweh wie die Resel und konnte sich durchaus nicht in dem fremden Lande eingewöhnen. Viel gab es deswegen zu berichten und zu klagen zwischen ihnen.
Der Berghöfer fand sich leichter in die veränderten Verhältnisse und hatte sich in seinen neuen Besitz schon eingewöhnt. Ihm erging es besser als seinen Anverwandten. Er hatte sich ein Haus auf heimische Art erbaut. Er besaß mehrere Pferde, eine Anzahl Kühe, Viehweide und eigene Acker.
„Aber das Weibervolk, das ist gar niemalen zufrieden," sagte er zum Pramberger und kraute sich den Kopf.
Die Berghöferin, die zum Abendschmarren rief, nahm das Wort nicht ungern auf und begann ihr Klagelied.
„Ganz recht, Bauer, 's ist wahr," erwiderte sie lebhaft, „ich kann mich halt nimmer finden ins neue Leben. Gar alles ist so ganz anders, denn daheim. Schau, Resel, nit ein Werkgerät, wie wir's gewöhnt, selbst nit die Töpfen und Schüsseln in der Kuchel die gleichen."
Die Resel war gleicher Meinung. Sie, die früher gern alles zum besten wenden wollte, tadelte alles, Nichts gefiel ihr.
„So ist's," nickte sie bejahend, „ich sag's halt jeden Tag, das Leben gefreut mich nimmer. Schon wenn man 's Vieh erschaut, gibt's mir ein Ärgernis. Die Kühen hier zu Landen sind nit größer als ein halbjährig Kalb von daheim. Und das Grittli, gelt,

Peter, du kannst's nit streiten, schier noch halbmal so stämmig war's wie des Bruders beste Kuh."
Sie trank einen Schluck Milch aus dem Kruge. Nicht viel. Verdrossen stellte sie das Gefäß zurück.
„Ja – und die Milch schmeckt hier überall garstig, ganz bitter, mein' ich, dieweil das Futter nit taugt. Ein würzig Gras wie auf der Wildalm gibt's hier gar nimmer."
Die Berghöferin, die sich der Bundesgenossin freute, begann eifrig: „Recht hast du, Resel, recht hast du; bloß die Mannleut', die wollen's nit wahr haben. Das Gras, das ist ungut, ja, dieweil die Sonnen hier keine so rechte Wärmnis gibt. Hatten wir daheim das Gras geschnitten, war's dürr in der Tägen zwei. Hier liegt's oft der Wochen zwei auf der Wiesen und dazu der viele Regen! Grau ist's geworden – fahl wie die Winterszeit."
„Nein, die Sonnen, die taugt hier nit, und die Kälten ist grausamer denn daheim," pflichtet die Resel bei, die heute in einer Stunde mehr sprach als zusammen in den letzten Wochen. „Und die garstigen Menschen, die taugen halt auch nit viel. Grad immer höhnen's hinter uns, und das ungute ‚Stuckai', das sie halt rufen – nit lang ertrag' ich's mehr. Sie sollten auf sich selben schauen, da haben's grad genugsam. Besonders die Litauer Mannerleut' mit dem langen Rock sind schier mehr denn garstig."
Dann kam das Land an die Reihe. Flach und einödig sei es – die Hügel, die es hin und wieder gab, wären nicht mitzurechnen. Wie eine Wüstenei – ja, just wie eine Wüstenei!
„Und daheim unsere Berg', grad in den Himmel 'nein taten's schauen mit ihren Spitzen," sagte die Berghöferin, „und denk halt, Resel, an die Almen, grünsamtig auf der sonnigen Höh!"
Resel nickte. „Aber sicher tu ich dran denken, und ich mein' often, schier hören tu ich's Rauschen von all den silbrigen Bächen, die vom Felshang niederstürzten. Ach! und die Blumen auf den Matten und an den Felshängen – – nimmer tu ich's vergessen! Die Alpenrosen schier wie ein rotes Meer am Gamskogel, droben am Einödfelsen, an den steilen Schroffen, das Königsblümle, das samtige Edelweiß."
Tränen traten ihr in die Augen. Die Berghöferin wurde auch gerührt und hob die Schürze ans Gesicht, da große Tropfen über ihre Wangen liefen.
Die Männer sahen einander an. Sie hatten sich nicht am Gespräch beteiligt, sondern fest zugegriffen beim Essen. Der Schmarren war fein locker und lag goldgelb auf der Schüssel. Er schmeckte ihnen just so gut wie in Salzburg. Am besten war es, man ließ die Weiber schwätzen, bis sie von selber aufhörten. Der Pramberger dachte auch, es würde der Resel guttun, redete sie einmal alles vom Herzen herunter, was sie seit Monaten bedrückte.
Die Tränen versiegten bald. Als die Männer sich gesättigt erhoben, waren die Frauen wieder im besten Zuge beim Klagen. Sie sprachen jetzt über die Vögel, die in Ostpreußen ebenfalls unguter wären. In Salzburg gab es den stolzen Adler, der

hoch am Himmel schwebte und langsam seine Kreise zog. Hier sah man am meisten die plumpe Krähe, die häßlich krächzend in großen Scharen auf dem Hofe hockte.

Nichts Gutes ließen sie am ganzen Lande und klagten und jammerten tagaus, tagein.

Endlich wurde es dem Pramberger zu viel. Eines Sonntags, als sie wieder scheltend beisammen saßen, während die Kirchenglocken mit vollem Klange zum Gottesdienste riefen, trat er herzu. Ruhig legte er die Hand auf seines Weibes Schulter.

„Resel," mahnte er, „du tust der neuen Heimat alles streitig machen und sprichst ihr gar nix Gutes zu. Denkst nimmer dran, was wir gewonnen? Die reine Glaubenslehre und freie Andacht für die Lebenszeit! Und das willst du für nichts gar achten? Horch, Resel, horch, wie's tönt her von der Kirchen. Könnt' das die Ahnel mit erleben! Die eigenen Glocken all' Sonn- und Feiertäg', die täten ihr hell klingen wie grad' die Himmelsglocken im Paradies. Denkst nimmer dran?"

Die Resel erschrak. Tiefe Glut zog über ihre schmalen Wangen. Sie griff nach dem Gebetbuch und folgte dem Bauer zur Kirche.

Bei allen Klagen der Schwägerin blieb sie jetzt still. Obgleich die Unzufriedenheit noch weiter in ihrem Herzen wohnte, suchte sie dieselbe durch Schweigen einzudämmen. Die Mahnung an die Ahnel war nicht umsonst gewesen, doch war es schwer für sie, und ihr schwacher Körper litt unter diesen innerlichen Kämpfen. Oft war sie fast teilnahmslos und sprach an manchen Tagen kein Wort.

Der Bauer sah ein, daß es so nicht weiter ging. Die Gesellschaft der ewig klagenden Berghöferin war seinem Weib zum Schaden, und er wurde auch nicht seines Lebens froh.

Als ihm in jener Zeit ein Hof zum Kauf angeboten wurde, der allerdings dicht an der Romintener Heide, abseits der Straße lag, sagte er zu.

Ein neues Lamento wurde angestimmt. Die Berghöferin erzählte, daß es in der Romintener Heide nicht recht geheuer wäre. Umgehen täte es ja nicht so wie daheim in den Bergen – aber dafür gäbe es dort noch viele Wölfe, die besonders zur Winterszeit großen Schaden anrichten sollten. Noch letzten Mai zerrissen sie das Kind des Faukentalbauern aus St. Veit, der auch an der Heide einen Hof genommen. Im Winter täten die Bauern sich zusammen und hielten große Jagden ab, die Raubtiere zu töten. Bei großer Kälte sollten diese sogar bis unter die Fenster der Häuser kommen, und ihr Geheul klänge schauerlich in den stillen Winternächten.

Die Bäuerin sträubte sich mit aller Macht, den Hof zu beziehen, aber das viele Zureden ihres Mannes bewog sie endlich zur Mitfahrt, wenigstens „zum Anschauen".

Das neue Gehöft war das Gegenteil vom Näglhof. Dieser, hochgebaut, gewährte freien Ausblick in die Runde. Hell konnte die Sonne in die Fenster scheinen, und köstliche frische Luft zog von den Bergen hinein.

Die neue Heimat bestand aus einer sogenannten „wüsten Hube“. So nannte man damals das Land in Ostpreußen, dessen Besitzer an der Pest 1709–1710 ausgestorben waren. Niemand kümmerte sich weiter um diese herrenlosen Ländereien. Der einst so fruchtbare Boden besamte sich mit Dornen und Disteln.
Auf der Hube des Prambergers stand ein altes, baufälliges litauisches Haus, dessen Strohdach, wie es in Litauen Gebrauch ist, fast bis zur Erde reichte. Luft und Licht fand nur wenig Zutritt. Das Innere des Hauses machte einen düsteren, unfreundlichen Eindruck.
An einer Seite reichte der Wald bis zum Hofe, während dieser von der anderen durch die dazu gehörigen Wiesen und Äcker begrenzt wurde. Wie eine dunkle Mauer standen die Tannen am Waldesrand.
Graue Wolken deckten den Himmel, kein Lichtstrahl brach hindurch, als der neue Besitzer den Bauernhof betrat. Heiserkrächzend flog eine Schar hungriger Krähen empor und über das Haus hinweg zum nahen Walde.
Voller Entsetzen starrte die Bäuerin ihnen nach. Angstvoll blieben ihre Blicke auf dem dunklen Hause haften. Schnell trat sie zum Bruder, der soeben den Schlitten zur Rückfahrt wendete.
Der Pramberger sah es. Da kehrte die alte Energie zurück. Mit der gleichen Ruhe, mit der er stets im Näglhof seinen Willen kund gegeben, sagte er bestimmt: „Resel, es bleibt halt so, und nimmer kehrst du mit zurück.“
War es der Klang aus früherer, schöner Zeit, der das Herz der erregten Frau sänftigte? Fast schien es so. Sie blickte ihrem Manne in die ernsten, milden Augen und überschritt, wenn auch langsam und zögernd, die Schwelle, die sie in ein neues Leben führte.
Damit dem Hause der Segen nicht fehle, ging der Bauer mit der Bibel in der Hand voran. Er legte das Buch auf den halb zerbrochenen Tisch, der, in der leeren Stube, vergessen in einer Ecke stand. Sinnend blickte er auf ihn nieder. An ihm mochten vor Zeiten auch frohe Menschen gesessen haben, ebenso froh wie sie einst im Näglhof gewesen waren. Von hier führte Gottes Hand sie fort in eine lichtere Welt. Von dort stieß die weltliche Macht sie aus der schönen Heimat hinein in ein dunkles, schweres Leben!
Ein Seufzer hob die Brust des Bauern. Doch mannhaft bezwang er seinen Schmerz. Schnell trat er hin zu Resel.
„Gesegne dir der Herrgott den Eintritt in dein eigen Haus,“ sagte er freundlich.
Ein Wagen voller Sachen, Möbel, Betten und Küchengerät, die der Pramberger in der nahen Stadt gekauft, folgte. Er verteilte sogleich die Gegenstände in die verschiedenen Räume.
Burgei zündete Feuer auf dem Herde an. Die erste Mahlzeit brodelte bald im Kessel. Der kräftige Geruch derselben durchströmte das ganze Haus. Die Bäuerin, die teilnahmslos auf der Bank saß, hob plötzlich den Kopf. Sie stand auf und schritt mit der ihr früheren eigenen Schnelligkeit zum Feuer. Sie nahm der Bur-

gei die neue Holzkelle aus der Hand und rührte in dem Kochgerät, wie sie es alle Tage im fernen Näglhof getan.
Das Essen schien ihr zu munden. Und einmal lachte sie hellklingend, als Jörg ein litauisches Wort, das er irgendwo gehört, in echt litauischer Mundart zutage brachte. Während sie darauf mit der Burgei die Geräte säuberte, sprach sie fast lebhaft wie daheim.
Des Bauern Herz schlug laut vor Freude. Dem Herrgott Dank! Er hatte ihn recht geführt. Das eigene Heim gab seinem armen Weib das innere Gleichgewicht zurück!
Jörg nahm die Zither zur Hand und ließ die Saiten leise tastend erklingen. Ein Gruß schien es dem Bauern aus der fernen Heimat. Still aufhorchend saß er am Kamin, wo trockenes Tannenholz lustige Funken sprühte. Er schaute in die Flammen und immer klarer wurde sein Blick. Freundliche Bilder stiegen vor ihm auf.
Der Winter war vorüber mit Kälte, Eis und Schnee. Mild war die Luft. Den hohen Wald, die weiten Wiesenflächen schmückte das grüne Kleid des jungen Lenzes. Das dunkle Haus hier stand nicht mehr. Dort auf dem kleinen Hügel, ein Ende weiter, dicht am klaren See, erhob sich der neue Näglhof in heimischer, vertrauter Bauart.
S. 148–155.

Gertrud Lent (1873–1935)

Das Salz der Erde

1934, das Erscheinungsjahr von Gertrud Lents „Das Salz der Erde. Ein Salzburger Emigrantenroman“ ließe eine ideologische Punzierung im Sinne des aufziehenden Nationalsozialismus erwarten. Aber die in Berlin und Petersburg aufgewachsene Schriftstellerin entzieht sich jeglicher Kategorisierung. Auch die Themenwahl ihrer Buchtitel schließt eine Bestimmung als „politische“ Schriftstellerin aus. Auf über 300 Seiten folgt sie in „Das Salz der Erde“ dem Schicksal protestantischer Familien vom Dürrnberg, aus Gastein, der Radstädter Gegend sowie einiger anderer Gebiete des Pongaus und Tennengaus, die sie bis zu ihrer Ausweisung im Jahr 1732 begleitet.
Die 1873 in Berlin geborene Schriftstellerin lebte 1894–1900 in Gries bei Bozen, 1901 in Rom und Neapel. Diese Auslandsaufenthalte spiegeln sich in der Stoffwahl ihrer Erzählliteratur. 1901 erschien ein Band Novellen „Im Sommer“. 1908 folgte „Charons Nachen“, dann „Lebensquell“ (1924) und „Venuspfade“ (1928),

gleichfalls Romane. Nach ihrer Heirat mit dem Arzt Gustav Besold lebte Gertrud Lent in Falkenstein/Taunus und ab 1907 in Badenweiler, wo sie 1935 verstarb. Über ihre Biografie ist nur wenig bekannt.

Auf faulem Stroh, im Dunkel. Firmians Kerker für Protestanten

Werkausschnitt „Das Salz der Erde“

Firmians Gefängnisse bargen aber noch Menschen, die seit Jahren unmenschlich gehalten, am lebenden Körper langsam dahingesiecht waren. Sie am hellen Tage zu entlassen, fürchtete sich der Kanzler, als die Gefängniswärter schüchtern von ihrem Zustande sprachen. Konnte man sie heimlich in die Nacht hinaus stoßen? Das ging nicht an. Der helle Morgen würde sie, kauernd, liegend, blind, gelähmt, voll Schwären bedeckt, mit Wunden und Geschwülsten an brandigen Gelenken, ihres Kopfhaares bar, der Zähne verlustig – der Morgen würde sie und Firmians Schande offenbaren! Es waren Menschen unter ihnen, die flehten darum, daß man sie liegenließe auf faulem Stroh, im Dunkeln. Sie waren zu lange am Sterben, zu lange der Welt, den Familien, dem klaren Denken abgestorben. Sie hatte nicht Firmian, sondern schon sein Vorgänger dem Kerker überantwortet. Wußte der Kirchenfürst überhaupt von ihnen? Hatte jemals ein Untergebener gewagt, von ihrem Dasein und Zustand zu sprechen? Gab es einen, der den Erzbischof in seiner prunkvollen Residenz, in seinen lustig hohen Jagdhütten, in einem seiner prächtigen Gärten gemahnt hätte: Komm, ich will dir die Märtyrer deines Volkes, ich will dir dein Werk an ihnen zeigen! Wiege nun deine guten Werke, ermiß nun deine Seelenarbeit als guter Hirte an diesem Anblick!
Am elften November wurde das Emigrations-Patent offen angeschlagen.
In acht Tagen außer Landes? Hinaus in den Winter, dessen erste Flocken durch die Täler stöberten? Sie glaubten es nicht, denen es galt. Dienst, Brot, schützendes Dach – verloren, verloren. Nein, nein, das kann nicht sein. Die Ehhalten fragten ihre Bauern, die Taglöhner den Brotherrn. „Dem Nachbar sei Stöffö hot g'sagt, – iatz les' amal du! les'! Sag' mer's, daß verloge is!“
Niemand dachte daran, vom Pfleggericht den Abzugsschein zu heischen. Ganze Gemeinden wandten sich nach Salzburg: Ihr müßt uns die Dienstboten lassen! Wer soll das Vieh pflegen, wer soll im Frühjahr bestellen? Denn wir, wir Angesessene gehen nicht, wir weichen nicht, bevor wir Verkauf, Pacht und Aufbruch im reinen haben! Laßt uns die Dienstboten! Sie werden mit uns ziehen. So, das war getan! nun gab man sich ans Warten. Vereinzelte nur, wie der Weitmoser, hatten vorgesorgt. Traumwandelnd geschah die tägliche Arbeit der Dienstboten. Standen

sie im Dunkel des Wintermorgens auf, fiel der erste Blick auf die Truhe: mein Gwand! Mein Erspartes! Im Stall beim brennenden Span, im Geruch von Mist, Tierwärme, Milch, manch ein Seufzer: Hoamat! Acht Tage, acht Tage?

Am vierundzwanzigsten November, dem Samstage vor dem letzten Sonntage nach Trinitatis, rückten in allen Pfleggerichten Salzburgs Musketiere und Dragoner vor. Von Tenne, Heuboden, Stall, Stube, Feld, Garten, Werkstatt, Wald holten sie die Unangesessenen.
„Ins Haus? Koane Spassetteln! Weida! Mit! Voran! fort, fort, fort!“ Niemandem wurde vergönnt, ein Packerl zu richten, der nicht grad in seiner Kammer war, nicht sein Bündel bereithatte. Wenig Eheleute waren unter ihnen, wenig Kinder. Doch Alte, Zurruhgesetzte, die ein Gnadenbrot hatten, Krüppelhafte. Achthundert Menschen. Auf Salzburg! Oes braucht's Pässe! In Scheunen und Ställen übernachteten sie. Darunter Mägde mit kleinen Kindern. Veitli bei ihnen. Er weinte nicht. Trotzte nur. Hatte seine Geißel bei sich und in der Hast des Aufbruchs wirklich eine Pelzjoppe erhascht. Der Lehrer Gapp fand sich ein, die Bacherleute, denen Haus und Hof genommen.
Matthias, der Prediger, ritt in die Stadt, auf einem Braunen Weitmosers, in warmem Mantel, den Frau Kreszenz ihm aufgedrängt. An ihn war noch kein Befehl ergangen. Ihm glückte es, Nahrung zu beschaffen – gar viele waren ohne einen Heller aufgebrochen. Er war es, der von Person zu Person ging, Paß um Paß besorgte. Da waren Männer, die ihre Weiber suchten, Mütter ihre Kinder. Es stießen Freiwillige zu ihnen, denn Brüder ließen nicht von ihren Schwestern, Frauen nicht von den Männern. Der Aufenthalt in Salzburg zog sich hin. Die Regierung hatte nichts vorbereitet. Immer neue Zuzügler. Immer wieder stand Matthias in Rallos Schreibstube, wies seinen Regensburger Ausweis, verlangte Pässe und Abzugsscheine, stand groß und überschlank in dem langen, schwarzen Rock, der seinen Stand offen zeigte, das sonst blasse Antlitz gerötet. So trat er auch in den Elendsquartieren der Exulanten den römischen Priestern gegenüber, die auf Befehl ihres Bischofs Bekehrung zum katholischen Glauben predigten. Dann konnte er plötzlich mitten unter der frierenden Menge sein, und dem papistischen Geistlichen schwoll das Lutherlied entgegen, Schaitbergers Strophen oder eine Adventspredigt.
Matthias hatte Lisa nicht aufgesucht, um sie nicht zu gefährden. Vielleicht auch, um ihr das Herz nicht noch schwerer zu machen.
Stötzel erschien plötzlich bei ihm. Baron Altlehen hatte den Befehl zur Emigration erhalten. Sein Gütchen – es war ja nur noch das Schlössel mit dem bissel Garten und Grasland herum – war klipp und klar aufgerechnet gegen unbezahlte Steuern und Abzugsgelder für zwei Töchter, die sich der Ketzerei ergeben. Auf erzbischöfliche gnädige Intervention gestatte man ihm freien Abzug in einem Wagen oder „Gaon“, da ihm Laufen und Reiten allzu schwer ankomme.

„Und die Baronin?"
„Sie soll bleiben! wird wohl bei der Gräfin Zürggl oder Bogenhausen unterschlüpfen – den beiden Alten drückt es schier das Herz ab –, sie hat aber vor, zu folgen."
„Und – Lisa? Baroneß Lisa?"
„Sie weiß von nichts –"
„Sie wird wohl mit den Angesessenen und der Mutter nachkommen müssen – Stötzel, Bruder! Du mußt ihr beistehen, bis ich zurück bin!"
„Der Weitmoser und ich! Ist schon abgemacht!"
Kurbayern zögerte mit der Durchreiseerlaubnis. Ketzer in katholische Bezirke? Bettelvolk? Wer zahlt Verpflegungsgelder?
Es ging Weihnachten zu. Die Kälte wuchs. Den Krüppeln und Kranken wurden Wagen bewilligt.
Matthias war unermüdlich.
Siebenunddreißig Personen bekannten sich zur katholischen Kirche zurück. Kein Wort verschwendete er an sie. Mit schüchternen Abschiedsgrüßen verließen sie die kalten Herbergen der Glaubenstreuen, um in ihren Dörfern als „Anglöckler" oder „Anhörbiger" der Adventszeit von Haus zu Haus mit frommen Sprüchen „Glöckibetn" und milde Gaben sammeln zu gehen.
Am siebzehnten Dezember großer Lärm schon vor Anbruch des dunklen Tages bei den Scheuern der Exulanten. Die Tore fliegen auf. Soldaten. Kommandos. Die Frühglocken bimmeln grad von allen Kirchen der Stadt. Verschlafene und frierend Wachende fahren auf. An der Schifflände ist noch so schwarze Nacht, daß man die Salzach nur rauschen hört. Lichter blinken von Schiffen und spiegeln ins Wasser hinein. An Bord! Dumpf die einen, fröhlich die andern, drängen die Emigranten auf die Fahrzeuge. Salzach hinab, Laufen zu, nach Tittmoning zur bayerischen Grenze. – Auf der Landstraße andere Rotten, der Konvoi voraus. Allmählich dämmert es. Die weißen Uniformen der Soldaten heben sich zuerst aus nächtlichem Dunkel. Hier knarren Wägelchen, quiekt eine Bremse, wiehert ein Roß. In diesem Zuge von Hunderten entdeckt Matthias die schaukelnde winzige Kalesche des Barons. Ein Holzknecht kutschiert. Hier bemerkt er im ersten Tagesschein Bimbolo auf seinem Eselchen, Teisendorf zu. Westlich werden andere getrieben, sie sollen auf Traunstein. Viele tragen jetzt Packen, Kraxen oder Bündel.
Auf einem Sträßchen durch Gebirge und Schluchten Tirol zu ziehen ein halbes Hundert. Sie haben sich abgesondert. Sind ohne Pässe, meist von Radstadt und Saalfelden. Wollen sich durchschlagen. Fort, fort! Wandern in den schwindenden kurzen Wintertag hinein. In die Kälte fällt plötzlich ein lauer Wind. Der Schnee, der körnig, eisig herabstöberte, weicht auf zu großen, klatschnassen Flocken. Ganz dunkel wird es ringsum. Schwarz starren Felsen und Gesträuch, nur grau, grau, weißlich fällt langsam der Schnee. Stumm, gesenkten Hauptes die heimlichen Emigranten. Auf ihren Hüten, auf dem Lodengewand, auf Packpferden

sammelt sich nasser Schnee, immer neu zertaut ihn der föhnige Wind. Immer neu häufen sich die großen Flocken. Karren knirschen und quatschen in der Nässe. Wagenketten klirren eintöniges Wanderlied.
Da – wo sich Wege kreuzen – laute Rufe. Anschlag von Gewehren. Weißlich taucht eine Masse aus weißlichem Geflock. Soldaten! Verraten, abgefangen! Voran den Emigranten gehen von den Holzknechten und Salzknappen.
„Hoalt, umkehren!“ tönt es ihnen zu.
„Wir kehren nicht um –“
Kolbenstöße, Flüche, Bajonette. Schläge treffen Köpfe, Beine, Arme, Kraxen – Die Karren halten. In die Knie sinken die Schwächeren des Trupps, Frauen, Kinder, Alte –
„Ihr verdammten Ketzer, wollt ihr kehrtmachen?“
„Wir kehren nicht, macht, was ihr wollt –“
Ein Reiter sprengt heran – Feuer! will er kommandieren. Da tut es in der Luft einen runden dumpfen Knall – der Schall fließt weiter – und als wenn ein Stern vom Himmel fiele, sinkt eine feurige Kugel herab, sie hüpft auf die Bajonette, läuft über Metallzeug, springt an das Eisen des Karren, um Räder, Bremsen, Bock, Ketten – macht ein helles Licht, blendet die Soldaten – die rufen laut – zu wem alles? Ihr Heiligen! Mutter Gottes! stürzen sich ins Gebüsch, rasen ins Dunkel – es raucht im nächtlichen Gestrüpp, knackt, rutscht – die Feuerkugel rollt in den nassen Schnee, verlöscht, verschwindet –
Aus weiter Ferne rollt ein Donner.
Die bebenden Exulanten stehen und schauen –
„Das Licht, das Licht!“
Weinen sie, singen sie? Stammeln sie ein Gebet?
„Ein Kugelblitz!“ sagte ein Holzknecht.
„Gott, Gott!“ antwortete ein anderer.
S. 242–246.

Hedwig von Redern

Heimatsucher

Schloß Werfen im Jahr 1728, Amtssitz des Pflegers Franz von Motzel und Familie, bildet den Hauptschauplatz der Romanerzählung „Heimatsucher“ (1928), in der dem Kanzler Cristani von Rall die Schurkenrolle eines Hauptverantwortlichen für die Salzburger Protestantentragödie zukommt.
Die Autorin, Hedwig von Redern, ist literaturgeschichtlich nicht zu belegen. Möglicherweise behandelt dieses Werk ihre persönliche Familiengeschichte und hat, als Einzelerscheinung wie als nur durchschnittliche literarische Leistung, eine nachhaltige Wahrnehmung Hedwigs von Redern als Schriftstellerin verhindert. Ihre Schilderung Salzburgs zu Beginn des 18. Jahrhunderts, die in ihrem Kern eine Liebesgeschichte zwischen der Pflegersnichte Walpurga und dem kleinen Adeligen Virgilius von Auer enthält, verrät gute Kenntnisse der Landesgeschichte und Landestopographie. Inwiefern diese ausschließlich auf archivalischer Recherche beruhen, muß offenbleiben. Die Romanhandlung setzt neben Szenen aus dem bäuerlichen Leben, mit Bibelstunden und Bibelverstecken, Schilderungen aus der verwaltungsmäßigen Oberschicht und der kirchlichen Obrigkeit, die mit Zwangsmaßnahmen und dubiosen Nebenabsichten vertreten ist. Zur Darstellung kommen die wichtigsten Stationen der Salzburger Protestantenverfolgung sowie der Emigrantenzug nach Preußen und Litauen, womit die Beschwerlichkeit, in einem fremden Land Fuß zu fassen, aber auch die entgegenkommende Unterstützung der ansässigen ostpreußischen Bevölkerung zur Sprache kommen.

Wohin mit den verlassenen Kindern?

Werkausschnitt „Heimatsucher“

„Aber, Virgilius, kann denn das sein? Fehlt es nicht schon an den tüchtigen Handwerkern überall, die man fortgetrieben hat, und nun noch die Bauern von der Scholle? Ach, Virgilius, wenn sie deinen schönen Besitz fortnähmen, wenn sie uns ins Elend stießen, würden wir's so heldenmütig ertragen? Ich mag des Oheims Freund, Rall, nicht leiden, er hat ein grausames Herz. Was hilft da alle Rechtgläubigkeit. Unser guter, alter Pfarrer und Schloßkaplan ist ganz anderer Art. Wie milde geht er mit allen um!“
Auer lächelte seine kleine Frau an. Wenn sie in Eifer geriet und ihre Augen blitzten, dann röteten sich ihre jetzt oft blassen Wangen so schön!

„Ein jeder muß nach seiner Überzeugung handeln," entgegnete er.
„Aber dann, Virgilius," sie sah ihn fast entsetzt an, „dann müßte ich ganz anders handeln, dann ginge ich unter die Leute und lobte sie und sagte es geradeheraus: Ihr tut recht!"
„Aber, Walpurga, das wolltest du den Lutherischen sagen?!"
„Ja, sie handeln doch nach ihrer Überzeugung, und sie wagen etwas für ihren Glauben, und woher kommt ihnen die Kraft?"
„Fanatismus," entgegnete ihr Mann. Er fühlte sich verpflichtet, seine Frau etwas zu dämpfen, denn ihre Reden waren oft unvorsichtig und gar zu impulsiv.
„Virgilius, ich hab eine Bitte," begann sie unvermittelt wieder.
„Nun, welche?" Er lächelte sie bewundernd an. Würde er nie über die Bräutigamsliebe hinauskommen? Die Tante fand, es sei an der Zeit, etwas ernster miteinander zu verkehren. Mon Dieu, wenn denn im Sommer schon die Wiege einen Platz brauchte!
Virgilius hatte beschlossen, um die Zeit den Dienst zu quittieren und ganz auf sein Gut hinauszuziehen. Es bedurfte des Herrenauges, und hier, im düsteren, alten Schloß, fühlte seine Walpurga sich nicht wohl. Sie war zu wissend und zu sehend geworden, und ihr Blut war nicht kühl genug, um sich über das hinwegzusetzen, was sie als Ungerechtigkeit empfand.
Jetzt fand Walpurga keine Worte, um ihrem Wunsch Gestalt zu geben, er mußte noch einmal ein ermunterndes „Nun?" sagen.
„Ich möchte ein Kinderheim gründen!"
„So," sagte er, „ich denke, du bist schon dabei."
„Ach, Virgilius, laß doch das. Nein, eins für die Kinder, die von ihren Eltern getrennt werden, die keine Verwandten haben. Da soll dann unser alter, lieber Pfarrherr der Vater sein, und die Mutter bin ich!"
„Und ziehst von mir fort dazu? Das muß ich doch ein bißchen überlegen," erwiderte er in angenommenem Ernst.
„Ach, Virgilius, du bist unausstehlich," rief sie und schlug nach ihm mit einem winzigen, kleinen Wäschestück, an dem sie eben gearbeitet hatte.
„Nein, ich setze eine katholische Frau dahin, so eine, die übergetreten ist, oder deren Mann fort mußte. Weißt du, und dann pflegen wir die Kinder, bis die Eltern sie wiederbekommen, denn das muß einmal sein, hörst du, Virgilius? Ich könnte wünschen, Rall träte dir seine Stelle ab, damit du in die ganze trübe Sache Licht brächtest!"
„Das wünschst du, solchen Ehrgeiz hättest du, sieh, sieh. Aber dann hat's ein Ende mit dem Wald- und Stilleben, nein, Gott bewahre mich vor solchem Posten, mich und ich kann wohl getrost auch sagen: dich!
S. 128–130.

Historischer Kommentar

Frühe Protestantenausweisungen

Die Kunde von Luthers 95 Thesen aus dem Jahr 1517 gelangte über Nürnberg rasch nach Salzburg. Der Buchdruck ermöglichte zudem eine schnelle Verbreitung reformatorischer Ideen. Die politischen, wirtschaftlichen und sozialen Umstände wie auch die innere Schwäche der Kirche begünstigten die Hinwendung der Salzburger Untertanen zum Protestantismus. Erste Unruhen und das Bestreben, die bestehenden Herrschaftsverhältnisse zu verändern, gipfelten im Bauernkrieg 1525/26.
Erzbischof Wolf Dietrich griff 1588 zu scharfen Maßnahmen zur Sicherung des katholischen Glaubens. Der absolute Landesherr erließ ein Mandat, das die Ausweisung der Evangelischen aus dem ganzen Erzstift befahl. Realisiert wurde der Befehl allerdings nur in der Hauptstadt. Diese ersten unter Wolf Dietrich und Markus Sittikus erfolgten Abwanderungen vollzogen sich langsam und unauffällig. Als „Staatsaktion gegen den Kryptoprotestantismus" führte hingegen Erzbischof Max Gandolf von Kuenburg 1685 die Vertreibung der Geheimprotestanten im Defereggental (Osttirol) und die Ausweisung der Knappen am Dürrnberg in den Jahren 1687–1691 durch.
Die Bewohner des im Pfleggericht Windisch-Matrei gelegenen Defereggentals waren als Hausierer und Spielleute in evangelische Gegenden und dort mit dem neuen Glauben in Berührung gekommen. Nach ihrer Denunziation durch einen Bildschnitzer mußten 564 Personen im härtesten Winter *ins Elend ziehen*, wie es in den Quellen heißt. Der Ausweisung der Dürrnberger Knappen und ihrer geistlichen Leitfigur Joseph Schaitberger war hingegen ein Religionsverhör vorausgegangen, bei dem sie sich offen zum lutherischen Glauben bekannt hatten. Der spätere Verfasser von Sendbriefen und des bekannten Exulantenlieds Schaitberger wurde mit seinen engeren Anhängern 1686 außer Landes verwiesen. Bis 1691 verließen rund 70 Personen den Dürrnberg.

Die „grosse Emigration"

„Internationales" Aufsehen erregte die mit dem geschönten Ausdruck *Große Emigration* bezeichnete Vertreibung der Salzburger Protestanten 1731/32. Der neugewählte Landesherr Leopold Anton Freiherr von Firmian (1727–1744) berief 1728 in der gutgemeinten Absicht, die religiöse Unterweisung der Landbevölkerung zu intensivieren, Jesuiten für die innere Mission in das Salzburger Gebirgsland. Nachdem sich herausgestellt hatte, daß der evangelische Glaube stark vertreten war, folgten Hausdurchsuchungen, Verhöre und Kerkerstrafen. Die

Gefängnisse befanden sich – so wie Gertrud Lent es schildert – in einem erbärmlichen, ekelerregenden Zustand, sodaß viele Inhaftierte bereit waren, jede gewünschte Aussage zu machen, um nicht noch länger dort gefangen gehalten zu werden.

Im Mai 1731 überbrachten 31 Abgesandte aus den sieben Pongauer Pfleggerichten (Bischofshofen, Gastein, Radstadt, St. Johann, St. Veit, Wagrain und Werfen) vermutlich auf Anregung des Hüttauer Schmieds Rupert Stulebner eine von 19.000 Evangelischen unterfertigte Bittschrift an das Corpus Evangelicorum in Regensburg. Die Unterzeichneten baten darin um Gewährung von Glaubensfreiheit und eines evangelischen Predigers.

Der im Jahr 1731 als Hofkanzler bestellte Hieronymus Cristani von Rall, den der Erzbischof mit der Durchführung von Maßnahmen im Sinne der Gegenreformation betraute, erachtete die Petition als eine Form von Hochverrat. Vor einer daraufhin von Rall eingesetzten Kommission bekannten sich nun aber 20.678 Menschen zum evangelischen Glauben.

Protestantischer Bauer

Der Papst und Kaiser Karl VI. wollten eine gemäßigte Gangart einschlagen und die „Ketzer" mit Hilfe der Kapuziner bekehren. Erzbischof Firmian und sein intriganter Kanzler erließen am 31. Oktober 1731 das Emigrationspatent. Entgegen den Bestimmungen des Westfälischen Friedens mußten alle Protestanten, die über zwölf Jahre alt waren, das Land verlassen.

Das Edikt wurde aber erst am 11. November publik gemacht, denn da der Martinitag zu den drei bäuerlichen Steuerterminen zählte, ermöglichte die verzögerte Verlautbarung noch die Einhebung der von den Untertanen zu entrichtenden Steuern und Naturalabgaben. Alle unangesessenen Personen, das heißt solche, die über keinen Grundbesitz verfügten, mußten Salzburg binnen 14 Tagen verlassen. Den *ansässigen* grundbesitzenden Bauern gewährte man eine längere Frist bis zum Georgitag (24. April) 1732.

Für die besitzlosen Untertanen wurden die Verfügungen des Emigrationsedikts bald bitterer Ernst. Die Pfleger erhielten die Anweisung, sie in Gruppen von 200 bis 300 Personen einzuteilen und an die Grenze zu bringen. Szenen wie sie Gertrud Lent beschreibt, spielten sich tatsächlich ab. Ohne sich ausreichend versorgen, kleiden und auf ihre Reise vorbereiten zu können, gelangten rund 4000 Personen an die Grenze bei Tittmoning. Kurbayern hatte zuerst aus Angst vor den angeblichen Sektierern die Grenzen dicht gemacht und gestattete erst nach wo-

chenlangen Verhandlungen die Durchreise. Viele Unansässige schlossen sich später den Zügen der Grundbesitzenden nach Ostpreußen an, andere siedelten sich in den deutschen Reichsstädten, protestantischen Kleinterritorien oder in Württemberg an. Die Todesrate lag bei mehr als einem Drittel.
König Friedrich Wilhelm I. von Preußen erließ am 2. Februar 1732 sein berühmt gewordenes Patent, das allen Einwanderern, besonders den bessergestellten Bauern, sehr günstige Siedlungsbedingungen in Ostpreußen und die Begleichung der Reisekosten garantierte. Zahlreiche Ansässige folgten dem Aufruf. Danach standen 1776 Bauernhöfe im Land Salzburg leer. In den Pongauer Gerichten waren durchschnittlich 60 Prozent, in den Gerichten Werfen und St. Johann stellenweise sogar 90 Prozent der Bevölkerung emigriert.

„Neue Heimat" der Protestanten

16.288 Ansässige verließen im Sommer 1732 das Erzstift. Die meisten zogen in insgesamt 16 Emigrantenzügen nach Ostpreußen, kleinere Gruppen wanderten nach Holland und Amerika aus. Friedrich Wilhelm I. hatte weniger aus wirtschaftlichen oder demographischen Überlegungen, sondern in erster Linie als evangelischer Christ gehandelt, als er sich zur Aufnahme der aus dem Erzbistum Vertriebenen bereit erklärte, obwohl er reformiert und die Salzburger lutherisch waren. Die Pest von 1709/10 hatte zwar große Landstriche Ostpreußens beinahe entvölkert – davon berichtet auch Helene Dalmer –, die fruchtbaren und günstig gelegenen Gebiete waren aber bereits wieder besiedelt.

Protestantische Bäuerin

Die Reise in die neue Heimat war lang und beschwerlich. Den Salzburgern begegnete man in den Orten, die sie passierten, mit Mitgefühl und Hilfsbereitschaft. Kirchenglocken läuteten zu ihrem Empfang, und Gedenkschriften wurden zur Erinnerung an ihren Aufenthalt herausgegeben. Die Glaubenstreue und Standhaftigkeit der Salzburger Protestanten hatte für viele Evangelische Vorbildwirkung, die sie in ihrem Glauben bestärkte. Manche stilisierten sie sogar zu Märtyrern des Glaubens.
Zwischen August und November 1732 trafen die ersten Emigranten in Königsberg ein. Die Landschaft Ostpreußens und das Verhalten der dortigen Bevölkerung gegenüber den neuen Siedlern entsprach aber nicht den Vorstellungen, die

sich die Salzburger gemacht bzw. erhofft hatten. Seit der großen Pest waren 20 Jahre vergangen, und zahlreiche Kolonisten aus ganz Deutschland, der Schweiz und anderen Gegenden Europas hatten sich in der Zwischenzeit niedergelassen. Unbebautes Kulturland war so gut wie gar nicht vorhanden, nur verwilderte Felder, die urbar gemacht werden sollten. Der Wunsch der Salzburger Siedler, sich geschlossen niederzulassen, konnte nicht erfüllt werden. Die einheimische bäuerliche Bevölkerung begegnete ihnen mit Mißtrauen, da sie um Brot und Arbeit fürchtete. Die Salzburger kritisierten die ihnen ungewohnten Lebensverhältnisse, die Qualität der Lebensmittel oder die *garstige Milch*, wie in Helene Dalmers Roman, der unter anderem die Anpassungsschwierigkeiten der Emigranten zum Gegenstand hat. Außerdem erwies sich die Verständigung mit den überwiegend Plattdeutsch sprechenden Ostpreußen als schwierig und förderte nicht gerade eine Annäherung. Heimweh und Mutlosigkeit machten sich breit.
Nachdem auf Intervention des preußischen Königs für die Neuankömmlinge vorerst einmal Notquartiere geschaffen worden waren, wohnten viele Salzburger Familien während des ersten Winters bei einheimischen Bauern, bevor ihnen 1733 Land zugewiesen wurde. Der Ansiedlungsprozeß ging langsam vor sich, zahlreiche Salzburger wechselten öfter ihre Aufenthaltsorte, bis um das Jahr 1736 die meisten wieder festen Boden unter den Füßen hatten. In den ersten beiden Jahren war fast ein Viertel der Eingewanderten gestorben.

Späte Ausweisung

Im Jahr 1837 kam es noch einmal zu einer Vertreibung von Anhängern einer protestantischen Bewegung auf zur Salzburger Erzdiözese gehörigem Gebiet, die zu einer der letzten in ganz Europa zählte. Auf Anordnung Kaiser Ferdinands I., dem *Gütigen*, wurden 126 Familien, bestehend aus 414 Personen, aus dem Zillertal vertrieben. Sie waren *Inklinanten*, nicht klar einzuordnende Protestanten, die zwar formell am Gottesdienst teilnahmen, jedoch die Sakramente verweigerten. Nach der Ansicht Erzbischof Schwarzenbergs stellten sie eine wachsende Gefahr für die Gläubigen im konfessionell geschlossenen Tirol dar.

Horst Wolfram Geißler (1893–1983)

Wie ein Miniaturenmaler aus dem Rokoko

Der Falschspieler, Glücksritter, Komödiant und Puppenspieler Kaspar Benedikt Schwankl und sein aus einem Salzburger Dorf gebürtiger Diener Florian bilden das pikarisch leichtlebige Heldengespann in Horst Wolfram Geißlers Roman „Der Puppenspieler“ (1929), mit dem die barocke Tradition des Schelmenromans in der Art einer Hommage auf die Figur des Hanswurst fortgeführt wird.

Ihre abenteuerliche Lebensreise, die über Höhen und Tiefen gleitet ohne zu haften, dabei Chancen eröffnet und Niederlagen bereitet, ist wie ein unterhaltsames und etwas rätselhaftes Maskenspiel angelegt. Dasein heißt in diesem Rahmen sich verwandeln, Theater machen, Rollen annehmen. Bereits das erste Kapitel führt den Falschspieler Schwankl an der nördlichen Grenze der habsburgischen Monarchie mit einer Truppe wandernder Schauspieler zusammen, deren Prinzipal Ilgener er beim Pharaospiel, einem verbreiteten Hasardspiel, gehörig ausnimmt. Schwankl ist ein Tunichtgut, aber am Ende ist er *ein guter* Mensch. Sein wechselhaftes Naturell, das zwischen dem Möglichen und dem Wirklichen, zwischen Trugbild und Realität changiert und schillert, wird durchscheinend für den Lebenssinn des Einfachen.

Als Falschspieler betritt er Wien, steigt in die Fußstapfen des legendären Hanswurst, wird weggejagt und beendet in Salzburg seinen beschaulichen Lebensabend als Theatermacher eines Kasperlspiels. Der Kunst der Verstellung und den Chancen der Verwandlung gehört das Thema dieses Romans, zugleich erzählt wird damit die Geschichte der Hanswurst-Figur. Horst Wolfram Geißler hat diesen Prototyp der Wiener Volksbühne auf seine Schelmengestalt Kaspar Benedikt Schwankl zurechtgeschnitten.

Joseph Anton Stranitzky (1676–1726), der Begründer des Wiener Volkstheaters gilt auch als Schöpfer der Hanswurst-Figur, des komödiantischen Sauschneiders mit gesträubtem Haarschopf und bodenscheuen Hosen, dessen ursprüngliche Heimat im Lungau zu vermuten ist. Aufzug und Handwerk wenigstens deuten dorthin. Als ein Prototyp des Theaters ist er freilich wurzellos, überregional, ein Kontrastbild zum weisen Narren Shakespeares. Steht dieser abgeklärt über der Wirrnis der Gefühlsbindungen, so will Hanswurst aus der Verstrickung mit dem prallen Leben gar nicht loskommen. Er ist urkomisch, weil er so maßlos, gierig und unverschämt in seinem Auftreten ist. Sein ganzes Begehren scheint wie das Leben selbst auf Essen, Trinken, klingende Münze und Bequemlichkeit ausgerichtet.

Stranitzky hat den Hanswurst ursprünglich als Marionettenfigur fürs Puppenspiel geschaffen, ist damit in Burghausen, München, Nürnberg, Augsburg, Köln und

Wien erfolgreich aufgetreten. Sein Nachfolger war Gottfried Prehauser (1699–1769), und ihn hat Horst Wolfram Geißler in seinen „Puppenspieler" versetzt, wo er, damit bewegt sich der Autor auf dem Boden der geschichtlichen Tatsachen, in ungezählten Stücken und Aufführungen den vom Publikum heißgeliebten Hanswurst zum Besten gab. Aus Krankheitsgründen trat er zurück und bestimmte, damit sind wir wieder beim Roman, den Theaterfreund, Abenteurer und Lebemann Kaspar Benedikt Schwankl zum Ersatz-Hanswurst. Im „Puppenspieler" heißt es über Prehauser:

Horst Wolfram Geißler

„Prehauser war ein großer, dicker, wohlwollender Mann, das Muster eines Familienvaters und theresianischen Bürgers, zudem Hüter jener glorreichen Tradition, die mit Stranitzky begonnen hatte. Stranitzky war der erste Wiener Hanswurst gewesen und hatte damit die ganze Art des Wiener Theaters bestimmt, ja, ein neues Bühnenzeitalter geschaffen. Als er starb, hinterließ er dieses Erbe dem Prehauser, der es zum dankbaren Vergnügen der Wiener aufs beste verwaltete, wiewohl die Kaiserin dem Hanswurst nicht eben günstig gesinnt war; dagegen liebte der Kaiser die deutsche Komödie ungemein." (96)

Kaspar Benedikt Schwankl geht mit Haut und Haaren in seiner Hanswurst-Rolle auf. Sie ist die letzte große Nummer im Repertoire seiner Verstellungskünste, das mit der Unbeschwertheit eines liederlichen Lebens durch die zerstreuungslustigen Zirkel der Wiener Adelsgesellschaft führte. Schwankl nutzte die Gunst der Stunde und wurde seinerseits benutzt. Als Liebhaber, Goldmacher, Freimaurer und Freund der Theaterleute mischte er sich ins Getriebe. Graf Saint Germain, der geheimnisvolle Logenführer, bestimmte ihn zur Marionette seiner politischen Ränke. Bei einer Explosion in einer ungarischen Alchemistenküche wird er beinah in die Luft gesprengt, und schließlich bringen ihn die Fallstricke der Intrige zu Sturz. Kaspar Benedikt Schwankl wird aus der Kaiserstadt ausgewiesen, wie eine Marionette aus dem Stück genommen.

HORST WOLFRAM GEISSLER – LITERATUR AUS DER SPIELDOSE

1893 wurde Horst Wolfram Geißler als Sohn eines Lehrers und Verfassers von Dorfgeschichten in Wachwitz bei Dresden geboren. Er promovierte an der Universität in München mit einer Dissertation über „Grillparzer und Schopenhauer". Als Herausgeber und Übersetzer hat er sich auch später noch wissenschaftlich

betätigt. Ausgaben des Fauststoffes und des Nibelungenlieds liegen unter seinem Namen vor.
Ursprünglich plante Geißler eine Laufbahn als Journalist, aber der Sensationserfolg von „Der liebe Augustin. Geschichte eines leichten Lebens" (1921) stellte die Weichen anders. Diese Rokokogeschichte eines Geigenbauers, der dem Zauber der Spieldose verfällt und die hohe Kunst gegen die leichte Muse eintauscht, durchzieht wie ein Leitmotiv das an die 100 Titel umfassende erzählerische Werk Horst Wolfram Geißlers. Rokoko, Romantik und Biedermeier geben den bevorzugten zeitlichen Rahmen dieser unterhaltsamen Prosa ab, die mit Stimmungsbildern und lockerer Szenenfolge in eine Welt entführt, die wie aufgepinselt oder drapiert, nur für den Augenblick gemacht scheint. Odysseus, Anakreon, Carl Spitzweg und der Porzellanmodelleur Bustelli waren neben dem Glücksritter und Komödianten Kaspar Benedikt Schwankl die Helden seines schelmenhaften, mußevollen Erzählens. Diese leichte Feder brachte jeweils Auflagen von über 100.000 verkauften Exemplaren.
Noch während des Krieges übersiedelte Horst Wolfram Geißler aus dem bombenzerstörten München nach Hechendorf am Pilsensee, wo er zeitentrückt zwischen geträumter und gelebter Landschaft, ein Jean Paul, vielleicht mehr noch ein Wilhelm Raabe des 20. Jahrhunderts, sich still und immens produktiv der Unterhaltungsliteratur verschrieb. Er starb, zuletzt eine Spur aus der Mode gekommen, 1983.

„Der Puppenspieler" oder Hanswurst in Salzburg

Als die beiden Romangestalten Kaspar Benedikt Schwankl und sein treuer Diener Florian 1764 nach Salzburg gelangen, wo sie im Hotel zur Traube in der Linzer Gasse absteigen, um danach in malerischer Lage auf der Imbergstiege, hoch über der Dächerlandschaft der Stadt, eine Wohnung mit Kapuzinerberggarten zu beziehen, liegt der abenteuerlichste Abschnitt ihrer Lebensgeschichte bereits hinter ihnen.
Auf höchste Verfügung hin war der Hanswurst von Prehausers Kärtnertortheater und aus Wien weggejagt worden. Zusammen mit diesem Schelm von dunkler Abstammung wurde auch eine altüberkommene Bühnentradition aus dem Programm gestrichen. Graf Saint Germain, so setzt der Roman fort, Freimaurer und Logenführer, ein maßgeblicher Drahtzieher in Schwankls Marionettenleben, hatte ihn mit Bargeld und einem Paß ausgerüstet, der aus dem namenlosen Schwankl einen namhaften Chevalier de Bombelas machte.
Auch die Empfehlung Salzburgs, das die zwei Gestrandeten wie eine liebliche Ruheinsel aufnimmt, kommt von diesem Undurchsichtigen. Mit dem Kaffeehaus Steiger, dem Hotel Schiff am Residenzplatz, dem Sternbräu und dem Hübnerschen Comptoir, einer einzigartigen Institution der Aufklärungszeit, die Zeitungsre-

daktion, Buchhandel und Neuigkeitenbörse in sich vereinigte, bringt Geißler ansprechenden Lokalkolorit in seine Schilderung ein.

„Mit der Zeit fühlte Schwankl den Wunsch, irgendetwas zu tun, und zwar, wenn möglich, etwas Vernünftiges. Zu Unvernünftigem war nicht allzuviel Gelegenheit, denn es gab in Salzburg nicht das, was man anderswo ‚Gesellschaft' nannte; der Fürst lebte, wie alle kirchlichen Würdenträger, ziemlich zurückgezogen, und auch die Herren des Domkapitels blieben unter sich. Einen Adel gab es nicht; die Patrizier unter den Bürgern waren gering an Zahl und lebten für ihre Arbeit. Aber es gab da eine Art von geistigem Kramladen, nämlich das Hübnersche ‚Zeitungscomptoir', das eigentlich eine Buchhandlung mit Druckerei war. Hier konnte man sich nach Adressen erkundigen, die Fremdenlisten studieren, Bestellungen für auswärts machen, Auskunft über Quartier, Lakaien, Versteigerungen und dergleichen erhalten; um drei Uhr erschien hier täglich ein halber Bogen Staatszeitung, Freitag ein Intelligenzblatt mit allerlei Kundmachungen und Getreidepreisen, und jeden zweiten Tag veröffentlichte die Expedition die Oberdeutsche Allgemeine Literaturzeitung von gelehrten Sachen. Wer sich für die Weltereignisse außerhalb Salzburgs interessierte, war im Hübnerschen Zeitungskontor zu treffen – meistens aber Fremde, denn die Salzburger selber fühlten sich so wohl, daß sie nicht das Bedürfnis hatten, über den Mönchs- und den Kapuzinerberg hinauszuschauen, weil da draußen ja doch nichts besser, sondern höchstens schlechter war als bei ihnen.

Erste Hanswurstdarstellung

Hier lernte Schwankl den Herrn Johann Andreas Schachtner kennen, der seit zehn Jahren hochfürstlicher Hoftrompeter war, einen freundlichen und hochgebildeten Mann; er hatte die Jesuitenuniversität zu Ingolstadt besucht und war nicht wenig stolz darauf, daß eine Übersetzung des Schauspiels ‚Der heilige Augustin und seine Bekehrung' ihm das Lob Gottscheds eingetragen hatte: es fehlte nicht viel, so könne man von ihm sagen, er schriebe gut Deutsch, ja, er mache auch gute deutsche Verse. Er war ein ausgezeichneter Musiker und außerdem der genaueste Freund der Familie Mozart, von der er Schwankl die erstaunlichsten Dinge zu berichten wußte und alles bestätigte, was man von dem kleinen Wolfgang Amadé Wunderbares erzählte. Dadurch kamen sie einander näher.“ (283f.)

Es ist natürlich ein geschöntes, in Pastelltönen aufgetragenes Salzburgbild, das Horst Wolfram Geißler zeigt. Halleiner Salzfuhren quetschen sich durch die Steingasse, Schnürlregen begleitet die melancholischen Stimmungen der kirchen-

fürstlich regierten Stadt, wo allenfalls spaßverderbende Verbote Verdruß bereiten. Denn es lebt sich sehr behaglich in dieser Residenzstadt zwischen Kapuzinerberg und Mönchsberg unter dem nachgiebigen Krummstab des Sigismund Graf Schrattenbach.
Willkommene Abwechslung bringt ein Puppentheater, das in der Riedenburg seine Zelte aufgeschlagen hat. Im Jahr acht nach Mozarts Geburt führte noch kein Neutor durch den Mönchsbergfelsen. Man begibt sich über den Mönchsbergrücken hinaus vor die Stadt und in Kaspar Benedikt Schwankl fängt die Leidenschaft fürs Theater vor dem schäbigschönen Kostümzauber einer Wandertruppe noch einmal Feuer. Auf diese Anregung hin macht er sich, zusammen mit seinem Diener Florian, an die Herstellung eines Kasperltheaters und beschließt so sein Gauklerleben als Marionettenspieler für die Kinder von Salzburg.

Ein Puppentheater in der Riedenburg

Werkausschnitt „Der Puppenspieler“

Als der Sommer zur Neige ging, brachte Florian eines Tages die Nachricht, daß hinter dem Mönchsberg, in Riedenburg, ein wanderndes Puppentheater sich aufgetan habe. Schwankl hatte mit der seltsamen Stadt bisher so viel zu tun gehabt, daß er noch niemals recht eigentlich aus ihren Mauern herausgekommen war. Auf die andere Seite des Mönchsbergs, der Salzburg einschloß, zu gelangen, war damals nicht ganz einfach. Denn der Erzbischof ging erst ein Jahr später daran, seinen alten Plan eines Tunnels durch den Berg auszuführen. Im Jahre 1764 jedoch mußte man entweder um den Berg herum oder über ihn hinweggehen, wenn man nach Riedenburg wollte. Schwankl entschied sich für den zweiten Weg. Er kletterte hinter dem Hofmarstall mit seinen in die Felswand gehauenen Arkaden die Steinstiege hinauf, genoß von droben die Aussicht auf die Alpen und den mächtig davorliegenden Untersberg, und kam dann steil hinab nach dem noch ganz dörflichen Riedenburg.
Zwischen den wenigen Häusern war das Puppentheater leicht zu finden. Es stand auf einem Grasplatz, der wohl auch sonst für reisende Seiltänzer und Springer bestimmt war. Ein Strick war im Halbkreis davorgespannt: innerhalb dieser Grenze hatte man Bänke aufgestellt.
Schwankl war außer ein paar Müttern der einzige Erwachsene. Bei seiner guten Kleidung und seinem vornehmen Aussehen fand er mehr Beachtung, als ihm für den Augenblick lieb war. Man spielte die alte Tragödie „Ex doctrina Interitus, oder Die unglückselige Gelehrsamkeit, dargestellt in dem Leben und verzweifelten Tode des Doktors Johannes Faustus, mit Kasperle, einem von vielerlei Gespen-

stern verfolgten Famulo.“ Schwankl hatte sie auf seinen Reisen schon öfter gesehen, aber sie gefiel ihm stets wieder aufs neue. Diesmal betrachtete er das Theater noch dazu mit besonderen Augen: er hätte gewünscht, den verborgenen Spielern etwas abzugucken und von ihnen zu lernen. Soweit er's auszumachen vermochte, steckten nur zwei Personen hinter der Bühne: ein Mann, der alle männlichen Rollen sprach, und ein Frauenzimmer, das alle weiblichen Rollen und diejenigen der guten Geister sprach, während wiederum der Mann sich der bösen Geister mit recht höllischem Gegrunz annahm. Das Stück war mit allem Fleiß ausgestattet, an prächtigen Kleidern, fliegenden Drachen, schrecklichen Dämonen, Feuerbränden und Höllenrachen fehlte es nicht, und alles ging aufs beste zusammen.

Nach der Vorstellung, die vielen Beifall fand, kamen der Prinzipal und ein junges Mädchen hervor, um das Geld einzusammeln. Offenbar waren sie Vater und Tochter.

„Es wäre mir lieb,“ sagte Schwankl, indem er einen Gulden auf den Teller legte, „wenn ich auf ein paar Minuten mit Ihnen reden könnte.“

Der Mann sah mit einem sonderbar unglücklichen und erschreckten Blick zu ihm auf, antwortete aber höflich: „Sogleich steh' ich dem Herrn zu Diensten!“

„Ich habe Zeit!“ erwiderte Schwankl verwundert.

Bald war der Mann mit dem Sammeln zu Ende und kam wieder heran, während die Zuschauer sich verliefen. „Es sollte mir leid tun,“ sagte er demütig, „wenn dem Herrn die Aufführung mißfallen hätte. Indessen bitt' ich Euer Gnaden beachten zu wollen, daß die Tragödie einen durchaus moralischen Zweck hat, indem sie zeigt, wie allein die wahre Gottesfurcht und Einfalt zur Seligkeit führt, während das wüste und anmaßliche Leben des Fausti von ewiger Verdammnis gefolgt ist, und –“

„Guter Mann!“ fiel ihm Schwankl mit Lachen in die Rede, „was kümmert das mich? Mir scheint, Er hält mich für einen, der ich nicht bin!“

Der Prinzipal atmete auf. „So ist der Herr nicht von Seinen hochfürstlichen Gnaden geschickt?“

„Ganz gewiß nicht! Ich habe mit dem Erzbischof nicht mehr zu tun als Er selber. Aber warum hat Er das gemeint?“

„Es ist, weil das Oberstkämmereramt mir verboten hat, die Stadt zu betreten, mich auch hat wissen lassen, daß Seine hochfürstlichen Gnaden das Komödienspielen aller Art nur ungern sieht und überhaupt alle weltlichen Vergnügungen aufs schärfste verurteilt und verfolgt.“

Schwankl setzte sich auf das Holzbänklein. „Nicht möglich!“ sagte er, bis zur Fassungslosigkeit erstaunt. „Weiß Er das gewiß?“

„Ganz gewiß!“

Kaspar Benedikt mußte denken, wie es in Salzburg wohl erst ausschauen würde, wenn der Erzbischof den weltlichen Vergnügungen weniger abhold wäre. Indes-

sen hütete er sich weislich, derlei Gedanken zu äußern, und sagte: „Nein – ich bin nur gekommen, weil das Puppenspiel mein liebster Zeitvertreib ist und ich Ihn bitten wollte, mir das Theater ein wenig zu zeigen – aber nur, wenn Er will, versteht sich!"
Dem Prinzipal fiel ein Stein vom Herzen. „Mit tausend Freuden! – Katherine, Katherine!"
Schwankl zuckte unwillkürlich zusammen, als er diesen Namen hörte.
„Zeige dem Herrn unsere Maschinen und die Figuren, Katherine. – Sie ist meine Tochter, Herr, ein gutes Kind, und wird Ihnen gewiß alles erklären. In einer Minute bin ich selber zurück." Er ging.
Das junge Mädchen mochte fünfzehn Jahre alt sein. Sie trug ein armes, hellbuntes Baumwollkleidchen, das den schlanken Hals freiließ und ihre kindlich mageren Schultern nur zur Hälfte bedeckte.

„Wenn es Ihnen recht ist," sagte Katherine munter, „so will ich Sie jetzt in unser Leinwandhäuschen führen – es hat gerade Platz für zwei, denn der Vater und ich spielen alles ohne Hilfe."
„Das muß bisweilen schwierig sein…" sagte Schwankl, der nur mit Mühe aus seinen Gedanken den Weg zurückfand, „aber eure Puppenkomödie war gut, selten hab' ich eine bessere gesehen."
„Oh, das ist nichts!" antwortete sie stolz, „der Herr sollte mich einmal singen hören, wenn gerade so ein Stück gespielt wird!"
„So…?" fragte er, „singen…? Ja… das wird wohl so sein. Warst du einmal in Wien, Katherine?"
„Nein. In den großen Städten ist kein Platz für uns. Aber ich wollte wohl, ich käm' einmal dahin, wo ein richtiges Theater ist, auf dem Menschen spielen. Der Vater sagt, daß es eine musikalische Tragödie gibt, in der die Leute nur singen."
„Ja, die gibt es…!" erwiderte Schwankl. Während sie sich von rückwärts über die kleine Bühne beugten und auf die Marionetten hinabschauten, die ordentlich an Stangen nebeneinander hingen, wanderten seine Gedanken schon wieder über die Berge und Bäche nach Wien zurück.

„Werdet ihr lange hier bleiben?" fragte er schließlich.
„Solange es Leute gibt, die uns zuhören, Herr."
„Und dann?"
„Dann müssen wir wohl weiterwandern."
„Aber der Winter kommt!"
„Vielleicht gehen wir über das Gebirge, Herr! Im Süden freuen sich die Menschen mehr am Zuschauen. Ich kann auch ein wenig Italienisch."
„Kannst du auch italienisch singen?"

Der Alte kam zurück. „Nun?“ fragte er, „haben Sie alles gesehen, Herr? Eine hübsche Maschinerie, nicht wahr? Und hat Ihnen Katherine alles ordentlich erklärt? Sie ist sonst nicht so schüchtern.“
„Ich danke für alles,“ sagte Schwankl, „gibt Er seine Vorstellungen immer um diese Nachmittagsstunde? Dann werd’ ich alle Tage kommen.“

Vorladung beim Erzbischof

Bis zu dieser Sekunde war alles um ihn her ein Wirbel gewesen. Jetzt aber wachte der alte Abenteurer und Spieler in ihm auf, der stets im gefährlichsten und entscheidenden Augenblick die größte Ruhe wiederfindet und die Lage mit scharfem Auge erfaßt.
Der Erzbischof saß in einem bequemen Lehnstuhl, über seine Knie war eine Pelzdecke gebreitet. Er trug das schwarze Habit mit schmalen Säumen von Kardinalspurpur und eine wohlgepuderte, lockenreiche Perücke, unter der das kleine Gesicht noch kleiner wurde. Dieses Gesicht hatte eine kränkliche Stubenfarbe und mehrere Falten, die nicht auf die beste Gesundheit deuteten; im übrigen aber war er gefällig und klug, sonderlich die Nase hatte etwas beinahe Witziges, wofern dies bei einem Reichsfürsten und Erzbischof überhaupt möglich war.
Schwankl blieb nach drei tiefen Verbeugungen an der Tür stehen.
Seine hochfürstlichen Gnaden nickten ein wenig und machten eine kaum bemerkbare Bewegung mit der Hand, die sich dabei aber kaum von der Armlehne des Stuhls erhob. Schwankl trat herzu, beugte das Knie und küßte den großen Ring, den der Erzbischof am Zeigefinger trug.
Ein lehnenloses Sesselchen wurde herbeigeschoben, Seine Eminenz erlaubte dem Besucher mit einer abermaligen Bewegung, Platz zu nehmen.
Es scheint also nicht schlimm zu sein! dachte Schwankl mit unendlicher Erleichterung.
„Wenn wir recht unterrichtet sind,“ sagte der Erzbischof in französischer Sprache, „leben Sie seit ungefähr einem Jahr in unserer Residenzstadt?“
Schwankl verneigte sich.
„Sie waren zuvor in Wien?“
„Ein längerer Aufenthalt ließ mich meine Reise in Wien unterbrechen.“
„Das ist eine schöne und lebenslustige Stadt. Unser Salzburg wird Ihnen dagegen langweilig erscheinen.“
„In gar keiner Weise, hochfürstliche Gnaden. Ich habe genug von der Welt gesehen, um überzegt zu sein, daß Salzburg der schönste Fleck Erde ist, den man sich vorstellen kann. Ohne Zweifel trägt die Regierung des Landes viel dazu bei, den Reisenden alle Annehmlichkeiten des hiesigen Aufenthaltes deutlich zu machen – eine Behauptung, die ich für Wien nicht aufstellen möchte.“
Der Erzbischof, der ihn während dieser captatio benevolentiae scharf angesehen

hatte, lehnte sich zurück. Er schien mit einem Lächeln beschäftigt zu sein; da er jedoch erst im Anfang der Unterhaltung war, so gestattete er einstweilen nur seiner Nase zu lächeln: es bildeten sich auf ihren Seiten einige Fältchen.
„Ja, ja..." sagte der Fürst mit einem Blick auf die Akten, die seinen Schreibtisch bedeckten, „ich weiß: Sie sind ausgewiesen worden. Weshalb?"
Schwankl wurde blaß. „Über die Gründe habe ich nur Vermutungen. In jedem Fall ist mir unrecht geschehen."
„Das versteht sich. Ihr Name ist Kaspar Benedikt Schwankl, Herr Chevalier?"
„Ich habe in Salzburg niemals von irgendwelchen anderen Namen Gebrauch gemacht!" antwortete jener um mehrere Grade blässer.
„Das ist uns bekannt und in Ordnung. Man sagt, daß Sie in Wien einen Auftrag Ihrer Loge zu erfüllen hatten?"
„Loge? Ich bin bereit, jeden Eid zu schwören, daß ich niemals Freimaurer war, Eminenz!"
„Aber Illuminat?"
„Bei Gott nicht! Wer das behauptet, verleumdet mich, und –"
„Nun, nun!" sagte der Erzbischof, und jetzt lächelte er wirklich, „weshalb regen Sie sich auf, Herr Chevalier? Sie scheinen nicht davon unterrichtet zu sein, daß die Salzburgischen Grenzen für Freimaurer und Illuminaten offen sind? Sie brauchten das also, auch wenn Sie's wären, gar nicht in Abrede zu stellen. Um so besser jedoch, wenn Sie's nicht sind."
Schwankl hatte selten ein verblüffteres Gesicht gemacht.
„Ich nehme an," sprach der Fürst weiter, „daß man Ihnen bereits mitgeteilt hat, wie niemand Ihnen übelwill, Herr Chevalier."
„Wenn ich Hochfürstliche Gnaden bitten dürfte, von diesem Titel abzusehen, welcher –"
„Ich weiß. Er ist Ihnen verliehen worden von einem Manne, dessen Umgang Sie nicht gesucht haben – – das freut mich, denn ich muß Sie vor ihm warnen! Dergleichen Freundschaften können Ihnen mehr schaden als nützen, glauben Sie mir."
„Ich bitte Hochfürstliche Gnaden, sich versichert zu halten, daß jener Mann nicht unbedeutend ist..."
„Würden wir uns sonst um ihn kümmern?" fragte der Erzbischof ernst. „Es ist viel Platz in unserem Hause, und die Kirche hat festere Mauern als jedes andere Gebäude. Aber doch ist nicht Platz für alle. Sie, mein Herr, wollten, als Sie Wien verließen, nach Paris gehen; ich untersuche nicht, wer Sie von diesem Plan abgebracht und nach Salzburg geschickt hat. Sie sehen mich verwundert an? O, glauben Sie nicht zu sehr an den Zufall! Bei den Leuten, von denen ich spreche, gibt es keinen Zufall; was heute noch im Dunkeln verborgen ist, wird sich eines Tages schrecklich offenbaren – nicht bei uns, denn wir halten uns gewarnt. Sie sehen, ich spreche offen, denn ich glaube Ihnen. Sie sind, ich will's gestehen, beobachtet worden – sehr zu Ihrem Vorteil, denn der zweifelhafte Ruf, der Sie vordem beglei-

tete, hat sich dadurch als kaum begründet erwiesen. Aber hüten Sie sich, etwas mit jenen Leuten gemein zu haben, auf die ich Sie hingewiesen habe; ihre Wege sind finster, und Sie, Herr Chevalier, sollten ihr Werkzeug sein."

„Hochfürstliche Gnaden setzen mich durch so viel Weisheit in das ehrfürchtigste Erstaunen."

„Wissen Sie übrigens," fragte der Erzbischof in einem ganz veränderten und viel leichterem Ton, „daß Sie sich gegen unsere Vorschriften schwer vergangen haben?"

„Ich bitte, mir nur einen Wink zu geben, und werde gewiß niemals –"

„Nun, wir wollen zunächst davon absehen, Sie aufzuknüpfen! Sie haben eine Marionettenkomödie aufgeführt, mein Herr. Dieses entsetzliche Verbrechen ist in Salzburg, wie so vieles andere, ohne landesherrliche Genehmigung verboten! Was sagen Sie dazu?"

„Ich werde mir die Verfehlung nie wieder zuschulden kommen lassen!"

„Ach… tun Sie's getrost! Wollte Gott, wir hätten keine schlimmeren Sünden in unserem Lande. Nur versprechen Sie mir, dabei niemals die Pflichten eines gebildeten Mannes außer acht zu lassen. Steht nicht geschrieben: Lasset die Kindlein zu mir kommen? – Und nun gehen Sie, Herr Chevalier, und denken Sie bei guter Gelegenheit über unseren Disput nach."

„Wenn ich Hochfürstliche Gnaden nur noch einmal darauf hinweisen dürfte, daß ich den Titel eines Chevaliers –"

„Ja, ja…! Indessen dürfte Ihnen bekannt sein, daß der Zutritt zu Unseren Empfängen nur Adligen und Offizieren gestattet ist. Ich hoffe, Sie gelegentlich bei einem Konzert der Hofkapelle zu sehen – Herr Chevalier!"

Kaspar Benedikt Schwankl küßte abermals den großen Ring am Zeigefinger des Erzbischofs. Er hatte dergleichen Zeremonien immer für entwürdigend, ja, für ziemlich lächerlich gehalten. Heute aber tat er's aus aufrichtiger Überzeugung und Dankbarkeit.

Der Fürst sah ihm mit einem kleinen Lächeln nach.

Kaum hatte sich die Tür geschlossen, so trat der Sekretär hinter einem Paravent hervor. Er hatte das gleiche Lächeln.

„Wie ich mir's dachte…" sagte der Erzbischof. „Warum mit Feuer und Schwert, wenn es mit Freundlichkeit besser und gründlicher geht? Das ist ein Mann, der gewiß niemals mehr einen Anlaß zur Unzufriedenheit geben wird. Man soll ihn unbehelligt lassen, auf meine Verantwortung." Er nahm einen ziemlichen Packen, der bisher, unter einem Papierbogen versteckt, auf dem Tische gelegen hatte. „Lassen Sie diese Briefe getrost an die Gabrieli weitergehen – sie werden trotzdem niemals ankommen, dafür sorgt, denk' ich, schon der Fürst Kaunitz. Unserer Post aber soll man keine Unregelmäßigkeiten nachsagen können!"

S. 299–304, S. 353–363 (gekürzt).

Historischer Kommentar

Die Aufklärung in Salzburg

Die Regierungszeit zweier Erzbischöfe, die von 1753 bis 1803 regierten, vermischte Horst Wolfram Geißler in seinem Roman „Der Puppenspieler", in dem Züge der Frömmigkeitshaltung Erzbischof Siegmund Graf Schrattenbachs (1753–1771) und der Kultur der Aufklärung unter Erzbischof Hieronymus Graf Colloredo (1772–1803) vertreten sind.
Colloredo selbst galt als führender Vertreter der Aufklärung in Süddeutschland und wollte Salzburg mittels umfassender Reformen im Bereich der Kirchen- und Kulturpolitik sowie der Schul- und Sozialpolitik in ein geistliches Musterland verwandeln. Der bei Geißler erwähnte Weltpriester, Journalist und Topograph Lorenz Hübner (1751–1807) kam 1783 aus München nach Salzburg, organisierte bis 1799 das Salzburger Zeitungswesen neu und gab die *Oberdeutsche Allgemeine Litteraturzeitung* heraus. 1784 gründete er eine Lesegesellschaft, das *Lectur-Cabinett*, der Beamte, Wissenschaftler und wohlhabende Kaufleute angehörten. Höchstwahrscheinlich war er auch Freimaurer und Illuminat. Die beiden von Geißler angesprochenen Geheimgesellschaften waren auch in Salzburg vertreten.
Die Regierungszeit des „frömmsten" aller Erzbischöfe, des bigotten Siegmund Christof Graf von Schrattenbach, in der Geißler seinen Puppenspieler auftreten läßt, war hingegen geprägt vom religiös-barocken Konservativismus des Landesherrn. Schrattenbach errichtete das Zucht- und Arbeitshaus im ehemaligen Leprosenhaus St. Rochus in Maxglan, verschärfte die Sittengesetze und Strafen für außerehelichen Geschlechtsverkehr und ordnete unter anderem an, daß die im Rahmen der Abschlußfeiern an der Benediktineruniversität gespielten Komödien entweder von Frauen oder von Männern besucht werden durften.

Vom Puppenspiel zum Salzburger Marionettentheater

Das fahrende Puppentheater erlebte im Salzburger Raum im 17. und 18. Jahrhundert seine Hochblüte. Quellenmaterial über die Puppenspieler und ihre Lebensbedingungen ist wie bei den meisten nichtseßhaften Gewerben nur äußerst spärlich vorhanden.
Betreiber einer Wanderpuppenbühne waren in der Regel einzelne Frauen oder Männer, Zweier- bzw. Kleingruppen, die sich häufig aus Familienangehörigen – wie auch bei Geißler – zusammensetzten. Mit ihrer Kunst der Puppenführung konnten sie selten das Auslangen finden, sie waren auf „Nebenberufe" angewiesen.
Um in der Stadt Salzburg das Publikum mit ihrem Spiel erfreuen zu können, mußten die Puppenspieler zuerst eine Bewilligung einholen. Genaue Bestimmungen

regelten, zu welchen Tageszeiten keine Vorstellungen stattfinden durften, so zum Beispiel während der Zeit des Gottesdienstes und an Sonn- und Feiertagen vor der Vesper. Stücke, die gegen die Religion und die guten Sitten verstießen, waren verboten. Als Spielzeit favorisierten die Puppenspieler in Salzburg die zwei großen Dulten, die Fastendult (27. März) und die Rupertidult (24. September). Begehrte Spielstätte waren der im Rathaus der Stadt Salzburg befindliche *Tanzboden*, die Trinkstube, dem von der Stadt betriebenen Gasthaus am Waagplatz, und andere Gasthäuser. Quellenmäßig belegt sind auch Aufführungen in der Vorstadt Mülln, in der Schießstatt und vor dem Mirabelltor. Für einen Puppenspieler ohne Genehmigung wäre auch die Riedenburg, wie von Geißler geschildert, ein möglicher Spielort gewesen. Vor dem Bau des Neutors war dieser Teil von Salzburg ein ödes sumpfiges Gelände, das vornehmlich als Viehweide benutzt wurde und wo sich nur der Hofziegelstadel, der Kameralholzgarten und das Kontumazhaus (Isolierspital) und wenige Häuser befanden.
Der Spielplan der Puppentheater veränderte sich kaum. Es ist den Wanderbühnen auch zu verdanken, daß sie zahlreiche ältere Stoffe tradierten. Ihre Themen stammten aus der Bibel, dem Orient, der antiken Mythologie, der Spätantike, aus dem heimischen Sagenschatz, aus dem Sagenkreis um Karl den Großen etc. Doktor Faust trat zudem fast überall auf, seit Stranitzkys Erfolgen meistens in Begleitung von Hanswurst.
In Anknüpfung an diese Tradition des Puppentheaters leitete der Bildhauer Anton Aicher den Welterfolg des Salzburger Marionettentheaters ein. Bei einer Faschingsveranstaltung der Salzburger Künstlergenossenschaft „Gral" im Februar 1913 fand der erste öffentliche Auftritt mit dem Schäferspiel „Bastien und Bastienne" von Wolfgang Amadeus Mozart statt.

Franz Karl Ginzkey (1871–1963)

Ein Deutscher aus Pola

Im Salzburger Kulturbetrieb der 20er Jahre war der aus Pola/Istrien gebürtige Sohn eines deutsch-böhmischen Marinechemikers, Franz Karl Ginzkey, dessen Laufbahn vor dem Hintergrund der k. k. habsburgischen Monarchie wie ein Modellfall figuriert, eine respektierte Größe und mit ehrenden Ämtern ausgezeichnet.

Stefan Zweig hatte ihm in Salzburg die Tür für ein Leben als Schriftsteller geöffnet. Er sprach dem vorzeitig pensionierten technischen Rat im Offiziersrang Franz Karl Ginzkey, der aus dem Dienst im Kriegsarchiv des Militärgeographischen Instituts 1920 ausgeschieden war, um sich nur noch der Literatur zu widmen, eine herzliche Einladung aus: *„Sie hätten da* (in Salzburg) *wieder Muße und Reinheit des Lebens, Rettung vor Wien – versuchen Sie es doch, sich aus dieser Hölle zu retten (…). Es ist schwer, in fremdes Leben hinein zu raten, aber ich fühle von hier, wo die Natur noch stärker ist als die Menschen, so sehr, wie sich die Besten jetzt nutzlos in Wien verzehren, wir alle hätten sie gerne hier oder zumindest befreit vom Zwang dieser Stadt.“* (Heydemann Klaus, Literatur und Markt. Werdegang und Durchsetzung eines kleinmeisterlichen Autors in Österreich. Der Fall Ginzkey (1871–1938). Wien 1985, 135)

Ginzkey schlug das verlockende Angebot, das ihn zurück an den Wunschort seiner Militärzeit brachte, nicht aus. Salzburg war ein Traum. Schon der junge Kadettoffizier-Stellvertreter aus Triest, der im Infanterieregiment Nr. 59, dem Rainer'schen also, diente, hatte die Stadt geliebt. Ginzkeys erster Roman „Jakobus und die Frauen“ (1908) läßt in dem autobiografischen Stoff den Schauplatz Salzburg durchscheinen. Aber dies war Episode geblieben. 1920 ließ sich Franz Karl Ginzkey mit dem nunmehr ungeteilten Selbstverständnis eines Schriftstellers von Profession für länger hier nieder.

Noch 1920 wurde er zum Präsidenten der neugegründeten „Salzburger Literaturgesellschaft“ ernannt. Für diese Position war der Dichter, der um die Jahrhundertwende mit neuromantischen Balladen und Gedichten debütiert hatte, durch seine Veröffentlichungen qualifiziert. 1905 war ein Gedichtband „Das heimliche Läuten“ erschienen, 1908 der erwähnte Jakobus-Roman, 1912 ein Künstlerroman über Walther von der Vogelweide, 1916 ein Gemälde der Bologneser Kultur um 1215, „Der Gaukler von Bologna“, und dann noch weitere Gedichte. Dazu ergänzten sich journalistische Nebentätigkeiten im Literaturbereich. Für die Tageszeitung *Die Republik* redigierte Ginzkey die literarische Beilage, und die Monatsschrift *Donauland* druckte regelmäßig seine Beiträge.

Neben Stefan Zweig gehörten in Salzburg auch Hermann Bahr, Anton Faistauer,

Friedrich Fürst Wrede und Carl Zuckmayer zum Bekanntenkreis Ginzkeys, dessen stilles Wesen eine erstaunliche Reihe von Ehrentiteln und Preisen auf sich zog, obwohl nach einem Urteil Stefan Zweigs *„Keines seiner Werke Lärm machte, keines Sensation"* (Nachwort zu Reclams Universal-Bibliothek Nr. 6453).
1920 erhielt er zum zweitenmal den „Bauernfeld-Preis". 1924 wurde er in das Kuratorium der Salzburger Festspiele gewählt. Bis 1933 war er Mitglied der „Montagsherrenrunde Kalkgrube" im Sternbräu.
Salzburg hat Franz Karl Ginzkey gutgetan. Es hat ihn auch ansprechend untergebracht. Erwin Rainalter, der Redakteur des *Salzburger Volksblattes* bahnte ihm den Kontakt zur Familie Glaser, den Besitzern des Druckhauses Kiesel, die zu sehr mäßigen Konditionen eine Wohnung ihres Zinshauses in der Imbergstraße 26 anboten. Franz Karl und Stephanie Ginzkey hielten sich bis 1938 in der recht komfortablen Umgebung auf.

Franz Karl Ginzkey

1927/28 ergaben sich freundschaftliche Begegnungen mit Hugo von Hofmannsthal, 1932 ernannte ihn die Universität Wien zum Ehrendoktor und 1934 berief ihn die Regierung Schuschnigg in den Staatsrat. Bereits zu diesem Zeitpunkt war Ginzkey nicht nur eine Stütze der ständestaatlich-konservativen Regierung, er unterhielt auch lebhafte Kontakte zu Nationalsozialisten.
Dieser Deutschnationalismus war anfangs eher harmlos gewesen, romantische Attitüde eines habsburgischen Schicksals, das sich aus der Vielschichtigkeit seiner Bindungen heraus nach einer festumrissenen Identität sehnte. Aber der Drang, vom Komplizierten zum Einfachen zu gelangen, nahm mit den entsprechenden politischen Zeitläuften prekäre Form an. Aus Franz Karl Ginzkey wurde zwar kein Nazi-Dichter, aber doch einer, der sich auf dieses Regime bereitwillig eingelassen hat. Der 1958 an ihn verliehene Große Österreichische Staatspreis hat diese Verirrung auch noch schöngefärbt.
Über diese ideologische Fehlentwicklung erhaben blieb Franz Karl Ginzkey als Autor von Kinderliteratur. In diesem Fach glückten mit „Hatschi Bratschi's Luftballon" (1904) und „Florians wunderbare Reise über die Tapete" (1931) sogar zwei Bestseller. Ihre Popularität hat den Namen des Verfassers jedoch nahezu abgestreift.
Franz Karl Ginzkey lebte die letzten Jahrzehnte sehr zurückgezogen in Seewalchen am Attersee und starb 1963 in Wien. Salzburg hält diesem gestolperten Literaten mit einem Ginzkey-Platz das Andenken.

Kajetan Treml – Ein Pseudoprinz macht Furore und Schulden

Mit „Prinz Tunora" (1834), einer Art „Felix Krull" im provinziellen Salzburgrahmen, literarisierte Franz Karl Ginzkey einen Hochstaplerprozeß der Jahre 1804/05. Der Roman erschien bei Staackmann und Zsolnay, neben Rikola der Hausverlag des Autors.
Ginzkey sah für seine Romanfassung die überlieferten Polizei- und Gerichtsakten ein und rollte diese studentische Schwindelkomödie mit bösem Ausgang, die sich nur deshalb zu einem existenzvernichtenden Skandal auswachsen konnte, weil keiner da war, um rechtzeitig ein Halt! auszusprechen, entsprechend der Dokumentenlage auf – ohne größere Bemühung seiner Erfindungsgabe. Der Fall war auch so phantastisch genug.
Bereits ein Zeitzeuge, der 1789 in St. Martin bei Lofer geborene Novellist Alois Büßel, hatte den Tunora-Skandal, der von makaberen Zufällen dirigiert erscheint und dabei enthüllende Schlaglichter auf das gesellschaftliche Salzburg jener Jahre wirft, literarisiert.
Der aus Zangberg bei Mühldorf gebürtige Sohn eines Schloßgärtners, Cajetan Treml, der sich zum Studium der Theologie in Salzburg aufhielt, hatte im alten Sternbräuhof eine einfache Studentenunterkunft. Seine Tolpatschigkeit wie sein stiller Glaube, er sei in Wirklichkeit ein illegitimer Sproß des Grafen von Firmkirchen konnten dem folgenden Wortwechsel unter Kommilitonen jene unvorhersehbare Richtung geben, die schließlich im Gerichtssaal endete.
Ein älterer Studienkollege Tremls, der Sohn eines Reichsnotars und Hofrichters, Leopold Elbl, wandte sich an diesen mit der vorgeblich bewundernden Frage: *„Sagen Sie mir, welcher Abstammung sind Sie eigentlich? Sie haben so etwas Besonderes, Feines, so eine gewisse Grandezza an sich."* Treml nahm das Stichwort auf und stellte sich, wohl seinerseits einer spontanen Eingebung folgend, als Prinz Tunora vor.
Soviel zur Geburtsstunde dieses „Großen". Im Beisein zweier weiterer Kommilitonen, Josef Schmid und Anton Raming, erhielt diese Phantasiefigur ihre mondäne Ausschmückung, es entstand *Prinz Tunora vom Inselreich Strivali im Jonischen Meer*. Elbl verlieh sich das Amt des Geheimsekretärs, Josef Schmid stieg zum Leibkammerdiener auf.
Treml übersiedelte kurz darauf in eine angemessene Umgebung, zum Weinwirt Josef Eschenbacher, und nun erst passierte das Erstaunlichste an der Sache. – Ganz Salzburg spielte mit. Nicht nur naive Gemüter waren entzückt von der exotischen Hoheit. Die Handelshäuser Haffner und Triendl gewährten Kredit, dazu der Schneider und der Wirt. Selbst der Rektor der Universität fiel auf den Schwindel bereitwillig herein. Auf die Vorlage eines stümperhaft gefälschten Adelsbriefes, eigentlich keine Herausforderung für einen kritischen Verstand, sagte er, wohl mit autoritätsgläubiger Zuvorkommenheit, alle Unterstützung zu.

Am schmählichsten hinters Licht geführt wurde freilich die Tochter des Hauptmanns Grenier, die sich mit dem falschen Prinzen auf ein Verhältnis einließ und prompt schwanger war, als der feine Herr in den Kerker mußte. Sie starb im Alter von 42 Jahren als arme Putzmacherin.

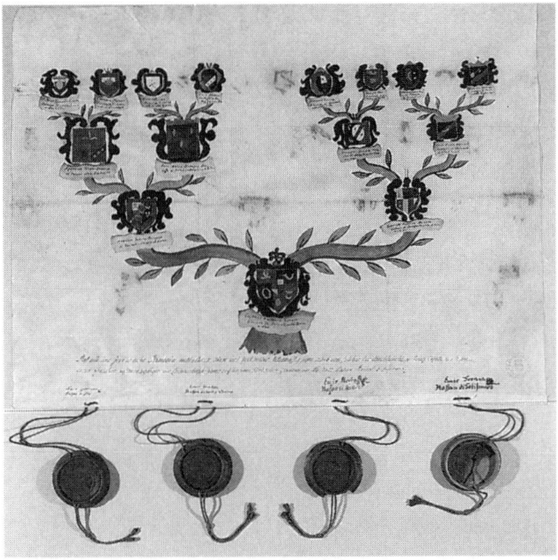

Stammbaum des Prinzen Tunora

2237 Gulden umfaßte der binnen kurzem angehäufte Schuldenberg Tremls, nach vorsichtiger Umrechnung etwa 300.000 Schilling.

Prinz Tunora hatte sich in sein nobilitiertes Alter ego rasch eingelebt, trat in einer prachtvollen Gala-Uniform mit Ordensstern auf, ließ sich kutschieren und dazu von seinen Komplizen als Marionette dirigieren. Schließlich stolperte er über das glänzende Parkett eines Festempfangs im Theater. Diesem gesellschaftlichen Zeremoniell unter Regierungsaufsicht war seine Persönlichkeit nicht gewachsen.

Georg Abdon Pichler gibt in seiner „Salzburgs Landesgeschichte“ (1865) folgende Version von Tremls Enttarnung: *„Allein Manfredini, dem der Pseudo-Prinz doch verdächtig vorkam, ließ im Neapolitanischen Erkundigungen einziehen, und auf dies hin ward Donora im November 1804, als er eben mit seiner Geliebten, einer Tochter des Hauptmannes Grenier, von einer Spazierfahrt zurückkehrte, auf einmal verhaftet.“* (764)

Bei Franz Karl Ginzkey flüchtet der entlarvte Prinz in der Nacht des besagten Gala-Abends mit nichts als einem Köfferchen zu Fuß nach Innsbruck. Diese Flucht ist auch aktenkundig. Er kehrte aber, wohl in aussichtsloser Lage, nach Salzburg zurück und wurde verhaftet. Nach 22 Verhörtagen, geleitet von Polizeidirektor Hofrat Kleinmayern, wurde er *„zu einer dreijährigen Festungsstrafe im abgesonderten Lokale, ohne Beisatz der Eisen, verurteilt. Zur Gewinnung seines Unterhalts wird er sich aber mit Schreibarbeiten, etwa Bauamtsmagazins-Rechnungen oder dergleichen zu beschäftigen haben. Von schweren Steinbruchsarbeiten bleibe er, mit Rücksicht auf seine schwächliche Konstitution, befreit. So gegeben im Namen des kurfürstlichen Hofgerichts am 14. April 1805.“* Zur Verantwortung gezogen wurden aber auch seine falschen Freunde.

Für Cajetan Treml gab es, wider Erwarten, noch ein bürgerliches Leben nach verbüßter Kerkerstrafe. Er vollendete seine Studien, änderte seinen Namen in „Trembl“ und wurde dann auf der untersten Dienststufe beim königlich bayerischen Haupt-Stempel-Verwaltungs-und-Verlagsamt eingestellt. Er erfüllte offensichtlich seine Pflichten zu aller Zufriedenheit und starb, als Junggeselle, im Alter von 77 Jahren.

Franz Karl Ginzkey hat sich mit Figur und Psychogramm des Gauklers, Blenders und hochstaplerischen Betrügers mehrfach beschäftigt. Am bekanntesten ist „Der Gaukler von Bologna", ein historischer Roman über die Bologneser Stadtkultur um 1215. Die kompensatorische Spannung zwischen extremer Scheu und einer offensiv rücksichtslosen Selbstüberschätzung, die Ginzkey auch am Tunora-Skandal beschäftigte, verfolgte er in Form von Nebenhandlungen und untergeordneten Episoden auch in anderen Prosawerken, so etwa in seinem Walther-von-der-Vogelweide-Roman.

Die Stadt Salzburg, dies als abschließende Randnotiz, bot nach 1800, als die Säkularisation des Fürsterzbistums und die Kriegsereignisse im Zusammenhang mit der mehrfachen Besetzung des Landes durch die napoleonischen Armeen ein eigentümliches Kräftevakuum erzeugt hatten, eine ideale Bühne für AbenteurerInnen aller Couleur.

In einer Art Statthalterschaft regierte damals Ferdinand von Toskana, Bruder des Kaisers Franz von Österreich, vormals Großherzog von Toskana, über Salzburg. Man hatte ihm im Frieden von Lunéville sein italienisches Fürstentum weggenommen und ihm zur Entschädigung das säkularisierte Salzburg verschafft. Als Minister hatte sich der Großherzog den Marquis Manfredini mitgebracht.

Historische Erzählungen, die denselben Zeitraum behandeln und verwandte Charakterbilder zeigen, sind „Die Hundsgräfin" Sophie von Khuenburgs, die auch in einer Version Hans Schaffelhofers vorliegt, sowie „Chou-Chou" von René Champigny, der ein Porträt der schönen Florentinerin Valesca am Hofe Ferdinands von Toskana in Salzburg gibt.

Stammbaum eines falschen Prinzen

Werkausschnitt „Prinz Tunora"

Seine Magnifizenz Pater Johannes Hofer, Rektor der Salzburger Universität, erhielt um diese Zeit ein demütiges und tiefunterwürfiges Schreiben vom Hofgärtner Cajetan Treml aus Zangberg, worin ihn dieser als „schwerbesorgter Vater" bat, allergütigst ein wachsames Auge auf seinen Sohn zu haben, weil er mit dem Gelde nicht haushalten könne und überdies sehr leichtgläubig sei.

Unterdessen aber hatte Seine Magnifizenz bereits auf anderem Wege erfahren, der Studiosus Treml trage zuweilen einen großen Ordensstern und nenne sich einen Prinzen von Strivali. Seine Magnifizenz war davon aufs höchste überrascht und beschloß, besagten Studiosus alsogleich in die Rektoratskanzlei vorzuladen.

Tunora stand das Herz still, als er davon erfuhr. Zum erstenmal griffen nun die äußeren Mächte der Welt in sein Geheimnis, der Staat, das Gesetz, vielleicht auch die Polizei.

Der Herr Geheimsekretär Elbl, dem die Zuschrift des Rektors an Tunora natürlich als erstem in die Hände gefallen war, hatte nun nach seiner Art eine gar ernstliche Aussprache mit seinem jungen fürstlichen Herrn. Teils redete er ihm, wir kennen das bereits, mit dringlichem Wohlwollen zu, teils ließ er drohende Blicke über Tunoras blasses Antlitz spielen, und bestimmte ihn so zu allem, was er wollte. Das Wichtigste und Klügste sei jetzt, prägte er ihm ein, Seiner Magnifizenz gegenüber zwei wichtige Dinge zugleich in Angriff zu nehmen. Es gelte vorerst, seine unzweifelhafte hohe Abstammung mit Nachdruck und Würde zu vertreten, sodann aber sei es nicht minder von Vorteil, bei Seiner Magnifizenz, der als ein ebenso herzensguter wie wohlhabender Herr bekannt sei, mit Berufung auf die aus Strivali zu erwartenden Gelder einen ausgiebigen Pump anzulegen.

Mit diesen beiden ihm mit allem teuflischen Nachdruck eingeflößten Grundsätzen begab sich nun Tunora in die Rektoratskanzlei. Er hielt es aber für angezeigt, und das war auch die Ansicht Elbls gewesen, sich diesmal noch nicht in seiner vollen prinzlichen Würde vorzustellen, sondern nur inkognito sozusagen, also in seinem alten grünen Frack und nicht in jenem mit dem Ordensstern und dem rotgrünen Bande.

Seine Magnifizenz, Pater Johannes Hofer, war nicht nur ein allseits hochgeachteter Gelehrter, er war auch ein edler gütiger Priester und zartfühlender Mensch und übte daher auch als Rektor eine milde und wohlwollende Herrschaft aus.

Es kam dies auch Tunora zugute, als dieser nun bescheiden und etwas verschüchtert vor Seiner Magnifizenz erschien und ihm, sich auf den Zehenspitzen wiegend und ein wenig stotternd, das Geheimnis seiner hohen Geburt anvertraute.

Es schien dem guten Rektor durchaus begreiflich, daß Tunora das Zwiespältige seiner Stellung und das Diskrete seiner Geburt als Bedrückung empfinde. Und so machte er ihn nur schonend darauf aufmerksam, das Nötigste werde jetzt sein, Dokumente herbeizuschaffen, die seine hohe Abstammung zweifellos sicherstellten. Er erkundigte sich auch nach dem Fürstentum Strivali, von dem er bisher noch nichts gehört und fand es weiter nicht verwunderlich, daß Tunora noch nicht viel von diesem schönen Lande wußte, da er ja selbst erst vor kurzem das erstaunliche Geheimnis seiner hohen Geburt erfahren habe.

Gerührt und beschämt von der Güte des Rektors und doch der mahnenden Stimme Elbls stetig eingedenk, entschloß sich Tunora hierauf, Seine Magnifizenz zu bitten, ihm im Hinblick auf die bald zu erwartenden Gelder aus Strivali eine den Verhältnissen entsprechende Anleihe zu gewähren, wofür übrigens auch, um die Dinge nach allen Richtungen sicherzustellen, seine Zieheltern in Zangberg zweifellos gleichfalls jede Bürgschaft gerne übernehmen würden.

Es kam, wie Elbls durchtriebene Annahme es vorausgesetzt, der gute Rektor sperrte, nach kurzer wohlwollender Überlegung, eine kleine eiserne Truhe auf und übergab dem mehr verlegenen als beglückten Prinzen die gar nicht geringe Summe von 150 Gulden, wofür er sich nur, der Förmlichkeit halber, einen kleinen privaten Schuldschein erbat.

Und es wunderte Seine Magnifizenz auch nicht weiter, daß die Hand Seiner Hoheit erheblich zitterte, als sie zum ersten Male den Namen schrieb, der trotz all seiner Nebelhaftigkeit den Umschwung in ein neues traumhaftes Land des Lichtes und der Freiheit bedeutete: Cajetan Hamilkar Tunora, Prinz von Strivali. Den zweiten Namen Hamilkar hatte ihm Elbl auf das dringendste angeraten, da es sich für einen Prinzen ohne Zweifel gehöre, für alle Fälle noch einen zweiten Taufnamen in der Unterschrift zu führen.

Als Tunora, mehr kleinlaut und bedrückt als innerlich zufrieden, in sein Zimmer in der Pfeifergasse zurückkehrte, erwartete ihn dort bereits der Herr Geheimsekretär. Er beanspruchte kurzerhand seinen „redlichen Anteil an dem schönen Gelde“, wie er sich ausdrückte, da es doch einzig und allein seinem guten Einfall zu verdanken sei und Tunora fand das auch durchaus in Ordnung.

Er teilte dem Elbl überdies mit, der Rektor habe eine baldige Vorlage der entscheidenden Urkunden verlangt. Elbl erwiderte frohgemut, es werde daran nicht fehlen. Es sei jetzt vor allem ein richtiggehender Stammbaum vonnöten und hier habe bereits Kollege Raming etwas wirklich Schönes und völlig Unanfechtbares zuwege gebracht.

Und schon holte er unter der Weste ein großes, sechsfach zusammengefaltetes Pergament hervor und entfaltete es sieghaft lächelnd vor Tunoras erstaunten Blicken.

Diese merkwürdige, in ihrer Unverfrorenheit wohl kaum zu überbietende Urkunde, ein Unikum in ihrer Art, befindet sich heute noch, gleich allen übrigen Dokumenten, im Landes-Regierungs-Archiv zu Salzburg. Wir begreifen durchaus Tunoras Verblüffung, wenn wir die stolze Reihe seiner näheren Ahnen überblicken, mit den zierlich gemalten Wappen fein säuberlich auf einem Stammbaum aus Ölzweigen aufgehängt. Wie ein Kind einen Christbaum bestaunt, dem das köstlich bunt bemalte Pergament an Farbigkeit nicht nachstand, so zog nun in Tunoras Seele ein neuer Traum von glitzernden Möglichkeiten und hohen Erfüllungen ein, obgleich ihm nebstbei immer aufs neue bewußt wurde, es sei dies alles irgendwie auf unrechten Dingen aufgebaut. Was man zu glauben wünscht, ist immer schon halb im Gemüte vorbereitet und was man noch dazu zu tun hat, das fügt sich nur allzu leicht an. Tunora hielt seinen Stammbaum in Händen und las mit zitterndem Herzen die Namen seiner Eltern, seiner Großeltern und Urgroßeltern, im ganzen vierzehn an Zahl.

Herrlich klingende Namen waren es, die sein wohllautdurstendes Ohr da vernahm. Alessandro Tunora, Principe di Strivali, hieß sein Vater, die Mutter hingegen Francesca Romana Miranda, Contessa di Portostruba. Das konnte sich wohl hören lassen. Aber auch der beiden Großmütterchen Namen, die Großväter hießen merkwürdigerweise beide auch wieder Tunora, auch diese entbehrten nicht einer lieblich und bedeutsam klingenden Musikalität. Anna Maria Sintagna, Contessa di Marno hieß die eine, die andere hingegen Anna Maria Murnara, Contessa di Nordo.

Und wie war es mit den Urgroßeltern? Die Väter hießen nicht ganz begreiflicherweise immer wieder Prinzen von Tunora, während sich mütterlicherseits die holden Frauennamen an einem neuen lieblichen Geklingel gar nicht genug tun konnten. Wie hießen sie? Theresia Dina, Principessa di Contrano, Clara Nortino, Contessa di Timbia, auch nochmals gab es eine Antonia Murnara, Contessa di Nordo und am Ende gar eine Eleonora Marcani, Principessa di Savoia. Es war fürwahr eine vornehme und erlauchte Gesellschaft, die da auf Flügeln des Wohlklangs in Tunoras sehnendes Herz einzog und ihm für den Augenblick wenigstens eine neue Würde und innere Selbstsicherheit verlieh.

Man muß es dem Halunken Anton Raming, studiosus theologiae, Sohn des Registrators des Domkapitels zu Salzburg, man muß es ihm lassen, daß er bei all seiner Frechheit auch Phantasie und auch ein wenig künstlerischen Geschmack besaß, wovon besonders die hübschgefärbten Wappen mit ihren reichlich wechselnden heraldischen Gegenständen beredtes Zeugnis ablegten. Was gab es da nicht alles an buntem, gefälligem Ahnenkult! Fähnchen und Pfeile, Schiffchen und Sterne, Herzen und Fische, wobei es dem phantasievollen Raming im Reichtum seiner Schöpferlaune gar nicht zu Bewußtsein gekommen war, welch ein heraldischer Widersinn in der von ihm bewerkstelligten Tatsache lag, daß von sämtlichen männlichen Anverwandten des Prinzen Tunora jedweder ein anderes Wappen führte, obgleich sie alle Tunora hießen!

Noch schlimmer aber stand es mit den Jahreszahlen der verschiedenen Geburten. Da war der blühenden Erfindungsgabe des Anton Raming etwas wirklich schwer zu Verzeihendes zugestoßen, das sich mit bestem Willen und in vollster Würdigung der Lebenskraft des Tunora'schen Fürstengeschlechts nicht leicht in die Naturgeschichte des Menschen einreihen ließ. Bei den väterlichen Großeltern war nämlich der Großvater 103, die Großmutter 96 Jahre alt, als ihr erster Sohn Alessandro, Tunoras Vater, zur Welt kam!

Nicht weniger ins Reich der Fabel gehörig stellte sich dieser biblische Umstand bei den mütterlichen Großeltern ein. Als Tunoras Mutter Francesca geboren wurde, war ihr Vater nämlich 124, die Mutter 80 Jahre alt! Und nicht viel anders stand es mit den würdigen, sich einer märchenhaften Lebenskraft erfreuenden Urgroßeltern.

Den Gipfel der Verwegenheit erklommen jedoch in diesem seltsamen Stammbaum die vier fürstlichen Zeugen, die ihn durch ihre Unterschrift feierlich beglaubigten.

Es waren das vier Türken, da ja das Fürstentum Strivali nicht fern von der Türkei lag, vier Emire mit den herrlichen Namen: Ostomian Hassan di Nio, Samo Hassan di Sonta Worna, Morhassi Hassan di Nundi und Fromio Hassan di Jolisandro. Von diesen vier würdigen Herren hatte auch ein jeder sein Siegel an einer roten Schnur an das Pergament gehängt und es schadete auch weiter nichts, daß die Siegel in hölzernen Kapseln lagen, wie sie damals gerade bei Kaufbriefen in Salzburg selbst in Gebrauch standen.
Es waren, dies muß hinzugesetzt werden, erstaunlich gebildete Türken, die sich da zum Worte gemeldet hatten, denn sie verstanden alle gut Deutsch, im Maße nämlich, als ihr Schöpfer Anton Raming selbst das Latein nicht genügend beherrschte, das auf solchen Dokumenten üblich war.
Und so hatten sie gemeinsam in deutscher Sprache die bedeutsame Erklärung unten auf das Pergament geschrieben:
„Daß alle und jede in diesem Stammbaum enthaltenen Ahnen und Geschlechter rittermäßig seien und von solchen der durchlauchtigste Prinz Cajetanus Hamilcarus ehelich abstamme, bezeugen wir Endesunterschriebenen bei unserem fürstlichen Glauben an Eides Statt."
Aber, von all diesen Seltsamkeiten abgesehn, war Ramings Dokument für einen Laien seiner Art doch eine erstaunliche Leistung und es kam dies vielleicht auch von der Praxis her, die er sich in früheren Fällen schon angeeignet.
Als es nämlich später zur Gerichtsverhandlung kam, der sich der schlaue Bursche durch rasche Flucht über die bayrische Grenze zu entziehen wußte, erfuhr man nebstbei von allerlei früher erzeugten und trefflich hergestellten Falsifikaten, die sich hauptsächlich mit medizinischen Attesten und Prüfungsbestätigungen der Universität München befaßten. Doch wollen wir den Ereignissen nicht vorgreifen.
Wir sehen Tunora seinen Stammbaum noch immer in den Händen halten, indes der neben ihm stehende Geheimsekretär Elbl der unfehlbaren Wirkungen des famosen Dokumentes sich erfreut.
Und er hält nun den Augenblick für gekommen, auch den bereits hinter der Tür wartenden Anton Raming hereinzuholen.
Dieser, ein noch recht junger, frech aussehender Bursche, tritt mit dem Gruß „Guten Tag, Herr Tunora" herein und bläst ihm den Rauch seiner kurzen Pfeife unter die Nase. Er ist zudem auch etwas angetrunken, wie es bei ihm meist der Fall ist und so klopft er dem Prinzen vertraulich auf die Schulter und sagt dazu, mit der Pfeife auf das Pergament weisend: „Schöner Stammbaum, nicht?"
Ein Rippenstoß Elbls bringt ihn wieder zur Besinnung. Er verbeugt sich nun ironisch und meint: „Eure Hoheit werden mit der Reihe Ihrer erlauchten Ahnen gewiß nicht unzufrieden sein. Es wäre eine Kleinigkeit gewesen, sie bis ins 6. Jahrhundert vor Christi Geburt zurückzuführen, da das Fürstentum Strivali bekanntlich von Tunora dem Ersten, dem Großen, gegründet wurde. Der beschränkte Umfang des mir vorliegenden Pergamentes gebot jedoch eine weise Zurückhaltung."

Tunora verspürte wohl den beißenden Spott aus Ramings Rede, doch er hielt es für angezeigt, darauf nicht näher einzugehen. Er nickte nur leicht und würdigte den Bespötter seiner Ahnen im übrigen kaum eines Blickes.
Darüber erboste sich wieder Raming, doch beherrschte er sich auf einen neuerlichen Rippenstoß Elbls hin.
„Wir haben Eurer Hoheit überdies“ fuhr er bedeutsam fort, „einen wichtigen Vorschlag zu machen. Es scheint mir nicht zu genügen, die hohe Abstammung Eurer Hoheit auf diesem schönen Pergament beglaubigt zu haben. Einer höheren Sicherheit und Überzeugungskraft wegen scheint es mir unumgänglich nötig, noch ein zweites Beweismittel herbeizuschaffen, das ersteres sozusagen ergänzt, wodurch erst völlige Gewißheit eintreten würde. Und zwar meine ich, es müßte das Wappen der Tunoras, das Eure Hoheit hier auf dem Pergamente sehen, auch als unauslöschliches Merkmal auf dem Körper Eurer Hoheit zu finden sein, wie es ja immer bei Abkömmlingen alter edler Geschlechter der Fall zu sein pflegt.“
Er zog dabei, indes er solches sprach, ein metallenes Petschaft hervor, worin, soweit es seine Kunst erlaubt hatte, die Kennbilder von Tunoras Wappen dürftig eingestochen waren: zwei sich kreuzende Schwerter, ein Lorbeerkranz, ein Jagdhorn und ein Halbmond.
Tunora zeigte sich durch Ramings Worte aufs höchste erstaunt und beunruhigt.
„Wie soll ich das verstehen, Eure Hoheit?“ fragte er.
„Nun, ich meine“ gab Raming spitzbübisch lächelnd zur Antwort „es müßten Eure Hoheit dieses Wappen Ihres Geschlechtes irgendwo eingebrannt tragen, auf der Brust, auf den Armen oder – sonstwo, wo immer Eure Hoheit wünschen.“
„Wir machen das Ding da ein wenig heiß“ fuhr er eindringlich fort, Tunoras entsetzte Miene nicht weiter beachtend „und brennen es Eurer Hoheit irgendwo ein. Es ist nur ein kurzer Schmerz, des edlen Zweckes aber zweifellos würdig.“
„Niemals!“ schrie Tunora auf, denn nun hatte er erst den letzten Sinn von Ramings Rede verstanden „niemals werde ich mich brennen lassen.“
Schon aber hatte ihm Elbl mit raschem Griff den Mund zugehalten.
„Willst du das ganze Haus alarmieren, du Hund, du?“ zischte er ihm ins Ohr. „Wir prügeln dich zu Tode, wenn du nicht schweigst!“
Diesmal aber schien sein Einfluß auf Tunora zu versagen. Dieser wehrte sich aus aller Kraft und Elbl mußte befürchten, er werde gefährlichen Lärm schlagen, wenn man ihn nicht sofort beruhige.
„Gut also, du wirst nicht gebrannt, du Feigling, du“ gab er wütend nach. Er konnte Tunora nicht gut sagen, das Ganze sei nur ein derber Scherz von Seiten Ramings gewesen.
Dann aber verbeugte er sich wieder mit höhnischem Lächeln vor seinem völlig verstörten Opfer: „Eure Hoheit werden gut tun, den Stammbaum noch heute Seiner Magnifizenz vorzulegen.“ – –
Und so geschah es auch.

Es war ein entscheidender Augenblick, da Prinz Tunora, etwas still und verlegen wie immer, dem guten Rektor das seltsame Elaborat überreichte.
Dieser nahm es wohlwollend entgegen, erklärte aber nach flüchtiger Durchsicht, er werde es, der Vorschrift halber, von seinem verehrten Ordensbruder Pater Corbinian Gärtner, Dekan der juridischen Fakultät, Professor des kanonischen Rechtes und der Diplomatik, auf seine Echtheit überprüfen lassen. Worauf er seinen hohen Schüler mit Bezeigung allen schuldigen Respektes entließ.
Wenige Tage später gelangte die Entscheidung an das Rektorat zurück. Die Tatsache wäre kaum zu glauben, wenn wir sie nicht in den Akten bestätigt vorfänden: Professor Pater Corbinian Gärtner bemängelt zwar „einige Unzukömmlichkeiten" in Tunoras Stammbaum, erklärte ihn aber im übrigen für durchaus echt!
S. 32–40.

Historischer Kommentar

Adelige Studenten an der Benediktineruniversität Salzburg

Das Ansehen einer Universität wurde von der frühen Neuzeit bis ins 19. Jahrhundert nicht nur an ihren Studentenzahlen, sondern vor allem an der Beteiligung des hohen und niederen Adels gemessen.
Die Gründung der Universität Salzburg erfolgte unter Paris Lodron 1622/23 aus den Bestrebungen des Erzbischofs, als Landesfürst eine eigenständige Universität zu gründen und als Metropolit im Sinne der Forderungen des Tridentinums für die Errichtung von Priesterseminaren zu sorgen. Die Leitung der hohen Schule hatten die Benediktiner inne, nachdem Verhandlungen mit den Jesuiten fehlgeschlagen waren – ein Vorteil für Salzburg, wie sich später herausstellte.
Salzburg konnte in 171 Jahren mit mehr als 32.000 Immatrikulationen aufwarten, während zum Beispiel an der ungefähr zur gleichen Zeit gegründeten Jesuitenhochschule Paderborn in 207 Jahren nur 9000 Studenten ihr Studium begannen. Der einzigen im süddeutschen Raum von Benediktinern geführten Universität Salzburg kam vor allem die Tatsache zugute, daß das Ansehen der Jesuiten seit der zweiten Hälfte des 17. Jahrhunderts gesunken war.
Trotzdem waren in den Anfangszeiten der Universität Angehörige fürstlicher Häuser nur spärlich vertreten, da gerade diese Jesuitenhochschulen bevorzugten. Die Gesamtzahl der Ritter, Freiherren und Fürsten machte insgesamt aber dennoch nahezu ein Fünftel aller Hörer aus. Den höchsten Anteil stellten dabei die Familien, die im Salzburger Domkapitel vertreten waren.

Einige Adelige schlossen ihr Studium mit dem Doktorat ab, bei vielen war der Aufenthalt von kurzer Dauer, denn auf einen Abschluß legte man nicht allzuviel Wert. Manche inskribierten auch nur im Rahmen der „Durchreise", wenn sie sich auf der ab dem 17. Jahrhundert immer mehr in Mode gekommenen Kavalierstour befanden.
Die Städte waren in der Regel aus wirtschaftlichen und sozialen Gründen an den Adeligen sehr interessiert und bemühten sich auch, ihr Angebot an gesellschaftlichen Veranstaltungen zu erweitern. Graf Cobenzl, ein späterer Gesandter Napoleons, pries an Salzburg zum Beispiel die *„ausgezeichnete Reitbahn – die Winterreitschule – die Anwesenheit guter Fecht- und Tanzlehrer und vor allem der Zutritt, den die Angehörigen des Hochadels bei Hof und in erster Gesellschaft hatten. So wurde ihnen ein erster Schliff ermöglicht, den ein sehr kleiner geschlossener Kreis erleichterte"*.

Das Bedürfnis Salzburgs nach einem Prinzen Tunora

Als 1804, ein Jahr nach der Säkularisation des Erzbistums, Kajetan Treml nach Salzburg kam, war Salzburg Teil eines neu geschaffenen Kurfürstentums unter der Regentschaft von Ferdinand III. von Toskana geworden. Die französische Besatzung hatte im Winter 1800/01 fast das ganze Kapital verschlungen, die Bevölkerung war verunsichert und mußte sich erst an die geänderten Bedingungen gewöhnen.
Aufgrund der politischen Ereignisse gab es auch so gut wie keine Neuzugänge an der Universität. Im Jahr 1800 sind nur 12 Neueintragungen in der Universitätsmatrikel verzeichnet, was den absoluten Tiefstand vor der Aufhebung der Universität 1811 bedeutete. Auch die Errichtung der medizinischen Fakultät brachte 1804/05 keinen wesentlichen Zuwachs.
Unter diesen Rahmenbedingungen trat plötzlich ein falscher Prinz mit dem wohlklingenden Namen *Tunora* auf, und die Herren Universitätsprofessoren und die Salzburger Bürger ließen sich täuschen. Sie hätten wohl gerne einen Sproß des Hochadels als Student ihrer Universität, deren Ende sich bereits abzeichnete, in der Stadt gehabt.

Arnold Hagenauer (1871–1918)

Recherche in Familiendingen

„Frau Hockauf bewohnte mit ihrem Sohn Leonhard bei der Schanz in einem zweistöckigen Hause zwei Zimmer, eine kleine Küche und einen winzigen, stockfinsteren Flur. Vor den Fenstern floß der Hellbrunnerbach vorbei, den alte Weiden einsäumten, in deren Schöpfen nächtens die Eulen heiser kreischten, und der Totenvogel, der mäusegraubraune Steinkauz, kläglich schrie. Man konnte über die Strünke hinwegsehen, über Wiesen und Felder bis hin zu den Bergen. Gegen die Stadt zu schloß die Kajetanerkirche mit ihrer weißschimmernden Fassade und dem Fronton über dem Portale, das von zwei freistehenden, viele Fuß hohen Säulen getragen wird, den Platz ab und gab ihm eine sanfte, geschwungene Barocklinie. Hinter dem Hause stieg die Bergmauer von Nonnberg auf und bildete die Rückwand eines kleinen Hofes, in dem ein mächtiger Nußbaum einen Brunnen beschattete, den eine Muttergottes krönte, zu deren Füßen sich eine Schlange wand, die aus ihrem Rachen einen dicken Wasserstrahl spie.“ (Der Knabe Leonhard, 53)

Arnold Hagenauers feingestrichelte Salzburgansichten kleiden die Stadt in schwarzes Biedermeier. Der Schimmer des Idyllischen, der diese Winkelwelt mit ihren Wirtshauslauben, den bewachsenen Pflastersteinen, sprudelnden Brunnen und schattigen Höfen einhüllt, verbirgt eine lautlose Dämonie und geht in quälende Stickigkeit über, sobald man ihr nahe kommt.

Dann nimmt das klein gehaltene, kleinkarierte Leben, das hier in Gestalt zweier Frauenpersonen, Frau Hockauf und ihrer Schwester Rosa Opfertag umgeht, die Fratze penibler Zucht und kalter Strenge an. Unter ihrem Kuratel steht in Arnold Hagenauers Roman der vierzehnjährige Knabe Leonhard, der mit seiner Brille auf der spitzen Nase, dem langen, leicht gelockten Haar und den dünnen, schlenkernden Armen noch *sehr unausgewachsen* war.

Zur Einführung seiner Romanfiguren stellte Arnold Hagenauer diese zum Gruppenbild eines Spaziergangs über den Mönchsberg zusammen. Aus der Entfernung wirken sie so harmlos, als handelte es sich um Figuren Carl Spitzwegs. Da sind Bindhüte aus Stroh, Sonnenschirme, stupsnäsige Mädchen mit blauen Augen und ein Priester im schwarzen Gehrock zu einer herbstlich angewärmten Impression arrangiert. Aber schon im ersten Näherkommen lassen wenigstens zwei dieser Gestalten nichts Gutes erhoffen.

„Über den Nonnberg lustwandelte in der milden Sonne eines Spätherbstnachmittags eine kleine Schar. Voran ging eine hagere Frau mit einem Gesicht von der Farbe eines Quittenapfels, dunklen, beweglichen Augen und einem steten, süßlichen Lächeln um die welken, eingekniffenen Lippen. Rechts von ihr schritt unendlich würdevoll eine ebenso große, grobknochige Weibsperson mit unförmlich

großen Schuhen, in düsteres Schwarz gekleidet, mit einem Kreuz aus Korallen auf der durch ein panzerartiges Mieder flachgequetschten Brust. Ihre Hände steckten in gehäkelten Handschuhen, die aber die Finger frei ließen, lange, rote, habsüchtige Finger mit ungepflegten Nägeln, die unter dem Rande einen dunklen Strich hatten."

Diese Vampire der Biederkeit, die da vor den sanften Barocklinien des Stadthintergrundes in die Natur ausschwärmen, sind nicht ungefährlich, das enthüllt bereits dieser erste Nachmittag, der im Gastgarten des Krimpelstätter, damals „Zum weißen Schwan" benannt, bei Jause und Plauderei ausklingt. Wie dann die weitere Romanhandlung an dem kleinen, bitteren Leben des Knaben Leonhard detailreich exerziert, verwechseln diese beiden Kleinbürgerinnen ihre herzlosen Schandtaten mit erzieherischer Strenge, ihren Geiz mit Bescheidenheit und ihre Perfidie mit Wohlwollen.

Als später zu erfahren ist, daß Leonhards Vater bei den Schiffhütten am Ende der Mirabellgartenschanze (heute der straßenseitige Aufgang zum Mirabellgarten) ertrunken ist, braucht der Autor den damit vertuschten Selbstmord nur noch anzudeuten. Frau Hockaufs Kunst, im Leben ihrer Nächsten ein Fegefeuer der kleinen Stiche zu unterhalten, ist bestens eingeführt.

St. Peter

Exemplarisch ist die Episode, da sie von der Strafbank am Gries billiges Fleisch kauft, von dessen Genuß Leonhard schwer erkrankt. Die materiell wie emotional bedrückenden Verhältnisse steigern sich zur Ausweglosigkeit, als er jener Talismane beraubt wird, die seine Kinderseele bisher mit etwas Träumerei und Aufhellung entschädigt hatten.

Eine Muschel aus der Verlassenschaft eines verstorbenen Schulkollegen, deren Meeresrauschen Leonhards Gefühlskerker aufbricht, ist einer dieser *Kraftgegenstände*, den ihm die Mutter im Zuge einer Strafaktion entwendet und aus dem Fenster wirft: *„Sie leuchtete förmlich auf, als sie im weiten Bogen in den Hof geschleudert wurde, mit einem hellen Klang schlug sie auf die Steine hin, prallte von ihnen zurück und zerschellte am Rande des Brunnens."*

Der letzte Halt seiner empfindsamen Seele bricht ein, als Tante Hockauf ein zahmes Rotkehlchen, das Leonhard in einem Käfig hält, zu Tode erschreckt; dem Vogel bricht das Herz. Im Morgengrauen des nächsten Tages wandert Leonhard

Richtung Untersberg, dem geheimnisvollen Schauplatz seiner Sagenbücher, zu. Er steigt ziellos in die bizarren Felsen auf und gerät auf der Suche nach einer Quelle, die seinen Durst löschen soll, in eine grundlos abfallende Höhle, wo er zu Sturz kommt.

Es wäre kein Biedermeierroman, hätte diese qualvolle Zerstörung einer Kinderseele nicht ihre hellen Gegengewichte. Neben fein gezeichneten Genreszenen, die in einen Alltag der kleinen Leute führen, zu bescheidenen Festen, auf den Markt, in häuslichen und schulischen Alltag, in verqualmte Wirtsstuben und auf Überlandpartien durch sommerliche Fluren begleiten, gibt es noch Platz für eine Liebesgeschichte mit reichem Dekor. Rudolf Rögglbrunner, Geiger am Stadttheater, liebt Rosa Krist, die mit dem Bräuersohn Hierangl eine sogenannte „gute Partie" machen soll. In diesem Fall behält aber die Liebe die Oberhand.

Wie einer aus der Zeit E. T. A. Hoffmanns

1871 ist Arnold Hagenauer in Linz als Sohn eines Obergerichtsrates geboren, er verwaiste früh und wurde von zwei Tanten aufgezogen. („*Äußerst liebevoll*" nannte Hugo Greinz in seinem Vorwort zur Romanausgabe 1930 dieses Kindheitsmilieu. Einen widersprüchlichen, aber nicht mehr aufklärbaren Bezugspunkt bilden dazu die beiden *essigsauren* Romangestalten Hockauf und Opfertag in „Der Knabe Leonhard".)

Zum Besuch des Gymnasiums wechselte er nach Wien, wo er dann ein Studium der Veterinärmedizin aufnahm. Als seine eigentliche Neigung erkannte er jedoch die Literatur, die ihm zum Beruf wurde. Er füllte die Stelle eines literarischen Redakteurs bei der *Ostdeutschen Rundschau* aus und belieferte freiberuflich verschiedene Zeitschriften und Magazine mit Kurzprosa, Novellen und Feuilletons.

Die zwei letzten Sommer seines Lebens verbrachte Arnold Hagenauer in Salzburg, wo er in Mülln beim Gastwirt Krimpelstätter Quartier hatte. Er suchte in diesem Umfeld neben literarischen Anregungen vor allem nach Spuren seiner Vorfahren, der Familie der Mozartfreunde, Bildhauer, Architekten und Straßenbaukünstler Hagenauer, die mit Dominicus Hagenauer auch einen Abt von St. Peter gestellt hatte. Im März 1918, kurz vor Arnold Hagenauers Ableben, brachte die *Österreichische Illustrierte Rundschau*, für die der Schriftsteller tätig gewesen war, sogar einen längeren Bericht über „Die Familie Hagenauer".

Dabei könnte diese Identifikation auch auf einem Irrtum beruhen. Arnold Hagenauers eigene Biografie ist so gut wie inexistent, kein Lexikon berücksichtigt ihn über die Anführung seiner Lebensdaten hinaus. Aber auch von Seiten des salzburgischen Hagenauerischen Stammbaums führt keine Seitenlinie nachweisbar nach Linz. Eine – bodenlose – Spurensuche als Ersatz für fehlende familiäre Bindungen? Der verbriefte Gewinn dieser Recherchen ist in Arnold Hagenauers Biedermeierroman „Der Knabe Leonhard" zu sehen.

Arnold Hagenauer, anhanglos und unvermögend in einem Untermietzimmer der Wiener Josefstadt verstorben, hatte seit seiner Zeit als Student der Veterinärmedizin das Leben eines Bohemiens im *Quartier Latin* Wiens, in der Josefstadt, geführt. Sie stellte jene historische Kulisse, die ihm literarische Inspiration und zugleich wesensmäßige Entsprechung war. *„Stets wählte er diese* (Unterkünfte) *in ganz alten Häusern mit winkeligen Aufgängen, in Zimmern mit fremdem, altem Hausrat und Petroleumlampe, nannte nur ein paar Koffer mit dem Notwendigsten sein eigen, immer bereit, wieder in eine andere Bude zu ziehen, wenn das alte Haus abgerissen wurde, um einem Neubau Platz zu machen. Er war Bohemien, jawohl, aber dabei wieder von besonderer Akkuratesse und Genauigkeit, die sich nicht zuletzt in seinem Äußeren zu erkennen gab. Er brachte das Kunststück zuwege, stets elegant gekleidet zu sein und dabei doch einen Eindruck zu machen, den man fast altfränkisch nennen durfte. Wenn er so, schlank und hochgewachsen, in Gedanken verloren, durch die Gassen ging, konnte man beinahe meinen, es hätte sich jemand aus der Zeit E. T. A. Hoffmanns in die unsere verirrt.“* (Hugo Greinz, Vorwort zu „Der Knabe Leonhard“)

Arnold Hagenauer

Von dieser stark melancholischen und etwas gravitätischen Romantik geprägt ist auch sein „Knabe Leonhard“. Die Stadt ist wie in welkes Braun getaucht, in stockender Stille festgehalten. Der Roman wurde unter dem Titel „Leonhard und Rosa“ in der literarischen Beilage zum *Salzburger Volksblatt* (Jg. 1919, Nr. 1–19) erstmals veröffentlicht. Die Bucherscheinung, versehen mit einem Vorwort von Hugo Greinz, kam erst 1930 zustande.

Der psychologische Ansatz eines Entwicklungs- und Kleinstadtromans, dessen subtile Figurenzeichnung mit den gesellschaftlichen Rahmenbedingungen eine Einheit bildet, macht „Der Knabe Leonhard“ bis heute lesenswert.

Das Vagantengenre der romantischen „Taugenichts-Tradition“, das Arnold Hagenauer dem autobiografisch gefärbten Roman „Gottfrieds Sommer. Aus dem Tagebuch eines Romantischen“ (1906) unterlegte, läßt ein solches objektivierbares Umfeld vermissen und ist daher vorwiegend als Lebensdokument von Arnold Hagenauers eigenen „Wanderjahren“ von einigem Interesse.

Zumindest teilweise zurück nach Salzburg führte auch Arnold Hagenauers letzte Publikation zu Lebzeiten, ein Band „Historische Novellen“, 1918 in der Feldbücherei der k. u. k. 10. Armee erschienen. Darin enthalten sind „Das Hexennest“, ein alptraumhaftes Barockbild und „Fräulein von Blairau“, das ins 18. Jahr-

hundert, in eine Szenerie wild verwunschener Naturgärten und verfallender Schloßanlagen führt.
Franz von Saar und Detlev von Liliencron hatten die ersten literarischen Versuche Arnold Hagenauers gefördert. 1895 debütierte er mit dem Gedichtband „Illusionen". Darauf folgte 1896 „Adah Hellmer", ein Schauspiel. Mit dem Roman „Muspilli" (1900) schloß sich Arnold Hagenauer vorübergehend dem Stil des Naturalismus an. Geschildert wird der Untergang eines dekadenten, haltlosen, jungen Mannes, stilistisch ist das Werk an Ibsen, Dostojewskij und Zola orientiert.
Arnold Hagenauer hat, dies ein bleibender Zug seines literarischen Schaffens, vielfach aus biblischen und historischen Sujets geschöpft. Der Novellenband „Das Ende der Salome" (1916) zeigt dabei Einflüsse des Symbolismus und der Jugendstilzeit. Hagenauers lyrischer Grundton machte aber von da an einer sehr persönlichen Erzählkunst Platz, in die er Dialektsprache einbaute und die Elemente seines Stimmungsimpressionismus zur Nuancierung der Charaktere heranzog. „Der Knabe Leonhard" ist der gelungene Prototyp für die künstlerische Selbstfindung und Eigenständigkeit der letzten Publikationen des in Linz geborenen, in Wien tätigen und mit Salzburg besonders verbundenen Autors.
Arnold Hagenauer starb, als Schriftsteller bis zuletzt nur mäßig erfolgreich, nach kurzer Krankheit im Alter von 46 Jahren im Wiener Allgemeinen Krankenhaus und ist im Zentralfriedhof begraben.

Fleisch von der roten Bank
Werkausschnitt „Der Knabe Leonhard"

Es ging auf Allerheiligen zu. Vor den behäbigen Bürgershäusern war der Boden mit feinem Holzstaub bedeckt, denn überall rüstete man sich für den kommenden Winter, der gar streng und harsch zu werden drohte, waren doch die Schwalben diesmal, obwohl der Herbst sich warm und schön anließ, schon bald vor dem Schutzengelsonntag abgezogen statt zu Mariä Geburt. Das deutet auf eine frühe Kälte, und so wahr, wie daß St. Ägidi ein Lostag ist.
Stämmige Männer sägten mit knirschendem Eisen Buchenscheiter und Fichtenklötze, armdickes Prügelholz und knorrige Äste entzwei, alte Frauen, in unförmlichen Filzschuhen und mit rauhen Fäustlingen an den Händen, sammelten das Holz in Bastschwingen und warfen es durch die Kellerluken den Mägden zu, die in diesen Tagen mit dem Aufschichten gar viel zu tun hatten. War aber einer von den Holzschneidern jung und gut gewachsen, sägte und spaltete in bloßen Hemdsärmeln und ließ sich nichts anhaben von Sturm und Frost, wenn auch der Schnee schon in dünnen Flocken vom Himmel niederfiel, ein rauher

Westwind aus dem Bayrischen blies und in den alten, ungeschlachten Kachelöfen viel Unfug trieb mit Winseln und Heulen und einer tollen Funkenjagd durch Rauchfang und Schlot, dann flog so manches Scherzwort hin und wieder, und der Bursch griff wohl gar unversehens zum Kellerfenster hinein, und wo er die Dirne gerade packte, dort mußte es ihr recht sein.
Auch Frau Hockauf hatte für den Winter ihre Vorbereitungen getroffen. Aber vor den kleinen Häusern draußen an der Schanz wurde nicht viel gehackt und gesägt. Denn man zahlte für die Klafter weiches Holz drei und einen halben Gulden, für Astholz vier und für hartes gar fünf Gulden. Da wartete man lieber, bis in den ersten kühlen Herbsttagen der Wasenbauer sein Öchslein anspannte und durchs Neutor hereingefahren kam. Der kannte seine Kundschaften und lud, ohne vorher viel zu fragen, vorm Hause rund tausend Ziegel, die alte Torfklafter ab, bekam dafür fünfzig Kreuzer und hielt dann noch einmal gegen Weihnachten Nachfrage, wessen man wiederum bedürfe. Gerade heute war sie schon zeitlich aufgestanden und hatte mit Unterstützung der alten Bartleitner Kathl aus dem Hundsgassel, die überall um weniges Hilfsdienste leistete, den Torf in der Holzlage aufgeschichtet. Davon tat ihr das Kreuz weh, und so kam es, daß Leonhard ohne Frühstück zum Gymnasium mußte. Nun schritt sie, in einen weiten, groben, aber dicken Mantel gehüllt, durch das kleine Gäßchen beim „Eisernen Bären“ zum Gries hinunter. Sie wollte etwas Fleisch erstehen und schritt die Zeile ab, in der sich ein Metzgerladen an den andern reihte. Seit Wolf Dietrichs glorreicher Regierung waren die Knochenhauer verpflichtet, auf dem Gries an der Salzach ihr Gewerbe auszuüben, und jeder erhielt außer der Feilbank auch zugleich die Schlachtbank angewiesen und einen eigenen Brunnen gegen einen jährlichen Zins. So war es all die Zeit her geblieben. Frau Hockauf stand vor einer Tafel still, auf der mit Kreide die Preise angeschrieben waren: acht Kreuzer für ein Pfund Kalbfleisch, zehn Kreuzer für ein Pfund Schweinefleisch und zwei Kreuzer und zwei Pfennig für Fleck oder rindene Lunge. Sie befühlte mit ihren Fingern die Silber- und Kupfermünzen, die sie in einem gestrickten Beutelchen in der Hand hielt. Sie brauchte auch noch Schmalz, da mußte sie sechzehn und einen halben Kreuzer für ein Pfund rechnen und ebensoviel für Unschlittkerzen, wenn sie einen weißen Docht haben sollten. Heilige Mutter Gottes! da ging ja schon wieder bald ein voller Gulden drauf. Sie versuchte es bei den Landmetzgern, die bei der sogenannten roten Bank feilhielten, und, nachdem sie sich scheu umgesehen, ob sie auch da niemand bemerke, besorgte sie rasch bei einer der Strafbänke, wo schlechteres Fleisch unter dem Satzpreise gegeben werden mußte, ihren Einkauf. Sie hatte gerade Zeit, das Stück Fleisch, das etwas bläulich aussah und von dicken Flechsen durchzogen war, in ihrem Korbe zu bergen und sich wie von ungefähr unter die Mägde zu mengen, die sich beim Metzger Bscheidl drängten, sonst wäre sie der Frau Opfertag in den Wurf geraten. Diese hatte den Weg über das durch die Kaserne führende Fleischtor genommen, ging nun auch unschlüssig von einer Bank zur andern und

begann, nachdem sie ihrer weitschichtigen Base ansichtig geworden war, mit dem Kopfe so krampfhaft zu nicken, daß ein Entrinnen unmöglich erschien.
„Grüß di Gott, grüß di Gott, alleweil um die Weg schon in aller Hergotts Fruah?"
Frau Hockauf war heute nicht am besten aufgelegt.
„I schon, i bin schon in aller Früh aufg'standen, weil der Torf kommen is, und i mit dem Einschichten viel z'tun g'habt hab. Sonst kümmer i mi nöt viel, wann andere Leut aufstehn. A jeder, wann er Zeit hat und wann er muaß."
„Halt ja, da hast recht. Heutzutag halt sich eh a jeds an Dienstboten, obs es tragt oder nöt, darnach fragt niemand mehr. Was hast denn einkauft?"
„Mei, a wenig a vorderes Fleisch, damit mir amal a g'scheite Suppen kriegen. Alleweil die Einbrenng'schlader haßt a nix. Der Leonhard muß a anständige Kost haben. Er is im Wachsen und schaut so viel blaß aus. Mannigsmal ist mir ganz bang um ihn. Der Fellner Alois vom landschaftlichen Registrator, der mit ihm in a Klass' geht, solls nimmer lang machen, sagt man. Er is ganz schwindsüchti."
„Das habn jetzt die Leut davon, weil sie unbedingt aus dem Buben was Besseres habn machen wollen. Hat so viel Geld kost' und habn eh kans. Jetzt is das a beim Teufel. Ja, i sags alleweil, Hochmut kommt vor dem Fall und Übermut tut selten gut."
„Mei, mir erbarmen sie halt. Und Übermut is das no lang kaner, wann ma schaut, daß aus seine Kinder was Rechtschaffenes wird."
„Es soll keiner höher hinaustrachten, als ihm g'steckt is. Mehr hab i nöt sagen wollen, durchaus nöt. Wo gehst denn no hin?"
Frau Hockauf versuchte es, auf eine billige Art und Weise loszukommen.
„Ham halt, ham, mei Liabe, zum Herd schaun. Es kocht sie nix von selber."
„Na, da will i di nimmer länger aufhalten. I muaß no zum Grießler. Was die Feilschaft in die Höh gangen is, das is nimmer schön. Du kannst dir no so viel Geld einsteck'n, es klöckt hint und vorn nöt."
Sie schob ihren Deckelkorb an den Ellbogen hinauf und begann an den Fingern herzuzählen:
„Der Lehnlaib hat nur mehr vier Lot übers Pfund und kost' schon sechs Kreuzer, und a Semmel an ganzen Kreuzer. Na ja, wann der Metzen Mehlberwatz mit drei Gulden zehn Kreuzer g'roatet wird. Kann ma sichs ja denken. Die Linsen mußt das Mäßl um fünfzehn Kreuzer zahlen und gar die Erbsen und Bohnen um einundzwanzig Kreuzer. I hab rein 'glaubt, i fall um, wia i 's heut g'hört hab. Vier Eier um drei Kreuzer und a alte Henn fünfzehn Kreuzer."
„Das geht mi nix an. Mir essen das ganze Jahr kane Hendeln. So wia a so. Jetzt muaß i aber dazuaschaun. Pfüat di Gott. I laß dein Herrn schön grüaßen. Wia gehts ihm denn alleweil?"
„Dank der Nachfrag. Bis auf sei Kopfreißen guat. Und was macht denn der Leonhard? Is er fleißi?"
„I hoffs. Adieu!"

Frau Hockauf ging in die Richtung der Brücke und bog bei der Ränftlecke in die Getreidegasse ein. Zuerst kaufte sie in der Stadt-Apotheke Opodeldok und Baldriantropfen, dann überquerte sie die dort etwas eingebogene Gasse und trat durch das große Steintor in das Faktor-Mayr-Haus, das auf den Kollegiumsplatz hinausführte, und in dessen Durchgang sich Kaufläden befanden. Schon wieder trat die leidige Geldsorge an sie heran, denn die Wachskerzen kosteten einen Gulden und fünfundzwanzig Kreuzer das Pfund. Eine dünne Kerze mußte sie aber dennoch erstehen, am Allerseelentage durfte kein Unschlittlicht auf ihres Mannes Grab brennen. Sie ließ sich nichts nachsagen, und das war sie dem seligen Cornelius wohl auch schuldig. Frau Krist trat eben mit ihren beiden Töchtern, Leopoldine und Rosa, beim Wachszieher heraus. Die kleine, leutselige Frau hatte ein großes Paket im Arm, darinnen waren wohl an die zehn Pfund Kerzen, und auch die beiden Mädchen trugen kleinere Päckchen und wohleingemachte Schachteln in den Händen. Sie betrieb einen großen Totenkultus, und es gab kein Grab ihrer zahlreichen Verwandtschaft, auf dem nicht an den Tagen, die allen Heiligen zum Gedächtnis und allen armen Seelen zum Troste und frommen Gedenken geweiht sind, mindestens ein mächtiges Licht, von ihr gespendet, brannte. Aber auch vieler, die sie nur gekannt hatte, und die vor ihr dahingegangen waren, vergaß sie nicht, und außerdem steckte sie vor den Altären in den zahlreichen Kirchen kleinere Lichter auf, die von den jungen Damen angezündet werden mußten, damit auch sie der heiligen Pflichten nicht vergäßen, die die Lebenden den Verstorbenen schulden. Es gab eine freundliche, stille Begrüßung zwischen den Frauen und einen kleinen Plausch, und Frau Hockauf nahm es auf einmal bei weitem nicht mehr so ernst mit ihrer Zeit. Herr Rögglbrunner ging mit seinem Instrumentenkasten vorüber, wohl zur Probe ins Theater, in dem er die erste Geige im Orchester spielte. Er grüßte sehr artig und nahm den Tuchzylinder tief vom Haupte. Fräulein Rosa dankte besonders freundlich, dann steckte sie ihre Nase in den riesigen Muff, lächelte und blickte dem jungen Musikus so lange nach, bis er außerhalb des Torbogens verschwunden war.

„Schau, wie der Herr Rögglbrunner freundlich 'grüaßt hat", konnte sich Frau Hockauf zu bemerken nicht enthalten. „Mir scheint, mir scheint, dem haben Sie's antan, Fräul'n Rosa."

Fräulein Krist war von der scharfen Luft ohnehin das ganze Gesicht über rot. Und das war gut so.

Des Mädchens Mutter schien an der Bemerkung keinen rechten Gefallen zu finden.

„Na ja, die jungen Leut haben ihre Augen überall. Am meisten hinter die Madeln her. Der Herr Rögglbrunner könnt auch was G'scheiters anstellen, als drauf aus sein, einer den Kopf z'verdrehn."

„Aber Mutter!"

„Geh, dich hab ich ja nicht g'meint damit. Ich hab ja nur im allgemeinen g'redt.

Mein Gott, da fangt so ein Springinkerl was an und denkt dabei nicht ums Hauseck. Zuerst muß der Mensch was sein. Wann er einmal fest an der Domkapellen ang'stellt sein wird, dann soll er ans Heiraten denken. Aber jetzt kann ihn sein Kapellmeister jeden Tag entlassen, und dann steht er da. Vom Stundengeben wird heut bei uns keiner fett."

„Aber, Frau von Krist, er spielt doch auch im Theater."

„Hören S' mir auf mit'm Theater. Das hat bei mir kan Regatt. Vor der Komödi und allem, was damit zusammenhängt, hab ich wenig Respekt. Na ja, ich weiß, die Kunst geht nach Brot. Er muß sich um sein' Lebensunterhalt umschauen, wo er ihn find't. Das kann ihm kein rechtschaffener Mensch verübeln. Und seit seinem sechzehnten Jahr steht der Herr Rögglbrunner auf seinen eigenen Füßen, das will i ihm nöt abstreiten."

„Jessas, Frau von Krist, i hab sein Vater, Gott tröst ihn, gut kennt. Das war so viel a lieber Herr und so a guater Lehrer. Die Leut, die als Kinder in die Andräschule 'gangen sind, wissen noch heut nöt g'nuag von ihm zum erzählen, und alle haben ihn gern g'habt. Und erst sei Mutter, das war a kreuzbrave Frau. Schad, daß so bald hat sterben müssen!"

„Mein Gott, freili waren's rechtschaffene Leut, die Rögglbrunnerischen. Davon is ja ka Red. Aber i hab halt einmal das Grüßen und Anlachen auf der Straßen nöt gern. Sie wissen ja, wie den Leuten der Mund geht. Auf ja und na und hast es nöt g'sehn is a Madel am G'red. Und dann wird zehnmal so viel drausg'macht, als wahr is. Aber jetzt wollen wir nimmer länger aufhalten und empfehlen uns bestens."

Die Frauen nickten, die Mädchen knixten, viele Menschen schoben sich in dem Durchgang aneinander vorbei, und von der Kollegiumskirche schlug es die zehnte Morgenstunde. Das war spät genug, denn man aß um 11 Uhr zu Mittag. Daher wurde es allmählich leerer in den Gassen und auf den Plätzen.

Frau Hockauf ging nunmehr unaufgehalten nach Hause. Sie machte Feuer im Ofen, setzte das Fleisch zu, schälte Kartoffeln und rieb eine Krenwurzel, wobei ihr öfter die Tränen in die Augen kamen.

Das kleine Rotkröpferl in seinem Bauer war quickvergnügt. Es hatte von seiner Herrin einen fetten Mehlwurm bekommen, einen frischen Trunk in den Napf, geschabte gelbe Rüben in sein Nürscherl und laues Wasser in sein Badehäuschen. Für den kleinen Vogel erwärmte sich zuweilen dieses vertrocknete Herz in den Stunden seines Alleinseins, und es klangen hellere Töne in die Uneinigkeit verstörter Gedanken einer armen, für den Daseinskampf ungerüsteten Frauenseele. Der Vogel rückte unschlüssig auf seiner Sitzstange hin und her. Dann wetzte er sein Schnäbelchen und begann sein Lied. Er hatte sich längst an die Gefangenschaft gewöhnt, alle Scheu verloren, war ein anmutiges Geschöpf, das sein munteres Wesen bei jeder Gelegenheit bekundete. Als Leonhard von der Schule zurückkam, begrüßte er seinen Freund mit fröhlichem Zwitschern und mit aufgeblasenem Kröpflein und allerhand drolligen Bewegungen.

Der Tisch war schon gedeckt.
„Heut haben wir Fleisch," verkündete die Mutter mit einem Anflug von Stolz, „freust di nöt?"
Aber aus dem Suppentopf stieg gar kein würziger Duft auf, der Knabe würgte an den zähen Brocken und trank einen Schluck Wasser nach dem andern.
„Was hast denn? Was schneid'st denn für G'sichter? Nur nöt heiklich sein. Du weißt, dös kann i nöt leiden. Sei froh, hundert in dein' Alter habens nie so guat g'habt. Iß das Bröckerl no, es darf nix übrigbleiben."
„I dank schön, i mag nimmer."
„Iß, ha i g'sagt."
„I kann nöt. Es widersteht mir."
„So was Guates! Den halben Teller hast noch voll. Und wie du das schöne Fleisch zerfaselt hast! Das muß noch alles hinunter, da hilft dir nix. Da beim Bein ist noch a ganze Menge. Das darf nöt stehn bleibn. Sünd und Schad wär drum."
Leonhard machte noch einen Versuch. Doch dann legte er Messer und Gabel hin, seufzte auf und fuhr sich mit dem Vorstecktuch über das Gesicht.
„Geh, laß mi in Ruh, i bitt di, mir is schon ganz schlecht. Das Fleisch beim Bein da hat keinen rechten G'ruch nimmer."
„Was sagst! Ich rat dirs im guten!"
„Was nicht geht, geht nicht. Das Fleisch stinkt. Das ist nicht zum Hinunterwürgen. Das ist aus der Strafbank. Haltst mi für so dumm, daß i nöt amal das merken soll?"
Die Mutter war zornfunkelnden Auges vor ihn hingetreten. Sie hob die Hand zum Schlage auf. Ihre Stimme klang schrill und überlaut:
„Was hast g'sagt? Sags no amal, wannst di traust, du frecher Kerl!"
Der Gescholtene, der zuerst seinen Kopf tief zwischen die Schultern gesteckt hatte, sprang plötzlich auf und pflanzte sich vor die maßlos erzürnte Frau hin.
„I laß mi nimmer schlagen wegen nix und wieder nix. Hau her, so hau her, aber das sag i dir, i machs wie mei Vater und geh auf und davon, und du siegst mi nimmer."
Seiner Mutter sank die Hand hinunter. Sie brach in lautes Weinen aus, dem die Schamhaftigkeit wahren Schmerzes und zum Herzen gehender Kränkung ebenso fehlte, wie es den bitteren Klagen, in die sie nun ausbrach, an der Überzeugungskraft der lauteren Wahrheit gebrach.
S. 67–79.

Historischer Kommentar

Die Stadt Salzburg im Vormärz

1816 war der ehemalige unabhängige Kleinstaat Salzburg nach einer Epoche wechselvoller Regierungen endgültig an Österreich gekommen. Salzburg stellte nun als fünfter Kreis der Provinz Oberösterreich und Salzburg eines der kleinsten und bevölkerungsschwächsten Gebiete der Habsburgermonarchie dar, dem wenig Bedeutung zugemessen wurde.
Die Stadt hatte ihre Funktion als Regierungssitz verloren und war zu einer Kreisstadt degradiert worden. Alle wichtigen Angelegenheiten waren nunmehr in Linz zu entscheiden, wohin auch die qualifizierten Beamten transferiert wurden. Der Verlust der eigenständigen Regierung und der Unterbehörden hatte eine sogartige Wirkung, denn es ging nicht nur die Einkommens- und Beschäftigungswirkung des Staatshaushaltes verloren, es unterblieben auch die wirtschaftlichen Impulse der repräsentationsbedürftigen Privathaushalte, die Arbeitsplätze für Dienstboten schufen und Hauptabnehmer von Luxus- und Modeerzeugnissen waren. Die schlechte Auftragslage des Gewerbes zwang zu zahlreichen Entlassungen.
Ein Indikator für die Krise, in der sich Salzburg befand, sind die Bevölkerungszahlen: Zählte die Stadt um 1800 nicht ganz 17.000 Bewohner, so sank die Einwohnerzahl im Jahr 1817 auf 12.000 Menschen. Bis 1834 blieb die Bevölkerung relativ konstant (12.400) und erst 1843 konnte die Stadt wieder mehr als 16.000 Einwohner verzeichnen.
Aufgrund der veränderten politischen und wirtschaftlichen Rahmenbedingungen verarmten zusätzlich zu den Angehörigen der Unterschichten auch zahlreiche niedere Beamte, Handwerker und Gewerbetreibende. In einer besonders kritischen Lebenslage befanden sich Familien, in denen – wie bei Frau Hockauf und ihrem Sohn Leonhard – das Haupteinkommen des Mannes fehlte.
Das Selbstwertgefühl der Salzburger war aufgrund des Bedeutungsverlusts und der Anpassungsschwierigkeiten an die veränderten Bedingungen entsprechend gemindert. Die Stadt verfiel in eine Lethargie und mutierte zur Biedermeierstadt par excellence.

Lebensmittelpreise

Das erste Jahr unter österreichischer Herrschaft stand zugleich im Zeichen der großen europäischen Hungersnot (1816/17). Obwohl Hunger zu den Alltagserfahrungen der Menschen in der vorindustriellen Zeit zählte, hinterließ er nach den Ereignissen der vergangenen Jahre einen besonders bitteren Geschmack. Die Preise für Grundnahrungsmittel (Getreide, Brot, Linsen, Bohnen, Schmalz usw.)

stiegen enorm an, während bei an sich schon teuren Lebensmitteln wie Fleisch, die Preissteigerungen geringer ausfielen. Im Jänner 1816 mußte man zum Beispiel 17 Kreuzer (gegenüber acht Kreuzer 1810) für einen vierpfündigen Laib Brot bezahlen, im Juni war dafür der unglaubliche Betrag von 45 Kreuzern zu begleichen. Ab 1818 fielen die Preise wieder, waren aber noch immer verhältnismäßig hoch.
1847/48 litt die Bevölkerung abermals unter einer Hungersnot, die ganz Europa erfaßte. Die damit verbundene Teuerung fiel zwar nicht so extrem aus wie 1816/17, hielt aber länger an.

Die Fleischbänke

In Arnold Hagenauers Roman kauft Leonhards Mutter billiges Fleisch auf der sogenannten *roten Bank.*
Nach dem Einsturz der hölzernen Stadtbrücke 1598 hatte Erzbischof Wolf Dietrich die bis dahin auf der Brücke situierten öffentlichen Fleischbänke an das linke Salzachufer unterhalb der neuen Brücke, an den Gries, verlegt. In nächster Nähe, allerdings vor dem Stadttor (am heutigen Ferdinand-Hanusch-Platz), erhielten 1636 auch die Landmetzger eine eigene Fleischbank, die sogenannte *rote Bank* oder *rote Hütte.* Qualitativ als minderwertig eingestuftes *(= unbankmäßiges)* Fleisch von gesunden Tieren durften hier nur mehr die Landmetzger zu einem billigeren Preis verkaufen. Mit dieser Einrichtung sollte der ärmeren Bevölkerung ermöglicht werden, ab und zu in den „Genuß" von Fleisch zu kommen. Die *rote Hütte*, deren Bezeichnung von ihrem äußeren Anstrich abzuleiten ist, und die Zeitgenossen Ende des 18. Jahrhunderts als *morsch, ekelhaft und unschicklich* beschrieben, wurde bereits 1803 aus hygienischen Gründen und da sie zu den häßlichsten Gebäuden Salzburgs zählte und noch dazu an einer Hauptstraße lag, abgebrochen.

Friedrich Wrede (1870–1945)

Ein Staatsroman für Salzburg

Als Friedrich Fürst von Wrede, der zum Künstler und humanitären Privatgelehrten konvertierte Abkömmling eines von Napoleon nobilitierten bayerischen Adelsgeschlechts, das in einer Seitenlinie die Herrschaft über Schloß Mondsee besaß, am 7. September 1945 in Salzburg verstarb, fragte kaum jemand nach Literatur und Literaten.

Die *Salzburger Nachrichten* widmeten diesem bedeutendsten Romancier der literarischen Moderne Salzburgs vor dem Ersten Weltkrieg, der ursprünglich die Militärlaufbahn ergreifen sollte, aber doch einen kleinen Nachruf. Er war klein genug. In derselben Ausgabe (10. September 1945) nahm eine Betriebsfeier im Landestheater *„zur Ehrung von drei Jubilaren"*, der Pförtnerin, des Requisiteurs und Garderobenmeisters, denselben Umfang in der Berichterstattung ein.

Wrede, der stille, auf ironischen Abstand haltende Aristokrat, der 1889/90 in der Antisklaverei-Bewegung von Kardinal Lavigerie als Mitarbeiter engagiert war und der 1895 in dem Künstlerroman „Blutender Lorbeer" die Frage von Geburtsadel und Adel der Arbeit aufgriff, hätte diese simultane Ehrung gewiß mit einem Lächeln gewürdigt.

Nicht mehr verständlich ist, daß diese Vernachlässigung von Wredes literarischem Werk, vor allem seiner „Politeia", eines Salzburger Gesellschafts- und Staatsromans über die untergehende *alte Welt* während des Ersten Weltkriegs und in den Folgejahren, bis heute aufrecht ist. Damit vergessen ist ein flächendeckendes literarisches Salzburgpanorama der Jahre 1914–1919, in dem ein einzigartiges Protokoll zum Zeitgeschehen aufgerollt ist.

Der Schriftsteller Friedrich Fürst Wrede, *graue Eminenz* am Rande des Pan-Kreises (ein Zusammenschluß vorwiegend naturalistischer Autoren, in dem sich die Moderne in Salzburg etablierte), mit Kunst und Künstlern seiner Zeit im Austausch, zu Lebzeiten erfolgreich, anerkannt für seine naturalistischen Milieustudien, seine Figurenzeichnung und den leichten Ton einer Erzählkultur, die keine Scheu zeigte, historisches Wissen, ethische Perspektiven und Fragen der Philosophie zu behandeln, ist heute ein vergessener, man könnte auch sagen, ein untergegangener Schriftsteller. Der Zeit nach dem Ersten Weltkrieg, in dessen Abgründen das poröse Gebilde des monarchischen Europa verschwunden war, hatte er als politischer Kommentator und vor allem als Schriftsteller nichts mehr zu sagen.

„Politeia. Ein Roman aus jüngst vergangenen und künftigen Tagen" (1925) beschließt im wesentlichen die Chronologie von Wredes Werken, fängt die gesellschaftlichen Segmente einer im Vergehen begriffenen gesellschaftlichen Welt und einer in Auflösung stehenden Staatsform in dem exemplarischen Brennspiegel der

kleinen Stadt Salzburg – *pars pro toto* – ein, darüber wie in archivalischer Absicht Buch führend.
825 Seiten stark ist die Schilderung dieses *Weltuntergangs im Kleinstadtformat*, in dessen szenischer Mitte das mondäne Karawan-Serail des bei den September-Unruhen 1918 ramponierten, dann vorübergehend geschlossenen, neu eröffneten und im Zweiten Weltkrieg zerbombten *Hotel de l'Europe* steht. Um diesen gesellschaftlichen Gipfelpunkt lagert eine Reihe von Bezugspunkten. Jedes Milieu, jede Schicht, jedes weltanschauliche Lager, man könnte sagen, jede Lebensform, ist mit lokalisierbaren Örtlichkeiten berücksichtigt und vertreten.
Vom *Hotel de l'Europe* aus, wo die gräfliche Familie Klink, Landgutbesitzer in Galizien, zu Gast weilt, führt diese Stationenreihe zur Hofratswohnung der Schmellers in der Westbahnstraße (heute Rainerstraße), die, aus altem Tiroler Adel stammend, *stolz wie die Bergriesen* und *arm wie Kirchenmäuse* sind, trifft dann auf den *Österreichischen Hof*, wo Baron Grottmann, ein liebenswert unsteter, altösterreichischer Herr aus dem Salzkammergut, mit Adlernase und wallendem Bart, untergebracht ist und findet in der Paracelsusstraße ihre Fortsetzung. Dort liegt der als „Wotanshain" karikierte Haushalt des Professorenpaares Müller, das nationale Lager der Stadt. In der Imbergstraße ist der philantropische Verehrer der griechischen Kultur, Walderlin, zu Haus, dessen Wohnung stilgerecht in „Prostas" (Wohnraum) und „Thalamos" (Schlafzimmer) unterteilt ist. Eine Haushälterin namens Resi Bachinger bereitet diesem *Sokrates* wunschgemäß seine „heidnischen Speisen" zu. Im Erdgeschoß desselben Gebäudes betreibt der für die Ziele des Sozialismus aufgeschlossene Uhrmachermeister Keil sein kleines Geschäft.
Von hier führt der kürzeste Weg zu der betagten französischen Sprachlehrerin Claire Duval, die in einem Durchhaus zwischen Getreidegasse und Universitätsplatz Privatlektionen gibt, in ihren freien Stunden aber das aktuelle Zeitgeschehen mit Zahlenmystik und kabbalistischen Berechnungen zu ergründen sucht. Folgt man dieser Fährte weiter Richtung Nonnberg, gelangt man zu der spartanischen Unterkunft des Kunstblumenbinders Gustl, dessen kollektivistischen Sozialutopien der Erzähler mit Skepsis, dem Träumer selbst aber und seinem schweren Leben mit der größten Sympathie begegnet.
Revolutionäres Gedankengut ist auch an den letzten räumlichen Stützpunkt in dieser Ideenlandschaft der „Politeia" geknüpft. In einer Vorstadtvilla im Nonntal haben sich Wera und Georg Urotal eingemietet, russischstämmige Anhänger des Individualanarchismus, deren „Adlernatur" nach dem Willen des Autors Friedrich Fürst Wrede das dialektische Gegenstück zur „Ameisenutopie" des Blumenbinders Gustl bildet.
Schon Georg Urotals Vater, ein wohlhabender Moskauer Teehändler, war Mitglied der sozialistischen Gruppe der Tschaikowskys gewesen. Er hatte sich vor seiner Verhaftung mit Frau, Kind und Teebüchsen in Genf in Sicherheit gebracht und

dort das Schweizer Bürgerrecht erworben. Inmitten der sicheren Schweizer Berge entwickelte sich das Heim der Urotals erst recht zu einem Treffpunkt von Revolutionären jeglicher Schattierung.
Die Politik der Rebellion beschäftigt auch Georgs Frau Wera, eine geborene Walderow/Walderlin, die ihrer früh verstorbenen Mutter, einer gesuchten, dann tragisch umgekommenen Terroristin, idealistisch nacheifert. *„Schon als sechzehnjähriger Backfisch gehörte Fräulein Walderow in Riga, wo sie den Winter über ein Lyzeum besuchte, einem revolutionären Geheimbund der Mittelschüler an."* (53)

„Das kälteste aller kalten Ungeheuer"

Friedrich Fürst Wredes Personenstaffage in „Politeia" besteht aus Repräsentanten weltanschaulicher Kräfte und Lager, der Roman ist als Spektrum einer politischen Diskussion angeordnet, als eine Ideengeschichte des Staatswesens zu verstehen. In seiner erzählerischen Umsetzung freilich bietet „Politeia" ein Salzburggemälde aus dem Ersten Weltkrieg.
Der Staat, das *„kälteste aller kalten Ungeheuer"*, wie der Autor gerne anmerkt, ist der eigentliche Akteur des Geschehens, zur Aufklärung steht die Vergesellschaftung des Menschen an. Am Ausgang des Werks gibt Wrede die folgende Replik: *„Politie oder Politeia, also Staat kurzhin, nennt Aristoteles jene Regierungsform, bei der die Gesamtheit der Bürger das Gemeinwesen zum Besten aller verwaltet, wogegen er für die Herrschaft der zwar vielköpfigen, aber immerhin nur einen Teil der Gesamtheit bildenden, heute diesem, morgen jenem zujubelnden Menge den von Plato gebrauchten Namen Demokratie beibehält."* (802)
Wrede verfolgt seine Analyse des Staatswesens, die passagenweise von ebenso beklemmender wie erheiternder Aktualität ist, quer durch die Geschichte und die philosophischen Theorien, und er schließt sie mit Skepsis und Pessimismus ab. Der Widerspruch zwischen Individuum und Staatswesen ist nicht auflösbar, so resümiert Friedrich Wrede nach über 800 Seiten. Dafür aufgeboten ist eine gesellschaftliche Pyramide aus der Salzachstadt sowie der weite Horizont des Verfassers, der überlieferte Staatsromane ebenso einbindet wie Gedanken des legendären chinesischen Herrschers Wang-An-Shi. Dessen Einführung von Zwangsmaßnahmen, Rationierungen und Abgaben sind zu grotesk erheiternden Vergleichen mit den Not-Erlässen während der Kriegsjahre 1914–1918 umgemünzt.
Wredes Romangeschehen zeigt kaum Handelnde. Seine Aristokraten agieren in ihrer radikal-individualistischen, humanitären Gesinnung wie „Luftwurzler". Was von ihrer Welt noch da ist, spielt sich, mit einigem humanitären Bemühen, in utopischen Modellen, in Gesprächen, in Haltungen und Marotten ab. Auf der anderen Seite stehen die proletarischen Weltverbesserer und Schöpfer von kollektivi-

stischen utopischen Gemeinwesen, Gustl etwa und Meister Keil. Sie unterliegen durch ihr Erwerbsleben zwar mehr den Zwängen der Realität, aber in politischer Hinsicht verhalten sie sich ähnlich, wie in einem Sandkasten ausgesetzt.
Wo im Salzburg von Friedrich Wredes „Politeia" Politik als Machtmittel aufscheint, kommt es zu einer negativen Umbewertung. Während er dem sozialistischen Reformgeist seiner Protagonisten mit spürbarer Sympathie begegnet, ist ihm das *nationale Trifolium aus der Paracelsusgasse* und seine Habt-acht-stehende Handlungsbereitschaft zutiefst suspekt und ruft in Wrede den beißenden Satiriker auf den Plan.
„Der Ausschuß des Wotanshaines, eines harmlosen Geselligkeitsvereins, der nebenbei das löbliche Ziel verfolgte, völkische Eigenart zu pflegen, hatte an den vielen, auf Firmenschildern prangenden fremdsprachigen Ausdrücken Anstoß genommen und hierin eine gründliche Remedur zu schaffen beschlossen. Alle Vereinsmitglieder sollten sich zu diesem Behuf schriftlich verpflichten, ihren Bedarf künftighin nur in Geschäften einzukaufen, deren Aushängeschild sprachlich völlig einwandfrei. Aber Walderlin weigerte sich, seine Lieferantenliste an Hand eines Wörterbuches der deutschen Sprache zu revidieren." (106)
Die Steckbriefe, die Friedrich Fürst Wrede diesem Klüngel aus emsigen Biederleuten ausstellt, sind folgerichtig – Karikaturen. Professor Hans Müller, ein schmächtiger, bebrillter Akademiker im Ruhestand, zieht noch die wenigsten ironischen Spitzen auf sich, umso mehr trifft es *„Frau Professor Müller, das kugelrunde, äußerst energisch dreinblickende Weiblein. Auch das schärfste Auge hätte weder auf ihrem Hute, noch an ihrer Bluse, noch an ihrem ungemein kurzen Rockschoße eine Masche, eine Rüsche oder ein sonstiges Anzeichen von Gefallsucht zu entdecken vermocht. Alles an ihr war sauber, praktisch und unschön."* (105)
Wenig sympathieerweckend ist auch der Dritte im Bunde, Josef Sümperl, ein *„Magistratsrat in Ruhe, ein stämmiger, untersetzter Geselle, dem ein kurz geschnittener Bart fast bis zu den Augen kroch"*.

Weltuntergang im Kleinstadtformat

Über dieser Topographie der Weltanschauungen, die allen ideologischen Lagern und philosophischen Kreisen der Jahre 1914–1919 entsprechende Lokalitäten und Haushalte einräumt, entfaltet sich das eigentliche Zeitgeschehen. Dieses nimmt über Strecken die dokumentarische Trockenheit einer Reportage an. Wrede schildert den stürmisch umlärmten Auszug der Truppen, flicht Siegesnachrichten ein und berichtet von wachsender Not, von Hamsterei, die die Klasse der ehemals Privilegierten nicht verschont, vom Anstehen um Lebensmittel und kommt schließlich auf jenen 19. November 1918 zu sprechen, als in der Stadt Plünderungen ausbrachen und das *Hotel de l'Europe* mit seiner gut gefüllten

Küche, Speisekammer, Schweinestall und dem prezios ausgestatteten Speisesaal die Begehrlichkeit wie Zerstörungswut einer ausgehungerten, vom Krieg demoralisierten Menge auf sich zog.

Am Einstieg in diese Salzburg-Annalen stand eine aufgekratzte Mehrheit Kriegsbegeisterter, die Kopf an Kopf, auf dem Waagplatz vor dem Redaktionsgebäude des *Salzburger Volksblattes*, auf Annahme oder Ablehnung des Belgrader Ultimatums gewartet hatte.

Das Ende dieses Krieges, vier Jahre darauf, wird vom Chronisten Fürst Wrede nach dem Befund einer doppelten Auflösung geschildert. Zum Chaos eines – verlorenen – Krieges gesellt sich der Untergang einer Epoche. Symptomatischer Teil dieses Zusammenbruchs ist das *Hotel de l'Europe*.

Zu Beginn des Romans ein mondänes, gründerzeitliches Prestigesymbol für Salzburgs Aufstiegswillen, erfährt dieser Sammelpunkt der eleganten Welt, den die Promenierzeile der Westbahnstraße in der Art eines Boulevards ansteuerte, im letzten Kriegsjahr, bedingt durch Hungeraufstände und Plünderungen, seine vorübergehende Schliessung. Soweit die Tatsachen. In der fiktiven Welt der „Politeia" hat dies die gräfliche Familie Klink zu einer entsprechenden Ortsveränderung veranlaßt. Man übersiedelt, *„als das Hotel Europe der beim Gasthofsturm am 19. September erlittenen Schäden halber geschlossen werden mußte, in den von den Plünderern weit glimpflicher behandelten Österreichischen Hof"*. (668)

Westbahnstraße in Salzburg

Ein ausgeblutetes und hohl gewordenes Staatswesen brach unter Ausschreitungen und Hungerdemonstrationen zusammen. Dabei richtete sich die Wut der Bevölkerung hauptsächlich gegen öffentliche Einrichtungen sowie gegen die Firma Schwarz und das *Hotel de l'Europe* als den verhaßten Repräsentanten des Großbürgertums.

Zuletzt machte sich im Rückfluß der geschlagenen Armeen, die aus allen Winkeln der ehemaligen Monarchie zusammenströmten, die defätistisch schrille Stimmung eines *Lumpenballs* breit.

Der grosse schwarzgelbe Krämer ist tot

„Der Weg führte schräg durch die Stadt. Wie hatte sich das Straßenbild seit gestern verändert! Der durch die Schauermär, fünfzigtausend aus dem Braunauer Lager entwichene Kriegsgefangene marschierten plündernd und sengend gen Salz-

burg, verursachte panische Schrecken war vergessen, und in den vierundzwanzig Stunden früher vom Besen schlottriger Angst öde gefegten Straßen herrschte heute um so regeres Getriebe.
Die am Spätnachmittag des Vortags eingesetzte Automobilflut war die ganze Nacht über gewachsen – steigerte sich noch von Stunde zu Stunde – brandete in den Hauptverkehrsadern – staute sich in den Nebengäßchen. Ein Kunterbunt von Motorrädern und Lasten-Transportkolossen, zierlichen Voituretts und vierzigpferdekräftigen Reisekutschen rättete und tutete unaufhörlich aus dem Etappengebiet heran. Jedes Gefährt vollgepfropft mit Soldaten, Landstürmlern und lobesam ‚weiblichen Hilfskräften'.
Das Maulaffentum tat sich gütlich, bestaunte diesen lebendigen Schutt der vom Hinterland aus durch hochverräterische Umtriebe wie mit Dynamit und Ekrasit unterminierten und nun krachend einstürzenden Heeressäulen.
Da gab es Tschechen, Rumänen, Magyaren, Polen, Ruthenen, Slowaken, Kroaten, Slowenen – man hätte sich getrost auf das Gerüst des Babylonischen Turms nach Eintritt der Sprachenverwirrung zurückversetzt wähnen können. Die einheimisch-deutsche Bevölkerung erfand indes bald das Abc eines Verständigungs-Rotwelsches. Stoppte nämlich eins der Automobile auch nur eine Minute lang – gleich bildeten die durch die Not demoralisierten Städter um das Gefährt einen Kreis; ein pantomimisches Frage- und Antwortspiel mit den Insassen hub an und eine fliegende Börse war im Nu im Schwange.
Angesehene Bürger trugen kein Bedenken, Mehl und Zwieback, Konserven, Schuhe, Wollwäsche, Sohlleder von Fahnenflüchtigen zu kaufen. Das Benzin und die Gummibereifung der Räder waren gleichfalls begehrte Gegenstände; ja, es ereignete sich sogar, daß zu guter Letzt der ganze Kraftwagen, wie er lag und stand, um einen Pappenstiel an den Meistbietenden losgeschlagen wurde. Man erstand Wertvolles zu Schleuderpreisen, und niemand fragte einen Pfifferling danach, ob der Verkäufer überhaupt berechtigt sei, die Ware zu veräußern. Die verblüffende Lockerung des Rechtsbegriffs, die schon bei den Plünderungen am 19. September zutage getreten, ward neuerdings offenkundig; nur daß diesmal nicht die Habe der Gasthöfe und Kaufleute, sondern auschließlich das öffentliche Gut als jedweden Rechtsschutzes entbehrendes Freiwild galt.
Den Staat, die vergötterte vermeintliche ‚Quelle des Rechts', zu bestehlen – darin sah niemand ein Arg. Weshalb auch? Der große schwarzgelbe Krämer, der, vier Jahre lang hinter dem Ladentisch stehend, einem das Leben versauert, war ja nun wehrlos – war tot." (674f.)

Mit dieser Ausschlachtung des zerstörten Staatswesens, dem titelgebenden *Helden* von Wredes Salzburgroman, schließt das Panoramawerk ab. Damit erschöpft ist eine Rekapitulation aller Staatsutopien, Staatsmodelle und Staatsromane. Beendet ist aber zudem eine literarische Stadtchronik dieser Krisenjahre. Die Eingriffe, die dieser Krieg mit Brotrationierungen, Metallsammlungen, Rekrutie-

rungen und erforderlichen Versorgungsschlichen bedingte, sind darin genauso widergespiegelt wie die spektakulären Augenblicke, die Siegesmeldungen, die U-Boot-Triumphe und -Niederlagen, der Tod Kaiser Franz Josephs I. oder die Politik des von dem Kunstblumenbinder Gustl verehrten amerikanischen Präsidenten Thomas Woodrow Wilson.
Es ist ein offenes, durch äußere Umstände auferlegtes Ende, mit dem „Politeia" schließt. Ihre Akteure, ideelle Figurinen von Prinzipien und Werthaltungen, werden auf Neuland ohne feste Umrisse ausgesetzt, nachdem ihr Bezugsrahmen, der *„Staat, dieses kälteste aller kalten Ungeheuer"*, zerbrochen ist. Damit sinkt dieses Panorama der Weltanschauungen, das ein bißchen wie zufällig und doch mit ungemein akribischem Ortsbezug Salzburg zu seinem Schauplatz hat, in sich zusammen.

Ein Fürst als Schriftsteller

Über den Lebensweg dieses Vielgereisten ist wenig zu erfahren. Seit 1894 auf Dauer in Salzburg ansässig, wo er zuerst in der Schwarzstraße 17 und seit 1904 in der Rainerstraße 4 wohnhaft war, spielte Friedrich Fürst Wrede im Kulturleben der Stadt die Rolle einer angesehenen, aber auch etwas abgerückten Randfigur.

Friedrich Wrede

Seine schriftstellerische Tätigkeit hatte er unter dem Pseudonym Friedrich von Stein begonnen. „Das Laster" (1893), ein Roman im Stil des Naturalismus, führt in die Lebewelt von Paris. Es folgten Novellen, „Der Liebe Weh" (1894) und der Künstlerroman „Blutender Lorbeer" (1895), in dem der junge Graf aus Liebe zum Proletarier wird.
Auf dramatischem Gebiet stand Wrede mit „Entnervt" (1894), „Pflicht" (1897) und „Das Recht auf sich selbst" (1898) unter dem Einfluß Ibsens. Aus demselben Zeitraum stammen seine „Blauen Novellen" (1897). Die Geschichte einer jüdischen Familie behandelt der Roman „Die Goldschilds" (1900). Teilweise in Salzburg und in Mondsee zu lokalisieren ist „Durchlaucht Iff und andere Novellen" (1901).
Nach einer längeren schöpferischen Pause erschien 1910 mit „Der stumme Herzog" ein Riviera-Roman im Stil des Symbolismus. Davor liegen einige Novellenveröffentlichungen. Innerhalb der Literaturlandschaft Salzburgs hat sich Wrede mit einer Studie „Greisentrauer" an der Pan-Publikation „Salzburg. Ein literarisches Sammelwerk" (1913) beteiligt. Darüber hinaus erschienen mit einiger

Regelmäßigkeit sowohl literarisch-feuilletonistische wie auch journalistische Beiträge im *Salzburger Volksblatt*, dessen liberale Linie Wredes persönlicher Überzeugung weitgehend entgegenkam. Darin abgedruckt wurden mehrfach Erzählungen Wredes, so „Der Mann mit dem eigenen Gott“ (August 1899), „Stroz“ (Februar 1906) und „Zugführer Franz“ (Dezember 1906). Sein größtes Romanwerk „Politeia“ (1925), unterteilt in die drei Abschnitte, „Der Friede“, „Der Krieg“ und „Die Politik“, spricht für Wredes Verbundenheit mit der Stadt Salzburg. Das opulente Zeitpanorama bildete zugleich den Höhepunkt und Abschluß von Friedrich Wredes literarischer Laufbahn.

Ein altgriechisches Gastmahl zu Kriegsbeginn

Werkausschnitt „Politeia“

An der materiellen Unterlage gebrach es nicht. Im Frühling 1915 schlich die Not noch bescheiden im Bettlergewand durchs Land. Mußte man mit den Lebensmitteln auch haushalten, von drückenden Entbehrungen war nicht die Rede. Auch ein mit Glücksgütern nicht überreich Gesegneter konnte dann und wann Gastlichkeit üben – eine Möglichkeit, von der Walderlin am Pfingstsonntag Gebrauch machte, indem er die Gräfin Klink, deren Eltern, Grottmann und das Ehepaar Urotal zu einem „Ariston“, einem altgriechischen Mittagsmahl, in die Imberggasse lud.

Herr Antonius hatte es nämlich durch Beharrlichkeit und nach Überwindung vieler Widersprüche zuwege gebracht, die ehrsame Wittib Resi Bachinger zu einer regelrechten altgriechischen Köchin auszubilden. Man mußte ihr die Gerechtigkeit widerfahren lassen, daß sie bei der Zurüstung des „Ariston“ Geschmack und Umsicht bekundet hatte.

Die Prostas glich einem Garten. Auf allen Tischen und Konsolen prangten mit lilanem Flieder und frischen Feldblumen gefüllte Vasen, aus denen ein süßer Frühlingsduft zum Michelangeloschen Schöpfungsgemälde, dessen großzügige Schönheit das Gemach wie feierlicher Orgelton durchflutete, emporstieg.

Im anstoßenden „Thalamos“ hatte Frau Resi Bachinger die Bettstatt mittels eines Epheuparapetts den Augen geschickt entzogen und den Tisch symmetrisch mit gediegenem Gerät geschmückt. Das Mittelstück bildete eine in einer flachen Fruchtschale kunstgerecht aufgebaute kleine Pyramide von Datteln, Rosinen, Feigen und Orangen; vor jedem der sieben Gedecke stand ein von einer zierlichen Girlande umrankter hochstieliger Römer und, an ihn angelehnt, ein Menükärtchen – aus welchem der nur in modernen kulinarischen Genüssen bewanderte Gast allerdings nicht ohne weiteres klug wurde.

Die Speisenfolge lautete folgendermaßen:
Ariston des 23. Thargelion
Schwarze Spartanersuppe,
Kardylos,
Hypotrimma,
Pemmata.

Als Getränk ward eine aus einem Teile Wein und zwei Teilen Wasser bestehende Mischung kredenzt, von der Herr Antonius behauptete, sie sei dem Bacchus Eubulos – dem guten Rat erteilenden Weingotte – besonders wohlgefällig. Der Augenblick gab dem greisen Gastgeber auch insofern recht, als an seiner Tafel trotz des arg gewässerten Rebensaftes und trotz der sorgenreichen Zeit sehr bald heitere Stimmung herrschte. Die Schwarze Spartanersuppe, eine mit Essig zubereitete Schweinefleischbrühe, ward mit gebührender Ehrerbietung gelöffelt; das sich bei näherer Bekanntschaft als eine aus Fleisch und Käse gebackene Pastete erweisende Kardylos mundete vorzüglich; und wenn man sich auch mit der Hypotrimma, ein Gericht aus Datteln und Honig, nicht sofort befreunden konnte, so fand der Kuchen Pemmata dafür um so lebhafteren Beifall.

Frau Bachingers klassische Kochkunst erntete reiches Lob. Und in der Tat, die Gerichte, die sie selbst „heidnische Speisen" nannte, waren ihr diesmal ungewöhnlich gut gelungen. Alles war reichlich angerichtet; nur eines hatte die wackere Wittib nicht, wie es Brauch und Sitte, neben die Gedecke legen können – das übliche Stückchen Brot.

Und dieses Unvermögen war das Mene Tekel Upharsin des fröhlichen Ariston in der Imbergstraße. Zu einem Zeitpunkt, wo man seine Freunde mit Datteln, Feigen, Apfelsinen bewirten konnte, wo Naschwerk täglich waggonweise als Liebesgabe an die Front rollte, war das allerwichtigste Nahrungsmittel, das Brot, so knapp, daß es auf die Kopfzahl abgemessen zugeteilt wurde.

Ähnlich wie im Deutschen Reich war auch in Österreich das Getreide und die aus ihm gewonnenen Mahlprodukte bei Jahresbeginn unter Sperre gelegt und eine die vorhandenen Vorräte verwaltende „Getreideverkehrsanstalt" ins Leben gerufen worden. Auf dieser Grundlage hatte man sodann Anfang April die erste „Brotkarte" ausgegeben. Was war diese Karte? – Ein Stückchen Pappe, welches besagte, kein Staatsbürger sei berechtigt, mehr als 200 Gramm Mehl oder 280 Gramm Brot täglich zu verzehren.

Voll blinden Glaubens an die Vorzüglichkeit alles Staatlichen zögerte der patriotische Überschwang keinen Augenblick, das Steuer des Wirtschaftslebens den Händen der Regierung zu überlassen. Die Sitte paßte sich dem ökonomischen Bevormundungssystem an.

Es war spaßig, zu beobachten, wie jeder Gast, sobald er im Thalamos an der festlich geschmückten Tafel Platz genommen, ein in Seidenpapier gehülltes

Stückchen Brot – als handle es sich um die selbstverständlichste Sache der Welt – aus der Tasche holte und neben sich hinlegte.
Donna Lukretia saß zur Rechten des Hausherrn. Während der letzten Wochen schien sie über Gebühr gealtert; der Zwist zwischen ihrem nationalen und staatsbürgerlichen Empfinden hatte nicht verfehlt, auch rein äußere Spuren zurückzulassen. Auf ihrem Antlitz lagerte eine müde, resignierte Schwermut, die diesen noch immer schönen Matronenkopf fast besser zierte, als die Perlenschnur, die Herr von Schmeller heute zur Feier des Tages wieder einmal aus dem Schrankfach der Bank geholt. Die sichtliche seelische Verstimmung hinderte Donna Lukretia indes nicht, die von Frau Bachinger vollbrachten Küchenwunder zu würdigen.
Als das Kardylos aufgetragen wurde, konnte sie sich nicht enthalten, ihr Erstaunen auszudrücken, wie es bei der jedem Haushalt zugewiesenen spärlichen Mehlration möglich sei, eine Pastete herzustellen.
Oh, das geht ganz gut! erklärte Walderlin seelenvergnügt. Ich finde mit meinem Chönix (= griechischen Getreidemaß für den Tagesverbrauch) reichlich das Auslangen: 280 Gramm Brot sind mir täglich zu verzehren gestattet. Nun esse ich morgens, mittags und abends bloß je 70 Gramm, das macht im Tage 210 Gramm; ich erübrige somit 70 Gramm, die ich in 50 Gramm Mehl umwandeln darf. Man muß sich's eben einzuteilen wissen!
Du hast gut reden, Onkel! lachte die zwischen Herrn von Schmeller und Grottmann schrägüber sitzende Frau Wera zum klugen Rechenkünstler herüber. Hättest du gleich mir zwei Knaben zu ernähren, würdest du bald inne werden, daß es Menschen gibt, die auch ein Gabelfrühstück und ein Vesperbrot fordern.
Bei der Brotkarte kommt es nur darauf an, das für die Ernährung eines Durchschnittsmenschen nötige Quantum sicherzustellen! belehrte Herr von Schmeller.
Nein, Herr Hofrat! widersprach seine Tischnachbarin lebhaft. Den Hunger zu stillen – das ist es, worauf es ankommt! Ihr Durchschnittsmensch existiert ja nur in der Schublade des statistischen Amtes und verspeist lediglich Tinte und Papier. Weshalb sich also den Kopf zerbrechen, um für ihn eine arithmetische Ernährungsformel zu finden? Die Regierung meint dem individuellen Unterschiede genügend Rechnung getragen zu haben, wenn sie schwere Arbeit verrichtenden Leuten eine Zulage zubilligt. Als ob die Arbeit als solche das Brot verzehrte und nicht die Menschen, deren Nahrungsbedürfnis untereinander, ob sie nun arbeiten oder nicht, grundverschieden ist! Ich bleibe dabei – ungleichen Organismen, wie etwa meinem bedürfnislosen, dreiundsechzigjährigem Onkel einerseits und meinen im vollen Wachstum befindlichen Buben andrerseits, das gleiche Maß zumessen, ist ebenso töricht, als wolle man einen erwachsenen Mann mit Säuglingskost ätzen oder einen Eichenbaum in einem Blumentopf großziehen. Jedem das Seine, nicht jedem das Gleiche – lautet das Naturgesetz.
Herr von Schmeller beharrte auf seiner Meinung: Die Rationierung ist ja nur ein

Notbehelf, gnädige Frau! Falls uns die Welschen heute oder morgen den Krieg erklären sollten, so gleicht ganz Mitteleuropa einer ungeheuer belagerten Festung, in der mit dem vorhandenen Proviant haushälterisch umgegangen werden muß.

Donna Lukretia blickte verlegen, wie ein Kind, das Schelte befürchtet, auf ihren Teller. Das in Österreich häufig für Italiener angewandte Wort „Welsche" tat ihr weh, und sie war froh, daß Wera, die Möglichkeit der Erweiterung des Kriegsschauplatzes mit Stillschweigen übergehend, entgegnete:

Wenn Sie meinen, Rationierung bedeute an sich schon Ersparung, so wandeln Sie auf dem Holzwege, Herr Hofrat! Frau Natur ist eine große Sparmeisterin; läßt man sie frei schalten und walten, so stellt es sich immer heraus, daß sie ihren Zweck schließlich auf die ökonomischste Weise zu erreichen versteht. Wo ungehinderter individueller Verbrauch keine Ersparnis, sondern eine Vergeudung bedeuten würde, dort schweißt sie die Einzelwesen, wie bei den Bienen und Ameisen, durch Differenzierung der sozialen Funktionen von vornherein zu einem Ganzen zusammen.

Diesmal war es Grottmann, der einen Einwand erhob. Er meinte: Staatssklaven von Geburt aus, wie die Bienen und Ameisen, sind wir Menschen allerdings nicht. Aber nach allen Vorkommnissen der letzten Monate scheint es mir doch recht fraglich, ob wir nicht durch den Herdeninstinkt, mehr als wir ahnen, aneinandergekettet sind, und es wäre schließlich auch ganz gut möglich, daß wir gleich den Schafen oder Murmeltieren bei der Äsung eines Führers bedürfen. Was ist Ihre Meinung, Herr Urotal? Weshalb hüllen sich Euer Liebden in hartnäckiges Schweigen?

Georg erwiderte lächelnd: Weil ich es für anmaßend halte, durch meine Worte überzeugen zu wollen, wo die unvergleichlich eindringlichere Sprache der Tatsachen erschallt! Die Frage, ob gouvernementale Regelung der Volksernährung nützlich, wurde im Laufe der Jahrhunderte in allen Weltteilen zu wiederholten Malen an die Geschichte gestellt und von ihr immer aufs entschiedenste verneint! Höchstpreise und Beschlagnahmen haben sich schon zu Zeiten des Kaisers Diokletian, Ludwigs XIV., Robespierres und – was wohl am lehrreichsten – sogar in den starken Händen Wang-An-Shihs (Der Name wird in der wissenschaftlichen Literatur bald Wang-An-Shih, bald Wang-ngan-Che geschrieben. Der Einfachheit halber wurde die phonetische Schreibweise gewählt.) als das allerungeeignetste Mittel erwiesen, um die Speicher zu füllen.

Wang-An-Shih? Wer ist das? Das Wort klingt ja chinesisch? fragte Elisabeth neugierig.

Es klingt nicht bloß, es ist chinesisch, Gräfin! bestätigte Urotal. Wang-An-Shih war ein bedeutender Staatsmann, der die Quintessenz des staatssozialistischen Traums bereits Ende des elften Jahrhunderts, unter der Regierung des Kaisers Chen-Tsung aus der Sung-Dynastie, im Reiche der Mitte verwirklichte. Er fing sein

Reformwerk damit an, daß er die Bevölkerung in lauter Zehnerschaften einteilte, deren Mitglieder gegenseitig füreinander hafteten. Diese neue, durch Zusammenlegung von je zehn Bürgern gewonnene Gesellschaftseinheit bildete sozusagen den Ziegelstein seines Staatsbaues, in dem all und jedes von Obrigkeits wegen zum Nutzen des Gemeinwesens geregelt werden sollte: der Handel, die Industrie, in erster Linie aber die Landwirtschaft.
Die Regierung bestimmte die Art des Anbaus, lieferte das Saatkorn, heimste die Ernte ein. Die Folge war, daß die Fechsungsmenge reißend schnell sank, die Zahl der Beamten hingegen ins Ungemessene stieg, so daß die Einnahmen bald nicht mehr hinreichten, die Kosten der Verwaltung zu bestreiten. Acht Jahre lang – von 1069 bis 1077 – „sozialisierte“ Wang-An-Shih munter darauf los; schließlich aber ward es sogar den geduldigen Chinesen zu bunt, und sie zwangen ihren Kaiser Chen-Tsung, den sozialistischen Kanzler samt seiner sich als die Herren des Landes aufspielenden Beamtenschaft zum Teufel zu jagen. Wang-An-Shih, den man anfänglich eines Denkmals im Tempel des Kung-fu-tse für würdig erachtet, wurde nach seinem Tode aller Ehren für verlustig erklärt; der Volksmund schalt ihn kurzweg „den schändlichen Minister“.
Der älteste und im größten Maßstab unternommene staatssozialistische Versuch scheiterte, wie übrigens auch alle späteren, kläglich an dem Umstand, daß Wang-An-Shih, trotzdem die Überlieferung ihm den Ausspruch: „Wir dürfen nicht hoffen, die Natur werde sich unsertwegen neue Gesetze auferlegen!“ in den Mund legt, den Eigennutz nicht in Rechnung gestellt hatte. Er wähnte ihn aus der Welt ausgemerzt zu haben – indem er ihn beamtete!

Sturm auf das Hotel de l'Europe

Die aus der Altstadt abziehenden Demonstranten waren schnurstracks nach dem Hotel Europe marschiert und hielten den Gasthof auf der Straßenseite blockiert. Was sich hier abspielte, war eine Wiederholung der Vorgänge auf dem Mozartplatz in verkleinertem Maßstab: Johlen, Pfeifen, drohende Gebärden, geschwungene Stöcke, das Klirren eingeschlagener Fensterscheiben.
Die Klinks und Heinrich (Walderlin) trafen gerade rechtzeitig ein, um der Eröffnung des Steinbombardements beizuwohnen, für das die Glasverschalung der Speiseterrasse ein ungemein bequemes, gar nicht zu verfehlendes Ziel abgab.
Jählings aber ballte sich die ohnedies Kopf an Kopf stehende Menge zu einer gedrungenen Masse zusammen, so daß Männer und Frauen nicht mehr zu unterscheiden. Innerhalb des schwarzen Klumpens ein sekundenlanges Hinundherstoßen; dann ein allgemeines Vorwärtsrennen über Stock und Stein, die blumengeschmückten Rasenflächen niedertretend – die breite Fahrrampe hinauf! Der Bau schien für sturmreif zu gelten! Kein Zeichen zu gewärtigenden Widerstands. In den oberen Stockwerken flatterten geschäftig bald hier, bald dort die weißen

Musselinhäubchen der Hausgehilfinnen wie beim Ausbruch des Sturms die Wogengischt küssende helle Möwen; der Bewohner eines Zimmers versuchte, sich vorsichtig unter der Brüstung duckend, die Rolladen des Fensters zu schließen, während der anscheinend gewitzigtere Stubennachbar – in der richtigen Erwägung, ein Stein am Boden bei Tag sei immerhin besser als eine zerbrochene Scheibe in der Nacht – beide Flügel des seinen weit öffnete.
Kennzeichnend für den hohen Stand der deutschen Gesittung im allgemeinen und für den liebenswürdigen österreichischen Volkscharakter im besonderen war der Umstand, daß sogar in diesem überaus kritischen Augenblick weder die Klinks noch die übrigen Hotelgäste ihre persönliche Sicherheit und Habe für gefährdet ansahen. Es galt als eine stillschweigend ausgemachte Sache, die gewaltsam ins Haus eindringenden Leute hätten es lediglich auf die Küche, die Keller und die Vorratskammern des Gasthofs abgesehen. Diese freilich mußten der entfesselten Leidenschaft geopfert werden.

Gleichsam als Beleg für die Richtigkeit der Behauptung sah man tatsächlich bereits einzelne Plünderer, zumeist Frauen, mit vollgepfropften Körben aus dem Portal des Hotels davoneilen.
Ein halbwüchsiger Bursche stürmte vorüber, in der einen Hand eine Zigarettenschachtel, in der andern eine Likörflasche.

Ein Trupp Plünderer hatte ein kleines Schwein im Stall entdeckt, ins Freie geschleppt und war eben im Begriff, die Beute aufzuteilen. Das Furchtbare daran war, daß sich die Leute gar nicht der Mühe unterzogen, dem Tier vorerst den Garaus zu machen; sie zerschnitten das jämmerlich quieckende Ferkelchen mit ihren Federmessern bei lebendigem Leib und steckten die bluttriefenden, noch zuckenden Fleischstücke rasch in die Hosentasche. Dies geschah unter rohen Witzen und schallendem Gelächter – auf einem zertrampelten Asternbeet, dessen geknickte weiße, blaue und lilane Blüten, ob solchen Greuels entsetzt, in den Schoß der Mutter Erde zurückflüchten zu wollen schienen.
S. 224–231, S. 584–589 (leicht gekürzt).

Historischer Kommentar

Das Belgrader Ultimatum – Kriegsbeginn

Nach der Ermordung des österreichischen Thronfolgers Franz Ferdinand und seiner Gattin am 28. Juni 1914 durch den bosnischen Studenten Princip im Auftrag der Geheimorganisation Schwarze Hand folgte die sogenannte Julikrise.
In Österreich herrschte nach dem Attentat die Ansicht, daß Serbien zur Verantwortung gezogen werden müsse. Die österreichische Regierung versicherte sich der Bündnistreue Deutschlands, Serbien jener Rußlands, und dieses rechnete mit der Hilfe Frankreichs. Der Konflikt spitzte sich zu. Am 23. Juli stellte Österreich ein auf 48 Stunden befristetes Ultimatum an Serbien, in dem unter anderem die Bekämpfung der gegen Österreich-Ungarn gerichteten Umtriebe und die Aufklärung des Attentats unter österreichischer Beteiligung sowie die Bestrafung der Schuldigen gefordert wurde. Serbien machte Vorbehalte hinsichtlich seiner Souveränitätsrechte, und Österreich brach am 25. Juli seine diplomatischen Beziehungen mit Belgrad ab. Sowohl Belgrad als auch Wien reagierten mit Teilmobilmachungen, und am 28. Juli 1914 erklärte Kaiser Franz Joseph Serbien den Krieg. Innerhalb dieses einen Monats hatte sich auch in Salzburg eine ungeheure Kriegsbegeisterung breit gemacht, und aus unzähligen Männern waren bedingungslose Vaterlandsverteidiger geworden.

Lebensmittelrationierungen

Seit dem Frühjahr 1915 wurden Brot und Mehl, so wie Friedrich Fürst Wrede berichtet, und später auch Fleisch, Fett, Zucker, Kartoffeln und Eier rationiert und nur mehr auf Bezugskarten ausgegeben. Die ursprüngliche Mehlquote von 200 Gramm täglich erfuhr im Frühjahr 1917 eine Kürzung auf 175 Gramm, ab August sogar auf 165 Gramm pro Person. Die Mehlnot führte zu einem erhöhten Fleischkonsum, der erst seit Frühjahr 1917 mit einer Höchstgrenze belegt war. Ende Februar 1918 verschärfte sich der allgemeine Fettmangel, Anfang März machte sich auch ein Engpaß in der Fleischversorgung bemerkbar und Mitte April kam ein großer Mangel an Kartoffeln dazu. Das katastrophale Wetter verursachte im Sommer 1918 enorme Ernteeinbußen.

Hotel de l'Europe

Der Hungerkrawall 1918 – Die Plünderung des Hotel de l'Europe

Die Versorgungsnotstände mündeten in eine regelrechte Hungerkatastrophe. Während das Bürgertum noch sein Familiensilber auf dem Schwarzmarkt verkaufen und Lebensmittel dafür erstehen konnte, stand den Arbeitern diese Möglichkeit der Essensbeschaffung nicht offen. In der Arbeiterschaft häuften sich Proteste gegen die untragbare Versorgung und die ungerechte Verteilung der noch vorhandenen Mittel.

Die ersten, die aus Not auf die Barrikaden gingen, waren – wie so oft in der Geschichte – Frauen. Halleiner Arbeiterfrauen demonstrierten bereits 1916, im April 1917 folgten die Werkstättenarbeiter der Staatsbahn und die Maxglaner Arbeiterfrauen. Der österreichweite Jännerstreik 1918 erfaßte Salzburg nur am Rande, die Protestwelle stieg aber im Sommer stetig an und erreichte dann am 19. September 1918 ihren Höhepunkt.

4000 Menschen, darunter 2000 Eisenbahner und 1000 Arbeiterinnen zogen in einer von der sozialdemokratischen Partei organisierten Demonstration vor das Gebäude der Landesregierung und überbrachten in einer Deputation dem Landespräsidenten eine Resolution. Die von der Abordnung an den Landespräsidenten gerichtete Aufforderung, einige beruhigende Worte an die aufgebrachte Menge zu richten, lehnte dieser entschieden ab. Innerhalb der ungeduldig vor dem Gebäude wartenden Menschenmenge verbreitete sich in der Zwischenzeit das Gerücht, der Landespräsident hätte sich geweigert, die Deputation zu empfangen. Allgemeine Empörung und Ausschreitungen waren die Folge.

Die Demonstranten schlugen binnen kürzester Zeit mit Steinwürfen die Fenster der Landesregierung ein, dann zogen sie zum Hotel de l'Europe, da sie glaubten, Landespräsident und Landesregierungsrat hielten sich dort versteckt. Nachdem einige von ihnen vergeblich von Hotelbesitzer Georg Jung die *Herausgabe der beiden Regierungsorgane* gefordert hatten, begann die aufgebrachte Menge mit Plünderungen des Hotels.

Die Plünderer dürften sich anderen Berichten zufolge etwa so wie Wrede es in seiner „Politeia" beschreibt verhalten haben. Den Aussagen des Hotelbesitzers nach raubten sie auch alles, was nicht niet- und nagelfest war. Die grausame Zerstückelung eines lebendigen Schweines entspricht ebenso der Wahrheit.

Der hungerleidende Menschenzug bewegte sich sodann zu den Lagerhäusern in der Nähe des Bahnhofs, wo die erregten Demonstranten Mehl verschütteten und Marmelade aßen und sich mit den Weinvorräten betranken. Geplündert wurde danach an allen Ecken und Enden der Stadt, so zum Beispiel in einigen Fabriken, der städtischen Kühlanlage, in zahlreichen Salzburger Hotels, in Lebensmittelgeschäften und auch im Stift St. Peter. Das Militär konnte weitere Eskalationen verhindern, und ein plötzlich einsetzender Platzregen sorgte für die Abkühlung der erhitzten Gemüter.

Danach gab es zahlreiche Verhaftungen. Gegen 908 Personen wurde ein gerichtliches Verfahren eingeleitet, darunter waren 69 Prozent Frauen.

Kriegsende

Nach dem Zerfall der Donaumonarchie Ende Oktober 1918 begannen Anfang November die Truppendurchzüge durch die Stadt Salzburg. Die Zeitungen berichteten von einem *militärischen Jahrmarkt*, auf dem von Pferden, Autos bis zu Schreibmaschinen und Pelze jede erdenkliche Ware angeboten wurde. Die Salzburger nahmen, so wie Wrede schreibt, „*hemmungslos an diesem Handel teil*“, sodaß die Tageszeitungen die Bevölkerung zur Besinnung aufriefen.

Oskar A. H. Schmitz (1873–1931)

Crossover zwischen Seelentiefe und Dekadenz

Der Grenzgänger zwischen konventioneller Kultur und ihren magischen Gegenwelten, Oskar A. H. Schmitz, in Bad Homburg als Sohn eines Eisenbahndirektors geboren, hat Begabungen aus seinem amikalen Umfeld mehrfach zum Schreiben ermutigt. Gustav Meyrink, Alfred Kubin und Fritz Herzmanovsky-Orlando fanden mit ihm den Weg zur Literatur.

Sie haben auf Anregung des als Bürgerschreck, Esoteriker und Beförderer der Psychoanalyse bekannten Literaten das Schreiben begonnen, der auf der Höhe seiner Laufbahn mit Sekretärin und dichtgefülltem Terminkalender auf Lesereise ging, um aus seinem „Brevier für Weltleute", aus seinen „Fahrten ins Blaue", dem „Brevier für Unpolitische", aus seinen „Geschichten vom Doppelleben" sowie über „Psychoanalyse und Yoga" vorzutragen.

Gustav Meyrink, 1889 bis 1902 Bankier in Prag, dann wegen Betrugsverdachts in Haft, verdankt ihm wesentliche Impulse für die Niederschrift seines literarischen Erstlings. Mit „Der Golem" erschloß sich für den stadtbekannten Prager Okkultisten die Literatur als neues Berufsfeld.

Der junge Alfred Kubin, seit Sommer 1903 mit Oskar A. H. Schmitz bekannt und seit 1904 mit dessen Schwester Hedwig, verwitwete Gründler, verheiratet, fand in dem literarisch versierten und in allen Grenzwissenschaften beheimateten Schwager gleichfalls eine maßgebliche Orientierungshilfe. Oskar A. H. Schmitz öffnete ihm den Kreis um Karl Wolfskehl und den „Schwabinger Eingeweihten" um Franziska Gräfin von Reventlow. Kubins einziger (erhaltener) Roman „Die andere Seite", bis heute ein Klassiker des phantastischen Genres, nach einer Italienreise im Herbst 1908 in einem einzigen Schaffensrausch niedergeschrieben, wurde von Oskar A. H. Schmitz und Hedwig für die Drucklegung überarbeitet. Schmitz gab dem fertigen Manuskript nach eigenen Angaben den Titel. Alfred Kubin wiederum versah 1911 die Neuauflage von Schmitz' Novellenband „Haschisch" mit Illustrationen.

Schließlich erhielt auch Fritz Herzmanovsky-Orlando, für mantische Praktiken nicht minder zu begeistern als die bereits genannten, in Oskar A. H. Schmitz einen Mentor für die Fertigstellung seines Romans „Der Gaulschreck im Rosennetz". Der Freund ist darin als „Baron Schmitz" verewigt. Auf der Verlustseite steht das nicht mehr auffindbare Manuskript von Herzmanovsky-Orlandos Erzählung „Wie O. A. H. Schmitz die dritte Schauung Buddhas mitmachte".

Mit diesen literarischen Patenschaften, die Oskar A. H. Schmitz für sich verbuchen kann, sind bereits die Konturen seiner eigenen Neigungen, Anliegen und Positionen festgeschrieben. Der Hang zum *Crossover* zwischen den anerkannten

und den anrüchigen Künsten, die alles umfassende Wißbegier und Offenheit eines abenteuerlichen Intellekts, die darin ausgedrückt sind, haben allerdings auch ihre Schatten geworfen. Seine Hinterlassenschaft an Schriften, Reden und biografischen Spuren war zu zeitbedingt, zu facettenreich, und wohl auch zu flüchtig in der Ausführung, um auf Dauer Wirkung zu haben.
Oskar A. H. Schmitz zog sich 1915/16 nach Salzburg zurück, um seiner Einberufung zum Militär zu entgehen und hielt sich die Sommermonate über in Zell am See auf. 1916 suchte Schwager Alfred Kubin, infolge einer „buddhistischen Krise" an einen Wendepunkt seines Schaffens gelangt, engeren Kontakt zu Schmitz, der sich über die gesellschaftlich dürftigen Kriegsjahre hin anhaltend eng gestalten sollte.

Oskar A. H. Schmitz

Oskar A. H. Schmitz, zu seinen Lebzeiten ein Fixpunkt in Kunst und Gesellschaft, ist heute nur noch Fachleuten ein Begriff. Stefan Zweig schrieb ihm aus Anlaß seines 50. Geburtstages folgendes in die Laudatio:
„Manche erinnern sich seiner (Schmitz) *nur als eines Gestalters reiner Verse aus dem Stefan-George-Kreis, einigen ist er vertraut als der Verfasser der phantastischen ‚Haschisch'-Novellen, andern (den meisten) gilt er als arbiter elegantiorum, als Verfasser des ‚Breviers für Weltleute', und allerhand geistige Gruppen, die Psychologen, die Astrologen, die Politiker vermögen ihn ebenso für sich zu reklamieren, als die Philosophen der ‚Schule der Weisheit'. Überall gehört er hin und doch nur sich selbst …"*
In der Schwabinger Jugendkultur im München der Vorkriegszeit hatte er sich dem Kreis um Max Dauthendey, Franziska von Reventlow und Stefan George angeschlossen. 1896 durch Karl Wolfskehl in den „Kreis der Kosmiker" in München eingeführt, wurde er, mangels Ergebenheit, 1900 wieder ausgeschlossen. Weitere Erfahrungen sammelte Oskar A. H. Schmitz in Paris.
Der Lebemann Schmitz ließ sich auf spiritistische Sitzungen genauso ein wie auf erotische Eskapaden, und er hat nie aufgehört, seine diversen *Outings* öffentlichkeitswirksam in Szene zu setzen. Doch bewahrte er zugleich Format und Stil des großbürgerlichen Dandys. Damit haftete Schmitz auch die Imprägnierung des Konservativen an.
Im Oktober 1916 übersiedelte Oskar A. H. Schmitz zusammen mit seiner (dritten) Frau Emma nach Salzburg, das ihm von mehreren Aufenthalten her vertraut war. Bereits im Sommer davor hatte er sich auf vier Monate von Berlin losgemacht, um

in Zell am See, dem Kindheitsort seines Schwagers Alfred Kubin, zu schreiben, zu baden und zu wandern. In Salzburg wohnten Oskar A. H. und Emma Schmitz anfangs im Hotel und bezogen dann in der Aigner Straße 6 ein eigenes Haus.
Die Literarische Gesellschaft lud den skandalverdächtigen Schriftsteller mehrfach zu Lesungen ein, und dieser war, wie überall, rasch in die Gesellschaft eingeführt. Dabei machte sich in seinen reiferen Jahren ein Zug von Innerlichkeit bemerkbar, der den Hang zum Effektvollen etwas zurückdrängte. Die folgende „Wanderung ins Jenseits mit Hermann Bahr", im *Salzburger Volksblatt* zu Hermann Bahrs 60. Geburtstag abgedruckt, zeigt ihn in seiner wirksamsten Rolle, als bekennenden Grenzgänger auf Erkenntnissuche.

Buddhistisches Nichts und katholischer Himmel über dem Gaisberg

„Es war einer jener sonnigen Maitage, an denen unverhofft der Gaisberg wie frisch gewaschen mit seinen Wäldern und Matten aus dem zähen Gewölk des Salzburger Frühlings auftaucht. Der Anblick war so schön, daß selbst der liebe Gott und die himmlischen Heerscharen dieses Meisterwerk der Schöpfung bewunderten. Da sahen sie plötzlich, daß aus dem Fichtenwald unterhalb des Gipfels zwei Wanderer mit heftigen Gebärden und in lebhaftem Gespräch über die Wiese zur Zistelalpe hinuntergingen.
‚Da schau her', rief der Heilige Petrus, ‚da san ja wieder die zwoa G'schupften, was die nur immer so laut mitanander z'reden ham.' ‚Gewiß reden sie wieder von mir', sagte der liebe Gott. ‚Der Bahr hat doch Protektion beim Heiligen Thomas und der Schmitz will von ihm Literaturnachweise über mich haben. Wahrscheinlich will er ein Brevier über den Himmel schreiben. Nun, mir is' recht, daß die gescheiten Leut jetzt wieder von uns reden, wenn ja auch alles Unsinn ist.'
‚Es is' jut fürs Prestige', sagte ein kürzlich verstorbener rheinischer Zentrumsabgeordneter, der frisch in den Himmel gekommen war. ‚Daß da die Malefizpreissen immer so g'schwollen daherreden müssen', brummte der heilige Petrus.
Unter solcher immerhin wohlwollender Duldung durch die Himmlischen geriet das Gespräch der beiden Gaisbergwanderer in immer höhere Hitzegrade.
Hermann Bahr verfocht das Dogma von der unversehrten Auferstehung des Leibes nach dem Tod.
‚Also einschließlich Ihres Prophetenbartes und Ihrer sonnverbrannten Knie?'
‚Einschließlich jeder Faser meines Leibes', rief Bahr gereizt, als wolle ihm sein Partner das nicht gönnen. ‚Und Sie, was glauben Sie denn?'
‚Ich gedenke mich in das welträchtige Nichts des Urschoßes zurückzuziehen', erklärte Schmitz nicht ohne Würde.
‚Mit dem Titel können Sie ein Kabarett eröffnen', ereiferte sich Bahr, ‚der weltträchtige Urschoß , das klingt wie ein schlechter Ort. Aber das kenn' ich doch, das hat doch mein verehrter Friedländer-Mynona ausgeheckt, der übrigens längst auf

dem Scheiterhaufen verbrannt worden wäre, wenn man mich fragen möchte, aber mich fragt man ja nicht.'
,Sie werden also auch in der Ewigkeit noch auf den Gaisberg gehen?'
,Etwas Analoges wird es da schon geben.'
,Und für's Wiener Journal schreiben?'
,Bei Gott ist kein Ding unmöglich. Und wie bildet Ihr gottverlassenen Narren Euch denn ein, ohne einen Vermittler in diesen Urgrund zu kommen?'
,So ähnlich, wie sich Münchhausen am eigenen Schopf aus dem Wasser zog.'
,Das könnte Ihnen freilich passen, ohne Mühe alle Ihre Nöte los zu werden. Ich aber sage Ihnen: Sie werden im Jenseits noch genau so raunzen wie hier, wenn Ihnen einmal zugemutet wird, auf Ihren Mittagsschlaf oder die Nachmittagsjause zu verzichten.'
Schmitz war tief gekränkt über diese plötzliche Enthüllung seiner Laster und schielte nach der Virginia in Bahr's Mund, die bläulich in die Dämmerung des Fichtenwaldes rauchte, den die beiden Wanderer inzwischen betreten hatten.
Das Gespräch wollte nicht mehr recht in Fluß kommen, und im stillen wunderte sich jeder, daß der andere so gescheit und dabei ein so hoffnungsloser Tor sein könne. Als sie sich bereits Parsch näherten, kam ihnen am Waldrand eine schlanke, schwarzgekleidete Dame entgegen. Beide erkannten eine Freundin, die hier Helene genannt sei. Die gemeinsame Verehrung für sie war eines der mannigfachen Bänder, welches die sich in Worten oft zerstreitenden Männer immer wieder verknüpfte.
,Was geht vor?' fragte die Spaziergängerin mit dem ihr eigenen Spürsinn. ,Sie haben sich doch nicht zerkriegt?'
,So ungefähr', sagte Bahr.
,Es fehlt nicht viel', meinte Schmitz.
,Also das erlaube ich einfach nicht', erwiderte Dame Helene, ,das gehört zu meinen Lebensnotwendigkeiten, daß Sie beide sich vertragen.'
Der Streitfall wurde ihr vorgetragen, während man gemeinsam abwärts ging und mit der ihrem Geschlecht überhaupt, ihr aber ganz besonders eigenen Klugheit fand sie sofort eine Lösung.
,Nachdem Ihr Fall im Augenblick nicht entschieden werden kann', schlug sie vor, ,muß ich, falls Herr Bahr Recht behalten wird, Herrn Schmitz verpflichten, ihm auf seinen Gaisbergtouren in saecula saeculorum den Rucksack zu tragen, während Herr Bahr, falls beide sich in diesem Kabarett mit dem unmöglichen Namen treffen sollten, Herrn Schmitz täglich die Möglichkeit zu Mittagsschlaf und Jause beschaffen muß. So büßt denn jeder seinen etwaigen Irrtum ab.'
,Einverstanden', riefen beide gleichzeitig und erfreut.
Inzwischen war man vor dem Gasthaus Steinlechner angekommen, wo man im Garten zu Mittag essen wollte. Da es schon fast zwei Uhr geworden war, sagte das Fräulein Marie mitleidig, als ob sie Tränen erstickten: ,Es gibt nur mehr Palatschinken.'

Das war nun für Hermann Bahr ohne Bedeutung, da er ja auch in der Ewigkeit zu Mittag zu speisen gedachte. Oscar A. H. Schmitz aber, der nur noch die beschränkte Anzahl diesseitiger Mahlzeiten vor sich hat, war tief betrübt. Schließlich aber tröstete ihn der Gedanke, daß ihm in dem weltträchtigen Nichts des Urschoßes Bahr wenigstens für die Jause zu sorgen hatte, während dieser um Gaisberg, Wiener Journal und Steinlechner betrogen sein würde, und heimlich dachte er im Vorgefühl solcher reinen Glückseligkeit: Eetsch." (Salzburger Volksblatt, 2. August 1923)

Der offene Horizont war das bevorzugte Element Oskar A. H. Schmitz', der das Zauberspiel seiner Chamäleonhaut auch ganz gern zu Markte trug. Die Lust am geistigen Abenteuer, die ihn ursprünglich durch alle sensationsverdächtigen Kreise von München und Paris schleuste, wo Kunst, Gesellschaft, Erotik und Okkultes den Ton angaben, wandelte sich zum Erkenntnishunger nach den Untiefen der menschlichen Psyche und nahm zuletzt die feineren Umrisse meditativer Selbstfindung an.

Umschlagzeichnung von Alfred Kubin

Oskar A. H. Schmitz stand im Bannkreis von Sigmund Freud, wechselte dann zur Tiefenpsychologie C. G. Jungs und endete schließlich bei Hermann Graf Keyserlings „Schule der Weisheit". 1920 in Darmstadt gegründet, entwickelte sich diese zu einem Zentrum der europäischen Esoterik und zog bei Seminaren entsprechende Besucherzahlen an.

Neben dieser introspektiven Seite an Oskar A. H. Schmitz steht der an Politik und Gesellschaft interessierte Zeitbeobachter, der für dieses Verlangen *nach Weltlichkeit* viel auf Reisen war. In seiner Salzburgzeit war er um einen deutsch-französischen Ausgleich bemüht und für eine Stärkung des Europagedankens tätig. Daneben pflegte er, dies ein besonderes Hobby seiner Salzburgjahre, die Astrologie.

Seine anregend-förderliche Wirkung auf Talente seiner Umgebung erfuhr in Salzburg die später dem Einflußkreis Kubins zugezählte Malerin Emmy Haesele. Schmitz zeigte Haesele einige seiner Zeichnungen, die auf den Rat seines Analytikers C. G. Jung, damit die Therapie zu unterstützen, entstanden waren. Die gezeigten Blätter entlockten Emmy Haesele die Bemerkung: „Das kann ich auch!" *„Und sie begann zu zeichnen, wie einem heimlichen Laster verfallend."* So äußerte sie sich dazu in einer Rückschau auf ihren Beginn als Künstlerin. (B. Wally, „Emmy Haesele". Katalog zur Ausstellung)

„Das rasende Einhorn“ – Ein Tierstaat in einem Pinzgauer Bauernschloss

Den Sommer 1915 hatte Schmitz in Zell am See verbracht, um sich *innerlich* von der Psychoanalyse Sigmund Freuds zu befreien. Im Jahr darauf erfolgte hier die Niederschrift des Tiermärchens „Das rasende Einhorn“. Es wurde in den Band „Menschheitsdämmerung“ aufgenommen.
Die scheinbar zeitentrückte Fabel führt in einen Tierstaat in einem versteckten Alpental. Dort schlüpft der Erzähler in das Fell eines Dachses, des *verkrochensten aller Tiere*, wie es heißt. Die Handlung läßt Einflüsse aus dem Buddhismus, Symbolismus, der Tiefenpsychologie und Psychoanalyse erkennen. Dazu manifestierbar ist die Lektüre Friedrich Nietzsches. Aber im Kern liegt damit eine Allegorie auf den Ausbruch des Ersten Weltkriegs vor, der den – nachweislich traumatisierten – Autor in der Abgeschiedenheit seiner Alpensommerfrische zur Verarbeitung drängte.
„Ich befand mich schon den dritten Sommer in dem Haus. Öfters hatte mir der alte Grödling von einem in der Nähe befindlichen großen Anwesen erzählt, einem alten Bauernschloß, wie sie sich in der Gegend noch häufig aus der Zeit der Religionskriege finden. Ich hatte den burgartigen, mit mehreren Türmchen geschmückten Bau öfters inmitten von Wäldern liegen sehen und von dem Tierarzt erfahren, daß er von einem Sonderling bewohnt sei, der jeden Menschen meide, dafür aber ein umso größerer Tierfreund sei. Er habe ihn einmal vor vielen Jahren irgendwo in Texas kennen gelernt, und ihre zoologischen Neigungen hätten sie zusammengeführt.“ (6f.)
Wie sich alsbald herausstellt, ist Bernhard Postel, ein verschollener Schulfreund des Erzählers, der Herr über dieses unheimliche Tierparadies. Es ergeht eine in Briefform übermittelte Einladung an den Erzähler und dessen *wahre Dachsnatur*. Nach Postels eigener Überzeugung kann auf seiner *Animal Farm* jeder zu seiner animalischen Natur zurück und damit zur Wahrheit und zum Glück finden:
„So werden auch wilde Tiere umgänglich und ungefährlich. Ich habe nämlich folgendes psychologische Gesetz bei ihnen entdeckt: gefährlich und bösartig sind sie nur, falls ein Wesenstrieb in ihnen gehemmt wird und sich nun durch doppelte Wucht übertreiben muß.“ (10)
Friedrich Fürst Wredes Auseinandersetzung mit dem Kriegsgeschehen, zugleich als philosophische Abrechnung mit dem Staatswesen gestaltet, war der Literatur des Realismus verpflichtet. Oskar A. H. Schmitz entrückt sein Kriegserlebnis entsprechend der magisch-phantastischen Dimension seines Schreibens in eine tiefenpsychologische Untergrundwelt. Dort bereitet sich im Echo auf die realen Ereignisse ein Prozeß der Entgleisung und Auslöschung vor, den der Erzähler in streckenweise bizarrer und persiflierender Absicht in den Abgrund treibt.

NACHRUF AUF EINEN TABUBRECHER

Oskar A. H. Schmitz starb im Dezember 1931 bei einem operativen Eingriff an seiner an Tuberkulose erkrankten Niere in Frankfurt. Der folgende Nekrolog im *Salzburger Volksblatt* würdigte den Wahlsalzburger Schmitz als Dichter und Essayisten, der mit Stefan Zweig, Franz Karl Ginzkey und Josef August Lux befreundet war. Es heißt darin: *„Am Beginn seiner literarischen Laufbahn stehen phantastische Erzählungen (‚Haschisch', ‚Herr Pepinster und sein Popanz'), auch ein satirischer Roman ‚Bürgerliche Boheme' fällt noch in die Vorbereitungszeit. Denn den Höhepunkt seines reichen Schaffens hat Schmitz erst mit seinen glänzend geschriebenen Essays und den drei Bänden seiner Autobiographie (Die Geister des Hauses, Dämon Welt und Ergo Sum) erklommen. Er ist weniger Dichter als Kulturphilosoph gewesen, aber was dem einen vielleicht aus einem gewissen Mangel an Gestaltungskraft versagt geblieben ist, das hat der andere dank seinem umfassenden Willen, dank seiner denkerischen Klarheit und prägnanten Ausdrucksform voll erreicht. Als Kulturphilosoph, der mit der Darmstädter Schule der Weisheit eng verbunden war, hat Oskar A. H. Schmitz bewußt an der Gestaltung eines neuen Europa gearbeitet und die meisten der heute brennenden Probleme in seine Betrachtung einbezogen."*

Oskar A. H. Schmitz, als Avantgardist und Tabubrecher von seinen Zeitgenossen viel gelesen und noch mehr angestaunt, ist heute eine exotische Randfigur der Literaturgeschichte. Dabei ist er, im spannungsreichen Fokus der kulturellen Strömungen und Widersprüche seiner Zeit, auch heute noch eine bemerkenswerte Erscheinung.

EIN TIERSTAAT IM ALPENTAL

WERKAUSSCHNITT „DAS RASENDE EINHORN"

Leicht stellte ich nun fest, daß jener Fremde niemand anders als mein Schulkamerad Bernhard Postel sein konnte. „Grüßen Sie ihn einmal von mir!" sagte ich beim Gutenachtsagen, „ich bin doch gespannt, ob er sich meiner noch erinnert." Nach einigen Tagen lag bei meiner Frühstückstasse ein Brief, den, wie die Moidl sagte, der Tierarzt am Abend spät mitgebracht hatte. Die Schrift war ohne jeden eigentümlichen Charakter, fast eine flotte Kaufmannsschrift. Das Schreiben rührte von Postel her und lautete folgendermaßen: „Mein lieber alter Freund, zwar hatte ich geglaubt, ich würde bis zu meinem Tod keinem Menschen außer Grödling mehr ins Auge sehen, aber als ich heute von ihm erfuhr, daß schon im dritten Sommer hier in der Nähe gerade der Einzige meiner Mitschüler lebt, den ich nicht verabscheut habe, so sah ich darin doch einen Schicksalswink. Du mußt nämlich wissen, daß mein, Dir wohl noch von der Schule her erinnerlicher Menschenhaß im Grunde gar kein Menschenhaß, sondern nur ein versteckter Hundehaß ist. Ich hasse die Menschen nur darum, weil sie so hündisch sind; gegen den Menschen an sich habe ich nichts, falls er anderen Tieren als Hunden gleicht, und irgend einem Tier gleicht jeder Mensch. Ich habe mich sogar hie und da auf meinen Reisen mit solchen etwas befreundet, hinter deren Menschenmaske ich den Papagei, das Lama oder den Bärenspinner erkannt; bei weitem die meisten Menschen aber sind und bleiben geheime Hunde, selbst die scheinbaren Schweine sind oft Hunde – Schweinehunde. In unserer Schulklasse waren nun unglücklicherweise nur Dackel; ich erinnere an Moosleitner, Sperl, Kreutzer, Kohn, von Röder, Leschitzky und wie sie alle hießen. Nur Du, mein Lieber, bist ein Dachs, das hat Dich mir immer sympathisch gemacht. Ich konnte es Dir natürlich nicht sagen, denn damals wärest Du beleidigt gewesen, und Du hättest Dich verwahrt, Du seist kein Dachs. Du bist aber doch einer, wozu da unnötige Verstellung? Heute, da Dich das Leben wohl auch reif und einsichtig gemacht hat, wirst Du das verstehen, denn das Dachshafte ist, wie mir mein Freund Grödling sagte, der selber ein Kranich ist, bei Dir so sieghaft durchgedrungen, daß Du wohl auch gegen die äußere Feststellung – eine reine Formsache – nichts mehr einzuwenden haben wirst, zumal der Dachs kein streitbares und unaufrichtiges, wenn auch, in seiner Ruhe gestört, ein etwas bissiges Tier ist, sondern sich (im Gegensatz zum Hund) ruhig zu dem bekennt, was er ist. Ich entsinne mich noch ganz gut, daß auch Du kein großer Hundefreund warst, im Gegensatz zu allen unseren Kameraden. Wie sollte auch ein Dachs die Dackel lieben, die seinen einsamen Bau umlauern, bis sie ihn verbellen können. Ich sehe im Hund und dem Menschen nur einen Gradunterschied in der Fähigkeit etwas zu scheinen, was man nicht ist. Dem Menschen gelingt dieser Selbstbetrug weit besser, aber der Hund, dieser Freund des Menschen (statt des Hundes), dieser Verräter an der Tierwelt, versucht mit seiner verständnisheuchelnden Grimasse ganz dasselbe und zwar noch grundsätzlicher, nur ungeschickter (daher das viele Leute Rührende in seiner Art). Ich hingegen verlange kein Verständnis und finde jeden Versuch mich zu verstehen aufdringlich-hündisch. Ich lebe vielmehr voll befriedigt in der bunten Mannigfaltigkeit meines tierischen Haushalts, wo jeder an seinem Platze ist und genau das erfüllt, was seinem Wesen entspricht. Ebenso fern wie sentimentales Sichverstehenwollen ist uns völlig in sich selbst Zufriedenen alles, was an „Dressur" erinnert. Meine Löwen, Luchse, Rehe, Marabus, Bienen und Schildkröten sind alle nicht dressiert, und doch füllt jeder ein wichtiges Amt aus, weil ich jeden in Ruhe gerade das tun lasse, wozu er geschaffen ist, was die Menschen so gerne möchten, aber nie vermögen, da ja unter Tausenden von Menschen nicht Einer in seinem ganzen Leben dahinter kommt, wozu er eigentlich geschaffen ist. Die menschliche Freiheit beruht darauf, daß jeder auch das tun kann, ja oft mit Vor-

liebe tut, was ihn eigentlich gar nichts angeht. Die bei uns herrschende Freiheit jedoch beruht darauf, daß jeder nur das tut, was er wirklich kann und was ihn darum glücklich macht. So ist unsere höchste Freiheit tiefste Wesensgebundenheit. Wir sind daher unfrei zum Unehrlich- und darum Unglücklichsein. So werden auch wilde Tiere umgänglich und ungefährlich. Ich habe nämlich folgendes psychologische Gesetz bei ihnen entdeckt: gefährlich und bösartig sind sie nur, falls ein Wesenstrieb in ihnen gehemmt wird und sich nun durch doppelte Wucht übertreiben muß. Nur die Dichter haben bisher anerkannt, daß z. B. der Löwe der König der Tiere ist, die Tiere jedoch bestreiten ihm das in der Natur allenthalben. Ich habe nun den Löwen wirklich zum König gemacht und die Tiere durch eine Verfassung und den Bürgereid zu seiner Anerkennung gezwungen. Was ist die Folge? Der Löwe hat aufgehört, ein reißendes Tier zu sein und ist ganz König. Der Wolf verschlingt keine Lämmer mehr, sondern nährt sich, seinem berechtigten Hunger entsprechend, seitdem ich ihn zum Metzger gemacht habe. Die Hyäne übertreibt sich nicht mehr selbst, indem sie Leichen frißt, da ihr der ihren Neigungen entsprechende Totengräberdienst widerspruchslos vorbehalten ist. So habe ich alle Tiere zufrieden gemacht und zu einer von den Menschen noch nicht erreichten Menschlichkeit entwickelt.
Zum Schlusse nun, mein lieber Dachs, die höfliche Einladung, uns recht bald einmal zu besuchen und Dich von dem Gesagten selbst zu überzeugen. Ein Bau, wie er Deiner Natur entspricht, steht jederzeit für Dich bereit."
Daß mich dieser Brief erstaunte, wird man leicht begreifen, doch setzte mich, der ich in meinem Leben viele sonderbare Menschen gekannt hatte, noch mehr als Postels eigene Seltsamkeit der überraschende Scharfblick in Verwunderung, mit dem Postel mich, den bisher nie ganz über sich selbst klar Gewesenen als Dachs erkannte.

DOPPELADLER UND FROSCH

In den letzten Tagen vor unserem ersten Sturmangriff spielte sich noch eine rührende Szene ab. Ein altes Steinadlerpaar erschien und wünschte „den Herrn Regenten" dringend zu sprechen. Sie machten einen recht herabgekommenen, geschundenen Eindruck. Das Männchen hatte sich etwas an den Hals gebunden, was erst nicht recht erkenntlich war, weil es immer rutschte. Das Weibchen rückte es stets wieder vorsorglich zurecht. Die beiden meldeten nichts geringeres an, als ihre Anwartschaft auf den freigewordenen Thron. Sie legten Papiere vor, darunter notariell beglaubigte Abschriften von Hagenbeckschen Kaufverträgen und Rechnungen, aus denen sie beweisen wollten, daß dem Steinadler für den Fall des Ablebens des Königs Nebukadnezar (eines Löwen) die Thronfolge versprochen worden sei. Richtig ist, daß Hagenbeck den verstorbenen älteren Bruder des Steinadlers früher einmal für den Thron empfohlen hatte. Nun meinte der Alte, dadurch sei dessen Anspruch auf ihn übergegangen. Fast mittellos, habe erst sein hochseliger Bruder und nun er mit seiner treuen Gemahlin auf den Tag gewartet, der den Glanz seines Hauses weithin erstrahlen lassen solle. Er deutete auf das Ding an seinem Hals, welches sich nun als der ausgestopfte Kopf des hochseligen Bruders erwies, und mit dem er sich das gewaltige Äußere eines zweiköpfigen Adlers hatte geben wollen. Als Postel die Haltlosigkeit dieser Thronansprüche mit Hinweis auf die reichliche Nachkommenschaft Nebukadnezars dargelegt hatte, blickte sich das alte Paar so traurig an, daß es Postel ans Herz schnitt. „Wenn ich etwas anderes für Sie tun kann," sagte er, „sehr gern..." Der Adler schwieg in verlegenem Stolz, aber sein Weibchen stieß ihn an und ermunterte: „Nun sag's doch, August." „Vielleicht ist der Titel Vizekönig und ein kleines Jahresgehalt möglich..." stotterte er. „Aber gewiß, gewiß," erwiderte Postel gütig. Er fertigte gleich ein Schriftstück aus, das er siegelte und dem Adlerpaar überreichte. Es erfüllte ihre Wünsche.

Sie horsteten von nun an in einer Dachkammer, wo sie bis zu ihrem baldigen Untergang noch eine kurze glückliche Zeit verlebten. Die mitleidige Frieda ging manchmal zu ihnen hinauf, und es gelang ihren geschickten Pfötchen, dem Alten den zweiten Kopf so gut zu befestigen, daß es wie natürlich aussah und er beglückt den ganzen Tag in den Spiegel schaute. Frieda aber redete die beiden Alten immer Frau Hofgeschichtsschreiberin an, was sie mir voll Entzücken erzählte. O vanitas, vanitatum vanitas!

Auf alle Fälle waren wir nun eine recht bunte Gesellschaft im Bungalow, die unter weniger bedrohlichen Verhältnissen sehr interessant hätte sein können. So aber wurde bei Tisch wenig gesprochen. Nur der alte Steinadler redete viel. Er hatte noch die Kaiserkrönung Napoleons I. mitgemacht. „Merkwürdig," dachte ich bei mir, „daß jemand, der so viel gesehen und erlebt hat, nicht interessanter zu erzählen versteht," denn schließlich lief alles, was er sagte, immer wieder auf langweilige genealogische und besonders heraldische Fragen hinaus. Gleich in den ersten Tagen machte er mit seiner Frau einen Besuch bei der Königin-Witwe, die sie aber etwas frostig empfangen haben soll. Frieda hatte vorher wiederum bei der schwierigen Kopftoilette helfen müssen.

Kurz bevor die Feindseligkeiten begannen, erhielten wir noch einmal Nachrichten aus dem Lager der Feinde, wo innere Zwietracht herrschte. Der Zaunkönig nämlich hatte eine nicht unbeträchtliche Gruppe von Tieren um sich versammelt, die sich gegen die Republik erklärten, vielmehr ihn auf den Thron erheben wollten. Alle kleinen Nagetiere, Eichhörnchen, Wiesel, Ziesel, Nörze (Nerze), viele Vögel und Insekten waren auf seiner Seite, vorwiegend lustiges Getier, dem der Puritanismus des Pumas zuwider war. Die Aussichten des äußerst volkstümlichen Zaunkönigs sollen gar nicht schlecht gewesen sein, als in einer Volksversammlung im Onyxsaal des Kaimanschen Warenhauses der Puma im Tone tiefer Betrübtheit erklärte, er sei traurig, erklären zu müssen, daß das Privatleben seines ehrenwer-

ten Gegners nicht ganz rein sei. Der Zaunkönig lachte darüber laut und unbekümmert. Es war aber tatsächlich nicht zu leugnen, daß er, der in seinem sorgfältig von der Gattin betreuten Nest aus Moos, feinen Würzelchen und dürren Blättern ein musterhaft geordnetes Familienleben führte, daneben noch mehrere, höchst liederlich gebaute Nester hatte, in die er seinem Weibchen grundsätzlich nicht den Zutritt gestattete. Diese Enthüllung, die Mr. Puma im einzelnen nicht selbst machte, sondern (wohl auf Bestellung) die Henne Vera, erregte nun freilich die Versammlung aufs höchste. Seine Anhänger bestürmten den Zaunkönig, sich gegen solche Angriffe zu verteidigen. Er hüpfte auch ganz lustig auf die Rednerbühne, setzte sich zwischen die Lampe und das Wasserglas und erklärte leichten Sinns, diese Nester seien bloß Spielnester, in denen gar nichts Schlimmes geschehe. So naiv aber war niemand, das zu glauben. Unter dem Geschrei der Versammlung mußte der Zaunkönig sich zu seinen Freunden flüchten, die seine Verteidigung auch nicht zu befriedigen schien. Nun sprang ein Hermelin an seine Stelle auf die Rednertribüne und rief mit durchdringender Falsettstimme, es wolle zu der noch nicht hinreichend geklärten Privatmoral des Herrn Vorredners keine Stellung nehmen, vielmehr sei es ihm um einen Grundsatz, nicht um eine Person zu tun. „Wir," so rief es kühn, „verlangen einen König, oder – den Frieden mit dem Gegner!" Diese Worte hatten zweifellos große Wirkung, die verriet, wie schwache Wurzeln doch die republikanische Idee in den Herzen des Volkes geschlagen hatte. Da aber führte Mr. Puma seinen Meisterschlag aus. Leberleidend, wie er immer war, trug er stets einen Laubfrosch als Eisbeutel im Rücken. Diesen zog er wütend hervor, warf ihn unter die Versammlung und schrie: „Dann macht diesen hier zum König!" Der Frosch fand sich schnell in seine Rolle und quakte: „Ach ja... ach ja!" Das bewirkte einen solchen Heiterkeitserfolg, daß die Idee des Königtums selbst in Lächerlichkeit erstickt wurde. So rettete Mr. Puma die Situation für sich, weniger durch seine Persönlichkeit, als dadurch, daß es keine andere Persönlichkeit gab.
S. 8–11, 102–105.

Historischer Kommentar

Salzburg im Jahr 1916

1916, im dritten Jahr des Ersten Weltkriegs, verfaßte Oskar A. H. Schmitz in Salzburg, wohin der Deutsche geflüchtet war, um der Wehrpflicht zu entgehen, die Fabel „Das rasende Einhorn".
Kriegsbedingte Einschränkungen prägten das Alltagsleben in der Stadt, Brot und Mehl waren seit 1915 nur mehr gegen Bezugskarten oder auf dem Schwarzmarkt erhältlich. Ernüchterung und Kriegsmüdigkeit waren an die Stelle von bedingungsloser Begeisterung für den Krieg getreten. Neben dem Tomaselli-Kiosk stand eine überlebensgroße, von dem Bildhauer Anton Aicher geschaffene Holzskulptur, die Kaiser Karl darstellte. Je nach Höhe der Spende für patriotische Zwecke wurde er mit eisernen, silbernen und goldenen Nägeln beschlagen, bis er schließlich völlig gepanzert dastand. Der sagenumwobene Kaiser wurde als Werbeträger für Vaterland und Wohltätigkeit eingesetzt.

Die alte Monarchie...

Im selben Jahr, am 21. November 1916, starb Kaiser Franz Joseph I. im Alter von 86 Jahren und mit ihm eine ganze Epoche. Sein Pflichtbewußtsein, seine soldatische Haltung und die Tragik seines Familienlebens hatten ihm viele Sympathien gesichert. Die umfassendere Volksschulbildung und die allgemeine Wehrpflicht hatten außerdem seit 1868 breiteren Bevölkerungsschichten eine Art von „Identifikation" mit dem Kaiser vermittelt. Schulbücher, Fahnen, Feste, Aufmärsche, dynastische Denkmäler wirkten seitdem an der Entstehung und Verfestigung eines am Kaiser orientierten Bewußtsein ständig mit.
Kritische Zeitgenossen begannen aber bereits in der Tatenscheu des alternden Kaisers einen der Gründe für den sich abzeichnenden Niedergang des Habsburgerreiches zu sehen.

... und die junge Republik

Zwei Jahre später zerfiel die Donaumonarchie trotz der Bemühungen Kaiser Karls I. in der Endphase des Ersten Weltkriegs am 16. Oktober 1918, Österreich in einen Bundesstaat der Nationalitäten zu verwandeln. Am 21. Oktober 1918 traten im Sitzungssaal des niederösterreichischen Landhauses die deutschen Reichstagsabgeordneten als Provisorische Nationalversammlung für Deutsch-Österreich zusammen. Einen Tag nachdem Kaiser Karl seinen Verzicht erklärt hatte, am 12. November 1918, wurde per Gesetz die *Republik Deutschösterreich* konstituiert.

Der Zusammenbruch Altösterreichs, der abrupte Übergang von der Monarchie zur Republik, vom Großreich zum Kleinstaat, bedeutete auch eine der radikalsten und schärfsten Zäsuren in der langen Geschichte der sich ändernden Österreich-Vorstellungen und des Österreich-Bewußtseins. Erst im Friedensvertrag von St. Germain (10. September 1919) wurde der Name des Staates in *Republik Österreich* geändert.

1924 übte auch der Wahlösterreicher Oskar A. H. Schmitz in seinem Essay „Der österreichische Mensch“ eine Art österreichische Selbstreflexion und warnte eindringlich vor einem Anschluß mit Deutschland. Er sah bereits den Augenblick kommen, in dem Österreich die *deutsch sprechende Mitte* in den *Vereinigten Staaten von Europa* bilden werde.

Verzeichnis der Werke

Arthur Achleitner (1858–1927) – Werkauswahl
„Geschichten aus den Bergen“ I–V (1889–1895); „Im Passionsdorfe“ (1890); „Aus dem Hochwald“ (1892); „Bilder aus den deutschen Alpen“ (1892); „Grüne Brüche“ (1894); „Tirol und Vorarlberg“ (1894); „Fels und Firn“ (1895); „Auf einsamer Höh“ (1896); „Jagdbrevier“ (1896); „Familie Lugmüller“ (1896); „Jagdbrevier“ (1896); „Der Stier von Salzburg“ (1897); „Der Forstmessias“ (1897); „Der Jagdbischof“ (1898); „Bayern, wie es war und ist“ I–IV (1898–1899); „Österreich, wie es war und ist“ (1899); „Amor im Hochland“ (1899); „Die Erbin des Schrofenhofes“ (1899); „Im Gebiet des Großglockners“ (1900); „Das Postfräulein“ (1900); „Leute vom Flügelrad“ (1901); „Celsissimus“ (1902); „Das Schloß im Moor“ (1903); „In Treue fest“ (1903); „Die Luftschiffer“ (1903); „Stöffele. Lebensbild eines Tiroler Heldenpriesters“ (1904); „Hotel Alpenrose“ (1904); „Jerusalem. Zeitbild aus der hl. Stadt“ (1905); „Von Tegernsee bis Gaeta“ (1906); „Raubschützen“ (1906); „Sport bei Hof“ (1907); „Der Hofmarschall“ (1907); „Geschichten aus deutschen Alpen“ (1908); „Carl der Weise“ (1908); „Jägerstreik“ (1909); „Der wilde Jäger“ (1910); „Waldkönig“ (1911); „Admont“ (1911); „Reisen im slawischen Süden“ (1913); „Themis und Diana“ (1913) u. a. m.

Anton Breitner (1858–1928) – Werke
„Der Mönch von Mattsee“, Versepos (1882); „Vindobonas Rose. Im Hochzeitsbrevier des Vaters Danubius gefunden“, Dichtungen und Gesänge (1888/90); „Diemut“, Romanerzählung mit „scharf umrissenem historischen Hintergrund“ (1894); „Literarisches Scherbengericht“ (1896); „Literatur-Bilder fin de siècle“, I–XII (1896–1906); „Belletristische Archäologie. Randglossen zur deutschen Literaturgeschichte“ (1896/97, 1898), „Die Odyssee der Kaiserin“ (1896), „Juvaviae Rudera“ (1898).

Erhard Buschbeck (1889–1960) – Werke
„Georg Trakl“ (1917), Neuausgabe mit dem Untertitel „Ein Requiem“ (1921); „Wolf Dietrich“, Roman (1919); „Die Sendung Theodor Däubler“. Eine Streitschrift (1920); „Die Medelsky“ (1922); „Raoul Aslan und das Burgtheater“ (1946); „Die Dampftramway oder Meine alten Tanten reisen um die Welt. Ein Salzburger Familienidyll“ (1946); „Wiener Notizbuch“, „Wiener Spaziergänge“, „Sommerbekanntschaften“, „Söhne des Landes“ (1947); „Mimus Austriacus. Aus dem nachgelassenen Werk.“ Herausgegeben von Lotte Tobisch. Mit einem Vorwort von Carl Zuckmayer (1962).
Herausgegebene Schriften: „Der Ruf. Ein Flugblatt an junge Menschen.“ Herausgegeben vom Akademischen Verband für Literatur und Musik in Wien

(1912–1913); Georg Trakl, „Aus goldenem Kelch. Die Jugenddichtungen" (1939); „Der Thespiskarren. Kleine Theatergeschichte geschrieben von den Zeitgenossen." Zusammengestellt von Erhard Buschbeck mit Zeichnungen von Erni Kniepert (1943); Franz Theodor Csokor, „Du bist gemeint." Eingeleitet und ausgewählt von Erhard Buschbeck (1959).

Felix Dahn (1834–1912) – Werkauswahl
„Harald und Theano", Epos (1855); „Studien zur Geschichte der germanischen Gottes-Urtheile" (1857); „Die Könige der Germanen", 12 Bände (1861–1909); „Prokopius von Cäsarea. Ein Beitrag zur Historiographie der Völkerwanderung und des sinkenden Römertums" (1865); „Die Schlacht von Sedan", Gedichte (1871); „Deutsche Treue. Ein vaterländisches Schauspiel" (1871); „Sind Götter? Die Halfred Sigskaldsaga. Eine nordische Erzählung aus dem zehnten Jahrhundert" (1874); „Westgotische Studien" (1874); „Zwölf Balladen" (1875); „König Roderich. Ein Trauerspiel" (1875); „Markgraf Rüdeger von Bechelaren. Ein Trauerspiel" (1875); „Die Amalungen", Gedicht (1876); „Ein Kampf um Rom. Historischer Roman in vier Bänden" (1876); „Langobardische Studien I–II" (1876); „Fehde-Gang und Rechtsgang der Germanen" (1877); „Die Staatskunst der Frauen. Ein Lustspiel" (1877); „Balladen und Lieder" (1878); „Deutsches Privatrecht" (1878); „Sühne", Schauspiel (1879); „Die Alamannenschlacht bei Straßburg" (1880); „Armin", Operndichtung (1880); „Der Fremdling", Operndichtung (1880); „Odhin's Trost. Ein nordischer Roman aus dem elften Jahrhundert" (1880); „Urgeschichte der romanischen und germanischen Völker I–IV" (1881–1889); „Kleine Romane aus der Völkerwanderung I–XIII (1883–1901); „Deutsche Geschichte I–II" (1883–1888); „Germanische Götter- und Heldensagen", zusammen mit Therese Dahn (1884); „Welt-Untergang. Geschichtliche Erzählung aus dem Jahr 1000 n. Chr." (1889); „Julian der Abtrünnige. Geschichtlicher Roman I–III" (1893); „Sigwalt und Sigridh. Eine nordische Erzählung" (1898); „Gesammelte Werke in 10 Bänden" (1921–1924).

Josef von Doblhoff (1844–1928) – Werke
„Aus dem Capua der Geister", Gedichte (1886); „In Berg und Wald", Gedichte (1886); „Die Jahreszeiten der Liebe", Gedichte (1886); „Cancionero", Reiselieder und Zeitgedichte (1887); „Wasserringe", Zeitgedichte eines Österreichers (1893–1897); „Zorahayda", Sagen der Alhambra in Versen (1887); „Julia Festilla", Roman in drei Bänden (1884); „Tantalus", Roman (1888); „Erzählungen aus der Schweiz" (1887); „Der Heini von Rehalp", Erzählungen (1887); „Erzählungen aus Salzburg" (1894); „Mamsell Espenlaub", Erzählungen (1900); „Die letzten Camilli", Drama (1885); „Medusa", Drama (1884); „Durch die Kunst", Lustspiel (1894); „Frondeurs", Lustspiel (1894).
Salisburgensien: MGSL 32; „Funde im Flysch" (MGSL 33); „Beiträge zum Quel-

lenstudium der Salzburger Landeskunde“ (MGSL 1893/95); „Kunstpflege und Vandalismus“ (1894); „Vorschläge zu Regierungsmaßregeln zum Schutze von Altertümern“. Ein publizistischer Vorstoß zur Einführung eines Denkmalschutzgesetzes (Salzburger Zeitung 1894, Nr. 272).

HORST WOLFRAM GEISSLER (1893–1983) – WERKAUSWAHL
„Der letzte Biedermeier. Ein Frankfurter Roman aus dem Vormärz“ (1916); „Das Lied vom Wind. Ein Roman aus dem deutschen Rokoko“ (1916); „Der ewige Hochzeiter. Ein Spitzweg-Roman“ (1917); „Der Zauberlehrling“ (1918); „Der liebe Augustin. Geschichte eines leichten Lebens“ (1921); „Die sieben Sonderbaren“ (1926); „Der Puppenspieler“ (1929); „Die Dame mit dem Samtvisier“ (1931); „Der Prinz und sein Schatten“ (1935); „Die Glasharmonika“ (1936); „Karneval in Venedig“ (1942); „Nymphenburg. Roman aus dem Rokoko“ (1947); „Odysseus und die Frauen“ (1947); „Das Schiff Mahayana“ (1951); „Das Lächeln des Leonardo“ (1960); „Odysseus und Penelope“ (1970).

FRANZ KARL GINZKEY (1871–1963) – WERKAUSWAHL
„Ergebnisse“, Gedichte (1900); „Hatschi Bratschi's Luftballon“ (1904); „Das heimliche Läuten“, Gedichte (1905); „Jakobus und die Frauen“, Roman (1908); „Geschichte einer stillen Frau“ (1909); „Balladen und neue Lieder“ (1910); „Der von der Vogelweide“ (1912); „Der Gaukler von Bologna“ (1916); „Lieder“ (1916); „Befreite Stunde „ (1917); „Gedichte“ (1922/23); „Balladen aus dem alten Wien“ (1922); „Reise nach Komakuku“ (1923); „Der seltsame Soldat“ (1925); „Der Wundervogel“ (1929); „Das verlorene Herz“, Drama (1931); „Drei Frauen“ (1931); „Florians Wundersame Reise über die Tapete“ (1931); „Prinz Tunora“ (1934); „Der selige Brunnen. Eine Raphael-Donner-Novelle“ (1940); „Genius Mozart. Ein Mozart-Brevier“ (1949); „Der Träumerhansl. Dichtung für Kinder“ (1952); „Altwiener Balladen“ (1955); „Laute und stille Gassen“ (1962).

ARNOLD HAGENAUER (1871–1918) – WERKE
„Illusionen“, Gedichte (1895); „Adah Hellmer“, Schauspiel (1896); „Muspilli“, Roman (1900); „Die Perlen der Chloe“, Novellen (1901); „Gottfrieds Sommer. Aus dem Tagebuch eines Romantischen“ (1906); „Das Ende der Salome“, Novellen (1916); „Historische Novellen“ (1918); „Der Knabe Leonhard. Ein Roman aus Salzburgs Biedermeiertagen“ (1930).

JULIANE KAY (1899–1968) – WERKE
„Silhouetten des Lebens“, Erzählungen (1923); „Abenteuer im Sommer“, Roman (1927); „Frauen um Fedja“, Roman (1929); „Der Erzbischof von Salzburg. Roman des Barock“ (1933); „Das Dorf und die Menschheit“, Schauspiel (1934); „Leben in der Luft“, Komödie (1935); „Der Birnbaum“, Komödie (1938); „Der Zauberer“,

Komödie mit Musik (1938); „Charlotte Ackermann“, Schauspiel (1940); „Die Frau von Orlog“, Novelle (1943); „Der Kaufmann und seine Frau“, Roman 1946; „Kein Tag kommt zurück“, Roman (1951); „Meine Schwester oder meine Frau. Roman um Charlotte von Stein“ (1953); „Kulissen, Peter und Marie“, Roman (1958); „Die Erinnerungen der Köchin Theres Galassler“, Roman (1961); „Mein Sohn Wolfgang Amadeus. Glück und Tragik des Vaters Leopold Mozart“ (1965); „Madame geht auf Reisen oder Es hat alles seinen Sinn, sagt Delia“ (1965); „Das Jahr war schön. Erzählung aus Mozarts Leben“ (1968).

Hans Kirchsteiger (1852–1932) – Werkauswahl
„Das Beichtsiegel“ (1904); „Die Katakomben zu Salzburg“ (1906); „Das Schulfest“ (1906); „Der Weltpriester“ (1907); „Einen Tag bei Gott“ (1909); „Der Beichtvater“ (1910); „Der Primas von Deutschland“ (1911); „Wie heißt das 6. Gebot?“ (1913); „Der tote Teufel“ (1920); „Aus der Hölle“ (1924); „Der eiserne Paragraph“ (1926); „Der morsche Beichtstuhl“ (1928); „Erlöser Tod“, „Ein Priesterleben“ (1928).

Franz Löser (1889–1955) – Werke
„Die Herrgottsbrücke“, Volksstück (1919); „Das Kriegerdenkmal“, Volksstück (o. J.); „Das Gerücht“, „Der sündige Bock“, Volksstücke (o. J.); „Jedermann. Eine Übertragung von Hugo von Hofmannsthals Jedermannspiel in den Dialekt“ (1921); „Der Nazarener“, Mysterienspiel nach Bibelszenen (1926); „’s borstige Liesel“, Bauernschwank (1932); „König Riepel“, Nach einem alten Spiel (1934); „Der Bergherr von Gastein“ (1930); „Erben der Erde“, Roman (1933); „Vagabund Kielholz. Julius sucht seine Mutter“, Autobiographischer Roman (1935); „Ein Mann geht seinen Weg“, Roman (1937); „Der Weitmoser“, Roman (1939); „Pierre de Strass. Das Geheimnis der Wiener Brillanten“, Roman (1952).

Agnes Miegel (1879–1964) – Werkauswahl
„Geschichten aus Altpreußen“ (1926); „Die schöne Malone“ (1926); „Gesammelte Gedichte“ (1927); „Die Auferstehung des Cyriakus“ (1928); „Kinderland“, Erzählungen (1928); „Gedichte“ (1932); „Gang in die Dämmerung“, Erzählungen (1934); Unter heißem Himmel. Erzählungen (1936); Das Bernsteinherz. Erzählungen (1937); „Ostland“, Gedichte (1940); „Du aber bleibst in mir“, Gedichte (1949); „Die Blume der Götter“, Erzählungen (1949); „Der Federball“, Erzählungen (1951); „Gesammelte Werke I–VII“ (1954(?)–1965).

Oskar A. H. Schmitz (1873–1931) – Werkauswahl
„Orpheus“, Gedichte (1899); „Haschisch“, 8 Erzählungen (1902); „Der weiße Elefant“, Drama (1902); „Der Herr des Lebens“, Drama (1905); „Don Juan, Casanova und andere erotische Charaktere“, Essays (1906); „Der gläserne Gott“, Novellen (1906); „Französische Gesellschaftsprobleme“ (1907); „Das andere Ich.

Erlebnisse“ (1910); „Brevier für Weltleute. Essays über Gesellschaft, Mode, Frauen, Reisen, Lebenskunst, Kunst, Philosophie“ (1911); „Kunst der Politik“ (1911, ab der 3. Auflage unter dem Titel „Englands politisches Vermächtnis an Deutschland“); „Fahrten ins Blaue. Ein Mittelmeerbuch“ (1912); „Wenn wir Frauen erwachen“, Roman (1913); „Die Weltanschauung der Halbgebildeten“ (1914); „Herr Pepinster und sein Popanz“, Erzählungen (1915); „Menschheitsdämmerung. Märchenhafte Geschichten“ (1918); „Brevier für Unpolitische“ (1920); „Scheinwerfer über Europa“ (1920); „Bürgerliche Bohème“, Roman (1921); „Brevier für Einsame“ (1921); „Das dionysische Geheimnis. Erlebnisse und Erkenntnisse eines Fahnenflüchtigen“ (1921); „Der Geist der Astrologie“ (1921); „Psychoanalyse und Yoga“ (1923); „Der österreichische Mensch“ (1924); „Die Geister des Hauses. Jugenderinnerungen“ (1926); „Dämon Welt. Entwicklungsjahre“ (1926); „Ergo Sum. Jahre des Reifens“ (1926); „Länder und Leute“, Essays (1928); „Wespennester I–III“ (1928/29); „Wege zur Reife. Das Ende der Jugendkonjunktur“ (1931); „Tragikomödie der Geschlechter oder die Entfremdung zwischen Mann und Weib“ (1931); „Märchen aus dem Unbewußten“ (1932).

Juliane Windhager (1912–1986) – Werke
Lily Häuptner: „Cordelia“, Roman (1936); „Die Kassiansnacht“, Novelle (1942); unter eigenem Namen: „Der Friedtäter. Roman um Paris Lodron“ (1948); „Der linke Engel“, Gedichte (1959); „Die Disteltreppe“, Gedichte (1960); „Talstation“, Gedichte (1967); „Staubflocken“, zwei Hörspiele (1965); „Schnee-Erwartung“, Gedichte (1979); „Ein Engel in Oulu“, Erzählung (1984).

Friedrich Wrede (1870–1945) – Werke
„Das Laster“, Roman (1893); „Der Liebe Weh“, Novellen (1894); „Entnervt“, Drama (1894); „Blutender Lorbeer“, Künstlerroman (1895); „Pflicht“, Drama (1897); „Blaue Novellen“ (1897); „Die Goldschilds“, Roman (1900); „Durchlaucht Iff und andere Novellen“ (1901); „Der stumme Herzog“ (1910); „Politeia. Ein Staatsroman“ (1925).

Literaturauswahl und Quellen

Hans Kirchsteiger

Feichtlbauer Martin, „Salzburgs hochdeutsche Literatur von 1850–1917, im Rahmen der deutschen Literaturentwicklung“, in: MGSL 57 (1917).

Hanisch Ernst, Ulrike Fleischer, Im Schatten berühmter Zeiten. Salzburg in den Jahren Georg Trakls (1887–1914). Salzburg 1986.

Nagl-Zeidler-Castle, Deutsch-Österreichische Literaturgeschichte, IV. Bd. Wien 1890–1918, Sp. 1170.

Schoßleitner Karl, „Salzburger Schrifttum“, in: Kunst in Österreich. Almanach. Leoben 1934, S. 165f.

Der Tiroler Nr. 286 (1922); Katholische Kirchenzeitung Nr. 7, 8 (1914); Salzburger Chronik Nr. 268 (1894); Nr. 104 (1932); Salzburger Volksblatt Nr. 153 (1906); Nr. 176 (1910); Nr. 106, 109, 222 (1912); Nr. 35, 285 (1914); Nr. 55, 80 (1915); Nr. 138 (1918); Nr. 35, 39 (1923); Nr. 104 (1932); Salzburger Wacht Nr. 165, 166 (1913); Nr. 285 (1921); Nr. 240, 241, 245 (1927); Nr. 104 (1932); Tauern-Post Nr. 25 (1914); Welser Zeitung Nr. 35 (1907).

Josef von Doblhoff

Ortmayr Maria, Josef Freiherr von Doblhoff. Versuch einer Monographie. (Diss.) Wien 1950.

Wagner Karl Otto, Salzburgs Literatur im Rahmen der deutschen Literaturgeschichte. Wien 1925, S. 107.

Felix Dahn

Eckenroth Heinrich, Felix Dahn als Dramatiker. (Diss.) Würzburg 1921.

Feichtlbauer Martin, „Salzburgs hochdeutsche Literatur von 1850–1917, im Rahmen der deutschen Literaturentwicklung“, in: MGSL 59 (1917), S. 67–91.

Hanisch Ernst, Ulrike Fleischer, Im Schatten berühmter Zeiten. Salzburg in den Jahren Georg Trakls (1887–1914). Salzburg 1986, S. 130f.

Grashey Rolf, Die Familie Dahn und das Münchner Hofschauspiel 1833–1899. Leipzig 1932.

„Historischer Roman“, in: Reallexikon der deutschen Literaturgeschichte, Bd. I. Hg. v. Paul Merker, Wolfgang Stammler. Berlin 1958.

Martini Fritz, „Felix Dahn“, in: Neue deutsche Biographie, Bd. 3. Hg. v. d. Historischen Kommission bei der Bayrischen Akademie der Wissenschaften. Berlin 1959, S. 482ff.

Salzburger Volksblatt, 3. Sept. 1910; 4., 6. Jan. 1912.

Siebs Theodor, Felix Dahn und Josef Scheffel. Breslau 1914.

Schoenwald L. F., „Das Bergwaldtheater in Grödig“, in: Salzburger Chronik, 8. Aug. 1936.

Wohlhaupter Eugen, Dichterjuristen, 3. Bd.: Felix Dahn. Tübingen 1957.

Ferdinand Grell

Unterlagen und Lebensdaten im Konsistorialarchiv Salzburg

ANTON BREITNER

Brunetti-Pisano August, „Anton Breitner. Nekrolog“, in: MGSL (1928).

Deutsch-German Alfred, Wiener Porträts. Wien 1903.

Ebeling-Winkler Renate, „In Scherben tischt auf sein Jüngstes Gericht… Anton Breitners Literarisches Scherbengericht“. Die Monatsblätter des Carolino Augusteum 115. November 1997.

dies., „Vom Reiz der Verwandlung. Anton Breitner: Die Rose von Wien“. Die Monatsblätter des Carolino Augusteum 122. Juni 1998.

Eisenberg Ludwig, Künstler- und Schriftsteller Lexikon. Das geistige Wien. 2. Jg. Wien 1891, S. 38.

Feichtlbauer Martin, „Salzburgs hochdeutsche Literatur von 1850–1917, im Rahmen der deutschen Literaturentwicklung“, in: MGSL 57 (1917).

Nagl-Zeidler-Castle, Deutsch-Österreichische Literaturgeschichte, IV. Bd. Wien 1890–1918, Sp. 1187.

Österreichisches Biographisches Lexikon 1815–1950. Wien 1957, S. 111.

Roller Milenka (Milewa), „Der romantische Heilige von Mattsee“, in: Neues Wiener Journal, 18. März 1928.

„August Radnitzky 1897–1997. Fink von Mattsee“ Ausstellungskatalog Mattsee 1997.

„Josef Viktor von Scheffel“, in: Handbuch des deutschen Romans. Hg. v. Helmut Koopmann. Düsseldorf 1983.

Widmann Hans, „Zum 50.Geburtstag Anton Breitners“, in: Salzburger Volksblatt Nr. 64 (1908).

ARTHUR ACHLEITNER

Brümmer Franz, Lexikon der deutschen Dichter und Prosaisten vom Beginn des 19. Jahrhunderts bis zur Gegenwart, 1. Bd. Leipzig 1913.

„Ein Salzburger Kirchenfürst. Leonhard von Keutschach (Erzbischof von Salzburg 1495–1519)“, hg. v. Artus' Tafelrunde, in: Fremden-Zeitung Nr. 34.

FRANZ LÖSER

Fuhrich Edda, Gisela Prossnitz, Die Salzburger Festspiele, Bd. I (1920–1945). Ihre Geschichte in Daten, Zeitzeugnissen und Bildern. Salzburg 1990.

Jedermann in Europa. Vom Mittelalter bis zur Gegenwart. Ausstellungskatalog. Wien 1979.

Nagl-Zeidler-Castle, Deutsch-Österreichische Literaturgeschichte, IV. Bd. Wien 1890–1918, Sp. 1200.

Österreichisches Biographisches Lexikon 1815–1950. Hg. v. d. Österreichischen Akademie der Wissenschaften. Graz 1965.

„Der Salzburger Jedermann“, in: Reichspost 6. Dez. 1923.

Schoßleitner Karl, „Salzburger Schrifttum“, in: Kunst in Österreich. Almanach. Leoben 1934.

ERHARD BUSCHBECK

Braun Felix, „Der verborgene Dichter“, in: Wort in der Zeit 12 (1962).

Ficker Ludwig von, „Erhard Buschbeck“, in: Denkzettel und Danksagungen 1967.

Pichler Gustav, „Erhard Buschbeck (1881–1960). Graue Eminenz des Burgtheaters“, in: Stockklausner August, In Salzburg geboren. 2. Aufl., Salzburg 1973.

Raabe Paul, Die Autoren und Bücher des literarischen Expressionismus. Ein bibliographisches Handbuch in Zusammenarbeit mit Ingrid Hannich-Bode. Stuttgart 1984.
Tobisch von Labotyn Lotte, „Erhard Buschbeck (1889–1969)", in: Neue Österreichische Biographie ab 1815, Bd. 21. Wien–München 1982, S. 87–94.

Juliane Kay
Schoßleitner Karl, „Salzburger Schrifttum", in: Kunst in Österreich. Almanach. Leoben 1934.

Juliane Windhager
Edtstadler Christine, Juliane Windhager. Leben und Werk (Diplomarbeit). Salzburg 1977.
Literatur Lexikon. Autoren und Werke deutscher Sprache, Bd. 12. Hg. v. Walther Killy. Gütersloh–München 1989.
Schmidt Adalbert, „Nachruf auf Juliane Windhager", in: Salzburger Nachrichten 25. Nov. 1986.
ders., Dichtung und Dichter Österreichs im 19. und 20. Jahrhundert, Bd. 2. Salzburg–Stuttgart 1964, S. 118–119, 189.
Frankfurter Allgemeine Zeitung, 16. Okt. 1984, 6. Dez. 1986.

Agnes Miegel
Benkmann Horst-Günter, Wege und Wirken. Salzburger Emigranten und ihre Nachkommen. Salzburg 1988.
Duwe Wilhelm, Deutsche Dichtung des 20. Jahrhunderts, Bd. 1: Vom Naturalismus zum Surrealismus. Zürich 1962.
Lexikon deutschsprachiger Schriftsteller im 20. Jahrhundert. Hg. v. Kurt Böttcher. Hildesheim–Zürich–New York 1993.
Piorreck Anni, Agnes Miegel. Ihr Leben und ihre Dichtung. 1967.

Horst Wolfram Geissler
Bauer Günther G., Die lustigen Streiche des Salzburger Hanswurst. Salzburg 1984.
Piontek Heinz, „Zum 80.Geburtstag der 51. Roman. Einfallsgesegneter Horst Wolfram Geißler", in: Schwäbische Zeitung Nr. 142 (1973).
„Puppentheater", in: Reallexikon der deutschen Literaturgeschichte, Bd. III, hg. v. Merker/Stammler.
Ramsegger Georg, „Aus Anlaß des Todes eines Buchmillionärs: H. W. Geißler. Wann ist ein Bestseller ein Bestseller?", in: Börsenblatt für den deutschen Buchhandel, Heft 34 (1983).
Rommel Otto, Die Altwiener Volkskomödie. Wien 1952.
Ude Karl, „Der Dichter des Lieben Augustin. Horst Wolfram Geißler zum 70. Geburtstag", in: Welt und Wort, 18. Jg. (1963).

Franz Karl Ginzkey
Heydemann Klaus, Literatur und Markt. Werdegang und Durchsetzung eines durchschnittlichen Schriftstellers in Österreich 1891–1938. Der Fall Franz Karl Ginzkey. (Habil.) Wien 1986.

Literatur Lexikon. Autoren und Werke deutscher Sprache. Hg. v. Walther Killy, Bd. 4. Gütersloh–München 1989.
Nagl-Zeidler-Castle, Deutsch-Österreichische Literaturgeschichte, IV. Bd. Wien 1890–1918, Sp. 1867ff.
Pichler Georg Abdon, Salzburgs Landesgeschichte. Salzburg 1865.
Salzburger Volksblatt Nr. 202 (1921).
Trakl Georg, Gesamtausgabe Bd. 1: Rezension „Jakobus und die Frauen".

ARNOLD HAGENAUER
Brümmer Franz, Lexikon der deutschen Dichter und Prosaisten vom Beginn des 19. Jahrhunderts bis zur Gegenwart, Bd. 3. Leipzig 1913, S. 42.
Krackowizer Ferdinand, Franz Berger, Biographisches Lexikon des Landes ob der Enns. Passau–Linz 1931.
Morgenblatt der Neuen Freien Presse, 27. Juni 1918 (Nachruf).
Maderno, Die deutschösterreichische Dichtung der Gegenwart. 1920, S. 141, 210.
Nagl-Zeidler-Castle, Deutsch-Österreichische Literaturgeschichte, 4. Bd. Wien 1890–1918, Sp. 1174.
Österreichische Illustrierte Rundschau „Die Familie Hagenauer". Wien, 9. März 1918.
Österreichisches Biographisches Lexikon 1815–1950, 2. Bd. Hg. v. d. Österreichischen Akademie der Wissenschaften. Graz 1965.
Romanbeilage zum Salzburger Volksblatt Nr. 1 (1919).

FRIEDRICH WREDE
Breitner Anton, Randglossen zur deutschen Literaturgeschichte, X. Bd. Wien 1896/97.
Brümmer Franz, Lexikon der deutschen Dichter und Prosaisten vom Beginn des 19. Jahrhunderts bis zur Gegenwart, 4. Bd. Leipzig 1913, S. 389, 515.
Feichtlbauer Martin, „Salzburgs hochdeutsche Literatur von 1850–1917, im Rahmen der deutschen Literaturentwicklung", in: MGSL 57 (1917), S. 112ff.
Geißler Max, Führer durch die deutsche Literatur des 20. Jahrhunderts. 1913.
Nagl-Zeidler-Castle, Deutsch-Österreichische Literaturgeschichte, IV. Bd. Wien 1890–1918, Sp. 1190.
Wagner Karl Otto, Salzburgs Literatur im Rahmen der deutschen Literaturgeschichte. Wien 1925, S. 108.
Neues Wiener Journal, 12. Aug. 1926.
Salzburger Chronik Nr. 29 (1926).
Salzburger Nachrichten, 10. Sept. 1945.
Salzburger Tagblatt Nr. 260 (1901).
Salzburger Volksblatt Nr. 291 (1910).

OSKAR A. H. SCHMITZ
Bohdal Klaus, Oskar A. H. Schmitz. Eine Monographie mit besonderer Berücksichtigung der Schwabinger Zeit des Dichters und seiner phantastischen Erzählungen. Graz 1969.
Dülberg Franz, „Oscar A. H. Schmitz. Eine Begegnungskette", in: Preußische Jahrbücher Bd. 229 (1932).

Herzmanovsky-Orlando Fritz, Ausgewählte Briefwechsel 1885–1954. Sämtl. Werke in 10 Bänden, VIII. Hg. v. Max Reinisch. Salzburg 1989.
ders., Der Briefwechsel mit Alfred Kubin 1903–1952. Sämtl. Werke in 10 Bänden, VII. Hg. v. Max Reinisch. Salzburg 1989.
Hoberg Annegret, Alfred Kubin 1877–1959. Katalog zur Ausstellung in der Städtischen Galerie im Lenbachhaus. München 1990.
Salzburger Chronik Nr. 283 (1921), Nr. 121, Nr. 191 (1922).
Salzburger Volksblatt Nr. 51 (1919), Nr. 174 (1923), Nr. 290 (1931) Nekrolog.
Salzburger Wacht Nr. 286 (1921), Nr. 291 (1931).
„Oskar A. H. Schmitz zum 50. Geburtstag". Mit Beiträgen von Hugo von Hofmannsthal, Hermann Bahr, Thomas Mann, Stefan Zweig, Hermann Hesse und Graf Keyserling. München 1923.
Schuchter Johanna, So war es in Salzburg. Aus einer Familienchronik. Salzburg 1976.
Wally Barbara, Emmy Haesele (1894–1987). Leben und Werk. Salzburg 1993.
Welzig Franz, Die phantastischen Romane und Erzählungen in der deutschen Literatur von 1900 bis zur Gegenwart. (Diss.) Wien 1941.

Literatur- und Quellennachweis zu den historischen Kommentaren

Ammerer, Gerhard, Die Entwicklung des Goldbergbaus im Rauriser Tal in Salzburg, in: Der Anschnitt 34 (1982), H. 2, S. 46–59.

Ammerer, Gerhard, Von Franz Anton von Harrach bis Siegmund Christoph von Schrattenbach. Eine Zeit des Niedergangs, in: Heinz Dopsch und Hans Spatzenegger (Hg.), Geschichte Salzburgs. Stadt und Land, Bd. II/1, Salzburg 1988, S. 245–324.

Ammerer, Gerhard, Notizen zur städtischen Wirtschaft, Gesellschaft und Verwaltung in der frühen Neuzeit, in: Heinz Dopsch und Hans Spatzenegger (Hg.), Geschichte Salzburgs. Stadt und Land, Bd. II/4, Salzburg 1991, S. 2071–2159.

Apfelauer, Richard, Studentengerichtsbarkeit an der alten Universität Salzburg, in: Heinz Dopsch (Hg.), Vom Stadtrecht zur Bürgerbeteiligung. Festschrift 700 Jahre Stadtrecht von Salzburg, Salzburg 1987, S. 92–106.

Die Bajuwaren. Von Severin bis Tassilo (488–788) (Ausstellungskatalog), hg. von Hermann Dannheimer und Heinz Dopsch, Salzburg–München 1988.

Barton, Peter F., Die evangelische Kirche im Lande und Erstift Salzburg, in: Heinz Dopsch und Hans Spatzenegger (Hg.), Geschichte Salzburgs. Stadt und Land, Bd. II/3, Salzburg 1991, S. 1521–1550.

Baumann, Oliver, Wolf Dietrich von Raitenau, De Princpie – Text, Übersetzung, Kommentar, in: Mitteilungen der Gesellschaft für Salzburger Landeskunde 137 (1997), S. 131–198.

Brandtner, Gerhard, Ostpreußen in der ersten Hälfte des 18. Jahrhunderts und die Ansiedlung der Salzburger Emigranten, in: Mitteilungen der Gesellschaft für Salzburger Landeskunde 133 (1993), S. 225–260.

Brettenthaler, Josef, Salzburgs SynChronik, Salzburg 1987.

Bruckmüller, Ernst, Österreichbegriff und Österreichbewußtsein in der franzisko-josephinischen Epoche, in: Richard G. Plaschka, Gerald Stourzh und Jan Paul Niederkorn, Was heißt Österreich? Inhalt und Umfang des Österreichbegriffs vom 10. Jahrhundert bis heute (Archiv für österreichische Geschichte 136), Wien 1995, S. 255–288.

Dopsch, Heinz, Anfang und Aufstieg – Vom bayerischen Erzbistum zum Lande Salzburg, in: 1200 Jahre Erzbistum Salzburg. Dom und Geschichte. Festschrift, Salzburg 1998, S. 27–43.

Dopsch, Heinz, Der bayerische Adel und die Besetzung des Erzbistums Salzburg im 10. und 11. Jahrhundert, in: Mitteilungen der Gesellschaft für Salzburger Landeskunde 110/11 (1970/71), S. 125–151.

Dopsch, Heinz, Die innere Entwicklung, in: Heinz Dopsch und Hans Spatzenegger (Hg.), Geschichte Salzburgs. Stadt und Land, Bd. I/1, 2. verb. Aufl., Salzburg 1983, S. 347–436.

Dopsch, Heinz, Der heilige Rupert in Salzburg, in: Hl. Rupert von Salzburg 696–1996. Katalog der Ausstellung im Dommuseum zu Salzburg und in der Erzabtei St. Peter, Salzburg 1996, S. 66–88.

DOPSCH, Heinz, Der heilige Rupert und die Anfänge Seekirchens, in: Elisabeth und Heinz Dopsch (Hg.), 1300 Jahre Seekirchen. Geschichte und Kultur einer Salzburger Marktgemeinde, Seekirchen 1996, S. 98–112.

DOPSCH, Heinz, Salzburg im 15. Jahrhundert, in: Heinz Dopsch und Hans Spatzenegger (Hg.), Geschichte Salzburgs. Stadt und Land, Bd. I/1, 2. verb. Aufl., Salzburg 1983, S. 487–593.

DOPSCH, Heinz und Robert Hoffmann, Geschichte der Stadt Salzburg, Salzburg–München 1996.

DOPSCH, Heinz und Peter M. Lipburger, Die Entwicklung der Stadt. Die rechtliche und die soziale Entwicklung, in: Heinz Dopsch und Hans Spatzenegger (Hg.), Geschichte Salzburgs. Stadt und Land, Bd. I/2, Salzburg 1983, S. 675–746.

EHRENFELLNER, Karl, Das Erzstift Salzburg in der zweiten Hälfte des 18. Jahrhunderts, in: Salzburg zur Zeit der Mozart (Ausstellungskatalog), Salzburg 1991, S. 7–17.

ELTZ-HOFFMANN, Lieselotte von, Salzburger Frauen. Leben und Wirken aus 13 Jahrhunderten (Kulturgut der Heimat), Salzburg 1997, S. 24–30.

ENGL, Evangelist Johann, Prinz Tunora. Eine Schwindelgeschichte mehrerer Universitäts-Studenten aus dem Jahre 1804, in: Mitteilungen der Gesellschaft für Salzburger Landeskunde 44 (1904), S. 329–361.

ERBEN, Wilhelm (Hg.), Quellen zur Geschichte des Stiftes und der Herrschaft Mattsee (Fontes Rerum Austriacarum 2,49), Wien 1896.

EUGIPPIUS, Das Leben des hl. Severin. Lateinisch und deutsch, hg. von Rudolf Noll, Passau 1981.

FALK, Sabine, Henndorf zur Franzosenzeit – Der Umgang mit „Feinden", in: Alfred Stefan Weiß, Sabine Falk, Karl Ehrenfellner (Hg.), Henndorf am Wallersee. Kultur und Geschichte einer Salzburger Gemeinde, Henndorf 1992.

FALK, Sabine, Studentisches Leben an der Benediktineruniversität Salzburg, in: Salzburg Archiv 12 (1991), S. 193–220.

FALK-VEITS, Sabine, Der Beginn des 19. Jahrhunderts. Kriegs- und Krisenzeit in Seekirchen, in: Elisabeth und Heinz Dopsch (Hg.), 1300 Jahre Seekirchen. Geschichte und Kultur einer Salzburger Marktgemeinde, Seekirchen 1996, S. 233–242.

FALK-VEITS, Sabine, Friedrich Fürst zu Schwarzenberg (1836–1850). Säule der Kirche im Vormärz, in: Peter F. Kramml und Alfred Stefan Weiß (Hg.), Lebensbilder Salzburger Erzbischöfe aus zwölf Jahrhunderten (Salzburg Archiv 24), Salzburg 1998, S. 203–220.

FESTSCHRIFT zur 1200-Jahr-Feier des Stiftes Mattsee, Mattsee 1977.

FISCHER, Friedrich Johann, Puppenspiel in Salzburg, in: Mitteilungen der Gesellschaft für Salzburger Landeskunde 104 (1964), S. 235–270.

FLOREY, Gerhard, Geschichte der Salzburger Protestanten und ihrer Emigration 1731/32 (Studien und Texte zur Kirchengeschichte und Geschichte 1/II), 2. Aufl., Salzburg 1986.

GRAUER, Karl Johannes, Paris Lodron. Erzbischof von Salzburg. Ein Staatsmann des Friedens, Salzburg 1953.

GRUBER, Fritz und Karl Heinz Ludwig, Der Metallbergbau, in: Heinz Dopsch und Hans Spatzenegger (Hg.), Geschichte Salzburgs. Stadt und Land, Bd. II/4, Salzburg 1991, S. 2595–2630.

GRUBER, Fritz und Karl Heinz Ludwig, Salzburger Bergbaugeschichte. Ein Überblick, Salzburg–München 1982.

HAAS, Hanns, Arbeiterschaft und Arbeiterbewegung, in: Heinz Dopsch und Hans Spatzenegger (Hg.), Geschichte Salzburgs. Stadt und Land, Bd. II/2, Salzburg 1988, S. 934–990.
HAAS, Hanns, Vormärz, Revolution und Neoabsolutismus, in: Heinz Dopsch und Hans Spatzenegger (Hg.), Geschichte Salzburgs. Stadt und Land, Bd. II/2, Salzburg 1988, S. 661–717.
HAAS, Hanns, Robert Hoffmann und Kurt Luger (Hg.), Weltbühne und Naturkulisse. Zwei Jahrhunderte Salzburg-Tourismus, Salzburg 1994.
HAMMERMAYER, Ludwig, Die Aufklärung in Salzburg (ca. 1715–1803), in: Heinz Dopsch und Hans Spatzenegger (Hg.), Geschichte Salzburgs. Stadt und Land, Bd. II/1, 2., verb. u. erw. Aufl., Salzburg 1995, S. 375–452.
HAMMERMAYER, Ludwig, Die letzte Epoche des Erzstifts Salzburg. Politik und Kirchenpolitik unter Erzbischof Graf Hieronymus Colloredo (1772–1803), in: Heinz Dopsch und Hans Spatzenegger (Hg.), Geschichte Salzburgs. Stadt und Land, Bd. II/1, 2., verb. u. erw. Aufl., Salzburg 1995, S. 453–535.
HAMMERMAYER, Ludwig, Das Erzstift Salzburg, ein Zentrum der Spätaufklärung im katholischen Deutschland (ca. 1780–1830), in: Harm Klueting (Hg.), Katholische Aufklärung – Aufklärung im katholischen Deutschland (Studien zum achtzehnten Jahrhundert 15), Hamburg 1993, S. 346–368.
HAHNL, Adolf, Robert Hoffmann und Guido Müller, Der Stadtteil Riedenburg. Bau- und Entwicklungsgeschichte bis 1945, in: Mitteilungen der Gesellschaft für Salzburger Landeskunde 126 (1986), S. 569–584.
HANISCH, Ernst und Ulrike Fleischer, Im Schatten berühmter Zeiten. Salzburg in den Jahren Georg Trakls (1887–1914) (Trakl-Studien 13), Salzburg 1986.
HEGER, Norbert, Die Römerzeit, in: Heinz Dopsch und Hans Spatzenegger (Hg.), Geschichte Salzburgs. Stadt und Land, Bd. I/1, 2. verb. Aufl., Salzburg 1983, S. 75–92.
HEGER, Norbert, Salzburg in römischer Zeit (Salzburger Museum Carolino Augusteum/ Jahresschrift 19), Salzburg 1974.
HEINISCH, Reinhard Rudolf, Die Neutralitätspolitik Erzbischof Paris Lodrons und ihre Vorläufer, in: Mitteilungen der Gesellschaft für Salzburger Landesgeschichte 110/111 (1970/1971), S. 255–276.
HEINISCH, Reinhard Rudolf, Paris Graf Lodron. Reichsfürst und Erzbischof in Salzburg, Wien–München 1991.
HEINISCH, Reinhard Rudolf, Salzburg im Dreißigjährigen Krieg (Dissertationen der Universität Wien 18), Wien 1968.
HEINISCH, Reinhard Rudolf, Die Zeit des Absolutismus, in: Heinz Dopsch und Hans Spatzenegger (Hg.), Geschichte Salzburgs. Stadt und Land, Bd. II/1, 2., verb. u. erw. Aufl., Salzburg 1995, S. 167–244.
HEINISCH, Reinhard Rudolf, Paris Graf Lodron (1619–1653). Landesfürst zwischen Krieg und Frieden, in: Peter F. Kramml und Alfred Stefan Weiß (Hg.), Lebensbilder Salzburger Erzbischöfe aus zwölf Jahrhunderten (Salzburg Archiv 24), Salzburg 1998, S. 163–177.
HERMANN, Karl Friedrich, Das Werk der Erzbischöfe Markus Sittikus und Paris Lodron. Die Gründung der Salzburger Schule 1617 und Privilegierung zur Universität 1622/1625, in: Festschrift Universität Salzburg 1622–1962–1972, Salzburg 1972.
HIGONNET, Anne, Frauenbilder, in: Geneviève Fraisse (Hg.), Geschichte der Frauen, Bd. 4, Frankfurt 1994, S. 283–312.

HOFFMANN, Robert, Salzburg im Biedermeier. Die Stadt und ihre Einwohner in der ersten Hälfte des 19. Jahrhunderts, in: Mitteilungen der Gesellschaft für Salzburger Landeskunde 120/121 (1980/1981), S. 219–274.

HOFFMANN, Robert, Salzburgs Weg vom „Betteldorf" zur Saisonstadt. Grundzüge der städtischen Wirtschaftsentwicklung 1803–1914, in: Chronik der Salzburger Wirtschaft, Bd. 2, Salzburg 1990.

HOFFMANN, Robert, Die Stadt Salzburg im Vormärz und Neoabsolutismus (1803–1860), in: Heinz Dopsch und Hans Spatzenegger (Hg.), Geschichte Salzburgs. Stadt und Land, Bd. II/4, Salzburg 1991, S. 2241–2280.

KAINDL-HÖNIG, Max und Karl-Heinz Ritschel, Die Salzburger Universität 1622–1964, Salzburg 1964.

KAPELLER, Andreas, Hôtel de l'Europe. Salzburgs unvergessenes Grandhotel (Kulturgut der Heimat), Salzburg 1997.

KIENITZ, Sabine, Frauen zwischen Not und Normen. Zur Lebensweise vagierender Frauen um 1800 in Württemberg, in: Österreichische Zeitschrift für Geschichtswissenschaften 2 (1991), S. 34–58.

KLEIN, Herbert, Erzbischof Pilgrim von Puchheim (1365–1396), in: Mitteilungen der Gesellschaft für Salzburger Landeskunde 112/113 (1972/1973), S. 13–71.

KLEIN, Herbert, Die Gasteiner Edelmetallgewinnung um die Mitte des 16. Jahrhunderts, in: Mitteilungen der Gesellschaft für Salzburger Landeskunde 112/113 (1972/1973), S. 188–191.

KLEIN, Herbert, Die älteren Hexenprozesse im Land Salzburg, in: Mitteilungen der Gesellschaft für Salzburger Landeskunde 97 (1957), S. 17–50.

KLEIN, Kurt, Bevölkerung und Siedlung, in: Heinz Dopsch und Hans Spatzenegger (Hg.), Geschichte Salzburgs. Stadt und Land, Bd. II/2, Salzburg 1988, S. 1289–1360.

KÖFNER, Gottfried, Geschichte Salzburgs in den Jahren 1918/1919 unter besonderer Berücksichtigung des Problems der Lebensmittelversorgung, masch. phil. Diss., Salzburg 1979.

KOLLER, Fritz, Die innere Entwicklung, in: Heinz Dopsch und Hans Spatzenegger (Hg.), Geschichte Salzburgs. Stadt und Land, Bd. I/1, 2. verb. Aufl., Salzburg 1983, S. 594–661.

KRAMML, Peter F., Pilgrim II. von Puchheim (1366–1396). Der Wolf Dietrich des Mittelalters, in: Peter F. Kramml und Alfred Stefan Weiß (Hg.), Lebensbilder Salzburger Erzbischöfe aus zwölf Jahrhunderten (Salzburg Archiv 24), Salzburg 1998, S. 101–122.

KUNESCH, Eva, Die Franzosen in Stadt und Land Salzburg 1800/1801, masch. Hausarbeit aus Geschichte, Salzburg 1970.

KÜTHER, Carsten, Menschen auf der Straße. Vagierende Unterschichten in Bayern, Franken und Schwaben in der zweiten Hälfte des 18. Jahrhunderts (Kritische Studien zur Geschichtswissenschaft 56), Göttingen 1983.

KÜTHER, Carsten, Räuber und Gauner in Deutschland (Kritische Studien zur Geschichtswissenschaft 56), Göttingen 1979.

LIPBURGER, Peter M., Bürgerschaft und Stadtherr. Vom Stadtrecht des 14. Jahrhunderts zur Stadt- und Polizeiordnung des Kardinals Matthäus Lang (1524), in: Heinz Dopsch (Hg.), Vom Stadtrecht zur Bürgerbeteiligung. Festschrift 700 Jahre Stadtrecht von Salzburg, Salzburg 1987, S. 40–63.

Ludwig, Karl-Heinz und Fritz Gruber, Gold- und Silberbergbau im Übergang vom Mittelalter zur Neuzeit. Das Salzburger Revier von Gastein und Rauris, Köln–Wien 1987.

Maringer, Hannes, Kleines Mattseebuch. Unser Ort einst und jetzt, Mattsee o. J.

Martin, Franz, Hundert Salzburger Familien, Salzburg 1946.

Martin, Franz, Salzburgs Fürsten in der Barockzeit. 1587 bis 1812, 4., überarb. Aufl., Salzburg 1982.

Moosleitner, Fritz, Kirchenbau in rupertinischer Zeit, in: Hl. Rupert von Salzburg 696–1996. Katalog der Ausstellung im Dommuseum zu Salzburg und in der Erzabtei St. Peter, Salzburg 1996, S. 89–96.

Ortner, Franz, Vom Kurfürstentum zum Wiener Kongreß – Salzburg 1803–1816, in: Heinz Dopsch und Hans Spatzenegger (Hg.), Geschichte Salzburgs. Stand und Land, Bd. II/2, Salzburg 1988, S. 587–619.

Ortner, Franz, Reformation, katholische Reform und Gegenreformation im Erzstift Salzburg, Salzburg 1981.

Ortner, Franz, Salzburger Kirchengeschichte. Von den Anfängen bis zur Gegenwart, Salzburg 1988.

Pichler, Georg Abdon, Salzburg's Landesgeschichte, Salzburg 1865.

Prahl, Hans Werner, Ingrid Schmidt-Harzbach, Universität. Eine Kultur- und Sozialgeschichte, Müchen–Luzern 1981.

Putzer, Peter, Staatlichkeit und Recht nach der Säkularisation, in: Heinz Dopsch und Hans Spatzenegger (Hg.), Geschichte Salzburgs. Stadt und Land, Bd. II/2, Salzburg 1988, S. 620–660.

Rauchensteiner, Manfred, Der Tod des Doppeladlers. Österreich-Ungarn und der Erste Weltkrieg, Graz–Wien–Köln 1993.

Redlich, Virgil, Die Matrikel der Universität Salzburg 1639–1810, Salzburg 1933.

Redlich, Virgil, Die erste Studenten-Generation der Salzburger Universität, in: Österreich und Europa. Festschrift für Hugo Hantsch, Graz–Wien–Köln 1965.

Reformation – Emigration. Protestanten in Salzburg (Ausstellungskatalog), Salzburg 1981.

Reindel-Schedel, Helga, Laufen an der Salzach. Die alt-salzburgischen Pfleggerichte Laufen, Staufeneck, Teisendorf, Tittmoning und Waging. Historischer Atlas von Bayern. Teil Altbayern, Heft 55, München 1989.

Ruby, Heide, Lorenz Hübner. Leben und Werk als Publizist, Topograph und Historiker in Salzburg, in: Österreich in Geschichte und Literatur 10 (1966), S. 345–472.

Salzburger Kulturlexikon, hg. von Adolf Haslinger und Peter Mittermayer, Salzburg 1987.

Ein Salzburger Studentenulk vor 100 Jahren, in: Salzburger Tagblatt, 12. September 1903, S. 4.

Salzmann, Ulrich, Der Salzburger Erzbischof Siegmund Christoph Graf Schrattenbach und sein Domkapitel, in: Mitteilungen der Gesellschaft für Salzburger Landeskunde 124 (1984), S. 9–240.

Sattler, Michael, Colectaneen-Blätter zur Geschichte der ehemaligen Benediktiner-Universität Salzburg, Kempten 1890.

Schallhammer, Anton Ritter von, Kriegerische Ereignisse im Herzogthume Salzburg in den Jahren 1800, 1805 und 1809, Salzburg 1853.

SCHEFFKNECHT, Wolfgang, „Arme Weiber“. Bemerkungen zur Rolle der Frau in den Unterschichten und vagierenden Randgruppen der frühneuzeitlichen Gesellschaft, in: Alois Niederstätter und Wolfgang Scheffknecht (Hg.), Hexe oder Hausfrau. Das Bild der Frau in der Geschichte Vorarlbergs, Sigmaringendorf 1991, S. 77–109.
SCHINDLER, Norbert, Die Entstehung der Unbarmherzigkeit. Zur Kultur und Lebensweise der Salzburger Bettler am Ende des 17. Jahrhunderts, in: Bayerisches Jahrbuch für Volkskunde 1988, S. 61–133.
SCHINDLER, Norbert, Die Mobilität der Salzburger Bettler im 17. Jahrhundert, in: Beiträge zur historischen Sozialkunde 19 (1989), H. 3, S. 85–91.
SCHMITZ, Oscar A. H., Der österreichische Mensch. Zum Anschauungsunterricht für Europäer, insbesondere für Reichsdeutsche, Wien 1924.
SEUNIG, Georg W., Das Werden einer Barockstadt – Salzburgs städtebauliche Entwicklung unter Wolf Dietrich von Raitenau, in: Heinz Dopsch und Hans Spatzenegger (Hg.), Geschichte Salzburgs. Stadt und Land, Bd. II/4, Salzburg 1991, S. 2161–2182.
SIEBENMORGEN, Harald (Hg.), Schurke oder Held? Historische Räuber und Räuberbanden (Volkskundliche Veröffentlichungen des Badischen Landesmuseums Karlsruhe 3), Sigmaringen 1995.
SPAUR, Friedrich Graf, Reise durch Oberdeutschland. In Briefen an einen vertrauten Freund, Bd. 1, Leipzig 1800.
STADLER, Georg, Geschichte des Flachgaues. Urgeschichte – Altertum – Mittelalter, Salzburg 1970.
STADLER, Georg, Von der Kavalierstour zum Sozialtourismus. Kulturgeschichte des Salzburger Fremdenverkehrs, Salzburg 1975.
STADLER, Georg, Kunst um Salzburg. Ein Führer durch den Salzburger Flachgau, Salzburg–Stuttgart 1962.
STAHL, Eva, Marcus Sitticus. Leben und Spiel eines geistlichen Fürsten, Wien 1988.
STAHL, Eva, Wolf Dietrich von Salzburg. Weltmann auf dem Bischofsthron, München 1980.
STOURZH, Gerald, Erschütterung und Konsolidierung des Österreichbewußtseins – Vom Zusammenbruch der Monarchie zur Zweiten Republik, in: Richard G. Plaschka, Gerald Stourzh und Jan Paul Niederkorn, Was heißt Österreich? Inhalt und Umfang des Österreichbegriffs vom 10. Jahrhundert bis heute (Archiv für österreichische Geschichte 136), Wien 1995, S. 289–311.
SÜSS, Vinzenz Maria, Die Bürgermeister in Salzburg von 1433 bis 1840, Salzburg 1840.
ULBRICH, Claudia, Frauenarmut in der Frühen Neuzeit, in: Zeitschrift für Geschichte der Saargegend 40 (1992), S. 108–120.
VALENTINITSCH, Helfried, Fremd und arm im Zeitalter des Barock. Zur Sozialdisziplinierung von Unterschichten und Randgruppen in der Steiermark, in: Lust und Leid. Barocke Kunst, barocker Alltag. Steirische Landesausstellung 1992, Graz 1992, S. 275–282.
VEITS-FALK, Sabine, Armut in einer Zeit des Umbruchs und der Stagnation. Das Beispiel Salzburg von der Aufklärung bis zum Liberalismus, masch. phil. Diss., Salzburg 1997.
VIERTHALER, Franz Michael, Meine Wanderungen durch Salzburg, Berchtesgaden und Österreich, Teile 1 und 2, Wien 1816.
WAGNER, Hans, Die Studenten an der alten Universität, in: Festschrift Universität Salzburg 1622–1962–1972, Salzburg 1972.
WEISS, Alfred Stefan, Hieronymus Graf Colloredo (1772–1803/12). Im Zeichen der Auf-

klärung, in: Peter F. Kramml und Alfred Stefan Weiß (Hg.), Lebensbilder Salzburger Erzbischöfe aus zwölf Jahrhunderten (Salzburg Archiv 24), Salzburg 1998, S. 179–202.

WEISS, Alfred Stefan, „Providum imperium felix." Glücklich ist eine voraussehende Regierung. Aspekte der Armen- und Gesundheitsfürsorge im Zeitalter der Aufklärung, dargestellt anhand Salzburger Quellen ca. 1770–1803 (Kulturgeschichte der namenlosen Mehrheit 1, zugleich Dissertationen der Universität Salzburg 54), Wien 1997.

WEISS, Sabine, Die Österreicherin. Die Rolle der Frau in 1000 Jahren Geschichte, Graz–Wien–Köln 1996.

WEITTENHILLER, Moritz Maria, Der Salzburgische Adel, in: J. Siebmacher's großes Wappenbuch, Bd. 28, Nachdruck, Neustadt a. d. Aisch 1979.

WICKINGEN, H., Die rote Hütte oder rote Bank im erzbischöflichen Salzburg, in: Wiener Tierärztliche Monatsschrift 48 (1961), H. 6, S. 483–492.

WIDMANN, Hans, Geschichte Salzburgs, 3 Bde., Gotha 1907–1914.

WOLF DIETRICH VON RAITENAU. Gründer des barocken Salzburg. 4. Salzburger Landesausstellung, Salzburg 1987.

WOLFRAM, Herwig, Die Geburt Mitteleuropas. Geschichte Österreichs vor seiner Entstehung, Wien 1987.

WOLFRAM, Herwig, Juvavum – Salzburg vor dem Auftreten des heiligen Rupert, in: Hl. Rupert von Salzburg 696–1996. Katalog der Ausstellung im Dommuseum zu Salzburg und in der Erzabtei St. Peter, Salzburg 1996, S. 15–38.

WOLFRAM, Herwig, Die Zeit der Agilolfinger – Rupert und Virgil, in: Heinz Dopsch und Hans Spatzenegger (Hg.), Geschichte Salzburgs. Stadt und Land, Bd. I/1, 2. verb. Aufl., Salzburg 1983, S. 121–156.

WYSOCKI, Josef, Die gewerbliche Wirtschaft Salzburg 1816 bis 1860, in: Zeitschrift für Unternehmensgeschichte 24 (1979), H. 3, S. 150–179.

WYSOCKI, Josef, Die Wirtschaft Salzburg im 19. Jahrhundert, in: Heinz Dopsch und Hans Spatzenegger (Hg.), Geschichte Salzburgs. Stadt und Land, Bd. II/4, Salzburg 1991, S. 2713–2742.

ZAISBERGER, Friederike, Geschichte Salzburgs (Geschichte der österreichischen Bundesländer), Wien 1998.

ZAUNER, Judas Thaddäus (Hg.), Beyträge zur Geschichte des Aufenthalts der Franzosen in Salzburg und in den angränzenden Gegenden, Bde. 1–3, Salzburg 1801–1802.

ZILLNER, Franz Valentin, Geschichte der Stadt Salzburg, Bde 1–2, Salzburg 1885–1890, Nachdruck 1985.

ZILLNER, Franz Valentin, Salzburg in den letzten fünfzig Jahren, in: Mitteilungen der Gesellschaft für Salzburger Landeskunde 6 (1866), S. 235–302.

ZILLNER, Franz Valentin, Die Salzburger Stadtbevölkerung, in: Mitteilungen der Gesellschaft für Salzburger Landeskunde 1 (1860), S. 17–26.

ZÖLLNER, Erich, Der Österreichbegriff. Aspekte seiner historischen Formen und Wandlungen, in: Richard G. Plaschka, Gerald Stourzh und Jan Paul Niederkorn, Was heißt Österreich? Inhalt und Umfang des Österreichbegriffs vom 10. Jahrhundert bis heute (Archiv für österreichische Geschichte 136), Wien 1995, S. 19–34.